KB259825

박정희 정권의 역사

박정희 정권의 역사

지은이 | 이윤섭

1판 1쇄 펴낸날 | 2011년 6월 20일
1판 2쇄 펴낸날 | 2011년 12월 1일

펴낸이 | 이주명
출력 | 문형사
종이 | 화인페이퍼
인쇄 | 한영문화사
제본 | 한영제책사

펴낸곳 | 필맥
출판등록 | 제 300-2003-63호
주소 | 서울시 서대문구 충정로2가 184-4 경기빌딩 606호
이메일 | philmac@philmac.co.kr
홈페이지 | www.philmac.co.kr
전화 | 02-392-4491
팩스 | 02-392-4492

ISBN 978-89-91071-89-6 (03910)

잘못된 책은 바꾸어 드립니다.
값은 뒤표지에 있습니다.

이 도서의 국립중앙도서관 출판시도서목록(CIP)은 e-CIP 홈페이지(http://www.nl.go.kr/cip.php)에서
이용하실 수 있습니다.(CIP제어번호: CIP2011002286)

박정희

정권의 역사

이윤섭 지음

필맥

머리말

18세기 후반에 영국에서 발단된 산업혁명은 전 세계 근대화의 시작이었다. 산업혁명은 단순히 공업이 농업을 제치고 가장 중요한 산업이 되는 데 그친 것이 아니라 인간사회의 모든 틀이 바뀌는 인류역사의 변곡점이었다.

산업혁명은 기술혁신을 통해 물질적 재화의 생산에 광물 등 각종 자원을 광범위하게 이용하는 생산양식으로 이행하는 과정이었다. 또한 인구과잉으로 빈곤이 만성화된 농업국가에서 탈피하려는 인간의 노력이기도 했다. 산업혁명 이전에는 영토와 인구가 국력을 재는 척도였으나 이후에는 철강, 석탄 등 공업 생산이 국력에서 더 큰 비중을 차지하게 됐다. 이에 따라 중국이나 인도와 같은 전통적인 제국은 더 이상 강대국이라고 할 수 없게 됐다.

산업혁명을 먼저 이룬 유럽의 일부 나라들과 미국은 제국주의 국가가 되어 전 세계를 대상으로 식민지 경영에 나섰다. 그 밖의 다른 나라들이 이에 맞서는 방법도 산업혁명을 일으켜 공업국이 되는 것뿐이었다. 이 점을 재빨리 이해한 일본은 전면적인 개혁과 공업화에 성공해 식민지가 되는 것을 면하고 비유럽 국가 중 유일하게 제국주의 국가가 됐고, 근대화가 지지부진한 조선과 중국 등을 식민지로 삼으려 했다.

근대화에 실패해 일제의 식민지가 된 조선은 세계정세의 대변환 덕분에 독립할 수 있었으나, 일제를 패망시킨 미국과 소련 두 강대국의 갈등으로 인해 국토가 분단되어 대한민국과 조선민주주의인민공화국이라는 두 나라로 갈라졌다.

대한민국은 새로이 국가로 태어났으나 이전에 식민지로 전락하지 않을 수 없게 했던 상황에서 여전히 벗어나지 못하고 있었다. 따라서 공업화를 통한 근대화가 신생국가 대한민국의 첫째 과제가 되지 않을 수 없었다. 둘째 과제는 서구식 민주주의를 이식함으로써 지배층이 국민 다수를 일방적으로 억압하는 봉건적 삶의 양식에서 탈피하는 것이었다. 이런 두 가지 과제를 달성해야만 대한민국이 약소국 신세에서 벗어나 국제사회에서 수모를 받는 일이 없어지고 국민도 빈곤과 억압에서 벗어나 행복을 추구할 수 있게 될 것이 분명했다. 국민 모두가 대한민국이 그렇게 되기를 고대했다.

그러나 3년간의 한국전쟁으로 철저히 파괴된 대한민국은 미국의 원조에 의지해서만 생존할 수 있는 운명에 처해졌다. 국토가 잿더미가 된 것보다 더 심각한 문제는 국민의 정신이 황폐해진 것이었다. 구한말 이래 외세에 무기력하게 침탈당하면서 생겨난 민족적 자기비하 의식과 열등감은 국민을 자포자기 상태로 몰아넣기 알맞았다. 이러한 때에 '조국 근대화'를 기치로 내걸고 무력으로 집권한 박정희 정권은 법적인 정당성은 없었지만 나름대로 국민에게 호소력을 발휘했다. 근대화라는 과업에 성공한다면 역사적 정당성은 나중에라도 인정받을 수 있는 입장이었다.

박정희 정권이 근대화라는 목표를 어느 정도나 달성했는지에 대해서는 이견이 있다. 하지만 그 뒤로 한국이 경제, 스포츠, 과학, 기술 등의 분야에서 세계 10위권에 들게 된 것에 대해 현재 많은 국민이 자부심을 갖고 있는데 한국이 그렇게 되는 데는 박정희 정권 시대에 시작된 한국경제의 고도성장이 토대가 됐다는 점에 대해서는 국민의 대다수가 인정하고 있다.

그러나 이러한 측면에서 박정희 정권이 거둔 '성공'은 한국과 한국인에게 중대한 딜레마를 안겨주고 있다. 박정희 정권이 군사정변을 통해 집권한 것은 헌법 위반인데 가장 상위의 국가규범인 헌법을 어긴 집권세력이 '성공'을 거둔 것은 그 자체로 문제이기 때문이다. 결과가 수단을 정당화할 수 있다는 사고방식은 인간사회에서 가장 기피돼야 할 것인데, 박정희 정권의 '성공'은 이런 사고방식을 합리화하는 역사적 근거가 될 수도 있는 것이다.

그러나 5·16 군사정변이 실패로 끝나 박정희 정권이 탄생하지 못했다고 가정한다면 한동안 헌정은 중단 없이 유지될 수 있었겠지만 그와 동시에 근대화라는 국가적 과업에도 성과가 있었으리라고 장담할 수는 없다. 또한 전 세계적으로 근대에 헌정중단이라는 불행한 사태를 겪지 않은 국가는 극소수였다는 점을 고려하면 적어도 상대적으로는 '헌정중단 여부'를 박정희 정권에 대한 가장 중요한 평가척도로 삼는 것은 문제가 있다.

다른 나라들의 역사를 봐도 정치적, 경제적 위기를 겪을 때에는 의회정치가 흔들린 사례가 많았다. 이런 사실은 국가에는 헌법을 넘어서는 어떤 목표나 가치가 암묵적으로 존재할 수 있음을 보여준다. 이런 관점에서 보면 5·16 군사정변과 박정희 정권에 대한 평가를 달리 할 수도 있다.

사람은 살아가면서 일상적으로 '평가'를 한다. 사소한 물건 하나를 구매하고 점심식사 메뉴를 고를 때에도 평가라는 과정을 거친다. 교육의 중요한 목적 중 하나도 사회구성원의 평가능력을 키우는 것이라 할 수 있고, 일정한 연령이 넘은 국민에게만 참정권을 주는 것도 평가능력을 고려한 제도일 것이다. 그럼에도 불구하고 평가를 할 때 숱한 오류를 저지르는 것이 또한 사람이다.

18년 동안이나 집권하며 한국 현대사에 크나큰 영향을 준 박정희 정권에 대해 누구나 동의할 수 있는 일반적인 평가를 하기란 어려운 일이다. 어쩌면 한국사에 큰 영향을 주었다는 것 하나만 모두가 동의할 수 있는 평가일 것 같기도 하다. 이 책에서 필자는 평가는 가급적 자제하면서 주로 박정희 정권이 탄생하고 붕괴한 과정을 사실 위주로 다루었다. 박정희 정권이 탄생한 과정은 5·16 쿠데타가 성공한 결과로만 보지 않고 5대 대통령 선거도 중요한 변수로 작용한 결과로도 보고 기술했다. 박정희 정권이 붕괴하게 된 데는 여러 가지 이유가 복합적으로 작용했지만, 이 책에서 필자는 그 주된 배경이었던 미국과의 갈등관계를 비중 있게 다루었다.

사실에 기초한 평가만이 제대로 된 평가라고 할 수 있다. 그러나 '몰상식한 사회'에서는 사실에 기초한 평가를 접하기 어렵다(한국사회는 몰상식한 일이 일상적으로 일어나는 사회라는 데 대해서는 '보수' 진영도 '진보' 진영도 동의하리라 생각한다). 박정희 정권을 다룬 책과 글이 수없이 많이 나왔지만 박정희 정권에 대한 '사실에 기초한 평가'라는 측면에서 합격점을 줄 수 있는 책이나 글은 찾아보기 어렵다. 박정희 정권에 대해서도 평가를 하려면 우선 '사실'을 확보해야 한다. 이것이 필자가 이 책을 쓰게 된 주요 동기 중 하나다.

2011년 5월 이윤섭

3부 | 10 · 26과 12 · 12

1부

4·19와 5·16

1950년대 개관

1945년에 일본이 미국에 무조건 항복하여 일본의 조선 지배는 끝났지만 미군이 38선 이남에, 소련군이 38선 이북에 각각 진주하면서 한반도의 분단이 시작됐다. 남한에는 미국 군정이 들어섰고, 북한에는 소련 군정이 들어섰다. 소련은 미국과 달리 군정청은 설치하지 않았으나 소련군 사령부 안에 민정관리총국을 설치해 실질적으로 군정청의 역할을 하게 했다.

분단을 막기 위한 노력이 줄기차게 이어졌지만, 2차 세계대전 이후로 미국과 소련의 대립이 격화된 탓에 결국 1948년 8월 38선 이남에 자유민주주의 체제의 대한민국이 수립됐고, 이어 9월 38선 이북에 공산주의 체제의 조선민주주의인민공화국이 수립됐다.

1950년 5월 30일에 2대 국회의원 선거가 실시됐다. 선거기간 중 이승만(李承晩) 대통령은 민국당(民國黨), 특히 그 속의 한민당(韓民黨)계를 집중적으로 공격했다. 그는 "민국당은 반정부파"이며 "특히 한민당은 노동자, 농민의 희생을 발판으로 지주와 자본가 계급을 옹호하는 특권정당"이었다고 규정하고 "국민은 그들에게 투표하지 말아야 할 것"이라고 주장했다.

이 선거에서는 1948년의 5·10 총선거에 불참했던 중도계열이 대거 무소속으로 출마해 약진했고(무소속 당선자 126명), 국민의 외면을 받은 민국당은 조병옥(趙炳玉), 김준연(金俊淵), 백남훈, 백관수 등 주요 인사들이 대거 낙선하면서 24석의 의석을 얻는 데 그쳤다. 이승만 대통령을 지지하는 정치세력도 퇴조했다(이승만 대통령은 초당파적 입장을 내세웠기 때문에 이때까지는 독자적인 정당을 만들지 않았다. 그는 1951년에야 자유당을 만들었다.)

보수야당의 대명사인 한민당(韓民黨, 한국민주당)은 1945년 9월 16일 송진우(宋鎭禹), 윤보선(尹潽善), 김병로(金炳魯), 백관수(白寬洙), 이인(李仁), 윤치영(尹致暎), 김도연(金度演), 허정(許政) 등 우익 인사들이 집결하여 천도교기념관에서 창당대회를 열고 창당했다. 그들은 창당선언에서 "우리는 맹세한다. 중경의 대한민국 임시정부를 광복 벽두의 우리 정부로서 맞이하려 한다"고 밝혔다. 영수로는 이승만, 서재필, 김구, 이시영, 문창범, 권동진, 오세창 등 7인이 추대됐다.

　　한민당의 인적 구성을 보면 지주와 일제관료 출신이 많아 친일 색채를 띠었다. 항일투쟁 경력이 있는 이들은 김구와 신간회 출신의 김병로, 백관수, 조병옥 등 소수에 불과했다. 한민당은 강령과 정책에서 민주주의를 내세웠으나 그 실제 행적은 달랐다. 미군정 당국과 밀착해 사대주의라는 비판을 받기도 했고, 농지개혁법이 심의되는 과정에서는 지주계급의 이익을 대변했다. 반민족행위특별법이 처리되는 과정에서도 미온적인 태도를 보여 친일집단이라는 비난을 들었다. 창당이념과 배치되는 이런 모습에 실망한 당원들이 많이 이탈해서 결국은 보수 일색의 정당이 됐다.

　　한민당은 1948년 5월 10일 실시된 제헌국회 선거에 91명의 후보를 냈는데 그 가운데 29명만 당선됐다. 그러나 무소속 후보 중에 한민당 계열이 다수 있었기에 실질적으로는 76석의 의석을 확보했다. 한민당은 이승만을 대통령으로 추대했으니 여당이라고 할 수 있었으나, 정책상의 입장차이 등으로 이승만 대통령과 사이가 멀어졌다. 한민당은 대한국민당의 신익희(申翼熙), 대동청년단의 지청천(池靑天)과 연합해 1949년 2월 10일 민국당으로 새출발했다. 민국당은 위원장에 신익희, 부위원장에 김도연을 선출하고 창당 초부터 이승만 정권에 강력히 대응했다. 이승만 대통령은 1949년 6월에 발표한 농지개혁으로 많은 지지를 얻었으나, 이로 인해 한민당계 인사들과 결별하게 됐다.

　　한민당은 민국당(民國黨: 민주국민당) → 민주당(民主黨) → 민정당(民政黨) → 민중당(民衆黨) → 신민당(新民黨)으로 계보가 이어진다. 1990년대 이후에는 야당의 계보가 과거 야당과의 계승관계를 따지기 힘들 정도로 어지러워지게 된다.

2대 국회의원 선거가 실시된 지 한 달도 채 지나지 않은 1950년 6월 25일에 소련의 전폭적인 지지를 업은 북한의 김일성이 남한에 대한 총공격령을 내려 3년간의 이른바 한국전쟁이 시작됐다.

3일 만에 서울을 점령한 김일성은 7월 하순부터 남한의 주요 인사들을 북으로 끌고 갔다. 우선 7월 하순에는 김규식, 조소앙, 안재홍, 오하영, 윤기섭, 엄항섭 등 중간파 및 협상파 정치인들과 김시창, 이승기 등 저명한 학자들, 그리고 김약수, 노일환 등 이른바 '국회 프락치 사건'과 관련된 국회의원들까지 80여 명이 평양으로 이송됐다. 북한 노동당의 조직담당 간부인 김천명은 "평양의 발전상을 돌아보고 다시 서울로 돌아올 것"이라고 속이고 이들을 북한으로 이송했다.

8월부터는 강제납북이 본격적으로 시작됐다. 이때 국회의원과 학자들을 포함해 약 100명이 북한으로 이송됐다. 서울대 총장 최규동, 고려대 총장 현상윤을 비롯해 고원훈, 최린, 이광수, 정인보, 구자옥, 김동원, 손진태 등이 이때 납북됐다.

9월 15일 유엔 연합군의 인천 상륙작전이 성공하여 9월 28일 서울이 수복됐다. 당시 서울은 폐허가 돼있었고, 곳곳에 시체가 널려 있었다. 미국 대사관의 1등 서기관인 해럴드 노블(Harold Noble)은 당시 서울의 상황에 대해 다음과 같은 기록을 남겼다.

폐허가 된 길거리에 남녀노소 없이 많은 시민이 나와서 이승만 대통령의 차량 행렬이 지나가자 태극기를 흔들며 열렬히 환호했다. 모두들 굶주림과 질병으로 야위고 지쳐보였다. 환호는 자발적인 것이 분명했다. 이들에게 거리에 나와 환호하라고 지시할 사람이 아무도 없었기 때문이다. 이들 모두 서울을 되찾고 정부가 돌아온 사실에 기뻐 열광했고, 머지않아 예전과 같은 삶으로 돌아갈 수 있다는 기대에 부풀어 눈물을 흘렸다.

부서지고 불에 타버린 서울의 모습은 한마디로 처참했다. 부산에서 브리핑을
받고 소식을 전해 들었지만 이 정도로 참혹한 모습일 줄은 상상도 못했다. 시간
이 흐른 후 찬찬히 도시의 모습을 살펴보니 더욱 암담하고 끔찍했다. 나는 2차
세계대전 직후에 요코하마와 도쿄에 있었지만, 서울은 그보다 훨씬 심각한 피
해를 입은 모습이었다. 파괴된 도시의 모습에 우리 모두 참담함을 금치 못했
다. …
무초 대사와 내가 살았던 대사관저 1지역으로 차를 몰았다. 얼핏 보아도 포격
으로 인한 물리적 피해를 절감할 수 있었다. 관리인들이 살던 2층짜리 숙소는
포탄을 맞아 산산조각 났고, 그 옆에 있는 두 채의 작은 집도 피해를 입었는데
그중 하나는 복구가 불가능한 정도였다. 특히 무초 대사는 평생 전 세계를 다니
며 모은 수집품이 사라진 것에 크게 상심했다.

10월 1일 국군이 38선을 넘어 북진하자 북한은 납북한 인사들을 이끌고
후퇴했다. 최린과 정인보는 신병으로 걷지 못해 인민군이 업어서 이송했고, 이
광수는 들것에 실려 옮겨졌다.

10월 13일 중국 공산당 지도부가 한국전쟁에 참전한다는 결정을 내렸다.
이에 따라 19일부터 중국군이 압록강을 넘어 북한 영내로 들어왔다. 10월 15일
김일성의 지시에 따라 한규만 소좌가 이끄는 북한의 내무서원들이 조만식을
살해했다.

11월 1일 중국군은 1차 공세를 개시해 미군 제1군단을 패퇴시켰다. 5일
중국군 사령관 팽덕회가 공격 중지령을 내려 중국군의 1차 공세가 끝났다. 11
월 25일 중국군이 2차 공세를 시작했고, 이에 밀리게 된 유엔군이 12월 3일 총
퇴각을 개시했다. 12월 31일 중국군이 3차 공세를 시작했다. 중국군은 서울과
인천을 점령하는 성과를 거두고 1951년 1월 8일 3차 공세를 마무리했다.

1월 25일 리지웨이(Matthew Ridgway) 미8군 사령관의 주도 아래 유엔군

의 반격이 시작됐다. 이때 중국군이 한국전쟁에 참전한 이래 처음으로 패배해서 38선 이북으로 물러났다. 유엔군은 2월 14일 서울을 수복했다. 이후 전선은 38선 인근에서 교착됐다. 미국, 중국, 북한, 남한이 모두 전쟁을 계속하기에는 힘이 부쳤다. 그러나 스탈린이 종전을 완강히 거부함에 따라 소모전이 계속 이어졌다.

전시에는 국가가 책임을 져야 할 범죄가 많이 발생하기 마련이다. 한국전쟁에서는 1951년에 거창 양민학살 사건과 국민방위군 사건이 일어났다.

거창 양민학살 사건은 1951년 2월 11일 국군과 유격전을 벌이는 공산군과 내통했다는 혐의로 거창군 주민 700명 이상을 국군이 학살한 사건이다. 이는 1950년 12월 공산 게릴라들이 경남 거창군 신원면의 지서를 습격해 경찰 30여 명을 사살한 것에 대응해 국군이 출동해 소탕전을 벌이다가 저지른 일이었다. 군인들은 증거를 없애기 위해 시체에 휘발유를 뿌려 태우거나 산을 폭파시켜 시체를 묻기도 했다.

국민방위군 사건은 국민방위군 간부들이 군수물자를 횡령한 사건이다. 국민방위군은 국민방위군설치법(1950년 12월 16일 공포)에 따라 제2국민병 해당자인 만 17세 이상 40세 미만의 장정으로 조직된 군대였다. 국군은 중국군의 개입으로 전황이 불리해지자 약 50만 명의 장정들을 51개 교육연대에 분산시켜 수용하고 국민방위군을 편성했다. 그러나 동원·수송·훈련·무장을 위한 예산의 부족, 지휘통솔의 미숙함 등 문제점이 많았다. 이 국민방위군의 사령부 간부들이 군사물자와 군량미 등을 횡령하고 착복한 탓에 그렇지 않아도 부족한 보급물자가 더욱 부족하게 되어 장정들 사이에서 사망자와 환자가 많이 발생했다. 1951년 3월까지 국민방위군 병력 중 5만 명 이상이 굶주림, 추위, 질병으로 죽거나 불구가 된 것으로 집계됐다. 1951년 4월 30일 국회는 국민방위군의 해체를 결의했고, 이에 따라 국민방위군은 5월 12일 해체됐다. 7월 19일 군

법회의는 국민방위군의 김윤근 사령관과 윤익헌 부사령관 능 5명에게 사형을
선고했고, 이들은 8월 12일 총살됐다.

한국전쟁이 한창이던 1952년 4월 17일 민국당이 내각책임제 개헌안을 국회
에 제출했다. 이에 따라 여야간 정치적 대립이 격화됐다. 이승만 대통령은 5
월 26일 전라도와 경상도에 비상계엄령을 선포하고 야당 의원들을 대거 연행
했다.

앨런 라이트너(Allan Lightner) 미국 대리대사는 본국 정부의 훈령도 받지
않고 계엄령이 선포된 당일 이승만을 찾아가 "자유와 민주주의 원칙을 지키기
위해 전쟁을 치르는 상황"이라며 계엄을 해제하라고 요구했다. 이에 이승만은
내정간섭이라며 거부했다. 29일에는 이승만 대통령의 계엄령 선포에 항의하여
김성수(金性洙) 부통령이 사임했다.

이승만을 대통령직에서 강제로 끌어내려서라도 사태를 해결해야 한다는
생각을 하게 된 라이트너 대리대사는 마크 클라크(Mark Clark) 유엔군 사령관,
밴 플리트(Van Fleet) 미8군 사령관과 이 문제에 대해 논의했다. 클라크와 플리
트는 이승만을 대신할 인물이 없다는 이유로 반대했다.

1952년 6월 4일 미국 국무성과 합동참모본부의 연석회의가 열렸다. 휴가
차 미국에 머물던 존 무초(John J. Muccio) 주한 미국대사도 참석했다. 이날 회
의의 결론은 한국에 군사정권이 들어서는 것보다는 문민정권이 유지되는 것이
바람직하며 미국은 군사적으로 개입하지 않는다는 것이었다.

이승만은 국회에서 대통령을 선출하도록 규정한 헌법을 고쳐 대통령 직
선제를 도입하기 위한 개헌을 추진했다. 7월 4일 정부가 제출한 직선제 개헌안
과 민국당의 내각제 개헌안을 절충한 이른바 '발췌개헌안'이 재적의원 185명
중 출석 166명, 찬성 163명으로 국회에서 통과됐다. 이 개헌의 요점은 대통령
과 부통령 직선제, 국무총리와 국무위원의 국회에 대한 연대책임제 등을 도입

한 것이었다.

8월 5일 치러진 대통령 선거에서 이승만 대통령은 523만 8천 표를 얻어 74.5%라는 압도적인 득표율로 재선됐다. 무소속의 조봉암(曺奉岩) 후보는 2위였지만 79만 7천 표를 얻는 데 그쳤다. 부통령 선거에서는 무소속으로 출마한 독립운동가 함태영(咸台永) 후보가 294만 표를 얻어 당선됐다. 여당인 자유당(1951년 12월에 창당됨)의 이범석(李範奭) 후보는 181만 5천 표, 민국당의 조병옥 후보는 57만 5천 표를 얻는 데 그쳤다. 당시의 헌법은 대통령과 부통령을 각각 직선으로 뽑도록 규정하고 있었으므로 이렇게 대통령과 부통령이 여야로 갈리는 게 가능했다.

3년간에 걸친 한국전쟁으로 전국은 폐허가 됐고, 국민은 하루하루 연명하기에 급급했다. 봄이면 식량이 바닥난 절량농가(絶糧農家)가 속출했다. 1953년에 남한의 전체 농가 220만 호 가운데 절반인 110만 호가 절량농가였다. 다음은 1953년 봄의 상황에 대한 서술 가운데 하나다.

절량농가들은 초근목피로 살아간다지만, 1953년 5월 국회의원들의 조사에는

함태영(咸台永, 1873~1964)

독립운동가, 정치가, 종교인. 함경북도 무산(茂山) 출생. 1895년(고종 32년) 법관양성소를 졸업하고 한성재판소 검사가 됐다. 1898년 독립협회 사건 때 이상재(李商在) 등에게 무죄를 선고해서 파면됐다. 그 뒤로 고등재판소 검사, 법부 법률기초의원, 대심원 판사, 복심법원 판사 등을 지냈다. 강직한 성품 때문에 집권층의 미움을 사서 해임과 복직을 거듭했다.

1910년 국권이 피탈되자 공직을 떠나 기독교에 입교했고, 3·1운동 때 민족대표 48인 중 한 사람으로 활동하다가 체포되어 징역 3년형을 선고받았다. 출옥 후에 평양신학교를 졸업하고 목사가 되어 목회활동에 힘썼다. 8·15 광복 이후 제2대 심계원장(審計院長)과 한국신학대학 학장 등을 지냈다. 1952년에 제3대 부통령에 당선됐고, 1962년에 대한민국 건국훈장 국민장을 받았다.

불에 볶은 왕겨가루와 나무를 썰어 만는 나무숙과 뿌르스름인 백노가무 풍의
음식물이 나와 있었다. 쑥이나 나물로 만든 죽은 상등음식이었다. 의원들은 부
황병이 든 얼굴을 차마 눈으로 볼 수 없었고, 그저 살게 해달라는 애소를 받고
돌아왔다.

전북 옥구에서는 미군부대에서 흘러나오는 음식찌꺼기를 도맡다가 물에 넣
고 끓여 한 그릇에 30환씩 받았다. 이러한 목불인견의 정황인데도 충남도에서
는 4만 5천여 석의 양곡을 극빈자 긴급구호로 가장하여 극소수 특권층이 차지
했고, 전남도에서는 1만 2700석을 공문서에서는 춘궁기 긴급타개용이니 절대
유용치 말라고 지시해 놓고는 몰래 특배를 지시하여 처분했다. 전북에서도 비
슷한 일이 발생했다고 한다.

서중석, 《조봉암과 1950년대(하)》, 역사비평사, 1999, 546쪽

한국전쟁의 휴전에 반대하던 스탈린이 1953년 3월에 사망하자 4월에 휴
전회담이 속개됐다. 이승만 대통령은 통일 없는 휴전은 있을 수 없다며 휴전에
반대하는 운동을 전개했다. 그는 유엔군 사령관에게 위임된 한국군에 대한 작
전지휘권을 회수하여 필요하면 한국군 단독으로라도 끝까지 싸우겠다는 결의
를 드와이트 아이젠하워 미국 대통령에게 전했다.

이승만 대통령은 미국이 한국과 상호방위조약을 체결해 한국의 안전을
보장해야 휴전에 동의할 수 있다는 뜻을 밝혔다. 그러나 미국 정부로서는 한국
과 군사동맹을 체결해야 할 절박한 이유가 없었다.

5월 4일 클라크 유엔군 사령관은 이승만이 휴전협정 체결에 끝까지 반대
할 경우에는 그를 구금하고 새로운 친미정부를 세운다는 방안을 내놓았다. 미
국 국무성 관리들은 이 방안에 반대했다.

1953년 5월 29일과 30일 이틀 간 워싱턴에서 국무성, 국방성, 백악관의 고
위정책 담당자들이 회의를 가졌다. 이 회의에서 조지프 콜린스(Joseph Lawton

Collins) 미국 육군 참모총장은 휴전에 방해가 되는 이승만을 제거하고 휴전에 협조적인 친미정부를 세워야 한다고 주장했다. 그는 "이승만의 협박에 굴복하는 것보다는 차라리 주한미군의 안전을 구실로 그를 구금하는 것에 찬성한다"면서 한국과 상호방위조약을 체결하는 것은 이승만의 손에 채찍을 쥐어주는 것과 같다고 주장했다.

그러나 콜린스의 제안은 받아들여지지 않았고, 회의는 한국과 상호방위조약을 체결한다는 결론을 내렸다. 아이젠하워 대통령은 이를 재가했다. 1953년 7월 27일 한국은 불참한 가운데 미국, 중국, 북한 사이에 휴전협정이 조인됐다.

한국전쟁으로 인한 인명피해가 얼마나 되는지는 정확하게는 알 수 없다. 《두 한국(Two Koreas)》의 저자 오버도퍼(Don Oberdorfer)는 유엔군 40만 명(이중 3분의 2는 한국군), 북한군 52만 명, 중국군 92만 명이 전사한 것으로 추정한다. 미군의 전사자는 3만 6천 명 이상으로 집계됐다. 또한 남한에서 죽거나 실종된 인구는 모두 100만~150만 명 정도로 추정된다.

한국전쟁의 참상은 이루 말할 수 없을 정도였다. 이 전쟁으로 인해 한국 사람들은 일본 제국주의의 지배를 받던 시기보다 더 비참하게 됐다. 박완서의 소설에 당시의 상황을 이야기하는 대목이 나온다.

욕먹을 소리지만 이런저런 세상 다 겪고 보고 나니 차라리 일제시대가 나았다 싶을 적이 다 있다니까요. 아무리 압박과 무시를 당했지만 그래도 그때는 우리 민족, 내 식구끼리는 얼마나 잘 뭉치고 감쌌어요. 그러던 우리끼리 지금 이게 뭡니까? 이런 놈의 전쟁이 세상에 어디 있겠어요. 같은 민족끼리 불구대천의 원수가 되어 형제간에 총질하고 부부간에 이별하고 모자간에 웬수지고 이웃끼리 고발하고 한 핏줄을 산산이 흩뜨려 척을 지게 만들었으니.

박완서, 《그 산이 정말 거기에 있었을까》, 웅진닷컴, 2003

중국은 한국전쟁 참전으로 엄청난 인석, 물석 손실을 입신 샀시민 믿은 밋이 더 많았다. 이렇게 말할 수 있는 것은 한국전쟁 참전으로 중국은 독립국가가 될 가능성이 다분했던 만주를 통합하게 됐기 때문이다. 한국전쟁이 일어나기 전에는 소련과 밀착한 고강(高崗)이 만주를 장악하고 '독립왕국'으로 키워가고 있었다.

섬서성(陝西省) 출신인 고강은 1927년 중국의 국공(國共)분열 후에 산서성(山西省) 북부에서 유지단(劉志丹) 등과 함께 혁명운동에 참여한 뒤 그곳에 항일혁명의 근거지를 수립해 놓고 장정(長征) 중이던 중국공산당 군대를 맞아들였다. 이 공적으로 그는 1945년에 중국공산당 중앙위원회 위원으로 선출됐다. 중일전쟁이 끝나자 그는 중국에서 유일하게 공업화된 지역인 만주로 가서 중국공산당 동북국 서기 겸 동북 행정위원회·경제재정위원회 주임이 됐다.

고강은 1949년 7월에 중국공산당 대표단의 일원으로 소련을 방문했고, 이때 중국공산당 대표단은 소련 당국과 1년 기간의 무역협정을 체결했다. 고강은 이어 8월에는 동북 인민정부를 수립하고 그 주석이 됐다. 이때부터 고강의 동북 인민정부는 중앙정부와 대립하면서 독자적인 길로 나아갔다. 화폐마저 중앙정부가 발행하는 화폐와 다른 것을 사용하는 등 경제도 독립적으로 운영하는 태도를 취했다. 그는 1949년 10월에 중국공산당이 중국을 통일하자 중앙 인민정부 부주석과 인민혁명군사위원회 부주석의 자리를 차지했다.

고강의 '동북(만주) 특수화' 추구는 스탈린의 적극적인 지지를 받았다. 그러나 중국이 한국전쟁에 참여한 대가로 스탈린이 중국에 만주를 양보하는 자세를 취했고, 이에 따라 1952년 11월 중국공산당 인민정부 19차 회의에서 대행정구(大行政區)의 권력을 중앙정부로 집중시킨다는 결정이 내려졌다. 이로써 만주 특수화 움직임은 중단됐다. 유사 이래 거의 언제나 만주는 중국 본토와 분리된 독자적인 지역이었다. 중국이 이때 만주를 영토화한 것은 중국의 국력이 크게 신장된 것을 의미했고, 한반도의 안보에 크나큰 위협을 주는 일이었다. 중국공산당은 1954년에 고강이 자살했다고 발표했고, 1955년에는 그가 생전에 반혁명 음모를 꾸몄으므로 당에서 제명한다고 발표했다.

또한 한국전쟁 참전으로 국제정치에서 중국의 위상이 크게 올라갔다. 19세기 전반의 아편전쟁 이후 서양 열강과 일본에 그토록 수모와 멸시를 당하던 중국이 33개월간 세계 최강국인 미국에 맞서 전쟁을 한 결과로 미국과 동등한 자격으로 휴전협정에 서명하게 됐다. 그 뒤로 중국은 국제사회에서 강대국으로 인정받으면서 비동맹회의를 지도하는 나라가 되기도 했다.

한국전쟁으로 가장 큰 이익을 본 국가는 일본이다. 일본은 한국전쟁 기간에 미군을 포함한 유엔군에 모두 23억 달러 이상의 물자를 판매했고, 그 덕에 1950년부터 1952년까지 일본의 경제성장률이 매년 10%를 넘었다. 또한 한국과 일본 사이에 영토분쟁의 소지가 있었던 대마도 문제도 해결됐다. 이승만 대통령은 한국전쟁이 일어나기 직전 미국에 공식으로 대마도는 한국의 영토라고 주장했으나 한국전쟁이 일어난 뒤로는 더 이상 그와 같은 주장을 할 수 없었다.

8월 4일 존 덜레스(John Foster Dulles) 미국 국무장관이 한국을 방문했다. 한미상호방위조약을 가조인하러 온 그는 미국의 일본 중시 정책을 놓고 이승만 대통령과 언쟁을 벌여야 했다. 6일 이틀째 열린 회담에서 이승만 대통령은 "이제까지 미국 대외원조기구 ECA(Economic Cooperation Administration)의 원조 가운데 절반 이상이 일본에 지원됐다"면서 금후에는 일본의 부흥이 아닌 한국의 자립적인 공업기반 형성을 위해 ECA 원조를 운영할 것을 촉구했다. 그러나 덜레스는 극동에서 일본이 갖고 있는 경제적, 정치적, 전략적 위치를 강조하면서 "일본에 대한 사고방식을 바꾸어 일본의 지위와 중요성을 인정하라"고 요구했다.

덜레스는 자체적인 공업화를 추진하는 것보다 일본의 공업제품을 수입하는 것이 한국에 유리하다고 주장했다. 그러나 이승만 대통령은 한국이 일본의 경제적 식민지로 전락할 것을 우려하고 있었다. 그는 덜레스에게 이렇게 경고

했다. "만일 일본이 생산자로서 재선되고 다른 나라들이 소비자로서 계속 남게
되면 그 다른 나라들은 '일본의 노예'로 전락하고 말 것이다. 또한 '일본제국'
이 강화되면 언젠가는 미국도 큰 시련을 당하게 될 것이다."

8월 8일 한국의 변영태(卞榮泰) 외무장관과 미국의 덜레스 국무장관이
'대한민국과 미합중국 간의 상호방위조약'에 가조인했다. 이 조약은 두 달 정
도 뒤인 10월 1일 미국 워싱턴에서 한미 두 나라 대표가 공식으로 조인한 뒤
1954년 1월 15일에 대한민국 국회가, 1월 26일에는 미국 상원이 각각 비준했다.

이로써 대한민국은 미국이 지켜주는 나라가 됐고, 이에 따라 자주국방의
부담에서 벗어나 한정된 자원을 경제발전에 집중시킬 수 있는 여유가 생겼다.
이런 측면에서 본다면, 한미 상호방위조약 체결은 이승만 대통령의 가장 큰 업
적이라고 할 수도 있다.

한국전쟁 이후에 남한의 경제는 거의 전적으로 미국의 원조로 유지됐다.
원조의 대부분은 소비재였다. 기술과 자본이 부족한 한국의 기업들은 원자재
를 수입해 단순가공 후 판매하는 사업에 몰두했다. 이런 사업의 대표적인 업종
은 밀가루, 설탕, 시멘트, 방직이었다. 오늘날의 한국 재벌 대부분이 이런 업종
에서 출발했다. 현대그룹과 한진그룹은 미군 군납으로 성장했다.

1954년에 치러진 5.20 총선거에서 여당인 자유당이 압승을 거두었다. 선거 결
과 총 202석의 국회의석 가운데 자유당이 114석, 민국당이 15석, 무소속이 66
석, 군소 정당이 7석(대한국민당 3석, 국민회 3석, 제헌동지회 1석)을 각각 차
지해 야당세가 현저하게 위축됐다. 이후 자유당은 무소속 의원들을 영입해 개
헌이 가능한 의석수인 137석을 확보했다. 제2당이면서 유일한 야당인 민국당
이 10%도 안 되는 득표에 그친 것은 충격적이었다. 이로써 민국당은 정당이라
기보다 정치인들의 사교클럽 수준에 불과하게 됐다.

이승만 대통령은 1954년 7월에 미국을 방문해 4차례에 걸쳐 아이젠하워

미국 대통령과 정상회담을 가졌다. 덜레스 미국 국무장관은 한일관계의 정상화가 이번 한미 정상회담의 최우선 과제라고 말하며 이승만 대통령에게 반일정책을 포기할 것을 요구했다. 이승만 대통령은 한일회담 과정에서 일본이 보인 '변함없이 한국을 과거의 식민지로 보는 고압적 태도'를 비난하면서 미국의 압력에 반발했다.

회담 사흘째인 7월 29일 격렬한 대립으로 인해 정상회담이 파국을 맞았다. 한미 양쪽의 주장이 평행선을 달렸고, 아이젠하워는 이승만의 완고한 태도에 분노하며 퇴장해버렸다. 얼마 후에 회담이 재개됐다.

이승만에게 아이젠하워는 "반공포로 석방과 같은 독단적인 행동을 다시 취해서는 안 된다"고 말했고, 덜레스는 "귀하는 지나치게 일방적이다", "귀하가 한국의 대통령이 된 것이 누구 덕인지 생각해보라"는 등의 말을 했다. 이에 이승만은 안면에 경련을 일으키면서 "지금 귀하가 한 무례하기 짝이 없는 폭언을 참을 수 없다"면서 자리를 떴다. 그러고는 "이 무례하기 짝이 없는 놈들과는 얘기하고 싶지도 않다"며 남은 의제에 대한 협의를 수행한 육군 참모총장 정일권(丁一權)과 국무총리 백두진(白斗鎭) 등에게 맡기고 먼저 귀국했다.

양유찬 주미 대사가 덜레스 국무장관을 설득해 실무자들끼리 회담을 계속했다. 미국은 4억 2천만 달러의 군사원조와 2억 8천만 달러의 경제원조를 약속했다.

1954년 9월에 초대 대통령에게 무제한 연임을 허용하는 내용의 개헌안이 국회에 제출됐다. 이 개헌안은 11월 27일 국회 표결에서 1표 차로 부결됐으나, 이틀 뒤인 29일 여당이 사사오입(四捨五入: 반올림)의 논리를 내세워 개헌안을 억지로 통과시켰다. 이 때문에 이승만 정권에 대한 여론이 크게 악화됐다. 이런 여론의 동향에 힘입어 민국당과 야당 성향의 무소속 의원 등 60명이 11월 30일 '호헌동지회'라는 교섭단체를 구성했고, 이를 계기로 단일 야당을 결성하기 위한 신당운동이 급속도로 추진됐다. 그러나 혁신계로 분류되는 조봉암의 신당참여 문제를 놓고 논란이 일어났다. 그가 사회주의자로서 활동한 경력이 문제가 됐다.

조봉암은 YMCA 중학부 재학 중 3·1 운동에 참가했다가 붙잡혀 1년간 복역했다. 그는 일본으로 건너가 중앙대학에서 1년간 정치학을 공부하고 비밀결사 흑도회(黑濤會)에 가입해 사회주의에 기초한 독립 쟁취를 목표로 활동하다가 귀국했다. 1922년 소련령 웨르흐네스크에서 열린 고려공산당 합동회의에 국내파 대표로 참가하여 공산당 파벌 통일에 노력했으나 실패했다. 1924년 코민테른의 지시로 모스크바 동방지도자공산대학 단기과정을 이수했다. 귀국한 다음에는 신사상연구회, 북풍회 등 사회주의 단체에 가입해 활동했으며, 이 두 단체가 통합해 화요회를 만들 때 그 창설의 주역으로 활동했다. 1925년 조선공산당 조직에 참여했으며, 조선공산당 제1차당 창당을 주도했다.

그는 1926년 제2차 조선공산당을 수습, 조직하고 5월에 만주에 가서 조선공산당 만주총국을 조직하고 그 책임비서가 됐다. 1926년 6.10 만세운동으로 제2차 조선공산당 조직이 일본 경찰에 의해 다시 해체되자 조선공산당 제3차당인 ML당에 참여했으나 국내당과 마찰을 빚어 지도기능을 잃었다. 그 뒤 코민테른의 결정에 따라 중국공산당에 소속되어 활동했다. 그는 1932년 일본 영사경찰에 의해 상해에서 체포되어 신의주형무소에서 7년간 옥살이를 했다. 그 뒤 고향에서 김조이(金祚伊)와 결혼하고 인천에서 은거했다.

그는 8·15 광복 후에 건국준비위원회와 조선공산당에 참여했으나, 1946년에 박헌영을 비판하는 내용의 공개서한을 내고 조선공산당을 탈당하고 우익으로 전향했다. 1948년에 제헌의원에 당선됐고, 초대 농림부 장관이 되어 토지개혁을 주도했다. 1950년에 2대 국회의원 선거에서 재선되어 국회부의장이 됐다. 1952년 2대 대통령 선거에 무소속으로 출마했지만 차점으로 낙선했다.

조봉암의 신당 가입에 대해 신당추진 세력 중 서상일(徐相日), 장택상(張

澤相), 신도성 등 '민주대동파'는 찬성한 반면에 조병옥, 장면(張勉), 김준연, 정일형(鄭一亨) 등 '자유민주파'는 반대했다. 자유민주파가 조봉암의 신당 참여에 대해 반대한 것은 이념성향의 차이도 문제가 됐지만 그가 강력한 경쟁자라고 인식했기 때문이었다. 이에 따른 찬반논의 속에 조봉암은 김성수의 요청에 따라 '반공' 성명을 내고 신당에 참여할 뜻을 밝혔다. 그러나 결국 조봉암뿐만 아니라 민주대동파도 신당에 참여하지 못했다.

1955년 9월 18일 민국당 의원, 무소속 의원, 자유당 탈당 의원 등 여러 정파가 모여 민주당 창당대회를 열었다. 민주당에 참여한 의원들은 민국당계 13명, 무소속동지회 10명, 무소속 5명, 자유당계 5명 등 모두 33명이었다. 민주당은 집단지도체제를 채택하고 대표최고위원에 신익희, 최고위원에 조병옥, 장면, 곽상훈(郭尙勳), 백남훈(白南薰)을 선출했다. 민주당은 조봉암을 배제하는 등 처음부터 보수색채를 띠었다.

여러 정파가 모여 창당된 탓에 민주당에 파벌은 숙명적인 것이었다. 신익희와 조병옥을 중심으로 한 민국당 계열은 구파로 불렸고, 장면을 중심으로 한 신참 무소속 그룹은 신파로 불렸다. 민주당은 구파이면서도 중도적인 입장을 취한 신익희를 통해 단결을 다지고 질서를 잡아나갔다.

민주당의 구파와 신파 두 파벌은 각각 개인적인 친소관계를 중심으로 결속됐다. 이는 보스를 중심으로 가동되는 가부장적 리더십 구조와 관계가 있

소속 정파	구파	신파
민국당 계열	신익희, 조병옥, 김도연, 김준연, 윤보선, 최천, 정중섭, 김판술, 소선규, 신각휴, 조영규	김상돈, 서동진, 조재천
자유당 계열	김영삼	김영선, 한동석, 성원경, 현석호
무소속 계열	유진산, 김의택, 정재완, 윤형남, 정성태	곽상훈, 정일형, 천세기, 민영남, 윤병호, 이석기, 이철승, 김선태, 신정호

민주당 신파와 구파의 특성 비교

파벌	구파	신파
대표적 지도자	신익희, 조병옥, 백남훈, 김준연, 김도연, 윤보선	장면, 곽상훈, 박순천, 한근조
출신지역	호남, 경기, 충청	영남, 평안도
교육정도	80% 이상 대졸	80% 이상 대졸
교육장소	80% 이상 해외(대부분 일본)	국내, 해외(일본, 미국) 반반
성격	감성적, 타협적, 사교적, 보수적 정치인	이론적, 투쟁적, 재사형 정치인
경력과 직업	정당인, 정치인	관료, 법조인, 금융계 출신
정당 배경	한민당–민국당계	무소속, 원내 자유당, 조선민주당
사회적 배경	지주출신, 상해임시정부에 참여한 인사 일부, 재력가	자유당 이탈자와 흥사단 출신의 신참 야당 인사, 검사, 우익단체, 월남 인사
의원 지역구	호남, 경기, 서울	영남, 서울, 중부
기반지역	지방형	도시형
대여투쟁 방식	협상, 밀담, 이면공작	비타협적, 실제적 강경노선
이념	보수(반공)	보수(반공)
정책	반독재–민주화, 반공	반독재–민주화, 반공
대외관계	친미적, 대외배타적	친일파 및 보수성
혁신계의 비판	친일파 및 보수성	친일파 및 보수성
기호와 습관	다방파, 방석집–선술집–기생집, 애주가(사랑방 방석회의)	일식집–양식집, 대부분 금주(의자 및 테이블회의)

다. 이러한 리더십 구조에서는 지도자와 추종자가 이념적 관계가 아닌 사적 관계로 맺어진다. 한국 야당의 전근대성은 이때부터 이미 그 뿌리를 내리기 시작했다.

신당에 참여하지 못한 조봉암, 서상일, 박기출, 신숙 등은 혁신계 신당을 만들기로 합의하여 1956년 1월 진보당 추진준비위원회를 결성했다.

1956년 5월 15일에 실시된 3대 대통령 선거에서 자유당은 이승만 대통령 후보와 이기붕(李起鵬) 부통령 후보로, 민주당은 구파의 신익희(申翼熙) 대통령 후보와 신파의 장면 부통령 후보로 선거에 나섰다. 진보당 추진준비위원회에서는 조봉암 대통령 후보와 박기출(朴己出) 부통령 후보를 내세웠다.

민주당의 대통령 후보 신익희가 폭발적인 인기를 모아 당선될 가능성이

이름	출생연도	출생지	학력	해방 전 경력	해방 후 경력
신익희	1894	경기 광주	한성외국어대학교, 일본 와세다대학	보성전문 교수, 임시정부 내무부장	국회부의장, 국회의장
조병옥	1895	충남 천안	숭실중학교, 미국 컬럼비아대학원	신문사·광산 경영, 흥사단 사건으로 수감	미군정 경무부장, 내무부 장관
장면	1899	경기 인천	수원농림학교, 미국 맨해튼대학	평양교구장 보좌역, 동성상업학교 교장	초대 주미대사, 국무총리
곽상훈	1896	경남 동래	동래 고등보통학교,	3·1운동 참가, 임시정부 요원	국회의원, 국회부의장
서범석	1902	서울	양정 고등보통학교, 북경 중국대학 정경과 수료	3·1운동 참가, 〈조선일보〉〈시대일보〉〈동아일보〉 기자, 〈만선일보〉 편집부장	국회의원

높아 보였으나 선거일을 열흘 앞둔 5월 5일 호남선 열차를 타고 전북 이리로 가던 중에 열차 안에서 뇌일혈로 사망했다. 당시의 선거법 아래서는 대통령 후보가 선거기간 중에 사망한 경우 해당 정당은 대통령 후보를 바꿀 수 없었다. 민주당이 선택할 수 있는 대안 가운데 하나는 조봉암 후보를 지지하는 것이었다. 그러나 보수적인 성향의 민주당은 조봉암 후보를 지지하지 않고 부통령 후보인 장면을 당선시키는 데 전력을 기울였다. 민주당의 김준연은 신문을 통해 "조봉암을 지지하느니 차라리 이승만을 지지하겠다"는 내용의 성명까지 발표했다. 김준연은 일제시대에 조봉암과 ML당을 같이 한 바 있는 인물이었다. 오히려 진보당 추진준비위원회의 박기출 후보가 장면의 부통령 당선을 위해 선거 막판에 사퇴했다.

이승만 후보는 유력한 경쟁자가 사라진 덕분에 손쉽게 대통령에 당선됐다. 조봉암 후보는 농민 인구가 많은 전라도와 경상도에서 예상외로 많은 득표를 하여 모두 216만여 표를 얻었다.

부통령 선거에서는 장면이 401만 표를 얻어 380만 표를 얻은 자유당의 이기붕 후보를 누르고 부통령에 당선됐다. 이로써 대통령과 부통령이 여야로 갈

1956년 3대 대통령 선거의 지역별 개표 결과		
	이승만	조봉암
서울	20만 5253	11만 9129
경기	60만 7757	18만 150
강원	64만 4693	6만 5270
충북	35만 3201	5만 7026
충남	53만 531	15만 7973
전북	42만 4674	28만 1068
전남	74만 1623	28만 6787
경북	62만 1530	50만 1917
경남	83만 492	50만 2507
제주	8만 6683	1만 1981
합계	**504만 6437**	**216만 3808**

리게 됐다.

9월 28일 열린 민주당 2차 전당대회에서 조병옥이 대표최고위원으로 선출됐다. 이 전당대회에서 장면 부통령이 저격당해 부상을 입는 사건이 발생했다.

민주당에서는 각각 조병옥과 장면을 중심으로 하는 구파와 신파 사이의 파쟁이 심했다. 조병옥 민주당 대표최고위원은 당권에 집요하게 도전하는 신파를 존중하고 설득하는 태도를 보이며 파쟁을 극복해나갔다.

서상일계가 진보당 추진준비위원회에서 탈퇴한 가운데 조봉암계는 1956년 11월 민주사회주의를 표방하는 진보당을 창당했다.

4·19 학생의거와 민주당 정권의 성립

1950년대 후반에는 이승만 대통령이 육체적, 정신적으로 쇠약해지면서 그의
지도력이 크게 약해졌다. 자유당의 실력자인 이기붕의 건강은 더 나빴다. 그는
운동신경실조증이라는 희귀병에 시달리고 있었다. 이 때문에 자유당의 강경파
와 경무대(景武臺: 오늘날의 청와대) 비서가 정치를 좌우하게 됐다. 이승만 대
통령은 '인의 장막'에 가려졌고, 장관도 그를 만나기 어렵게 됐다. 1959년 8월
중순에 다울링(Walter C. Dowling) 주한 미국대사는 허터(Christian A. Herter)
미국 국무장관에게 다음과 같이 보고했다.

영부인이 비서 박찬일과 협력하여 대통령을 불쾌하게 할 만한 정보를 되도록
차단하려고 노력하고 있다. 간혹 대통령이 확실히 알지 못하는 건에 대해 그녀
가 이승만 대통령의 이름으로 직접 정책결정을 내리기도 하는 것이 관행이 됐
다. 최근 이 대통령이 정신적, 육체적으로 쇠약해지고 그가 숙지하지 못하는
외부의 통제불가능한 정보가 증가하면서 이 같은 관행이 실행될 가능성이 훨씬
높아졌다. 아마도 박찬일이 프란체스카 여사의 암묵적인 동의하에 보다 강력
한 권력을 행사하고 있을 것으로 추측된다.

1959년 12월에 민주당은 1960년에 실시될 정부통령 선거에 대비해 대통령 후보 지명대회를 열었다. 이 대회에서 구파인 조병옥이 대통령 후보로 선출되고 신파인 장면이 부통령 후보에 선출되는 동시에 당 대표 자리도 맡게 되어 신파와 구파 사이에 균형이 유지됐다.

이 시기에 한국사회는 물가 상승, 조세부담 증가, 농촌경제 파탄 등으로 인해 정부에 대한 국민의 불만이 팽배한 상태였다. 대학을 나와 취직하지 못하고 노는 고등실업자가 늘어나고 학생운동과 노동운동에 대한 탄압이 심해지면서 사회불안이 가중됐다. 한국경제는 미국의 원조에 거의 전적으로 의존하고 있었는데 1957년부터 원조가 대폭 줄어들자 그렇지 않아도 어렵던 국민생활이 더욱 어렵게 됐다. 민생고가 극심해짐에 따라 선거에서 야당이 승리할 가능성이 매우 높아졌다.

이승만 정권과 미국 정부의 관계도 악화되고 있었다. 1958년 12월 24일 국회에서 무술경관들이 야당 의원들을 연금한 상태에서 보안법이 통과되어 파동이 일어나자 미국 정부는 1959년 1월에 불만의 표시로 다울링 대사를 소환하기도 했다. 이승만 정권이 한일간 국교 정상화에 소극적인 태도를 취한 것도 미국 정부의 불만을 키우는 요인이었다.

조병옥 민주당 대통령 후보는 1960년 1월 19일 암 치료를 위해 미국으로 건너가 월터 리드(Walter Reed) 종합병원에 입원했다. 이승만 정부는 선거유세 개시일을 2월 1일로, 선거일을 3월 15일로 결정해 공고했다. 이렇게 조기선거를 실시하기로 한 것에 대해 이승만 정부는 농번기를 피하고 정국을 안정시키기 위해서라고 설명했다.

1960년 2월 16일에 조병옥 후보가 미국에서 사망했다. 선거일을 1개월가량 앞둔 시점이었다. 민주당은 1956년에 이어 1960년에도 대통령선거 기간 중에 대통령 후보가 사망하는 불운을 당한 것이었다. 대통령 후보 등록이 마감된 뒤였기에 민주당이 다른 후보를 내세울 수도 없었다.

조병옥 후보의 사망으로 대통령 선거에서는 이승만이 4선으로 당선될 것이 틀림없는 상황이 됐으나, 부통령 선거에서는 장면 후보가 다시 승리할 것이 분명해 보였다. 이에 자유당의 부통령 후보인 국회의장 이기붕의 추종세력이 부정선거를 획책했다. '3·15 부정선거'는 대통령 자리가 아닌 부통령 자리를 놓고 벌어진 것이다. 이때 내무장관 최인규(崔仁圭)는 전국의 시장, 군수, 경찰 간부들을 불러 놓고 부정투표를 지시했다. 그는 특히 전체 유권자의 40%에 해당하는 투표용지를 자유당 지지표로 만들어 투표함에 미리 넣어두도록 했다.

선거유세 기간 중 2월 28일 일요일 대구에서 그동안 관제시위에 동원되던 고등학생들이 항의시위를 벌였다. 이날 대구에서는 오후 2시에 장면 민주당 부통령 후보의 선거유세가 예정돼있었다. 자유당 경북도당은 며칠 전부터 각급 기관장과 학교장을 소집해 시민과 학생들이 유세장에 가지 못하도록 행사를 열거나 학생들을 등교시키라고 지시했다. 일요일인데도 등교하게 된 학생들이 수업을 거부하고 시위를 벌였다. 학생들이 경찰과 충돌해 20여 명이 부상당하고 200여 명이 연행됐다.

3월 5일 서울운동장에서 민주당의 유세가 열렸는데, 유세가 끝나자 약 1천 명의 학생과 시민들이 "학생들은 궐기하라" 등의 구호를 외치면서 종로에서 시위행진을 벌였다. 3월 8일에는 대전에서 시위에 나선 학생들과 경찰이 충돌해 부상자가 발생했다. 이후 3월 15일까지 전국 각지에서 학원자유화와 공명선거를 요구하는 시위가 계속됐다.

3월 15일 선거가 실시됐다. 투개표 과정에서 부정행위가 저질러졌고, 자유당의 이기붕 부통령 후보가 당선됐다. 특히 군대의 부재자 투표는 상관이 지켜보는 가운데 공개투표로 실시됐다. 사병은 상관이 지켜보는 가운데 대통령 후보 이승만, 부통령 후보 이기붕에 기표를 하고 투표함에 투표용지를 집어넣어야 했다. 말을 안 듣는 사병은 휴가를 보내기도 했다.

선거일인 이날 마산에서 부정선거에 항의하는 시위가 벌어졌고, 경찰이 발포해 사상사가 발생했다. 오후 3시 40분 무렵부터 약 1천 명의 학생과 시민 들이 "부정선거 무효"를 외치며 마산 시내 중심가를 행진했다. 저녁 7시경에는 시위대가 1만 명으로 늘어났다. 8시경에 경찰이 다시 발포했다. 이날 시위로 7 명이 사망하고 870명이 부상당했다.

민주당은 이날 오후 4시 30분 성명을 발표해 "3·15 선거는 선거가 아니 라 선거라는 이름 아래 이루어진 국민주권에 대한 강도행위"라고 규정했다. 3 월 18일 마산사건의 책임을 지고 내무부 장관 최인규와 치안국장 이강학이 사 임했다. 3월 24일에는 부산에서 고등학생들이 부정선거를 규탄하는 시위를 벌 였다. 이에 부산 시내 중고교에 휴교령이 내려졌다. 그러나 다음날 폭우 속에 서도 부산 동성중고, 테레사여고, 경남공고, 혜화여고 등의 학생들이 시위를 벌 였다. 4월 1일 대학이 개학했다. 서울 시내 주요 대학 학생들이 시위를 계획했 다.

4월 11일 오전 11시 20분경 마산사건 때 행방불명됐던 고등학생 김주열의 시체가 발견됐다. 경찰의 잔혹한 시위진압으로 인해 살해된 것이었다. 이에 분 노한 학생과 시민 2만여 명이 규탄시위를 벌였다. 경찰은 오후 9시 30분경에 다시 발포하기 시작해 2명이 사망했다.

4월 18일 고려대 학생들이 국회의사당 앞에서 연좌시위를 벌이며 부정선 거를 규탄한 뒤 학교로 돌아가다가 청계천 4가에서 정치깡패들의 습격을 받았 다. 이때 한 명이 죽고 수십 명이 부상을 입었다.

4월 19일 아침에 〈동아일보〉가 전날 고려대 학생들이 피습당한 사건을 충격적인 사진과 함께 크게 보도했다. 이날 오전부터 10만 명이 넘는 중고교생 과 대학생들이 재선거를 요구하며 시위를 벌였다.

오전 8시 30분경에는 대광고 학생 1천여 명이 신설동 로터리를 돌아 서울 시내 중심가로 행진했고, 9시를 조금 넘어서부터는 서울대에서 문리대 학생들 을 선두로 법대, 약대, 수의대, 치대 소속의 학생들이 시위에 나섰다. 9시 30분에는 서울대 사대생 1천여 명과 상대생 1천여 명이, 10시에는 고려대생 4천여 명이, 10시 20분에는 건국대생 2천여 명이 가두시위에 나섰다. 11시에는 동국대생 2천여 명, 성균관대생 3천여 명이 교문을 나섰고 12시 경에는 연세대생 5천 명, 홍익대생 1천 명이 시내로 진입했다. 정오를 넘어설 무렵 광화문 일대에는 10만 명이 넘는 시위대가 몰렸다(서울 소재 모든 대학이 항의시위에 나섰으나 이기붕의 처 박 마리아와 특수관계에 있는 이화여대의 학생들은 시위에 참여하지 않았다).

경찰은 시위대에 밀려 효자동에서 시위대와 대치했다. 경무대 입구의 정문과 시위대 사이의 거리가 100여 미터로 좁혀졌다. 경찰은 시위대가 더 전진하지 못하도록 소방차를 바리케이드로 배치했다. 오후 1시 40분경 시위대가 소방차 서너 대를 탈취한 뒤 경찰의 저지선을 뚫고 경무대 정문으로 향했다. 경무대 경무관인 곽영주(郭榮周)의 명령으로 경찰이 시위대에 발포하기 시작해 사상자가 속출했다. 총성이 울리자 홍진기(洪璡基) 내무부 장관이 김정렬(金貞烈) 국방부 장관에게 영문을 물었다.

"이건 실포(實砲) 소린데, 아니 진짜 발포를 하나?"

"아니, 실포가 뭐요?"

"진짜 탄환 말이오. 공포가 아닌 진짜 탄환!"

홍진기는 상황을 파악하려고 부산하게 연락을 취해본 뒤 김정렬에게 다가가 말했다.

"아무래도 계엄령을 걸어야겠소. 경찰의 능력은 한계에 이른 것 같습니다."

"그게 무슨 말이오. 경찰이 책임지고 막아야지 군대가 어떻게 시위군중을 해산시킵니까."

계속해서 보고가 들어왔다. "경찰의 발포로 약 100명 사망." "경찰관도 광화문에서 시위군중에게 맞아 죽음." "서울신문사와 반공회관에 방화." "파출소들이 불타고 있음." 이런 보고들에 이어 광화문에 있는 경찰의 중앙무기고가 습격당했다는 보고가 들어왔다. 김정렬은 '성밀도 정찰 끼끼고는 안 되겠구나'라고 판단했다. 그는 홍진기와 함께 대통령 집무실로 들어갔다. 두 사람이 상황을 보고하니 이승만 대통령은 놀라면서 반문했다.

"뭐, 부정선거? 후보자가 나 혼자였는데 무슨 부정선거야?"

"사실은 부통령 선거에서 경찰이 잘못 생각해서 부정을 저질렀습니다."

김정렬은 훗날 회고록에 "각지에서 부정선거를 규탄하는 데모가 일어났는데도 [이승만 대통령은] 부정선거란 말조차 들어보지 못하신 것 같았다"고 썼다. 그는 인의 장막을 친 비서들과 자유당 강경파가 연로한 대통령의 심기에 지장을 줄 만한 신문보도와 정보를 차단했기 때문에 그런 것이라고 생각했다.

"데모군중 중에서 그렇게 많이 죽었나?"

"예, 사태가 그렇게 되었습니다."

"자네들, 계엄령이 무엇인지 아나?"

홍진기 내무부 장관이 "전시, 사변 또는 이에 준하는 국가비상사태가 발생했거나 적과 교전하는 상태에 있거나…"라고 대답하자 이승만 대통령은 "아니, 학생이 적인가?"하고 질책했다.

"아닙니다."

"그런데 무슨 계엄령이야. 계엄령은 그런 데 내는 게 아니야."

김정렬, 홍진기 두 장관은 대통령을 설득하는 데 1시간이 걸렸다. 그들은 결국 오후 1시로 소급해 서울에만 경비계엄을 선포하기로 결정했다. 계엄사령관으로는 원용덕 헌병 총사령관을 내정했다. 그런데 시위가 부산, 대구, 대전, 광주 등 지방으로 확산되고 있다는 보고가 들어왔다.

서울에는 헌병대와 공병대 병력밖에 없었다. 김정렬 국방장관은 경비계엄을 비상계엄으로 바꾸어 서울 외에 부산, 대전, 대구, 광주로도 확대해 선포하고 송요찬(宋堯讚) 육군 참모총장을 계엄사령관으로 임명하는 것에 대해 대통령의 결재를 받았다. 김정렬은 하와이로 출장 간 카터 매그루더(Carter B.

Magruder) 주한미군 사령관을 대리하는 에머슨 커밍스(Emerson Cummings) 주한미군 부사령관에게 상황을 설명하고 가평에 주둔하고 있는 15사단을 계엄 군으로 삼아 서울에 진주시키겠다고 통보하고 양해를 받았다.

오후 5시에 서울, 부산, 대구, 대전, 광주 등 5대 도시에 계엄령이 선포됐다. 오후 8시에는 월터 매카나기(Walter P. McConaughy) 미국 대사가 경무대를 방문해 사태수습에 대해 논의했다. 밤 10시경에 15사단이 계엄군으로 서울로 들어오자 시위가 수그러들었다.

이날 발포로 전국에서 186명이 사망하고 6천 명 정도의 부상자가 발생했다. 사망자는 대학생 22명, 고교생 36명, 노동자 61명, 무직자 33명, 국민학생과 중학생 19명, 화이트칼라 10명, 기타 5명이었다.

4월 20일 계엄사령관 송요찬은 기자회견에서 학생에 대한 보복행위를 금지한다고 밝혔다. 이날 오후부터 KBS가 정규방송을 중단했고, 오후 7시에는 이승만 대통령이 특별담화를 발표했다. 다음날인 21일 전국의 소요사태에 대해 책임을 지고 내각이 총사직했다. 장면은 내외신 기자회견에서 사태수습 방안은 재선거뿐이라고 말했다. 이날 서울대 등 5개 대학 총장들이 계엄사령관과 검찰총장을 찾아가 구속된 학생들을 즉시 석방할 것을 요구했다. 또한 매카나기 미국 대사가 사태수습에 관한 미국 정부의 견해가 담긴 허터 미국 국무장관의 각서를 한국 정부에 전달했다.

송요찬 계엄사령관은 4월 22일 서울대, 고려대 등 9개 대학의 학생대표들과 회담했고, 사망한 학생들에 대한 합동장례식을 허가했다. 이날 이승만 대통령은 국무총리를 역임한 허정(許政)과 변영태를 경무대로 불러 요담했다. 4월 23일에는 시국대책위원회가 구성됐다. 이날 이승만 대통령은 동족살해에 통곡한다면서 계엄해제를 위해 노력하자는 내용의 담화를 발표했다. 국회의장인 이기붕도 내각책임제를 지향하는 뜻에서 부통령에서 사퇴할 것을 고려하겠다는 내용의 담화를 발표했다.

이날 오후 5시 35분에 이승만 대통령이 송요찬 계엄사령관, 박찬일 비서관, 곽영주 경무관을 데리고 아무런 예고도 없이 서울대학 부속병원을 방문해 치료받고 있는 부상자들을 위문했다. 그는 이동식 의사와 간호과장의 안내로 수술 받은 환자들이 쉬고 있는 회복실에 들어가 그들의 상처 입은 부위를 살피고 이마를 짚어보면서 "하루속히 낫도록 하라"고 말했다. 부상자들을 돌아보는 이승만 대통령의 모습은 몹시 침통해 보였다. 그는 간호과장에게 "환자들이 무엇을 먹는가?"라고 묻기도 했고 "모든 것을 잘해주게"라고 당부하기도 했다.

정부는 4월 24일 오전 5시를 기해 서울을 제외한 나머지 모든 지역에 대해서는 비상계엄령을 해제한다고 발표했다. 이날 이승만 대통령은 자유당 총재직을 사퇴했다. 이기붕도 모든 공직에서 물러난다고 발표했다. 그러나 이런 정도의 수습책에 만족하는 국민은 적었다.

4월 25일 계엄사령부는 대통령 특명으로 그동안 구속된 학생 모두를 석방했다고 발표했다. 이승만 대통령은 허정을 국무위원 중 서열 1위인 외무장관에 임명했다. 이기붕이 부통령을 사퇴했으므로 외무장관은 대통령 궐위 시 대통령 권한대행이 되는 자리였다. 이로 미루어 이승만 대통령은 이때 이미 하야를 고려하고 있었던 것 같다. 민주당은 대통령의 사임과 선거의 재실시를 요구하는 성명을 발표했다.

이날 서울 시내 27개 대학의 교수 259명이 시국선언문을 발표하고 시위를 벌였다. 계엄령으로 위축됐던 시민들이 시위에 합류했다. 교수들은 "이승만 대통령은 하야하라"는 구호를 외치며 종로 5가, 미국 대사관 앞 등을 거쳐 태평로에 있는 국회의사당 앞에 가서 만세를 부르고 해산했다. 교수들은 시위에 나서기에 앞서 미국 대사관 측과 자신들의 시위에 관해 협의한 것으로 알려졌다. 미국 정부는 아이젠하워 대통령의 한국 방문을 취소한다고 발표하고 원조 중단의 가능성을 경고하는 방식으로 이승만 대통령을 압박했다.

4월 26일 이른 아침에 1군 사령부에서 군단장급 지휘관 회의가 열렸다. 이 회의에서 이승만 대통령이 하야하는 것만이 사태 해결을 위한 유일한 방책이라는 쪽으로 결론이 내려졌다. 이러한 결의 내용은 오전 8시경 김종오(金鍾五) 참모차장과 미국 수석고문관에게 통고됐다.

서울 중심가에 모인 시위군중은 이승만 대통령의 사임을 요구하며 광화문으로 나아갔다. 계엄군으로 출동한 15사단은 1군 사령부 참모들로부터 "어떠한 경우에도 총을 쏘아서는 안 된다"는 훈시를 받았다. 15사단장 조재미(趙在美) 준장은 장병들에게 강경진압을 하거나 시위대에 위협을 가하지 말라고 주의를 주었다. 계엄군은 시위대를 방관했고, 시위하던 시민들이 탱크에 올라가 환호하는 것도 허용했다. 이날 오후 1시 이승만 대통령이 라디오 연설을 통해 대통령직 사퇴와 선거 재실시 등을 발표했다. 다음은 이승만 대통령의 대국민 담화문 내용이다.

나는 해방 후 본국에 돌아와서 우리 여러 애국애족하는 동포들과 더불어 잘 지내왔으니 이제는 세상을 떠나도 한이 없으나, 나는 무엇이든지 국민이 원하는 것이 있다면 민의를 따라서 하고자 할 것이며 또 그렇게 하기를 원했던 것이다. 보고를 들으면, 우리 사랑하는 청소년 학도들을 위시해서 우리 애국애족하는 동포들이 내게 몇 가지 결심을 요구하고 있다 하니 내가 아래서 말하는 바대로 할 것이며, 한 가지 내가 부탁하고자 하는 것은 우리 동포들이 지금도 38선 이북에서 우리를 침입하고자 공산군이 호시탐탐 기다리고 있다는 것을 명심하고 그늘에게 기회를 주지 않도록 힘써주기를 바라는 바이다.

― 국민이 원한다면 대통령직을 사임하겠다.

― 3 · 15 정부통령 선거에 많은 부정이 있었다 하니 선거를 다시 하도록 지시하였다.

― 선거로 인연한 모든 불미스러운 것을 없게 하기 위하여 이미 이기붕 의장에

게 공직에서 완전히 물러나도록 하였다.

– 내가 이미 합의를 준 것이지만 만일 국민이 원한다면 내각책임제 개헌을 하
겠다.

단기 4293년 4월 26일

대한민국 대통령 이승만

4월 27일 이승만 대통령의 사퇴서가 수리되고 허정 외무장관이 대통령 권한대행이 됐다. 허정(1896~1988)은 부산 출생으로 보성전문학교 법과를 졸업하고 3·1운동에 참여한 뒤 중국으로 망명해 임시정부에 가담했다. 그는 1920년에 프랑스로 건너가 한인거류민회 회장으로 선출됐고, 이어 1922년에 미국으로 건너가 뉴욕 한인유학생회 회장, 미국에서 발행되는 교포신문 〈삼일신보(三一新報)〉의 사장 등을 지냈다. 그는 1945년에 한민당 총무가 됐고, 1948년에는 부산 을구에서 제헌국회의원에 당선된 데 이어 같은 해에 교통부 장관이 됐다. 이후 그는 사회부 장관, 국무총리 서리, 서울특별시장, 한일회담 수석대표 등을 지냈다.

4월 28일 허정 과도정부 내각수반은 "혁명적 정치개혁을 비혁명적 방법으로 달성하겠다"고 천명하고 1차 과도내각 각료 명단을 발표했다. 내무부 장관에 이호, 법무부 장관에 권승렬, 재무부 장관에 윤호병, 문교부 장관에 이병도, 부흥부 장관에 전례용, 보사부 장관에 김성진이 각각 임명됐다.

이날 이승만 대통령은 사저인 이화장으로 거처를 옮겼다. 그는 미국 정부의 권유에 따라 5월 28일 하와이로 떠났다. 이때 이승만 대통령은 잠시 미국을 방문하는 것이지 망명하는 것은 아니라고 생각했다(그는 1965년 7월 19일에 90세를 일기로 사망했고, 국민의 애도 속에 국민장으로 그의 장례가 치러졌다).

5월 1일 과도정부는 3·15 선거는 무효라고 선언했다. 언론은 이승만 대통령을 하야시킨 힘이 미국에서 50%, 학생들에게서 50%가 나왔다고 보도했다.

4·19 학생의거는 일부 부정적인 후유증도 남겼다. 4·19 학생의거의 성공이 엽관주의적 학생운동가들을 크게 고무시킨 것이다. 《김영삼 회고록》에 이런 측면을 잘 보여주는 에피소드가 실려 있다.

4·19는 사회 전반에 변화의 소용돌이를 몰고 왔다. 그런 중에서 이른바 '혁명주체'인 학생회 간부들의 정치의식은 과잉상태로까지 나아갔다. 허정이 과도정부 수반으로서 이승만 정권이 붕괴한 후 빈자리를 메우고 있었으나, 어디까지나 과도기였다.

4·19 직후 한때 학생회 간부들을 중심으로 이른바 '학생내각'을 구성하자는 발상이 나오기도 했다. "혁명을 완수하려면 혁명을 일으킨 학생들이 내각을 구성해야 한다"는 것이었다.

총학생회 연합조직의 부회장을 맡아 바쁘게 다니던 복진풍이 하루는 내게 와서 "형님, 우리가 혁명을 일으켰으니 학생들이 내각을 맡아야 하지 않겠습니까?" 하고 의논을 해왔다. 그게 무슨 소린가 물어보았더니 학생들이 국무총리와 각부 장관을 맡아야 하며, 학생회장단 전체의 분위기가 그렇다는 것이다. 나는 놀라움을 금할 수 없었다. 나 자신도 장관은 생각조차 해본 적이 없던 시절이었다. 그래 내가 한마디 해주었다.

"진풍아, 너 말이지, 정신 좀 차려라. 국무총리에 모 대학생 23살, 문교부 장관 21살, 이렇게 죽 나가다가 복진풍 장관 21살, 이렇게 되면 우리나라가 도대체 어떻게 되는 건가?"

설사 그런 내각이 구성된다고 해도 한 달이 아니라 며칠을 지탱하지 못할 것이었다. 더구나 대학 간에 공과(功過)를 놓고 자리다툼이 벌어질 것이 불을 보듯 했으니, 한마디로 실현되지 못할 발상이었다.

"하여튼 합의가 됐는데요."

"합의가 아니라 합의의 할아버지가 되어도 안 된다."

4·19는 학생들로부터 비롯된 일종의 국민적 혁명이었다. 그거도 이제 막 시작된 미완의 혁명이었다. 구 정권은 붕괴되었지만, 국민적 합의로 새 정부를 탄생시키는 일은 지난한 일이었다. 소박하지만 섣불렀던 '학생내각' 구상은 책상서랍 속의 해프닝으로 끝났지만, 이는 민주주의 경험이 일천했던 우리의 현실을 반증해주는 한 편의 소극(笑劇)같은 것이기도 했다.

김영삼, 《김영삼 회고록》, 백산서당, 2000, 제1권 137~138쪽

4·19 의거의 과정에서 재야인사로 구성된 '시국수습위원회'와 청년과 대학생을 중심으로 결성된 '4·19 청년학생동맹' 등이 활약했으나 이들은 권력에 접근하는 데 필요한 대표성을 갖고 있지 않았다. 따라서 정국의 주도권은 과도정부와 기성 정치세력으로 넘어갔다. 과도체제 아래서 자유당과 경찰은 국민적 원망의 대상이었으나 그 기본 골격은 유지됐다. 국가의 관료체제와 군부도 건재했다. 자유당도 허정 과도정부에서 다수당의 지위를 만끽했다.

이 모든 아이러니는 사태수습을 맡은 허정 과도내각이 '혁명적 정치개혁을 비혁명적인 방법으로 달성한다'는 원칙을 내세웠기 때문에 발생한 것이다. 4·19 이후에도 기성 정치세력은 국민대중의 혁명적 에너지를 대표하는 새로운 세력이 정권의 중심으로 진입하는 것을 막고 기존의 여당과 야당이 서로 자리를 바꾸기만 하면서 기득권을 계속 고수하고자 했다.

즉 과도정부와 양대 보수정당인 민주당과 자유당은 4·19 이후에 일어난 '변화에 대한 국민적 열망'이 사회경제적 개혁으로 이어지는 것을 막으려고 했고, 정치 분야에서도 이승만 대통령의 퇴진으로 사태를 마무리하려고 했다. 또한 과도정부와 민주당은 자유당이 의석의 3분의 2를 차지하고 있는 국회를 해산하기보다는 그대로 유지한 채 정권교체를 이루려고 했다. 민중이 요구하는 대로 국회를 해산하고 총선을 실시하면 변혁의 기운이 고조되어 자유당이 몰락하는 데 그치지 않고 진보적 정치세력이 국회에 진출하는 상황에 직면하

게 될 우려가 있기 때문이었다.

4·19 이후에는 여러 혁신정당이 등장했다. 혁신정당을 만든 사람들은 대체로 해방정국에서 중간파로 활동하던 인사들과 1950년대에 진보당과 민혁당에서 활동하던 인사들이었다. 여기에 1950년대 후반부터 싹트기 시작한 진보적 성향의 청년층도 합류하고 있었다. 그러나 혁신정당에 모인 사람들은 이념으로나 인맥으로나 다양했고, 그들 사이에 정치세력화 구상도 각양각색이었다.

자유당은 '혁신파'와 '재건파'로 분열되어 갈등하다가 6월 1일 소속의원 138명 가운데 104명이 탈당함으로써 사실상 와해됐다.

6월 15일 민주당과 자유당이 합의한 내각제 개헌안이 국회를 통과했고, 7월 29일 5대 국회의원 총선거가 실시됐다. 이 선거에서 민주당이 "독재와 싸운 정당, 마음 놓고 찍어주자"라는 슬로건을 내세워 압승한 반면에 혁신정당과 자유당은 참패했다. 민주당은 233개 민의원(하원) 선거구에서 예상했던 140석을 훨씬 넘는 175석을 얻어 3분의 2 이상의 의석을 차지했다(득표율은 41.7%). 무소속 당선자 수는 49석이었다(득표율은 46.8%).

그러나 혁신정당들은 모두 합해 불과 5석을 얻었고, 자유당도 2석을 얻는 데 그쳤다. 혁신정당 가운데 사회대중당은 민의원 후보 121명, 참의원(상원) 후보 7명을 내세웠으나 민의원 4석, 참의원 1석을 얻었을 뿐이다. 한국사회당은 민의원 후보 18명, 참의원 후보 2명을 냈으나 민의원 1석, 참의원 1석만을 차지했다. 혁신동지총연맹은 민의원 후보 13명, 참의원 후보 1명을 내서 참의원 1석을 얻었다.

이 선거에서 혁신정당들이 얻은 표는 모두 합쳐 53만 표(득표율 6.8%)로 3대 대통령 선거에서 조봉암이 얻었던 220만 표에 비해 대폭 줄어들었다. 이같은 혁신정당들의 참패는 과도정부, 민주당, 언론이 일제히 그들을 좌익으로 매도한 탓도 있었지만, 대중의 극심한 피해의식과 정치적 무관심, 그리고 혁신정당들 자신의 분열이 더 큰 원인으로 삭용한 결과였다.

민주당은 선거에 임하기 전부터 공천 문제로 신파와 구파 사이의 격렬한 파쟁에 시달렸다. 신파와 구파의 관계는 서로 정적이라고 할 수 있을 정도였고, 7월 29일 총선에서 민주당이 대승을 거둔 뒤에 권력분배를 둘러싸고 그와 같은 적대적 관계가 폭발하고 말았다. 1960년 8월 4일 구파가 신파와 결별한다고 선언했다. 이어 8월 6일 구파와 신파는 따로따로 당선자 대회를 치렀다.

8월 8일 제2공화국의 민의원과 참의원이 개원했다. 민의원 의장에는 곽상훈, 참의원 의장에는 백낙준이 선출됐다. 이어 8월 12일 민주당 구파의 윤보선이 민의원—참의원 합동회의에서 대통령으로 선출됐다. 윤보선은 다음날인 13일 대통령에 취임했고, 거처를 경무대로 옮겼다.

실권자인 국무총리를 선출하는 과정에서도 신파와 구파가 표 대결을 벌였다. 양파는 각각 90석 안팎의 의석을 차지하고 있었고, 이는 총리 인준에 필요한 최소 과반수 의석인 115석에 미달하는 것이었다. 이에 따라 양파는 각각 자유당 의원과 무소속 의원들을 상대로 맹렬한 득표작업을 벌였다.

8월 16일 윤보선 대통령이 자신과 마찬가지로 구파인 김도연을 국무총리로 지명했다. 그러나 그에 대한 인준안은 다음날인 17일 민의원에서 찬성 111표, 반대 112표로 부결됐다(이날 남대문시장 상인들이 국회 앞에서 김도연 국무총리 인준에 반대하는 시위를 벌이기도 했다).

이에 윤보선 대통령은 8월 18일 신파인 장면을 새로 국무총리로 지명했다. 그에 대한 인준안은 19일 민의원에서 찬성 117표, 반대 107표로 통과됐다. 이때의 정부체제는 내각제이므로 국무총리에게 실권이 있었는데 신파인 장면이 국무총리가 됨에 따라 민주당 내 세력판도에서 우위를 점하고 있었던 구파가 크게 반발했다.

여하튼 위와 같은 우여곡절 끝에 8월 23일 신파 11명, 구파 1명, 무소속 2명으로 구성된 장면 내각이 출범했다. 장면 내각은 출범하면서 '경제 제일주의’를 국정지표로 선언했다. 신파와 구파로 갈린 민주당이 화합을 이루려면 두 파벌에 장관 자리를 안배해야 했는데 장면이 내각을 신파 일색으로 구성한 것은 분당을 초래할 수 있는 결정이었다. 게다가 장관으로 임명된 인사들 중에 친일파가 많다는 문제점도 있었다. 장면 내각에는 원외 자유당 출신과 자유당에서 이적해온 인사도 여럿 있었고, 재벌과 유착한 인사도 있었다.

민주당 구파는 8월 31일 ‘민주당 구파 동지회’라는 별도의 원내교섭단체를 결성했고, 민주당 신파는 9월 23일 ‘민주당’이라는 이름의 원내교섭단체를 결성했다. 그런데 민주당 신파 안에서도 ‘노장파’와 ‘소장파’가 생겨나 서로 다투게 됐다.

첫 내각이 구성될 때 싹트기 시작한 민주당 신파 내 노장파와 소장파의 다툼은 민주당 신파와 구파의 다툼을 능가할 정도로 치열해졌다. 신파 내 노장파는 오이영 국무원 사무처 장관, 김영성 재무부 장관, 현석호(玄錫虎) 국방부 장관 등 관료출신이 중심이었다. 이에 비해 소장파는 이철승(李哲承) 국방위원장을 비롯해 비교적 젊은 세대의 초재선 의원들로 구성됐다. 노장파는 소장파가 장면 정권의 1차 내각에 입각할 후보자로 추천한 인물들을 철저히 배제했다.

민주당이 신파와 구파, 노장파와 소장파의 세력다툼으로 세월을 보내는 동안에 장면 정권에 불리한 일이 일어났다. 그것은 1960년 10월 8일 법원이 4·19 당시 시경국장이었던 유충열에 대해서만 사형을 선고하고 검찰이 사형을 구형한 홍진기 전 법무부 장관과 곽영주 전 경무대 경무관에 대해서는 각각 징역 9월과 징역 2년을 선고하는 데 그친 것이었다. 4·19에 참여했던 사람들은 이런 법원의 판결에 분노했다.

이때는 장면 정권이 발족한 지 이미 2개월이 지난 시점이었다. 그 사이에 두 차례에 걸친 개각 관련 소동, 민주당 구파의 이탈, 민주당 내 노장파와 소장파의 갈등 등이 이어지다 보니 장면 정권과 민주당은 4·19 뒤처리에 대해서는 생각할 여유조차 없었다. 다만 일부 의원들이 3·15 부정선거 관련자들에 대한 엄벌을 추진하기는 했다. 예를 들어 군 상사 출신의 김응조 의원(민주당 구파)은 '반민주역도 단죄를 위한 혁명군법회의 설치에 관한 대정부 건의안'을 제출했다. 김응조 의원은 3·15 부정선거의 원흉이 민간에만 있는 것이 아니라 군에도 있다는 생각을 굳히고 4·19를 계기로 군에 대한 대대적인 숙청을 실시해야 한다고 주장했다.

4·19와 관련해 기소된 피고들에 대한 법원의 판결이 나온 다음날인 10월 9일부터 부산, 대구, 마산 등지에서 격렬한 시위가 벌어졌다. 10월 11일 환자복 차림을 한 '4·19 부상자'들이 본회의가 열리고 있는 국회 건물로 돌진했다. 그들은 "국회는 혁명입법을 빨리 처리하라", "무능국회는 물러가라" 등의 구호를 외치며 회의장으로 들어가 곽상훈 의장을 밀어내고 의장석이 있는 단상을 점거했다. 의원들은 한마디 항의도 하지 못했다. 곽상훈 의장이 "여러분의 뜻대로 국회가 밤을 새워서라도 특별법을 제정하겠다"고 확약한 다음에야 시위대가 물러갔다.

윤보선 대통령도 "헌법을 개정해서라도 혁명재판을 새로이 출발시킬 수 있는 특별법을 제정할 것"을 요구하는 공한을 국회에 보냈다. 그는 발포를 명령한 자들에 대한 법원의 판결에 대해 "상식적으로 수긍할 수 없다"고 불만을 표시하기도 했다. 당시 헌법은 60조에 "대통령은 국회에 출석하여 발언하거나 또는 서한으로 의견을 표시한다"고 규정하고 있었으므로 국회에 공한을 보낸 윤보선 대통령의 행위는 헌법에 어긋나는 것이 아니었다.

11월 29일 이른바 '반민주행위자 처벌을 위한 소급입법 개헌안'이 민의원에서 총 투표수 200표 중 찬성 191표로 통과된 데 이어 참의원에서도 52표 중 찬성 44표로 가결됐다. 이에 따라 3·15 부정선거 관련자들과 지위나 권력을 이용해 부정한 방법으로 축재한 자들을 처벌하기 위한 4개의 특별법, 즉 '부정선거 관련자 처벌법', '반민주행위자 공민권 제한법', '부정축재자 특별처리법', '특별재판소 설치 및 특별검찰부 조직법'이 제정됐다.

민주당 구파의 윤보선 대통령과 신파의 장면 총리를 중심으로 계속된 구파와 신파 사이의 분란은 11월 18일 구파가 신당 준비대회를 갖고 신민당을 결성한다고 선언함으로써 민주당이 사실상 분당되는 단계로 발전했다. 민주당 구파와 신파는 12월 29일 실시된 지방선거(서울시장과 도지사 선거) 때 각각 별도로 후보를 공천하고 격전을 벌였다.

민주당 신파의 노장파와 소장파는 군 인사를 가지고도 충돌했다.

먼저 박정희 소장에 대한 인사 문제를 놓고 노장파와 소장파가 맞섰다. 노장파는 박정희 소장이 여순 반란사건과 관련해 실형을 선고받은 경력을 고려해 그를 군에서 축출하기로 결정했다. 그러나 이철승 국방위원장을 비롯한 소장파는 박정희 소장을 적극 옹호하고 나섰다. 이철승은 3대 국회의원(민의원) 선거에서 당선된 뒤 계속 국방위원회 소속으로 의정활동을 했고, 그 결과로 국방문제에 관한 한 전문가로 인정받는 정치인이었다. 소장파 덕분에 박정희는 예편을 면하고 1960년 12월 15일 2군 부사령관으로 임명되어 대구로 내려갔다.

이어 1961년 초에는 육군 참모총장 자리를 놓고 양파가 일전을 벌였다. 국방부 장관인 현석호 의원을 비롯한 노장파가 적극적으로 장도영 중장을 육군 참모총장으로 밀자(매그루더 주한미군 사령관이 장도영을 육군 참모총장으로 추천하고 현석호 장관이 이를 받아들인 것이었다) 이철승 의원을 중심으로 한 소장파가 맹렬히 반대했다. 소장파는 장도영의 장인이 현석호 장관과 친한 관계였다는 점과 장도영이 이기붕 국회의장과 가까웠던 점 등을 문제점으로 지적하면서 장도영을 참모총장에 임명하는 데 반대했다. 그러나 노장파의 현석호 장관이 계속 강력하게 장도영을 밀자 장면은 결국 장도영을 육군 참모총장에 임명했다.

5 · 16 군사쿠데타

민주당은 4 · 19 덕분에 별다른 노력 없이 집권한 뒤로 윤보선 중심의 구파와 장면 중심의 신파로 나뉘어 파벌다툼을 하는 데 여념이 없었다. 이런 가운데 연일 계속되는 시위로 혼란스러워진 사회분위기가 쿠데타 음모에 좋은 명분을 제공했다.

민주당 정권은 3 · 15 부정선거를 비롯한 자유당 정권의 실정을 제대로 심판하지 못했을 뿐 아니라 경제분야에서도 내세울 만한 업적을 세우지 못해 민심을 잃고 있었다. 이러한 민주당 정권의 무능력한 모습을 지켜본 국민은 쿠데타가 일어날 때 관망하는 자세를 취하게 된다.

1961년 2월 22일 마침내 민주당 구파가 신민당을 창당했다. 위원장에는 김도연 의원, 간사장에는 유진산 의원이 선출됐다.

장면 정권 때에는 신문사, 통신사 등 언론기관이 우후죽순처럼 생겨나 1500개를 헤아릴 정도가 됐다. 이들은 대부분 비리를 폭로하겠다고 협박해 돈을 뜯어내는 사이비 언론기관으로서 사회혼란을 부추기는 역할을 했다. 남한에 대한 북한의 간첩활동도 눈에 띄게 증가했다. 1960년 한 해에만 남한에서 100명 이상의 북한 간첩이 체포됐다.

이러한 혼란의 와중에 경제도 침체했다. 1960년에 경제성장률이 1959년의 5.2%에 비해 크게 낮은 2.3%로 떨어졌고, 물가는 38%나 올랐다. 1천만 명의 노동인구 가운데 완전실업자가 240만 명, 잠재실업자는 200만 명에 달했다. 즉 노동인구의 4할 이상이 직업 없이 그날그날의 생계를 걱정해야 하는 참담한 실정이었다. 전국실업자협회가 결성되어 활동할 정도로 실업문제가 심각했다. 설상가상으로 1961년 봄에 농업위기로 식량난이 발생해 1961년 3월 현재 모두 2만 7456가구가 정부의 구조가 없으면 당장 굶어죽게 될 형편이었다.

국민은 새로운 정부가 민생문제를 하루빨리 해결해주기를 고대했다. 장면 총리는 민주당 정권 출범과 더불어 경제제일주의를 내걸었으나 마냥 더디게 진행되는 그의 경제발전 정책은 국민을 실망시켰다.

4·19 이후에 혁신세력이 대두하고 북한이 평화공세를 펼친 것이 장면 정권에 큰 부담을 주었다. 김일성은 1960년 8·15 경축사에서 처음으로 '연방제 통일방안'을 들고 나왔다. '선 건설 후 통일'의 입장을 내세운 장면 정권은 이를 즉각 거부했다.

연일 계속되는 시위로 사회가 혼란해지자 장면 정부는 '데모 규제법'과 '반공 임시특별법'을 제정하려고 했다. 그러자 이에 반대하는 혁신계 정당, 신민당의 일부, 신풍회 등 30여 개 단체들이 1961년 3월 18일부터 대대적인 반대시위를 벌였다.

특히 1961년 3월 22일 혁신계가 벌인 횃불데모는 많은 국민에게 불안감을 안겨주었다. 이날 시위대는 서울시청 앞에서 '2대 악법 성토대회'를 연 다음 '장면 정권 타도'를 외치며 명륜동에 있는 장면 총리의 집으로 몰려갔다. 이들은 밤늦도록 '남북회담 개최', '미군 철수' 등의 구호를 목이 터져라 외쳤다.

윤보선 대통령은 한 대의 경호차도 없이 비서실장 전용 지프를 타고 데모

현장에 가서 시위를 지켜보았다. 충격을 받은 윤보선 대통령은 다음날인 23일 장면 총리, 현석호 국방부 장관, 곽상훈 민의원 의장, 백낙준 참의원 의장과 신민당의 김도연 대표, 유진산(柳珍山) 간사장, 양일동(梁一東) 총무 등 정부 요인과 정당 인사들을 청와대로 불러 대책회의를 열었다. 이것은 여야를 망라한 '국가 최고지도자 회의'라고 할 만한 회의였다. 여기서도 의견이 갈리자 윤보선 대통령은 장면 총리에게 거국일치 내각을 구성하고 긴급조치권을 발동해 단호하게 사태수습에 나서라고 촉구했다. 이것을 자신에게 퇴진을 요구한 것으로 받아들인 장면은 반발하면서 윤보선 대통령과 다투었다. 이날 회의는 '현 시국은 위기'라는 데는 의견의 일치를 보았으나 대책에 대해서는 별다른 결론을 내리지 못하고 끝났다. 이즈음 언론들은 '4월 위기설'이니 '5월 위기설'이니 하는 제목의 기사를 자주 실었다.

북진통일을 주장하던 이승만 정권이 무너진 뒤로 대학가에서 급진적인 통일운동이 일어났다. 서울대의 민통련(민족통일연맹)은 5월 3일 북한 학생들에게 판문점에서 만나 통일문제를 협의하자고 제안했다. 5일에는 민통전학련(민족통일전국학생연맹) 결성준비 회의가 열렸고 이 회의에 참석한 학생대표들이 남북 학생회담을 열자고 북한 쪽에 제의했다. 장면 정부가 불허하는 태도를 취하자 범혁신계 조직인 자민통 주최로 13일 서울운동장에서 4만 명이 모여 통일촉진 궐기대회를 열었다.

시국이 불안한 가운데 군부에서 심상치 않은 움직임이 감지됐다. 장면 총리는 1960년 12월 이후 네 차례나 군사쿠데타가 일어날 조짐에 관한 정보를 보고받았고 그때마다 육군 참모총장 장도영에게 문의했다. 장도영은 염려하지 말라는 말만 되풀이할 뿐이었다.

2군 부사령관 박정희 소장은 오래전부터 쿠데타를 도모해오면서 김포 해병여단 여단장 김윤근(金潤根) 준장, 제1공수특전단 단장 박치옥 대령, 6군단 포병단장 문재준 대령, 30사단 참모장, 90연대장, 33사단장 등을 포섭했다. 이들은 쿠데타를 실행하기로 했다. 부대출동은 야간훈련을 명목으로 감행하기로 했다. 이들의 쿠데타 계획에 따른 각 부대의 임무와 출동시간은 다음과 같았다.

- D데이 H아워는 5월 16일 새벽 3시.
- 5월 15일 자정에 비상훈련을 가장한 혁명군 출동령을 예하부대에 하달.
- 선두부대는 제1공수단 박치옥 대령의 지휘 하에 반도호텔의 총리실을 점령.
- 제2대는 해병여단 여단장 김윤근 준장의 지휘 하에 내무부, 치안국, 서울 시경을 점령.
- 제3대는 33사단으로 시청 앞의 덕수궁에 집결. 점령목표는 KBS 제1방송 국과 기독교방송국, 국제전신국, 중앙전화국.
- 제4대는 30사단(수색 주둔)으로 점령목표는 중앙청, 청와대, 시경 탄약고, 서대문 및 마포 형무소, 연희 송신소. 이후 수색과 연희동에 이르는 도로 와 영천고개 일대를 방어.
- 제5대는 6군단 포병단으로 16일 3시까지 용산에 있는 육군본부에 도착해 예비대의 역할을 수행.
- 제1지휘소는 6관구 사령부, 제2지휘소는 남산, 제3지휘소는 육군본부 에 둠.

1961년 5월 15일 오전 10시에 문재준 6군단 포병 사령관이 신윤창 중령, 김인화 중령, 정오경 중령, 구자춘 소령, 백태하 중령 등을 불러 지휘관 회의를 열었다. 도량이 넓어 부하 지휘관들로부터 존경을 받아온 문재준 사령관은 이 자리에서 쿠데타 계획을 알렸다. "여러분, 내일 5월 16일 서울에서 군사혁명이 예정돼 있소. 나는 혁명에 가담합니다. 당신들 중에서 가담할 사람은 나와 같이 나갑시다. 혁명에 가담할 의사가 없는 사람은 가담하지 않아도 무방하오. 그러나 내일 오전 3시까지는 이런 사실을 비밀로 지켜주시오. 나는 당신들의 인격을 믿소."

6군단 포병단의 지휘관 가운데 이미 거사에 참여하기로 결정한 이는 문재준 대령, 작전참모 홍종철 대령, 신윤창 중령 등 3인이었다. 나머지 4명의 포병 대대장들은 처음 듣는 일이었다. 그러나 모두가 쿠데타에 참여하기로 했다. 당시 포병부대는 다른 병과의 부대와 달리 장교와 하사관의 대부분이 이북출신이어서 반공성향이 강했다.

6군단 포병단을 제외하고는 병력동원이 계획대로 추진되지 않았다. 30사단은 병력이 1천 명도 안 되는 예비사단이지만 서울 근교에 주둔하고 있기에 중요했다. 쿠데타에 가담하기로 했던 연대장 박상훈과 참모장 이갑영이 5월 15일 저녁 사단장 이상국(李相國) 준장에게 쿠데타 음모를 밀고했다. 이상국 준장은 즉각 장도영 육군 참모총장에게 달려가 상황을 보고했다. 장도영은 밤 10시 30분경 부평에 있는 33사단장 안동순 준장에게 출동하지 말라고 지시했다.

박정희 소장은 예정보다 1시간 이상 늦은 16일 새벽 0시 15분경 6관구 사령부에 도착했다. 장도영 참모총장이 보낸 헌병들이 이미 와서 기다리고 있었다. 박정희 소장은 여기서 전화로 장도영에게서 쿠데타를 중지하라는 요구를 받았다. 하지만 박정희는 포기하지 않고 오히려 병력출동을 독려하려고 지프를 타고 공수특전단으로 갔다. 박정희가 공수특전단 정문으로 들어가려는 순간 공수특전단 병력이 정문을 나서고 있었다. 박정희는 다시 해병대로 지프를 몰고 가다가 염창교에서 김윤근 준장이 지휘하는 해병여단을 만났다. 해병대 뒤에는 공수단 병력이 따라붙고 있었다.

새벽 2시경 총리경호실인 반도호텔(현재의 롯데호텔) 808호실에 육군 참모총장 장도영의 전화가 걸려왔다(당시 총리공관은 반도호텔 안에 있었다). 경호대장 조인원(趙仁元) 경감이 총리의 숙소인 809호실로 가서 자고 있던 장면 총리를 깨우고 전화를 바꾸어주었다. 장면 총리가 전화를 건네받으니 장도영이 쿠데타가 일어났다는 소식을 전해주었다. 장면은 장도영에게 총리공관으로 오라고 했으나 장도영은 별것 아니라면서 자신에게 맡겨두라고 말했다.

6군단 포병사령관 문재준(육사 5기, 함경도 출신) 대령과 6군단 작전참모 홍종철(평안도 출신) 대령은 5개 포병대대보다 앞서서 가장 먼저 서울에 들어왔으나 주요 목표물들을 점령하고 있어야 할 해병대도 공수단도 보이지 않자 크게 당황했다. 문재준 대령은 박정희 소장에게 속은 것이 아닌가 하는 생각이 들었다. 쿠데타군의 지휘소로 결정된 남산 기슭의 KBS 방송국에 가보았지만 거기에도 인적이 없었다. 다급해진 문재준과 홍종철은 다음과 같은 대화를 나눴다.

문재준: 사람들이 없지 앙이요? 공수단도 해병도 안 왔습매.

홍종철: 사령관님, 혁명 D데이가 5월 16일이 맞디요?

문재준: 그러쓰. 5월 16일이지비.

홍종철: 사령관님, 오늘이 5월 16일입네까? 5월 15일 아닙네까?

문재준: 그럼 우리가 하루 먼저 나왔습매. 어찌게이?

홍종철: 사령관님, 우리 아무도 만난 사람 없디요? 난 딱 부대로 돌아가면 누구도 모릅네다. 우리 돌아갔다가 내일 다시 나오면 되지 않습네까?

문재준: 그럼 우리 포병대대들은 어찌게이. 벌써 나왔지비?

홍종철: 이거 야단났습네다, 사령관님.

《반역자의 고백》, 제일미디어, 1996, 179쪽

장교 68명, 사병 1283명으로 구성된 6군단 포병단의 전 병력은 차질 없이 의정부, 미아리를 거쳐 5월 16일 새벽 3시경 용산의 육군본부 연병장에 진주했다. 야포는 가지고 오지 않았다. 문재준과 홍종철은 육군본부 연병장으로 돌아와 포병대대를 만났다.

해병대와 공수단은 새벽 3시 20분경 노량진에 도착했다. 바로 앞에 있는 한강 인도교에서는 헌병들이 바리케이드와 트럭을 겹겹이 세워 다리를 막고 기다리고 있었다.

해병여단의 선두인 제2중대가 한강 인도교로 진입할 때 헌병들이 트럭 두 대를 여덟 팔 자로 배치해놓고 제지했다. 제2중대 중대장 이준섭(李俊燮) 대위는 장도영 육군 참모총장도 이번 혁명을 지지하고 있다는 말을 들었다. 그래서 그는 헌병들이 참모총장의 명령을 받고 자신들을 환영하러 나온 줄 알고 반가워하며 김석률 헌병 중대장과 악수를 하려고 손을 내밀었다. 그러나 김석률은 "우리는 참모총장의 명령에 따라 어떤 부대의 통과도 허용하지 않을 것"이라고 말했다.

이런 상황을 보고받은 대대장 오정근 중령은 김윤근 여단장에게 뛰어갔다. 참모총장도 혁명을 지지하고 있다고 알고 있었던 오정근 중령은 "도대체 어떻게 된 일입니까"하고 따지듯 물었다. 김윤근은 박정희 소장한테서 들은 대로 설명해준 뒤 "해병대만 가지고 혁명을 강행하기로 했으니 헌병이 계속해서 막으면 밀어버리시오"라고 명령했다. 오정근은 "알았습니다. 밀어버리겠습니다"라고 말하고 앞으로 달려갔다.

새벽 3시 24분에 한강 인도교에서 총성이 울렸다. 해병대가 헌병들과 교전하는 소리였다. 이 총성을 들은 주한 미해군 사령관 조지 프래시 소장은 주한 유엔군 사령관 겸 미8군 사령관인 카터 매그루더 대장에게 전화로 그 사실을 알렸다.

한강 인도교 남단에 설치된 트럭 바리케이드를 사이에 두고 벌어진 총격전으로 헌병 쪽에서 3명, 해병대 쪽에서 이준섭 대위 등 6명이 부상했다. 김윤근 여단장을 태우고 해병대의 후미에 붙어있던 지프도 인도교로 들어섰다. 바리케이드로 갖다놓은 트럭들은 엔진이 꺼져있어 치우는 데 시간이 걸릴 듯했다. 한강 인도교의 중지도 지점에 제2저지선이 설치돼있었다. 김윤근의 명령에 따라 오정근 중령의 부대가 제2저지선의 헤드라이트를 겨냥해 일제사격을 했다. 헤드라이트 불빛이 꺼지고 제2저지선도 돌파됐다.

김윤근 준장은 중지도를 지나 용산 쪽으로 가려고 했다. 그런데 서서히 움직이던 해병대의 차량종대가 또 다른 저지선을 보고 정지했다. 김윤근은 오정근에게 그것도 돌파하라고 지시했으나 앞으로 저지선을 몇 개나 더 돌파해야 하는가 하는 생각에 걱정이 됐다. '날은 이미 밝아오기 시작하는데 아직도 한강다리에서 우물거리고 있으니…. 실패라면 살아서 욕을 보느니 자결해버려야지' 하고 생각하니 아내와 세 아이의 얼굴이 스쳐 지나갔다. 그러다가 트럭에 탄 장병들을 보고는 마음을 고쳐먹었다. '아니다. 내가 살아있어야 아무것도 모르고 출동한 장병들에게는 책임이 없다는 증언을 해줄 수 있을 것 아닌가.'

이때 박정희도 차에서 내려 한강다리를 걸어서 건너고 있었다. 그를 호위하는 장교들 가운데 한웅진 준장과 이석제(李錫濟) 중령이 있었다. 상황이 여의치 않자 박정희는 이석제에게 제2안대로 하자고 말했다. 제2안이란 출동한 부대로 일정한 지역을 점거하고 정부와 담판을 벌이는 것이었다. 그런데 이때 한강의 총성을 들은 6군단 포병단이 한강 인도교로 접근해 헌병의 배후에서 공포를 쏘아대니 헌병들이 포위됐다고 생각하고 도주했다. 새벽 4시 15분경 해병대와 공수단이 한강 인도교를 건너 서울 시내로 진입하기 시작했다.

장도영에게서 쿠데타 소식을 보고받은 현석호 국방부 장관은 지프차를 타고 소공동에 있는 육군 방첩대의 506 서울파견부대('대륙공사'라는 간판이 걸려있었다)에 도착했다. 장도영이 여러 명의 참모와 함께 전화통에 매달려 작전 지휘를 하고 있었다. 현석호가 "윤보선 대통령에게 보고 드렸느냐"고 물었다. 장도영이 "아직 안 드렸다"고 말하자 현석호는 "즉각 전화를 걸라"고 했다.

이재항 대통령 비서실장이 윤보선 대통령을 새벽 4시경에 깨웠다. 윤보선

이 전화기를 드니 장도영의 다급한 목소리가 늘려왔다.

"각하, 지금 군부 쿠데타가 일어났습니다. 헌병을 동원해 한강다리에 저지선을 쳐보았으나 중과부적으로 저지선이 무너지고, 그들이 이미 서울로 들어왔는데 쉽게 진압될 것 같지 않습니다. 정부 인사들은 은신하고 있는 중이오니 대통령 각하께서도 신변의 안전에 배려하십시오."

윤보선 대통령은 노모(老母)와 처자들만 일단 친척집으로 피신시키고 자신은 청와대를 지키기로 했다.

현석호 장관은 매그루더 주한미군 사령관에게는 자신이 직접 상황을 통보하고 싶었으나 영어가 서투르기 때문에 장도영으로 하여금 통보하게 했다. 장도영은 매그루더 사령관에게도 대수롭지 않은 일인 것처럼 쿠데타에 관해 보고했다. "주동자가 누구냐"는 질문에 장도영은 "박정희와 김종필"이라고 대답했다. 매그루더 사령관은 한국군의 장성 인사와 참모총장 인선에 상당한 영향력을 행사해왔다. 그는 평소에 박정희 소장의 사상이 의심스러우니 그를 예편시키라고 한국 정부에 여러 차례 요구했고, 기어코 1961년 5월 31일자로 그를 예편시킬 예정이었다.

매그루더는 곧바로 주한 미국 대리대사인 마셜 그린(Marshall Green)에게 연락했다. 매카나기 전 대사가 미국 국무성의 동아시아태평양 담당 차관보로 전임되어 떠났지만 후임인 새뮤얼 버거(Samuel A. Berger) 대사는 아직 부임하지 않은 상황이었기에 그린 대리대사는 한국에서 미국 정부를 대표하는 입장에 있었다.

현석호 국방장관은 서울방첩대를 나와 소공로를 건너 반도호텔로 갔다. 8층 총리실에 이태희 검찰총장과 조인원 경호대장 등 몇 사람이 모여 서성거리고 있었다. 현석호 장관은 반가운 표정으로 자신을 맞는 장면 총리에게 피신하라고 말했다. 이태희 검찰총장이 "제 집으로 모시겠습니다" 하고 나섰다. 한강 쪽에서 총성이 들려오고 있었다.

장면 총리는 이태희 검찰총장의 승용차를 타고 호텔을 빠져나가려고 했지만, 운전사가 보이지 않았다. 한 경호원이 길 건너편에 있는 미국 대사관으로 달려가 철문을 두드렸다. 아무런 응답이 없었다. 망을 보던 경호원이 "군인들이 온다"하고 소리쳤다. 장면 총리 부부는 서둘러 전용차에 몸을 실었다. 이때 총리의 안경이 떨어져 깨졌다. 차는 청진동 뒷골목으로 달려 중학동 한국일보사 건너편에 있는 미국 대사관 직원 사택단지 앞에 가서 멈추었다. 미국 중앙정보국(CIA)의 2대 서울지부장인 피어 드 실버(Peer de Silva)의 집이 그곳에 있었다. 장면 총리는 부통령이었던 2년 전부터 실버의 초청으로 그의 집을 방문해 식사를 같이 하곤 했다. 장면 총리는 문을 두드렸으나 안에서 아무런 반응이 없었다.

실버는 새벽에 미국 대사관의 CIA 당직요원으로부터 "한강에서 총성이 들린다"는 보고를 받고 집을 나와 세단을 타고 대사관으로 달렸다. 이미 무장한 쿠데타군이 거리를 통제하면서 지나가는 사람들의 신분을 확인하고 있었다. 광화문 거리에는 기관총이 설치되고 있었다. 실버는 여러 번 검문을 받았다. 그러는 사이에 장면 총리가 그의 집에 가서 문을 두드린 것이었다.

장면 총리는 혜화동에 있는 외국인 수녀원인 카르멜 수녀원으로 피신했다. 장면 총리의 부인이 그곳의 마리 클레어(Marie Claire) 원장수녀와 친분이 있기 때문이었다. 원장수녀는 장면 총리 부부를 부속건물에 있는 방으로 안내했다. 방에 들어서자마자 장면은 기도부터 했다.

바로 그 시각에 현석호 장관은 장도영을 만나러 방첩대로 돌아가다가 쿠데타군에 체포되어 서울시청의 시장실 부속실에 억류됐다. 그는 장도영이 분주하게 시장실을 드나드는 모습을 목격했다. 그는 장도영에게 "참모총장, 이게 어떻게 된 거요?"라고 물었다. 장도영은 잠시 머뭇거리다가 "미안합니다. 미안합니다. 자세한 이야기는 뒤로 미룹시다"라고 대답했다. 장도영은 박정희 소장이 자신을 군사혁명위원회 의장으로 추대한 것을 알고 있었다. 그는 장면 정권과 쿠데타 세력에 양다리를 걸치고 있었다.

16일 새벽에 미8군 지하벙커의 전쟁상황실은 주한미군의 매그루더 사령관과 멜로이(Guy Stanley Meloy Jr.) 부사령관, 주한 미국 군사고문단장인 해밀턴 하우스 소장을 비롯한 미군의 주요 장성들, 피어 드 실버를 비롯한 미국의 정보원들로 가득 차 있었다. 매그루더 사령관이 공식으로 파견한 하우스 소장이 새벽 5시경에 박정희 소장을 만났다. 이 만남은 짧게 끝났고, 그 분위기도 냉랭했다.

5월 16일 새벽 5시 30분경 KBS 라디오에서 군부의 거사를 알리는 방송이 흘러나왔다.

친애하는 애국동포 여러분!

은인자중하던 군부는 드디어 금조(今朝) 미명을 기해서 일제히 행동을 개시하여 국가의 행정, 입법, 사법의 삼권을 장악하고 이어 군사혁명위원회를 조직하였습니다. 군부가 궐기한 것은 부패하고 무능한 현 정권과 기성 정치인들에게 더 이상 국가와 민족의 운명을 맡겨둘 수 없다고 단정하고 백척간두에서 방황하는 조국의 위기를 극복하기 위한 것입니다. 군사혁명위원회는

첫째, 반공을 국시의 제일의(第1義)로 삼고 지금까지 형식적이고 구호에만 그친 반공체제를 재정비, 강화할 것입니다.

둘째, 유엔 헌장을 준수하고 국제협약을 충실히 이행할 것이며 미국을 위시한 자유우방과의 유대를 더욱 공고히 할 것입니다.

셋째, 이 나라 사회의 모든 부패와 구악을 일소하고 퇴폐한 국민도의와 민족정기를 다시 바로잡기 위하여 청신한 기풍을 진작할 것입니다.

넷째, 절망과 기아선상에서 허덕이는 민생고를 시급히 해결하고 국가 자주경제 재건에 총력을 경주할 것입니다.

다섯째, 민족적 숙원인 국토통일을 위하여 공산주의와 대결할 수 있는 실력의

배양에 전력을 집중할 것입니다.

여섯째, 이와 같은 우리의 과업이 성취되면 참신하고도 양심적인 정치인들에게 언제든지 정권을 이양하고 우리들 본연의 임무에 복귀할 준비를 갖추겠습니다.

애국동포 여러분. 여러분은 본 군사혁명위원회를 전폭적으로 신뢰하고 동요 없이 각인의 직장과 생업을 평상과 다름없이 유지하시기 바랍니다. 우리들의 조국은 이 순간부터 우리들의 희망에 의한 새롭고 힘찬 역사가 창조되어가고 있습니다. 우리들의 조국은 우리들의 단결과 인내와 용기와 전진을 요구하고 있습니다.

대한민국 만세! 궐기군 만세!

군사혁명위원회 의장 육군중장 장도영.

5월 16일 오전 10시경 유엔군 사령관 매그루더 대장과 마셜 그린 주한 미국 대리대사는 쿠데타를 진압하기 위한 계획을 세웠다. 이 진압계획의 단계별 작전은 다음과 같았다.

1. 쿠데타에 반대하고 장면 정권을 지지한다는 성명을 발표한다. 이로써 야전군을 포함한 다른 군부대의 가담을 저지하고 쿠데타군을 고립시킨다.
2. 미8군 방송을 대기상태로 두고 이 방송을 이용해 장면 총리로 하여금 기존 정권에 대한 지지를 국민에게 호소하는 방송을 하게 한다. 이로써 불안정한 국민심리를 쿠데타군으로부터 분리하고 안정시킨다.
3. 윤보선 대통령으로 하여금 야전군을 동원하게 한다. (적어도 이 단계에 이르면 쿠데타군은 투항할 것이라고 매그루더 사령관은 예상했다.)
4. 한국의 야전군을 동원해 서울을 포위하고 쿠데타군을 섬멸한다.

이 계획을 구상하면서 매그루더 사령관은 최악의 경우에도 쿠데타군(매그루더는 '반란군'이라고 불렀다)과 진압군 사이에 교전이 벌어지지는 않으리라고 예상했다. 장면 총리나 윤보선 대통령이 국민에게 직접 쿠데타에 반대한다는 입장을 표명하고 쿠데타군에 가담하지 않은 대부분의 군대에 쿠데타를 지지하지 말라고 호소하기만 하면 서울에 들어온 소수의 쿠데타군 병력은 투항할 것이라고 그는 판단했다.

그러나 이 쿠데타 진압 계획은 두 가지 잘못된 전제 위에 세워진 것이었다. 첫째, 매그루더는 장면이나 윤보선이 합법적인 민선정부를 수호하기 위해 결연하게 쿠데타군에 대항할 수 있는 용기 있는 정치가라고 잘못 판단했다. 그는 장면 총리가 총성 한 방에 겁을 내어 정권 수호를 포기하고 수녀원으로 도주하리라고는 상상도 하지 못했고, 윤보선 대통령이 쿠데타군 진압에 반대할 것이라고 예상하지도 못했다. 둘째, 매그루더는 한국의 야전군을 쿠데타군 진압을 위한 작전에 동원할 수 있을 가능성에 대해 너무 안일하게 판단했다. 매그루더 사령관의 작전지휘권 발동만으로는 한국군을 동원하기가 쉽지 않다는 사실이 곧 드러났다.

16일 오전 10시 18분 매그루더 사령관의 성명과 그린 대리대사의 성명이 잇달아 발표됐다. 매그루더의 성명은 다음과 같았다.

유엔군 사령관의 자격으로 본인은 본인의 지휘권 안에 있는 한국군 모두에게 장면 국무총리가 이끄는 합법적인 대한민국 정부를 지지할 것을 요망한다. 한국군 수뇌들은 자신들의 권한과 영향력을 행사해 즉각 통치권을 합법적인 정부 당국에 반환하고 군내의 질서를 회복시킬 것을 요망한다.

그린 대리대사의 성명은 다음과 같았다.

자유로이 선출되고 합헌적으로 수립된 대한민국 정부를 지지한다는 유엔군 사령관의 입장에 본인도 전적으로 동의한다. 본인은 미국이 지난해 7월 한국 국민에 의해 선출되고 지난 8월 국무총리 선거로 조각된 합헌적인 대한민국 정부를 지지한다는 점을 분명히 강조해 밝히고자 한다.

이 두 건의 성명은 오전 11시경부터 미8군 방송과 '미국의 소리(Voice of America)' 방송을 통해 되풀이 방송됐다. 매그루더와 그린은 위와 같은 성명을 발표한 다음 장면의 행방을 찾는 데 전력을 기울였다. 미8군 방송은 장면 총리가 나타나기만 하면 곧바로 그가 방송을 할 수 있도록 대기상태를 유지했다.

10시 30분과 11시 사이에 박정희 소장이 장도영 육군 참모총장, 김신(金信) 공군 참모총장, 이성호(李成浩) 해군 참모총장, 김성은(金聖恩) 해병대 사령관, 현석호 국방부 장관 등 군 수뇌들을 대동하고 청와대를 방문했다. 이때 윤보선 대통령은 자신은 쿠데타를 지지하지 않지만 진압할 의사도 없다는 뜻을 밝힌 것으로 알려졌다.

이때 현장에 있었던 사람들은 윤보선 대통령이 어떤 태도를 보였는지에 대해 크게 엇갈리는 증언을 했다. 훗날 현석호는 윤보선이 쿠데타를 승인했다고 증언했지만, 윤보선 자신은 그런 뜻을 밝힌 바 없다고 증언했다. 최근에 기밀이 해제된 미국 쪽 문서는 현석호의 증언을 뒷받침한다. 윤보선은 회고록에 다음과 같이 썼다. (모든 회고록은 신빙성을 검증받아야 하고, 특히 한국의 정치인이 쓴 회고록은 자기합리화와 거짓이 많이 들어 있다는 점을 유념해서 읽어야 한다.)

1961년 5월 16일은 제2공화국이 탄생된 후 처음으로 외국 원수를 맞는 날이었다. 페루 대통령이 오기로 되어서 청와대는 그분을 맞는 준비에 바쁜 일정을 보내고 모두 피곤한 몸으로 15일 밤을 맞이했던 것이다. 새벽 3시 반 아니면 4시로 생각된다. 갑자기 비서가 내 침실 문을 두드린다. 나는 무슨 비상사태가 일어난 것 같다는 생각이 들었다. 그 순간 청와대에 화재라도 난 것이나 아닌가 하는 예감에서 급급히 비서에게 사유를 물었더니 "장도영 육군 참모총장의 전화인데 대통령께 직접 보고해야 할 일이랍니다"한다. 그래서 수화기를 들으니 장도영은 "지금 쿠데타가 일어났는데 헌병으로 한강교에서 저지하여 보았으나 중과부적으로 저지선이 무너지고 그들이 시내로 들어왔는데 진압될 것 같지 않아 대단히 우려됩니다"라고 혁명을 과장평가하는 보고였으며, 직접 대놓고 하는 말은 아니었으나 그때 장도영의 말투로는 나더러 피신하라는 것 같았다.

그 전화를 받고 나는 공포감보다도 잠시 깊은 사념에 잠겼다. 실권 없는 대통령이라지만 나라에 쿠데타가 일어났는데 일신의 안전만을 위해서 3백만의 서울 시민을 버리고 피신할 수는 없다고 결심을 했다. 그것도 공산군이나 쳐들어왔다면야 이야기가 달라지지만 국군의 쿠데타라면 이 자리에 앉아 귀추를 보는 수밖에 없다는 판단을 내렸다. 만일 공산군의 남침이라면 이 나라 대통령으로서 포로가 되는 이 처사가 국가에 해독과 체면의 손상이 될 것이나 아군의 쿠데타라면 공산군의 경우와는 달라서 그들하고 사리를 따져볼 수도 있을 것이요, 또 최악의 경우에 그들에게 포로가 되든지 피살이 된대도 그리 부끄러울 것은 없다고 생각했다. 차차 총성은 가까워진다. 그것은 위험이 접근한다는 통고였다.

나는 밖의 정세가 몹시도 궁금했다. 이윽고 비서들이 수소문해온 정보로는 서울시 일원은 완전히 혁명군 수중에 들어가고 장 총리를 위시해서 각 장관은 모두 피신하고 다만 한통숙(韓通淑) 체신장관만이 붙잡혀서 서울시장실에 구금되었다는 것이다. 아마 그때가 아침 10시쯤이나 되었다고 기억하는데, 박정희 소장과 유원식 대령, 현 국방부 장관과 3군 참모총장, 해병대 사령관이 청와대로 들어와 내게 면접을 요망하는 것이었다. 내가 응접실로 급히 내려가니 그들은 모두 서서 나를 기다리고 있었다. 그 사람들을 대하는 나의 마음은 불안하기보다는 서글펐다. 내 입에서 나온 첫 마디 말이 "올 것이 왔구나!", 나도 모르게 이 말이 떨어졌다. 후일에 이 말이 자주 인용되어 내가 마치 혁명을 고대하고 있었던 것 같이 전해지기도 했으나 실은 그런 의미가 아니다. 그 당시 사회적, 정치적 혼란상을 생각해볼 때에 연일 계속되는 데모로 나라엔 영일이 없고 '3월 위기설'이니 '4월 위기설'이니 하여 당장 무슨 일이든지 터지고야 말 것만 같지 않았던가. 그래서 "올 것이 왔구나"하는 말이 나온 것이다.

박정희 소장이 입을 열어 "근심을 끼쳐드려서 대단히 죄송합니다. 저희도 처자가 있는 젊은 몸으로서 오직 국가와 민족을 위하는 애국심에서 목숨을 걸고 이 혁명을 일으킨 것입니다"한다. 천천히 말을 잇는 그의 어조는 비교적 침착해보였다. 그는 계속해서 "국방부와 육군본부를 위시해서 전 서울이 혁명군 수중에 들어왔습니다"라고 말했다. 나는 그 사람들에게 "그대들이 만일 애국하기 위해서 혁명을 했다면 애국하는 방향으로 일해야 하지 않겠느냐. 계엄령이 선포되었으니 그대의 말이 곧 법이요, 생사가 그대의 말 한마디로 결정될 것이다. 애국에서 나온 거사라면 절대로 피를 흘리지 말아야 한다"고 유혈의 금지를 부탁하며 아울러 민주당 각료들에게 보복행위를 금할 것을 역설했다.

내 말이 끝난 후 장도영 참모총장과 박정희 소장 둘 중 누가 말했는지는 확실히 기억이 안 되나 이미 선포된 계엄령을 추인해달라는 것이었다. 그래서 나는 "계엄령을 누가 펴놓고 나에게 추인하라는 것인가? 헌법상 대통령이 계엄령을 추인하게 되어있다면 이것은 반드시 선포하기 전에 있어야 할 것인데 계엄령은 이미 선포되었으니 이제 와서 추인하라는 것은 있을 수 없다"고 그들의 추인 요구를 거부했다.

그러고는 모두 물러갔는데 박정희, 유원식 두 사람만이 되돌아와서 유 대령이 "저희들은 대통령께 과거에도 충성을 다했었고 앞으로도 그 충성에는 변함이 없을 것입니다. 뿐만 아니라 이 혁명을 저희는 인조반정(仁祖反正)으로 생각하고 있습니다"하고 말을 꺼내더니 다시 말을 이어 "각하께서 이 혁명을 지지하는 성명을 내주십시오"하고 말하는 것이었다. 나는 이 요구를 즉각 거절하고 그 이유를 세 가지로 들어가며 설명했다.

"첫째로, 후세의 사가들이 이러한 혁명을 어떻게 평할는지는 모르지만, 나는 군인들이 쿠데타를 했다는 사실을 원칙적으로 찬성할 수 없다. 둘째로, 종래에 일면식도 없고 속도 모르는 그대들을 어떻게 믿고 지지성명을 내겠는가? 셋째로, 내가 만일 지금 성명을 내면 국민은 둘 중에 한 가지, 즉 청와대가 혁명과 내통을 했다고 생각하든지 그렇지 않으면 대통령이 혁명군의 위협에 못 이겨 성명을 낸 것이라고 추측할 터이니 그렇게 되면 피차간에 이롭지 못한 것이다."

이 거절이 나와 혁명군 사이에는 다시 메울 수 없는 구거(溝渠)였다. 대통령의 혁명 지지 성명으로 명분을 세워보자는 것이 거절되자 그들이 낭패한 것은 사실이다. 혁명 지지 성명을 거절하고 나는 "혁명군이 서울을 점령한 이 시점에서 나는 이 이상 청와대에 머물러있지 않겠다"고 하였더니 그들은 극구 만류하는 것이었다. 그들이 혁명을 했으니 그들과 뜻이 맞는 사람을 대통령으로 할 것이며, 또 나도 혁명이 난 이상 대통령직에 더 이상 머물러있고 싶지 않다는 말을 하였다.

《정계비사, 사실의 전부를 기술한다》, 희망출판사, 1966, 313~316쪽

16일 오전 11시 10분 그린과 매그루더가 청와대에 가서 윤보선 대통령을 만났다. 그린과 매그루더는 윤보선 대통령에게 쿠데타에 반대한다는 뜻을 명백히 해줄 것과 한국 야전군 병력으로 쿠데타군을 진압하려고 하니 이에 동의해달라고 요구했다(한국군에 대한 작전지휘권은 유엔군 사령관을 겸한 주한미군 사령관이 갖고 있었으나 국군 통수권은 한국 정부가 지니고 있었다. 다만 국군 통수권이 대통령에게 있느냐 국무총리에게 있느냐가 내각책임제 하의 민주당 정권에서 논란이 되고 있었다. 헌법학자들은 대체로 국무총리에게 국군 통수권이 있다는 견해를 폈다). 윤보선의 회고는 다음과 같다.

혁명 수뇌들을 보낸 직후 유엔군 사령관의 장 총리 지지 성명이 나왔고, 곧이어

유엔군 사령관의 성명을 뒷받침하는 그린 미 대사의 성명이 또 발표되었다. 그후 그날 정오경 나는 매그루더 유엔군 사령관과 그린 대리대사의 방문을 받았는데, 이 두 사람은 "지금 시내에 들어온 혁명군은 3천 6백 명으로 추산되니 이 병력의 10배가 되는 4만 명만 일선에서 동원하여 서울을 포위하고 좁혀 들어가면 혁명군은 항복하지 않을 수 없습니다"라고 말하는 것이었다.

군의 통수권이 대통령에게 있는지 국무총리에게 있는지 좌우간에 확정되어있지 않았으나 장 총리는 국무총리에게 있다는 견해를 발표한 적이 있었다. 통수권이 대통령에게 있든지 사무적으로 국무총리가 대통령에게 군 출동을 요청해야 할 것인데, 장 총리의 향방도 모르고 또 다른 국무위원의 소재도 알 수 없어 내가 유일한 헌법기관이라는 견지에서 유엔군 사령관은 나에게 병력동원에 동의하여달라고 요청했다. 그린 대리대사는 국가원수로서 호헌(護憲)의 책임이 있으니 그 헌법질서를 유지하기 위하여 이 반도를 격파하기를 간청했다.

호헌은 해야겠고 법질서도 지켜야 하겠지만, 그때 내겐 몇 가지 어려운 문제가 있었다. 첫째, 혁명군이 얼른 손을 들면 문제가 없겠지만 그 사람들 말과 같이 목숨을 내걸고 나선 사람들이라면 그리 간단히 항복하지는 않을 것 같다. 결국 국군끼리 서로 전투를 하여야 승부가 날 것이다. 그러면 국군끼리 서로 피를 보게 되며 서울은 불바다가 되고 말 것이다. 사태는 여기에 그치지 않을 것이며 이북의 괴뢰군은 이 천재일우의 기회를 놓치지 않고 남으로 남으로 질풍같이 몰아내려올 것이다. 유엔군 사령관이 청와대에 들어오기 전에 나는 괴뢰군이 벌써 휴전선에 집결중이라는 급보를 받았었다.

대통령은 물론 호헌의 정신을 잊어서는 안 될 것이다. 그러나 국토와 국민이 없는 호헌은 있을 수 없다. 다시 말해서 국가와 민족 없는 호헌은 있을 수 없는 것이다. 매그루더 장군은 "대구 2군 사령부의 군인이 약간 동요를 했으나 바로 귀대를 하였고 38선 부근에 있는 일군(一軍)은 조용하니 과히 걱정 말고 출병을 허락해달라"는 것이었다. 나는 또다시 말하기를 "휴전선에 괴뢰군이 집결했다는 정보를 들었는가?" 물었더니 자기도 그 정보를 들었다고 했다. 나는 다시 그에게 괴뢰군이 밀려내려오면은 어떻게 방지할 것인가를 다시 물었다. 그래도 그들은 "대통령은 호헌해야 할 책임이 있다"고 계속 주장했다. 그래서 나는 "4·19 때 매카나기 대사가 4·19 학생운동을 두둔하고 이 박사가 하야할 것을 종용했다면 이것이 미국 헌법이냐, 또는 대한민국 헌법을 지키기 위해서였느냐?"고 반문했더니 그린 대사는 두 손을 번쩍 들고 "더 말씀 않겠습니다"라고 말했고, 두 시간 동안 계속된 회담은 그것으로 끝났다.

지정학적으로 우리가 일본이나 필리핀, 호주와 같이 잠재적 적국으로부터 거리가 멀리 떨어져 있다면 모르겠지만, 우리의 적은 국경 아닌 38선에서 기회를 엿보고 있으며 남한이 이와 같은 불행한 사태가 발생한 이때에 국군끼리 교전하라고 명할 수 있겠는가? 쿠데타를 일으킨 사람들이 이뻐서가 아니고 집권하던 민주당이 미워서가 아니라, 나는 그 길 외에 다른 방법이 없어서 그 길을 택했던 것이다. 지금 내가 다시 그런 결정을 지어야 할 입장이라도 나는 서슴지 않고 당시의 그 결단을 되풀이할 수밖에 없다고 생각한다.

윤보선 대통령에 대한 그린 대리대사와 매그루더 사령관의 발언은 결의에 찬 것이었다. 그 발언의 핵심은 대통령에게는 호헌의 책임이 있다는 것, 시내에 들어온 '반란군'은 3600명에 지나지 않으니 그 10배인 4만 명의 병력만 일선에서 동원해 서울을 포위하고 좁혀 들어가면 '반란군'은 투항할 수밖에 없으리라는 것, 휴전선에 틈이 생기지 않도록 만전을 기하고 청와대의 경비는 미8군 사령부의 본부중대에 맡기겠다는 것, 합헌정부를 지지하라는 것이 미국 정부의 훈령이며 그에 따라 윤보선 대통령에게 결단하기를 촉구한다는 것 등이었다.

그린과 매그루더 두 사람은 전력을 다해 설득했으나 윤보선은 야전군을 동원하면 휴전선에 허점이 생긴다는 것과 한국군끼리 교전하게 되면 유혈사태가 빚어진다는 점을 이유로 들면서 끝내 쿠데타군 진압을 거부했다(윤보선의 말대로라면 대한민국은 군사쿠데타가 날 때마다 북한의 침략을 막기 위해 군사쿠데타를 인정해야 한다).

그린 대리대사는 이때 윤보선 대통령을 방문한 일에 대해 다음과 같이 회고했다.

우리는 대통령을 설득하는 데 전력을 다 기울였다.

북한 공산군 얘기를 하지만 전쟁은 준비 없이는 일으킬 수 없다. 또 병력동원을 한다 해도 일선 방위군을 빼내 휴전선에 틈이 생기도록 하지는 않을 것이다. 작전지휘권을 맡고 있는 유엔군 사령관으로서 작전명령을 어기고 지역을 이탈한 부대에 대해 복귀를 명령하고 그 명령을 집행시킬 권리도 갖고 있다. 그러나 문제 자체가 미묘한 것이기에 작전지휘권 행사에 있어 국군 통수권자이고 현재 유일한 헌법기관인 청와대의 동의를 얻으려는 것이다.

매그루더가 이런 요지로 대통령에게 결단을 강권했다. 나도 말했다.

"국가원수는 헌법을 지킬 책임이 있지 않습니까. 헌법질서를 지키기 위해 쿠데타군을 격파하는 데 동의해주십시오."

매그루더 사령관은 진압군 동원 후의 청와대 안전에 대해서도 말했다.

"쿠데타군은 결코 청와대에 손을 대지 못하도록 할 것을 보증합니다. 각하가 병력동원에 동의하는 즉시 8군 사령부의 본부중대가 전 병력을 동원해서 청와대 호위를 맡도록 하겠습니다."

"매그루더 장군, 그린 대사, 들어보오. 반란이 얼른 진압된다면 몰라도 국군끼리 시가전을 벌이게 되고 그 틈을 북한 공산군이 노린다면 어떻게 되겠소? 귀관들의 말 그대로 대통령은 호헌의 정신을 잊어서는 안 된다는 것을 나 자신도 알고 있소. 하지만 국토와 국민이 없는 호헌은 있을 수 없는 것 아니오?"

대통령은 서울의 시가전이 가져올 시민의 피해에도 우려를 나타냈다. 이에 대해 매그루더는 쿠데타군의 장비와 유류 보급사정을 설명하면서 시가전을 하지 않고 포위만 해도 사흘이면 쿠데타군은 기동력이 마비되어 항복하지 않을 수 없다고 객관적 상황을 설명했다. 나도 반복해 대통령의 호헌책임을 강조했다.

"대한민국 대통령이나 미국 대통령이나 호헌의 책임을 저버려서는 안 됩니다."

끈질기고 집요한 설득에도 윤보선 씨는 처음의 태도를 누그러뜨리지 않았다. 그러면서 마지막 쐐기를 박았다.

"4·19 때 매카나기 대사는 학생운동을 두둔하고 이승만 대통령에게 하야를 권고했소. 이는 미국 헌법을 지키기 위해서였는가, 아니면 대한민국 헌법을 지키기 위해서였는가?"

윤보선 대통령의 결심이 굳은 것을 보고 매그루더 사령관은 먼저 청와대를 떠났다. 그린은 더 남아 그 자신의 표현대로 '쓸쓸하고 씁쓸한' 분위기 속에서 윤보선과 점심을 함께 들면서 진압명령을 내려주도록 더 설득했다. 작별의 악수를 나누면서 윤보선은 "대통령의 호헌 책임도 중요하지만 국가가 없는 호헌이란 있을 수 없지 않겠소"라고 말했고, 그린 대리대사는 "각하의 오늘 이 결정에 따라 한국에는 군정이 오래도록 계속될 것입니다"라는 말을 남기고 돌아섰다.

김종필은 미리 준비해두었던 계엄포고령을 KBS를 통해 잇달아 군사혁명위원회 의장 겸 계엄사령관 장도영 중장의 이름으로 발표했다. 그중 포고령 4호의 내용은 다음과 같았다.

1. 군사혁명위원회는 5월 16일 상오 7시 장면 정부로부터 모든 정권을 인수했다.
2. 민의원, 참의원 및 지방의회를 16일 하오 5시 8시를 기하여 해산한다. 단 사

무처 직원은 존속한다.

3. 일체의 정당 및 사회단체의 정치활동을 엄금한다.

4. 현 국무위원과 정무위원을 전원 체포한다.

5. 국가기구의 일체 기능은 군사혁명위원회에 의해 이를 정상적으로 집행한다.

6. 모든 기관과 시설의 운영은 정상화하고 여하한 폭력행위도 이를 엄금한다.

쿠데타군은 16일 석간부터 언론검열을 하기 시작했다. 윤보선 대통령은 16일 밤 10시경 중앙방송을 통해 장면 총리와 모든 장관에게 은신처에서 나오라고 권고했다.

북한의 평양방송은 16일 저녁 7시에 조선중앙통신의 보도문을 인용하며 5 · 16 쿠데타를 환영한다고 논평했다.

16일 새벽 3시를 기해 군사정변을 단행한 남조선 군인들은 행정, 입법, 사법 등 정부기관들과 방송국을 완전히 장악했으며, 청년학생들과 인민들이 장면 정권을 타도한 군사정권을 지지, 환영하는 군중시위를 진행하고 있다.
군사정변에 의하여 장면 정권이 타도되자 유엔군 사령관 매그루더, 서울 주재 미국 대리대사 마셜 그린은 성명을 발표해 통치권을 이미 전복된 장면 정권에 반환해야 한다면서 노골적으로 남조선의 내정에 간섭하고 나섰다.

이러한 북한의 방송으로 인해 쿠데타의 성격에 대한 매그루더 유엔군 사령관의 의구심은 더욱 커졌다. 북한이 이러한 방송을 한 것은 박정희 소장이 여순반란 사건 이후 벌어진 국군숙정의 과정에서 군법회의에 회부됐던 경력을 오판한 탓이었다. (북한은 1961년 9월 1일 박정희와 서로 잘 아는 황태성 무역성 부상을 밀사로 남한에 보냈는데, 황태성은 10월에 체포됐다. 이 사건이 1963년 대통령 선거에서 쟁점이 되어 박정희 후보가 곤욕을 치르기도 했다.)

이날 장면은 그린 대리대사와 두 차례 전화통화를 했다. 그는 자신은 안전하다면서 매그루더와 그린이 성명을 발표한 것에 대해 감사를 표시하고 유엔군 사령관인 매그루더에게 "상황을 맡아서 처리해달라"고 말했다.

윤보선 대통령이 쿠데타 진압을 거부함에 따라 그린과 매그루더가 취할 수 있는 방법은 직접 한국의 야전군을 동원해 쿠데타 진압에 나서는 것뿐이었다. 매그루더 사령관은 17일 아침 용산의 미8군 사령부에서 참모회의를 열었다. 의제는 '한국군 쿠데타 사태에 대해 유엔군 사령관으로서 취해야 할 조치'였다. 이 참모회의는 "쿠데타는 전 한국 국민의 의사에 반하는 일부 군인들의 비합법적인 행동이기 때문에 한국의 야전군 중 일부 병력과 미국의 1개 기갑대대를 동원해 쿠데타군을 진압해야 한다"는 결론을 내렸다.

진압작전 계획을 수립한 매그루더는 곧바로 전화로 한국군 제1군 사령관인 이한림(李翰林) 중장과 미8군 산하의 제1군단장 존 라이언 2세 중장을 불러 참모회의의 결정사항을 전달하고 즉각 실행하라고 유엔군 사령관의 권한으로 지시했다. 매그루더 사령관은 오후 4시경 경비행기를 타고 직접 강원도 원주로 날아가 이한림 1군 사령관을 만나 40분 동안 면담하며 쿠데타를 진압하기 위한 작전계획을 설명했다.

그러나 이한림 사령관은 사실상 쿠데타 진압을 하지 말라는 내용이 담긴 윤보선 대통령의 친서를 이미 받은 뒤였다. 이 친서는 장도영이 "국군끼리의 유혈사태를 걱정하시는 각하의 충정을 일선 부대장들은 모르고 있으니 직접 편지를 써주십시오"라고 윤보선 대통령에게 부탁해 쓰게 한 것이었다. 윤보선을 옹호하는 사람들은 이 친서의 내용이 쿠데타에 대한 지지도 반대도 아니었다고 나중에 말했다. 그러나 쿠데타를 무혈로 진압할 수는 없으므로 윤보선 대통령이 중립을 요구하는 내용의 친서를 보냈다면 그것은 사실상 쿠데타를 진압하지 말라는 뜻을 전한 것으로 해석해야 할 것이다.

윤보선 대통령이 보낸 비서관 김준하, 김남, 윤승구, 홍규선은 17일 오후 원주의 1군 비행장에 내렸다. 이들은 미리 연락을 받고 나온 이한림 1군 사령관에게 중립을 지키라는 내용으로 씌어진 윤보선 대통령의 친서를 전달했다. 이때 1군은 20개 전투사단을 보유하고 있었다. 따라서 이한림은 적법한 진압명령만 내려오면 쿠데타 진압에 나설 수 있는 입장이었다. 문제는 그런 진압명령을 내릴 권한이 있는 세 사람, 즉 장면 총리, 윤보선 대통령, 매그루더 유엔군 사령관 가운데 두 사람이 쿠데타를 진압하기를 주저하거나 포기한 데 있었다.

이한림은 윤보선 대통령의 진압명령만 내려오면 20년 친구인 박정희 소장의 쿠데타를 진압할 생각이었지만 중립을 요구하는 윤보선의 편지를 받았고, 그 뒤에야 매그루더 미8군 사령관의 방문을 받았다. 이한림 중장은 매그루더 사령관에게 "잘 알았다"는 정도의 대답밖에 할 수 없었다. 매그루더 사령관이 돌아간 후 이한림은 상황을 분석해보고는 주한미군 사령관의 요구를 받아들이기보다는 한국의 대통령 윤보선의 명령을 따르기로 결정했다.

이날 아침 장면은 카르멜 수녀원에서 인편으로 그린 대리대사에게 편지를 보냈다. 이 편지에는 이런 내용이 들어 있었다. "미국 정부는 우리 정부를 지지하고 있습니까? 매그루더 장군이 쿠데타를 진압할 것인지를 분명히 알고 싶습니다. 이러한 점이 분명해야 현 사태에 대한 나의 태도를 결정할 수 있을 것입니다." 이 편지를 읽은 그린 대리대사는 맥이 빠졌다. 주객이 전도된 현실이었다. 이런 정권이라면 주한미군이 주도해서 수호해준다고 해도 장래가 없어 보였다. 장면은 답신을 기다리다가 초조해져서 전화를 걸어 미국 쪽의 쿠데타 진압 의지를 물었다. "한국인의 힘으로 알아서 하라"는 것이 그린 대리대사의 최종 답변이었다.

북한을 비롯한 공산권은 역대 한국 정부를 미국의 괴뢰로 인식하고 그렇게 널리 선전했다. 이런 그들의 선전이 객관적인 사실을 말한 것인지의 여부를 떠나 적어도 장면 정권의 지도부는 심리적으로 괴뢰의 상태에 있었다. 특히 장면 총리의 대미의존 심리는 심각한 정도였다. 그는 미국인 정치고문 도널드 위터카 없이는 화장실에도 못 갈 사람이라는 평까지 들었다(도널드 위터카는 장면 개인에게 실망한 나머지 쿠데타를 통해서라도 장면 정권을 무너뜨려야 한다는 생각까지 했다고 한다). 장면 정권의 대미의존 태도는 미국, 영국, 러시아 등 강대국에 의존해 일본의 침략으로부터 정권을 지키려고 했던 구한말 조선의 위정자들이 보여준 태도보다 더하면 더했지 덜하지는 않았다.

한국군 내부는 대체로 쿠데타를 인정하는 분위기였다. 그러나 김웅수(金雄洙) 6군단장, 정강(鄭剛) 8사단장 등 쿠데타를 진압하려고 한 장군들도 일부 있었다. 이한림 1군 사령관은 이날 저녁 국기하강식에서 사령부 장병들에게 다음과 같은 요지의 연설을 했다.

> 장병 여러분, 군이 정치에 개입하는 비극의 시간이 왔습니다. 나는 근본적으로 군의 정치 개입에 반대합니다. 그런 일은 있어서도 안 되고 용서할 수도 없습니다. 그런데 내 생각이나 내 의지와는 관계없이 대세는 원하지 않는 방향으로 흘러가고 있습니다. 북한군이 호시탐탐 노리고 있는 이 시기에 내란으로 치달을 수 있는 위기를 조성할 수 없다고 판단되어 부득이 나는 쿠데타에 대해 반대하는 입장에서 묵인하는 입장으로 전환하였음을 장병 여러분에게 알립니다.

매그루더 사령관이 이한림 1군 사령관을 만난 뒤 미8군 사령부로 돌아온 시각은 17일 오후 7시경이었다. 박정희 소장은 장도영 육군 참모총장을 특사로 매그루더에게 보냈다. 군부의 거사는 반미적인 것이 아니며 오히려 반공적인 것이라는 점을 알리고 설득해서 미국의 지지를 얻기 위한 것이었다.

그러나 매그루더 사령관은 오히려 장도영에게 "쿠데타에 가담하고 있는 6군단의 포병 5개 대대를 18일 오전 4시까지 원대복귀시키라"고 요구했다(18

일 오전 4시부터 쿠데타 진압공격이 개시될 예정이었다). 이는 쿠데타군의 전투력을 사전에 거세하려는 의도를 바탕에 깔고 내건 요구였다. 쿠데타군은 무장도 제대로 하지 못한 상태였고, 보유하고 있는 실탄도 3일분밖에 되지 않았다. 박정희 소장은 매그루더 사령관의 요구를 거절하고 방어태세를 갖추었다.

매그루더 사령관은 장도영을 만나고 난 뒤 미국 합참의장 렘니처(Lyman Louis Lemnitzer) 대장에게 다음과 같은 전문을 보냈다(렘니처 장군은 1951년에 미국 제7보병사단장으로 한국전에 참전한 바 있는 사람이었다).

군사쿠데타의 배후세력은 불분명한 점이 있지만 그 세력은 증강되고 있습니다. 미8군 방첩대(CIC)가 거리에 나온 구경꾼들을 상대로 조사해본 결과 10명에 4명꼴로 쿠데타를 지지했고, 2명꼴로 지지하기는 하지만 시기가 빨랐다고 했으며, 4명꼴로 반대했습니다.

장도영 참모총장은 이 거사를 미리 알고 있었습니다. 그는 침울한 상태라서 그의 행동을 분석하기가 쉽지 않습니다. 윤보선 대통령과 백낙준 참의원 의장은 진압군을 끌어들이는 것에 대해 반대하고 있습니다. 한국 정부의 주요 인사들은 쿠데타 계획을 사전에 알고 있었던 것 같은데 저지하려고 하지 않았습니다. 쿠데타의 기본 목적은 장면 정부를 제거하거나 내각제를 없애버리는 것으로 보입니다. 반미성향이나 친공성향은 아직 발견되지 않고 있습니다. 쿠데타의 실질적인 지도자는 박정희 장군인데, 그는 이승만 정부 아래서 공산주의자라는 혐의로 기소되어 유죄를 선고받은 적이 있는 인물입니다. 그는 그 뒤로 공산주의자를 색출해 제거하는 일에 협력했고, 이에 따라 반공주의자라는 평을 듣게 됐습니다. 쿠데타 세력 내부에 반미주의자나 공산주의자로 알려진 장교는 없는 것 같습니다.

이한림 사령관의 충고에 따라, 또한 1군을 내 지휘권 안에 묶어둠으로써 중립적인 부대들이 반란군 편으로 넘어가는 것을 막기 위해 나는 방송을 통해 합헌적으로 선출된 정부를 지지한다고 밝혔습니다. 나는 반란군의 지휘부에 본대로 돌아가라는 압력을 넣고 있습니다. 이는 반란행위를 저지하기 위해서입니다. 해병대는 돌아갈 가능성이 있으나 6군단 포병단은 원위치시키는 것이 불가능할 것 같습니다. 장도영은 계엄사령관으로서의 직책을 이용해 반란군으로 하여금 서울에서 철수하게 하겠다고 약속했습니다.

이한림 1군 사령관은 4개 사단을 출동준비 태세로 대기시켜 놓고 있습니다. 이 부대를 서울로 끌고 들어온다면 반란군을 진압할 수 있을 것입니다. 이한림은 장면 총리가 명령을 내리면 반란군 진압에 나설 것이라고 나는 믿습니다. 그는 아마도 내 명령에도 복종할 것입니다. 나는 간밤에 장면 총리가 나타나기를 기다렸으나 오늘 아침까지도 그가 보이지 않습니다. 나는 그의 측근들과도 접촉해보았는데, 그들도 그가 어디에 있는지를 모른다고 말하고 있습니다. 그가 우리한테 연락하게 해달라고 부탁했지만 아무런 응답이 없습니다. 만약 장면 총리가 1군을 동원해 반란군을 진압하라는 지시를 내린다면 나는 그의 그런 지시를 지지할 것입니다. 나는 그가 그런 지시를 내릴 때까지 1군을 내 편에 묶어둘 작정입니다. 그러나 내가 언제까지 1군을 우리 편에 묶어둘 수 있을지에 대해서는 나로서도 알 수 없습니다. 장면이 숨어있는 시간이 길면 길수록 그가 정권을 회복할 확률은 낮아질 것입니다.

하나의 가능한 방법은 대통령, 참의원 의장, 국방부 장관, 육군 참모총장의 반대를 무릅쓰고라도 내가 이한림에게 명령해서 1군을 출동시켜 반란을 진압하게 하는 것입니다. 그러나 내가 그런 방식으로 성공을 거둔다고 해도, 그리하여 정권이 회복된다고 해도 그 정부를 이끌 지도자가 없는 상태, 그리고 그 정부에 대한 국민의 지지가 없는 상태에 직면하게 될 것입니다.

내 임무는 공산주의자들의 침략으로부터 한국을 방어하는 것입니다. 아울러 한국 내부의 공산세력으로부터 한국을 방어하는 것도 나에게 주어진 임무입니다. 쿠데타 세력은 공산주의자였던 인물에 의해 지도되고 있으나 공산당에 의해 조종되고 있지는 않습니다. 이런 점에서 내 권한만을 이용하여 1군을 동원해 쿠데타군을 진압하는 것은 무리라는 판단을 하고 있음을 알립니다.

이 전문을 보면 매그루더 사령관 역시 장면의 태도에 실망한 탓에 쿠데타군을 진압하려는 의지를 잃고 있었음을 알 수 있다.

쿠데타군이 거사한 지 48시간 가까이 흐른 17일 저녁에는 초긴장 상태가 조성됐다. 밤 9시경 미8군 사령부에 비상소집령이 내려져 미군 장병들이 전투태세를 갖추기 시작했다. 서울의 상공에서는 미군의 정찰기와 헬리콥터가 쿠데타군의 움직임을 감시했다. 서울 시민들은 무슨 일이 진행되고 있는지를 알지 못하는 가운데 절박한 분위기가 서울의 밤거리를 휩쓸고 있었다.

그러나 이날 밤 늦게 미국의 케네디 행정부는 한국의 쿠데타군에 대한 진압작전을 실행하지 말라고 지시했다. 17일 박정희 소장을 만난 CIA 한국지부장 실버의 보고를 비롯한 여러 경로의 정보를 통해 박정희가 공산주의자 아니냐는 의구심이 해소됐고, 그가 주도한 쿠데타가 반미의 성격을 갖고 있는 것이 아니라고 판단됐을 뿐만 아니라 장면 정권의 무능함도 확인됐기 때문이었다. 미국은 쿠데타를 기정사실로 인정하기로 하고 영향력을 행사하는 쪽으로 방향을 돌리기로 결정한 것이었다.

5월 18일 새벽에 박정희 소장의 지시에 의해 이한림 1군 사령관이 체포됐다. 이로써 쿠데타군은 군 전체를 장악하는 데 성공했다.

18일 오전에 장도영 육군 참모총장은 장면의 미국인 정치고문인 도널드 위터카에게서 장면의 은신처가 어디인지를 전해 듣고 카르멜 수녀원을 찾아갔다. 장도영을 따라 중앙청으로 간 장면은 김영선(金永善) 재무부 장관, 태완선(太完善) 상공부 장관, 정헌주(鄭憲柱) 국무원 사무처장 등 국무위원들과 마지막 각의를 열었다. 각의는 오후 2시에 이미 선포된 비상계엄령을 추인하고 내각이 총사퇴하기로 의결했고, 장면은 그러한 의결에 대해 윤보선 대통령의 재가를 받기 위해 청와대로 갔다.

이로써 장면 정권은 법적으로 소멸됐고, 대신 군사혁명위원회(의장 장도영, 부의장 박정희)가 정권을 정식으로 이양받은 셈이 됐다. 다만 윤보선은 대통령직을 계속 유지했다(그는 1962년 3월 22일에야 대통령직을 사임했다).

그 시각 미국 대사관에서 필립 하비브(Philip Habib) 정치담당 참사관(1971~74년에 주한 미국 대사 역임)이 매카나기 미국 국무성 동아시아태평양담당 차관보에게 한국의 장면 내각은 이미 치명적인 타격을 받고 산산조각 났다는 내용의 전문을 보냈다.

19일 5·16 주도세력이 군사혁명위원회의 이름을 국가재건최고회의로 바꾸고 국가재건최고회의 위원 명단을 발표했다. 그 내용은 다음과 같았다.

의장: 장도영(육군 참모총장, 중장)

부의장: 박정희(2군 부사령관, 소장)

위원: 김종오, 박임항, 김신, 이성호, 김성은, 정래혁, 이주일, 한신, 유양수, 한웅진, 최주종, 김용순, 채명신, 김진위, 김윤근, 장경순, 송찬호, 문재준, 박치옥, 박기석, 손창규, 류원식, 정세웅, 오치성, 길재호, 옥창호, 박원빈, 김석제

고문: 김홍일, 김동하

20일 케네디 미국 대통령은 국가재건최고회의에 한미간 우의와 협조를 재확인하는 메시지를 보냈다.

훗날 5·16 쿠데타가 사전에 미국과 공모한 것이었다는 추론이 제기됐고, 한국의 많은 지식인들이 이러한 추론을 사실로 믿었다. 그러나 5·16 당시의 취재기자들은 쿠데타 세력과 미국 정부가 첨예한 갈등을 겪는 과정을 지켜보았다. 그러한 갈등은 그 뒤 2년간 이어진 군정의 기간에도 계속됐다. 미국 하원

국제관계위원회의 국제기구소위원회가 1978년 10월 31일 발간한 〈한미관계 조사보고서(Investigation of Korean-American Relations)〉는 5·16 쿠데타와 미국 사이에 관련이 없다는 결론을 내렸다. 다음은 이 보고서의 한 구절이다.

> 본 소위원회는 CIA가 한국의 쿠데타를 지원했다는 주장에 대해 조사했다. 그런 주장을 모두 다 조사할 수는 없었지만, 그런 주장을 뒷받침할 만한 증거를 전혀 발견하지 못했다. 본 소위원회는 한미 양쪽의 많은 관리들과 면담했다. 그러나 미국의 개입을 지적한 사람은 없었고, 모두 유엔군 사령부와 국무성이 쿠데타에 대해 초기에 보인 적대적인 태도를 언급했다. 미국의 한 전직 관리는 "미국 대사관의 다른 직원들과 마찬가지로 CIA 요원들도 종전의 민주당 정권을 지지하는 입장에서 폭력적인 권력탈취 세력을 의심과 반감의 눈으로 바라본다는 인상"을 받았다고 증언했다.

이 구절에서 언급된 '미국의 한 전직 관리'는 그레고리 헨더슨(Gregory Henderson)이다. 헨더슨은 5·16 군사쿠데타 당시에 미국 대사관의 문정관이었고 그 쿠데타에 대해 매우 부정적인 견해를 갖고 있었다. 그는 훗날 한국 정치를 역사적 전통에 입각해 분석한 명저 《소용돌이의 정치(Politics of Vortex)》를 저술했다.

성공의 가능성이 매우 희박했던 5·16 쿠데타가 성공한 것은 한마디로 기적적인 일이었다. 미국은 장면 정권을 수호해줘야 할 이유를 충분히 가지고 있었다. 미국 정부는 이승만 정권 시절에 한일간 국교 정상화를 추진했으나 이승만 대통령의 완강한 반대에 부닥쳐 뜻을 이루지 못했다. 그런데 장면 정권은 성립되자마자 미국의 요구대로 일본과 국교 정상화에 관한 교섭을 벌였고, 5·16 쿠데타가 일어날 즈음에는 국교 정상화를 거의 성사시켰다고 볼 수 있는 단계에 이르렀다.

　또한 장면 정권은 1961년 2월 8일 '한미 경제원조 협정' 에 서명했다. 이 것은 '제2의 태프트—가쓰라 협정' 이라고 불릴 정도로 미국에 유리하고 한국 으로서는 굴욕적인 내용의 협정이었다. 이 협정은 3조 1항에 "원조자료 사용에 있어서 한국 정부는 미국 당국자들에게 사업 및 그 계획과 관계기록을 제약 없이 재검토할 것을 허용한다"고 규정했고, 7조 7항에는 "원조계획의 전부 혹은 일부는 미국 정부가 사정의 변경으로 인하여 동 계획의 계속이 불필요하거나 또는 부적당하다고 결정하는 경우에는 미국 정부에 의하여 중단될 수 있다"고 규정했다. 이런 조항들에는 내정간섭의 소지가 있는 것이 명백했다. 당시에는 한국 정부가 운영하는 예산의 50% 이상이 미국의 원조로 충당되고 있었다. 따라서 위와 같은 조항에 따르면 미국은 한국의 내정을 무제한 감독할 수 있을 뿐만 아니라 원조를 임의로 중단할 수도 있게 되므로 한국 정부에 대한 강력한 통제권을 합법적으로 갖추게 되는 셈이었다. 이 조약에 반대하는 시민과 학생 들이 4월 20일부터 24일까지 격렬한 시위를 전개했다.

　게다가 장면 정권은 이승만 대통령이 끝까지 저항했던 환율인상 등 미국 의 요구를 수용했다. 미국은 한국에 대한 원조액을 줄이기 위한 방편으로 한국 화폐의 평가절하를 요구했다. 이에 응해 장면 정권은 1달러당 650환이었던 환 율을 1961년 2월 1달러당 1300환으로 대폭 올렸고, 이에 따라 미국은 한국에 대한 원조액을 절반으로 줄일 수 있게 됐다. 이로 인해 국회에서 "민주당 정권 이 미국 대사관을 제2의 조선총독부로 만들었다"는 등의 비난이 나오기도 했 다. 이는 장면 정권이 미국의 뜻에 얼마나 충실하게 따랐는지를 잘 보여주는 일이었다.

　1961년 1월 미국에서 케네디 행정부가 공식으로 출범하자 백악관 안보팀 에서 한국에 대한 정책을 전면적으로 수정해야 한다는 견해가 나왔다. 이런 백 악관 안보팀의 견해는 한국에 대한 정책을 주도하는 부서인 국무성의 견해와 상반되는 것이었다. 장면 정권을 부정적으로 보는 백악관 안보팀에 대해 미국 국무성은 다음과 같은 반응을 보였다.

> 어쨌든 미국에 껄끄럽기 짝이 없던 이승만 대통령을 몰아내는 데 국무성도 한
> 몫했고, 그 결과로 미국에 고분고분하면서 합리적이고 민주적인 장면 정부가
> 들어선 것 아닌가. 장면 정부가 당 내분으로 지도력이 흔들리긴 했지만 최근에
> 는 지도력도 회복하고 있다. 미국이 지속적인 원조와 함께 적절한 정치적, 경
> 제적 지원만 해준다면 한국은 그럭저럭 제 갈 길을 찾아갈 것이다.

한국의 장면 정권이 지나치게 무능하므로 미국이 일종의 섭정을 해야 할 필요가 있다는 미국 정부 내 일각의 주장은 1961년 3월에 나온 '팔리 보고서'에서부터 시작된 것이었다. 이 보고서를 작성한 휴 팔리(Hugh D. Farley)는 국무성 산하조직인 ICA(국제협력단)의 한국지부에서 중견간부로 재직한 기술자 문역이었다. 25쪽으로 씌어진 이 보고서는 장면 정권이 지나치게 무능하고 부패하다고 평가하고 적절한 조치를 취하지 않으면 몇 개월 안에 무너질 것이라고 예견했다. 팔리는 "미국의 대한정책을 실행하는 USOM(미국 대외원조기구)도 명확한 지도노선이 없어 장면 정권의 붕괴를 막기에 역부족"이라면서 "미국이 4월 이전에 관료조직 대신에 전권을 가진 별도의 대규모 고문단을 파견해 한국을 개혁해야 한다"는 결론을 내렸다.

팔리 보고서를 읽은 케네디 대통령은 CIA와 국무성에 한국에 대해 정밀한 평가를 실시하고 그 결과를 보고서로 제출하라고 지시하는 한편 국가안보회의(NSC)에 6월까지 새로운 대한정책을 수립하라고 명령했다. 이에 따라 미국 정부에서 새로운 대한정책이 수립되고 있던 시점에 5·16 쿠데타가 일어났다. 5·16 쿠데타가 일어났을 때 민주당 정권이 정권수호를 위해 노력하는 모습을 전혀 보여주지 않는 것을 본 미국 정부의 관리들은 팔리의 견해를 수용하게 됐다. 장면 정권이 쿠데타를 진압하려는 태도를 보이지 않자 미국 정부도 변화된

현실을 인정하는 방향으로 입장을 정리한 셈이었다. 5월 17일 장면이 그린 대리대사에게 보여준 태도는 미국 정부가 장면 정권을 포기하는 결정을 내리게 하는 데 결정적인 역할을 했다.

쿠데타 직후에 민주당 정권의 수뇌부 인사들이 어디로 갔는지 행방이 묘연하고 헌법기관으로서 유일하게 남은 대통령까지 쿠데타 진압에 반대하는 상황에서 주한미군이 직접 쿠데타 진압에 나선다면 '장면 정권은 미국의 괴뢰정권'이라는 공산권의 선전을 정당화시켜주게 된다는 점도 미국 정부에 부담이 됐을 것이다. 국가적 위기나 변란 시에 국정책임자의 자세가 정국의 변화에 얼마나 큰 변수가 되는지를 5·16 쿠데타 직후에 민주당이 취한 태도가 잘 보여준 셈이다. 장면 정권의 몰락을 되짚어보면 그것은 쿠데타에 의한 '타살'이라기보다 스스로 무너진 '자살'에 가깝다. 민주당의 신파와 구파는 당쟁을 일삼다가 동반자살한 셈이다.

5·16 군사쿠데타의 불법성과 그 주도세력의 반민주성을 비난하는 견해는 그동안 많이 나왔고, 지금도 계속 나오고 있다. 이와 대조적으로 어쩌면 쉽게 진압할 수도 있었던 쿠데타를 진압하려는 시도조차 하지 않은 민주당 신파 중심의 장면 정권과 더 나아가 민주당 전체에 대한 책임추궁은 그동안 거의 없었다고 해도 과언이 아니다.

민주주의는 집권한 정치인들에게 많은 것을 요구한다. 굳이 민주정이 아니더라도 모든 국가의 헌법이 정권 담당자에게 국헌을 수호할 것을 요구하고, 정권 담당자는 취임할 때 국헌을 수호하고 국민의 복지와 안녕을 위해 진력할 것을 맹세한다. 5·16 쿠데타가 불법이었고 그 쿠데타로 집권한 정권이 국민에게 여러 가지 불행을 초래했다고 평가하는 이들은 많지만, 그렇다면 장면 정권의 죄상은 어느 정도였는가를 지적하는 이들은 별로 없다. 게다가 민주당 정치인인 윤보선은 5·16 쿠데타 이후에도 1962년 3월 22일 사임할 때까지 대통령직을 계속 수행하지 않았던가.

5·16 쿠데타 이후에 이른바 '민주화 투쟁'을 벌인 한국의 야당들은 모두 민주당을 계승한 정치집단이었다. 그들이 5·16 쿠데타를 비난하면 할수록 그들 자신의 죄과가 크다는 주장도 같이 하는 셈이었다. 민주당 정권이 시민과 학생들이 궐기하고 많은 피를 흘린 덕분에 집권하게 된 정권이었음은 두말할 필요도 없다(민주당은 3·15 부정선거를 규탄하는 성명 하나만 냈을 뿐 그 뒤로 이승만 대통령이 하야성명을 발표할 때까지 방관자로 있었다). 부정선거는 민주헌정을 파괴하는 행위이고 군사쿠데타도 불법이다. 그런데 국민이 부정선거에 대해 피를 흘리며 항거한 덕분에 집권한 정치집단이 쿠데타를 진압하려는 시도조차 하지 않고 마치 수배된 범죄자들처럼 도주해버렸던 것이다. 제2 공화국 정부, 즉 민주당 정권은 쿠데타가 일어났을 때 국헌수호 노력을 하지 않은 것만으로도 반역죄를 저지른 것이 아닐까? (이에 대한 법의 심판은 물론 없었다.)

장면 정권을 친일파 정권이라고 불러도 좋을 정도로 친일행적을 가진 자들이 장면 정권에 많이 참여하고 있었던 것이 어쩌면 5·16 쿠데타가 성공하게 되는 데 가장 크게 기여한 배경요인이었는지도 모른다.

우선 장면 총리부터 보자. 장면은 1931년 이후 8·15 해방 직전까지 서울 동성(東星)상업학교 교장이었다. 그 기간 중인 1938년 2월 9일에 경성(京城)연합청년단장 마에다(前田昇), YMCA 대표 윤치호(尹致昊) 등 약 10명의 협의로 조선지원병제도 실시축하회가 결성됐다. 이때 발기인이 73명이었는데, 장면과 조종국(趙鍾國)이 가톨릭측 발기인으로 참가했다.

장면은 같은 해 10월 20일에는 국민정신총동원조선연맹 산하의 '비상시 국민생활 개선위원회'의 제1부 위원 44명 중 1인으로 선임됐다. 이 위원회는 조선총독부의 방침에 따라 내핍과 근로 등을 권장하는 전시 생활개선 운동을 주관한 기관이다. 이듬해인 1939년 5월 중순에는 명치정(명동)성당이 라리보

주교와 장면 등의 유도로 국민정신총동원조선연맹에 가입했다. 이어 같은 해 5월 14일에 명치정성당에서 지방의 성당 대표 60여 명을 포함한 가톨릭교도 1천여 명이 참석한 가운데 국민정신총동원 가톨릭 경성(京城)교구연맹을 결성했는데, 이 연맹의 이사장은 라리보 주교, 이사는 노기남(盧基南)과 구로카와(黑川米尾) 등 5명, 간사는 장면과 이와다니(岩谷二郎) 등 7명이었다. 장면은 이승만 정권 시절에도 2대 국무총리를 지낸 바 있다.

장면 정권의 실력자인 박순천은 3·1운동에 참가한 뒤에 일본의 오사카 의학전문학교에 들어갔다가 수배된 인물임이 밝혀져 1년간 옥살이를 했다. 그러나 그는 1940년 12월 15일에 결성된 황도학회(皇道學會)에 발기인으로 참여했다. 그는 이어 1941년 7월 〈춘추(春秋)〉에 시국논문 '조선의 남편과 아버지에 소(訴)함'을 발표했고, 1942년 1월 5일에 조직된 조선임전보국단 부인대(隊)에 지도위원으로 참가했다. 그는 또한 1941년 12월 27일 부민관에서 열린 조선임전보국단 주최 '결전(決戰) 부인대회'에 연사로 출석했다.

해방 후 1960년대까지 친일경력이 있는 자가 국회의원이 된 예는 여당, 야당, 무소속을 가릴 것 없이 정치권 전체에서 쉽게 찾을 수 있었다. 일부는 그 뒤에도 국회의원이 됐다. 특히 장면 정권 9개월 동안 장관을 역임한 35명 가운데 60%인 20명에게서 친일경력이 발견된다. 일본에 협력하고 빌붙었던 자들이 새로운 강대국인 미국에 빌붙은 것은 어쩌면 당연한 일이었다. 한국의 역대 야당들이 친미사대적이었던 것은 우연한 일이 아니다. 특히 장면 정권이 가장 친미적인 정권이었다는 평가를 받는 것도 이해할 수 있는 일이다.

이렇게 볼 때 5·16 쿠데타가 일어났을 때 장면이 군부대로 달려가 진압할 생각을 하기는커녕 헌법수호의 의무도 정권도 내팽개치고 처음에는 미국 대사관으로, 나중에는 외국인 수녀원으로 도주하는 추태를 보인 것도 어쩌면 필연적인 일이었다. 그뿐만 아니라 다른 장관들도 모두 도주하기에 바빴다. 주요한 부흥부 장관은 5월 18일 아침 장관들을 대표해 윤보선 대통령에게 연락해 살려달라고 애원했다. 윤보선은 장도영에게 그들에 대한 선처를 부탁했고, 이에 따라 장면 정부의 인사들에게 위해를 가하지 않는다는 방송이 나갔다. 이 방송을 듣고 장관들이 중앙청에 나와 마지막 국무회의를 열고 사퇴를 결의한 것이었다.

구한말의 정치인 김홍집의 최후는 그들의 모습과 대조적이다. 김홍집은 갑오개혁 때 총리로서 친일개화 정책을 주도했다. 고종이 아관파천을 하자마자 김홍집 등을 포살(捕殺)할 것을 명령했다. 흥분한 군중이 몽둥이를 들고 그의 집을 습격했다. 이에 일본군이 그를 구출하기 위해 달려왔다. 그러나 김홍집은 "조선의 총리로서 동족에게 맞아죽는 것은 천명(天命)이다. 남의 나라 군인에게 구차하게 구원받을 생각은 없소!"라며 일본의 도움을 받기를 거절했다. 결국 김홍집은 타살됐고, 그의 시신은 종로까지 개처럼 끌려가 온갖 수모를 당했다. 여기서 우리는 김홍집이 적어도 일신의 부귀영화를 누리려는 목적에서 친일개화 정책을 주도한 것이 아니었음을 알 수 있다.

여하튼 민주당 정권의 총리를 비롯한 장관의 60%가 친일경력이 갖고 있었다는 것은 무엇을 의미하는가? 5·16은 무혈 쿠데타였다. 박정희 소장은 처음부터 피를 흘리지 않으려고 했다(실제로 사망자는 거의 없었다). 군사쿠데타라고 해도 쿠데타군이 김홍집을 습격한 군중과 같은 방식으로 행동하지는 않았다. 외무부 장관의 공관을 점령하려던 쿠데타군은 정일형 외무부 장관의 아들인 고3 학생 정대철이 항의하자 물러나기까지 했다. 이런 사실들에 비추어도 민주당 정권의 치졸한 행동에서 그 어떤 대의와 명분도 찾을 수 없다.

친일은 한 시대의 민족적 비극이었다. 누구라도 친일의 과오를 저지를 수 있었고, 당시의 과오를 나중에 들추는 데도 어느 정도는 절도가 있어야 한다. 해방 이후에 태어난 덕분에 친일파가 될 기회가 원천적으로 없었던 이들이 핏대를 올리며 친일파를 규탄하는 모습을 보게 되면 과연 그들은 일제시대에 태어났더라면 친일파가 되지 않고 모두 이봉창 의사, 윤봉길 의사와 같은 애국자가 됐을까 하는 의문이 든다. 한국의 엘리트 가운데 친일 또는 부일 경력자는 좌우익을 막론하고 상당히 많았다. 그들이 과거의 과오를 씻을 기회를 갖게 하기 위해서도, 그들의 능력을 신생 조국에 바치게 하기 위해서도 그들을 요직에 기용할 수는 있었다. 그런데 그들은 대부분 그러한 기회를 얻고서도 그런 방향으로 활용하지 않았다. 장면 정권의 마지막 모습을 보면 그 정권에 참여했던 인사들의 과거 친일행적이 단순한 한때의 과오가 아니라 그들의 본성에 내재한 기회주의적 속성에서 유래된 것이 아닌가 하는 생각이 든다.

"장면 정권이 존속했더라면 민주주의와 시장경제의 발전이 병행하여 이루어졌을 것"이라면서 '아쉬움 사관(might have been view of history)'을 피력하는 사람들도 적지 않다. 그러나 정권도 지키지 못한 자들이 과연 민주주의와 국가안보를 달성하고 경제성장을 이룰 수 있었을까? 장면 정권도 물론 여러 가지 국가발전 계획을 수립했지만 계획과 실천은 전혀 다른 것이다.

헌정수호의 의무가 있는 대통령과 총리가 헌정파괴 행위인 쿠데타를 진압하려고 노력하기는커녕 동조하거나 도주한 사실, 오히려 외국인인 주한미군 사령관이 쿠데타를 진압하기 위해 노력한 사실에 한국 민주주의의 비극이 있었다. 그 뒤로 장면은 정계를 떠났으나 윤보선은 두 번이나 야당 단일후보로 대통령 선거에 나섰다. 여기서 역사에 묻고 싶다. 장면 정권은 절대빈곤을 극복하고 민주주의를 꽃피웠을 정권이었는가, 아니면 역사의 쓰레기통에 들어가야 마땅한 집단이었는가?

5·16 군사쿠데타에 비교해볼 때 1973년 9월에 일어난 칠레의 군사쿠데타는 여러 모로 대조적이다. 철저하게 미국의 주도로 기획되고 수행됐다는 점, 무혈 쿠데타인 5·16과 달리 제3세계에서 발생한 쿠데타 중 가장 피를 많이 흘렸다는 점, 헌정수호를 위해 대통령이 죽음을 두려워하지 않고 쿠데타에 맞섰다는 점 등…. 칠레의 쿠데타 과정을 살펴보는 것은 5·16 쿠데타의 성격을 파악하는 데 도움이 된다.

*

"만약 아옌데가 승리한다면 이번이 마지막 선거가 될 것이다."

이는 1970년 칠레의 대통령 선거 기간에 유력한 후보였던 살바도르 아옌데(Salvador Allende Gossens)의 정적들이 당시에 한 예언이었다. 아옌데는 사회당, 공산당, 여타 급진세력 및 기독교민주당의 일부가 결성한 연합전선인 인민연합(Unidado Popular)의 후보였다(칠레 공산당의 대통령 후보로 결정됐던 시인 파블로 네루다(Pablo Neruda)는 아옌데 단일후보를 위해 사퇴했다. 네루다는 다음해인 1971년에 칠레의 문인으로는 여류시인 가브리엘라 미스트랄(Gabriela Mistral)에 이어 두 번째 노벨 문학상 수상자가 됐다.

아옌데 후보는 유권자들에게 자신의 목표는 '칠레적 방식'에 따라 사회주의를 합법적, 평화적으로 달성하는 데 있다고 말했다. 그는 "국민소득의 대부분을 차지하는 극소수를 제외하고는 누구도 나를 두려워할 필요가 없다"고 말했다.

부유한 변호사의 아들로 상류층 출신인 아옌데는 초기 정치생활을 철저한 헌정수호로 일관했다. 그는 여러 차례에 걸쳐 칠레 공산당과 치열한 논쟁을 벌이기도 했고, 소련권의 공산주의와 자신이 추구하는 사회주의는 전혀 다른 것이라고 주장했다. 그는 자신의 입장을 다음과 같이 밝혔다.

우리는 소련을 모방하려는 것이 아니라 우리 나름의 방법을 모색하려고 합니다. 우리의 목적은 스스로 최선의 이익을 도모하면서 세계 여러 나라와 유대를 강화하는 것입니다. 우리는 완전한 자주독립을 바랄 뿐입니다. 나는 마르크스와 엥겔스, 레닌의 저서를 읽었지만 링컨이나 제퍼슨, 워싱턴의 책도 읽었습니다. 미국인들은 자국의 발전을 저해하는 외세에 대항해 투쟁했습니다. 이것이 바로 우리가 미국을 건설한 인물들의 책을 읽어야 하는 이유입니다. 미국인들은 자국의 투쟁만 잊지 않을 것이 아니라 우리가 벌이는 투쟁의 정당성도 깨달아야 합니다.

의대를 나와 의사로 일하다 정치에 입문한 아옌데는 1945년 상원의원에 당선된 이래 25년 동안 계속해서 상원의원으로 일했다(1968년에 상원 의장에 선출됨). 그 기간에 그는 보건후생과 여성인권에 관한 많은 법률의 입안과 의회 통과에 주력했다.

1970년의 칠레 대통령 선거에 미국은 국가안보회의(National Security Council) 내 소위원회인 '40인위원회'의 주도 아래 적극 개입했다. 이 해 3월 25일에 40인위원회는 '아옌데의 당선을 저지하기 위한 작전'의 일환으로 중앙정보국(CIA)이 수행하려는 '선전 및 기타 행동 계획'을 승인했다. 선거일보다 3개월 전인 1970년 6월 미국의 대통령 안보담당 특별보좌관이자 국가안보회의 의장인 헨리 키신저(Henry Kissinger)는 당선될 것으로 예상되는 아옌데 후보와 관련해 다음과 같이 말했다.

우리는 한 나라가 그 국민의 무책임함으로 인해 공산화되는 것을 방관할 수 없다. 이 문제는 칠레 유권자들 스스로 결정하도록 내버려두기에는 너무나 중요하다.

CIA는 40인위원회의 작전명령에 따라 선거를 앞두고 칠레에서 대규모 선전활동을 벌였다. 아옌데의 승리는 '종교와 가족생활의 종말'을 의미할 수도 있다고 경고하는 편지와 전단이 살포됐고, 그 내용이 신문과 방송을 통해 전파됐다. 또한 CIA는 아옌데가 승리하면 경제파탄이 올 것이라는 루머를 전국에 퍼뜨렸다. 아옌데와 경합하는 다른 후보자들에게는 미국 정부가 선거 자금을 지원했다.

'농업의 개혁, 구리산업의 국유화, 의료혜택의 향상'을 주된 슬로건으로 내건 아옌데 후보의 선거강령은 기독교민주당 라도미로 토믹(Radomiro Tomic) 후보의 강령과 거의 차이가 없었다. 우익에서 보기에 토믹도 지나치게 진보적이었고, 이 때문에 그가 기독교민주당의 후보가 되자 1964년 선거 때 프레이 후보를 당선시켰던 중도-우파 연합은 깨졌다. 우파인 국민당은 1958년 대통령 선거 때 근소한 표 차이로 아옌데 후보를 이기고 당선됐던 전 대통령 호르헤 알레산드리(Jorge Alessandri Rodriguez)를 후보로 내세웠다.

1970년 9월 4일에 3파전으로 치러진 대통령 선거에서 아옌데 후보가 가장 많은 107만 표(36.61%)를 얻었지만, 보수파 후보인 호르헤 알레산드리의 103만여 표(35.27%)에 비해 4만 표 차이밖에 나지 않았다. 집권 기독교민주당의 후보인 토믹은 82만여 표(28.11%)를 얻었다.

과반의 득표를 한 후보가 없었으므로 선거법에 따라 대통령 지명을 위해 의회는 10월 24일 상하 양원 합동회의를 소집하기로 했다. 최다 득표자가 대통령으로 지명되는 것이 전통이었다.

그러나 미국의 리처드 닉슨(Richard Nixon) 대통령이 9월 15일에 '수단과 방법을 가리지 말고' 10월 24일 열릴 예정인 칠레 의회에서 아옌데가 대통령으로 지명되는 것을 막으라고 행정부에 지시했다. CIA는 칠레 의원들을 매수하려고 했으나 실패했다(작전 '트랙 I'의 실패). 그러자 닉슨 행정부는 칠레 주재 미국대사 에드워드 코리(Edward Korry)를 시켜 현직 칠레 대통령인 에두아르도 프레이(Eduardo Frei)에게 다음과 같이 노골적인 협박을 가했다.

아옌데가 집권하면 너트 하나, 볼트 하나도 칠레에 들어가지 못하게 하겠다. 아옌데가 집권한다면 우리는 할 수 있는 일을 다 해서 칠레와 칠레의 국민에게 궁핍이 무엇인지를 분명히 알

그러나 프레이 대통령은 조금도 동요하지 않았다. 중도 노선의 프레이는 1964년에 칠레의 선거사상 최다 득표율인 56%의 지지를 얻어 당선된 대통령이었다. 그의 슬로건은 '자유 속의 혁명'이었고, 그의 공약은 가난한 국민에게 국가의 부를 더 많이 나누어주는 개혁을 제도화한다는 것이었다. 프레이 정부는 칠레에 진출해 있던 미국 동광(銅鑛)회사의 주식 51%를 매입해 그 회사를 국유화했고, 대규모 농장들의 땅을 소작농에게 분배했다. 평화적인 혁명에 대한 프레이 대통령의 희망이 그의 6년 임기가 끝날 때까지 실현되지는 않았으나, 그의 임기 중에 진보적 정책에 대한 국민의 기대가 커졌고 그러한 기대가 아옌데의 최다 득표를 가져온 것이다.

리처드 헬름스(Richard Helms) CIA 국장은 닉슨과 키신저의 지시에 따라 정예요원들을 뽑아 특공대를 조직했고, '트랙 II'라는 작전명으로 군사쿠데타를 일으키는 공작에 들어갔다. 이 작전은 윌리엄 로저스(William Rogers) 국무장관, 멜빈 레어드(Melvin Robert Laird) 국방장관, 40인위원회, 코리 칠레 주재 미국대사도 모를 정도로 비밀리에 진행됐다.

칠레에서 군사쿠데타를 성공시키는 데는 칠레의 육군 최고사령관인 르네 슈나이더(Rene Schneider) 장군이 방해인물이었다. 슈나이더 장군은 헌법에 충실하고 청렴결백하기로 이름난 군인이었다. 그는 순조로운 정권이양을 돕겠다고 공언했다. '트랙 II' 작전의 칠레 쪽 책임자는 미국 정부에 칠레 군부는 쿠데타를 일으킬 뜻을 갖고 있지 않다고 보고했다.

CIA는 칠레 군부와 긴밀히 접촉하고 있는 미국 대사관 무관인 폴 위머트 대령을 이용하기로 했다. 위머트 대령은 슈나이더 장군을 암살하기 위해 칠레의 수도 산티아고 지역 사령관인 카밀로 발렌주엘라(Camilo Valenzuela) 장군, 1969년에 군사반란을 주장하다가 슈나이더에 의해 예편된 로베르토 비옥스(Roberto Viaux) 예비역 장군 등을 비밀리에 만나 모의했다.

10월 22일 아침 8시경에 슈나이더 장군이 출근길에 무장괴한의 총격을 받고 산티아고 군병원으로 이송됐다. 헬름스 CIA 국장은 이 소식을 듣고 "정말 잘해냈다"는 반응을 보였다. 그러나 미국은 아옌데가 대통령이 되는 것을 막는 데 실패했다.

슈나이더 육군 최고사령관의 피격은 칠레를 일대 혼란으로 몰아넣을 가능성이 있는 사건이었지만, 프레이 대통령이 기민하게 잘 대처한 덕분에 칠레는 위기를 넘길 수 있었다. 슈나이더가 저격당한 지 몇 시간 뒤에 프레이 대통령은 계엄령을 선포하고 군과 경찰에 24시간 비상경계 태세를 갖추도록 지시했다. 10월 24일 의회에서 최대 정당인 기독교민주당의 의원들도 아옌데를 지지하는 투표를 함으로써 찬성 153표 대 반대 35표로 아옌데의 대통령 당선이 확정됐다.

슈나이더 장군은 이튿날인 25일 사망했다. 1817년 칠레가 독립한 이래 군 고위 장성으로는 처음으로 암살된 것이었다. 26일 카를로스 프라츠(Carlos Prats) 장군이 슈나이더의 후임으로 육군 최고사령관이 됐다.

세계 최초로 자유선거로 선출된 사회주의자 대통령 살바도르 아옌데는 11월 3일 취임했다. 그는 취임연설에서 "제국주의적 착위를 타도하고, 독점을 없애고, 진정하고도 충분한 토지개혁을 실시하고, 은행을 비롯한 금융부문을 국유화할 것"이라고 선언했다. 아옌데 대통령은 취임 일성으로 모든 관공서에 대통령의 사진을 붙이는 관례를 폐지하라고 지시했다. 그는 그러한 관례는 민주국가가 아닌 왕국에나 어울리는 무용한 격식이라면 일소에 붙였다.

아옌데 정부의 개혁정책은 처음에는 대성공을 거두었다. 1971년 초까지 식량생산이 대폭 증가했고, 공업생산도 14.6% 증가했다. 실업률은 8.3%에서 3.9%로 떨어졌고, 물가상승률도 연간 35%에서 22%로 낮아졌다. 영아사망률도 11%로 낮아졌다. 1971년 4월의 지방선거에서 인민연합은 49.7%의 지지를 얻었다.

당시 칠레의 경제는 미국에 종속돼있었다. 칠레에 진출한 미국 기업은 110개였고, 그중 가장 큰 것이 다국적 구리 기업이었다. 구리는 칠레의 총 수출액에서 80%를 차지하는 중요한 수출품이었다. 이는 곧 구리광산을 장악하는 자가 칠레를 소유하게 됨을 의미했다. 1970년 당시 칠레의 구리 생산량 가운데 80%는 미국 기업이 생산한 것이었다. 1971년 11월 11일 칠레 의회는 지하자원을 국유화하는 내용을 담은 개헌안을 만장일치로 통과시켰다. 아옌데 대통령은 이 헌법개정을 가리켜 '칠레 제2의 독립'이라고 했다. 미국의 동광회사들은 이미 칠레로부터 과다한 부를 가져갔다는 이유로 광산 소유지분을 무상으로 몰수당했다.

미국의 닉슨 행정부는 경제적 압력으로 아옌데 정권을 위기에 몰아넣고 군사쿠데타로 정권을 전복시킨다는 계획을 세웠다. 다국적 기업인 미국 ITT의 경영진은 칠레 경제를 파탄시키기 위한 18개 항의 프로그램을 작성해 백악관에 보냈다.

미국은 전략물자로 비축해두었던 구리를 국제시장에 대대적으로 방출해 구리의 가격을 절반 이하로 폭락시키는 방식으로 칠레 경제에 타격을 가했다. 세계은행과 미국의 수출입은행은 칠레에 대한 차관공여를 끊었다. 1년도 안 되어 칠레의 단기차관 유입액이 2억 2천만 달러에서 4천만 달러로 격감됐다. 칠레의 외환보유고도 3억 7천만 달러에서 2500만 달러로 줄어들었다. 이와 동시에 미국 국방성은 칠레의 군부와 긴밀한 접촉을 계속하면서 군사장비 구매 등을 위한 자금을 제공했다.

미국의 경제제재 조치로 인해 칠레 경제는 위기의 늪으로 빠져 들어갔다. 자본도피가 계속 늘어났고, 자본가들이 투자를 꺼려 생활필수품 공급부족 현상까지 빚어졌다. 미국이 곡물 판매를 거부해 칠레는 식량마저 부족해졌다. 경제위기가 계속되자 그동안 호의적인 태도를 보였던 중산층이 아옌데 정권을 외면하기 시작했다. 1972년 10월 전국적으로 파업이 일어나 국가 전체의 기능이 마비됐다. CIA는 온갖 수단을 동원해 칠레 국민의 불만을 더욱 부추겼다.

1972년 12월 4일 아옌데 대통령은 유엔 총회에서 미국의 횡포를 지적하며 국제사회에 도움을 호소하는 연설을 했다.

1970년 9월 4일 선거에서 승리한 바로 그날로부터 우리를 노리는 막강한 외부세력의 영향력을 피부로 느껴왔습니다. 그 세력은 민중이 선거를 통해 자유롭게 선택한 정부의 출범을 저지하려고 했고, 그 새로운 정부를 호시탐탐 쓰러뜨리려고 했습니다. 또 그 세력이 우리를 이 세

계에서 몰아내기 위한 조치를 취하는 것을 우리는 보아왔습니다. 그 세력은 우리 경제를 질식
시키고 우리의 주요 수출품인 구리의 무역을 마비시키고자 했으며, 우리 정부가 국제 금융기
관을 이용할 수 없도록 차입의 길을 봉쇄했습니다.

1973년 봄에 실시된 의회선거에서 CIA는 칠레 야당에 선거자금을 지원했다. 경제적 곤궁과
미국의 야당 지원에도 불구하고 아옌데의 인민연합은 43.2%의 지지를 얻어 대통령 선거 때보다
더 많은 지지를 얻었다.

아옌데 정권에서 프랑스 대사로 일하던 파블로 네루다는 건강악화로 사임하고 1972년 11월에
귀국했다. 네루다는 칠레에 대한 미국 닉슨 행정부의 경제봉쇄 조치에 항의해 1973년에 마지막
시집 《닉슨 살해 권고와 칠레 혁명 찬가(Invitación al Nixonicidio y alabanza de la
Revolución Chilena)》를 발표했다. 이 시집에서 네루다는 칠레의 민주주의를 계획적으로 압살
하고 있는 미국 정부와 그 공적 대표자인 미국 대통령 리처드 닉슨의 범죄를 고발하고 군사쿠데
타를 예고하는 사건들을 일일이 지적했다.

1973년 6월 29일 로베르토 수페르(Roberto Souper) 중령이 지휘하는 산티아고 기갑연대가
탱크를 앞세우고 대통령 관저인 모네다(La Moneda) 궁을 포위했다. 42년 만에 다시 발생한 군
의 정부전복 시도였다. 프라츠 육군 최고사령관이 유혈을 최소화하며 쿠데타를 진압했다. (쿠데
타가 빈발한 중남미의 다른 국가들과 달리 칠레에서는 이때까지 헌정이 잘 지켜졌다. 칠레는
1930년대 이래 지주와 자본가, 중도적 성향의 중산층, 사회주의에 경도된 노동자 계급 등 세 집
단이 선거를 통해 정치권력을 분점했다. 어느 한 집단 단독의 정권은 드물었고, '중도+우익' 이나
'중도+좌익' 식의 연립정권이 많았다.)

1973년 7월에 CIA는 화물트럭 회사들에 자금지원을 하며 파업을 선동했다. 트럭회사들이 파
업을 벌이게 되자 철도망이 발달되지 못한 칠레의 운송체계가 마비됐다. 일종의 자본가 파업이
었다. CIA는 이대로 가면 칠레에 내란이 일어날 것이라고 선전하면서 내란을 막을 수 있는 방법
은 군사쿠데타 밖에 없다고 떠들었다. CIA는 이 같은 선전선동을 위해 별도로 100만 달러를 투
입했다.

1973년 8월에 파블로 네루다는 전기작가 마르가리타 아길레와의 인터뷰에서 당시 칠레의 정
세를 다음과 같이 진단했다.

칠레인들에게 지금은 비통한 순간이다. … 이 위대한 투쟁에 참여하는 것 말고는 다른 방법이
없다. 칠레는 포화와 총성이 없는 조용한 베트남이다. 다른 한편 국내외에서 (적대 세력이) 칠
레를 향해 가능한 모든 무기를 쓰고 있다. 우리는 지금 이 순간 선전포고를 하지 않은 전쟁을
하고 있다.

1973년까지 칠레 군부에 대한 미국의 영향력이 확고하게 형성됐다. 미국은 1952년에 체결된

상호원조 협정에 따라 21년간 칠레 장교들을 훈련시켰다. 훈련은 대부분 파나마 운하 인근지역에서 실시됐는데, 그곳은 중남미 전체를 담당한 미군사령부나 다름없었다. 운하 인근지역에는 모두 14개의 미군기지가 있었고, 그것들은 미국 남부사령부 관할이었다. '그린베레'라는 이름으로 알려진 제8특수군단의 훈련기지인 굴릭(Gulick) 기지도 그 가운데 하나였다.

1970년대 초에 칠레군은 4군으로 구성돼있었다. 병력 3만 명 규모의 육군, 미국 해군의 파견 본부가 있는 발파라이소에 사령부를 둔 1만 5천 명 규모의 해군, 9천 명 규모의 공군, 그리고 3만 명 규모의 국가경찰군(Carabineros)이 바로 그것이다. 아옌데 대통령의 재임기간에 칠레에 대한 미국의 경제원조는 10분의 1 이하로 격감한 반면에 군사원조는 급증했다. 파나마에서 훈련받는 칠레군의 수도 2배로 증가했다. 닉슨 정부는 칠레 군부에 대한 지원을 늘려 칠레군 내부에 아옌데 정권에 대해 독립적이고 적대적인 세력을 구축하는 데 성공했다. 이에 따라 미국은 칠레의 군 인사에까지 영향을 미칠 수 있게 됐다.

1973년 8월 17일 미국이 미는 극우성향의 구스타보 레이(Gustavo Leigh) 장군이 공군 참모총장이 됐다. 21일에는 군부 내 압력으로 카를로스 프라츠 육군 최고사령관이 사임하고 그 다음 서열인 아우구스토 피노체트(Augusto Pinochet Ugarte)가 대신 육군 최고사령관이 됐다. 피노체트는 아옌데와 똑같이 항구도시인 발파라이소 출신이었다(그러나 칠레 정치에서 출신지역은 거의 영향력이 없는 요소였다).

피노체트는 1936년부터 군에 복무했다. 피노체트의 군 경력 중 미국 주재 칠레 대사관 무관을 지낸 점과 1965년, 1968년, 1972년 등 세 차례에 걸쳐 파나마 운하 인근에 있는 미군 남부사령부를 방문한 점은 주목할 만하다.

라울 몬테로(Raul Montero) 해군 참모총장과 마리오 세풀베다(Mario Sepulveda) 경찰군 사령관은 아옌데 대통령에게 충성하는 입장이었으나, 두 사람의 부하들은 쿠데타에 동조하고 있었다. 특히 해군 참모차장인 호세 토리비오 메리노(Jose Toribio Merino, 발파라이소 해군기지 사령관)가 쿠데타 모의에 가장 열성적으로 가담했다.

쿠데타 준비는 순조롭게 진행됐다. 9월은 쿠데타를 일으키기에 이상적인 시기였다. 미국 해군과 칠레 해군은 14년 동안 연례 군사훈련을 같이 실시해왔다. 칠레 군부는 연합 기동훈련을 앞두고 그 준비에 만전을 기했다.

9월 4일 인민연합 정권이 100만 군중이 참여한 가운데 집회를 열었다. 네루다는 이 자리에서 내전의 위협을 물리치자고 호소했다. 그러나 일부 장군들이 9월 7일 쿠데타를 결의했다. 그들은 거사 날짜를 9월 11일로 잡았다. 그들은 그날 발파라이소에서는 오전 6시 30분, 그 밖의 지역에서는 8시 30분에 거사하기로 했다.

9월 8일 아레야노(Arellano) 장군이 피노체트를 찾아가 상황을 설명하고 쿠데타에 가담할 것을 권했다. 피노체트는 "나는 마르크스주의자가 아니야, 빌어먹을"이라면서 앉아있던 안락의자를 두드렸다. 아레야노는 이런 그의 행동을 동의한다는 뜻으로 해석했다.

분열과 혼란은 아옌데 대통령에게 결단을 요구하고 있었다. 아옌데는 야당들의 협조를 얻어

난국을 타개하려 했으나, 야당들은 군부에 기대를 걸고 있었다. 국가가 위기 속으로 침몰하는 게 분명해지자 아옌데는 자신의 정권에 대한 신임 여부를 묻는 국민투표를 실시하는 방안을 생각했다. 국민투표에서 다수의 국민이 대통령을 지지해준다면 의회를 해산하고 총선을 다시 실시할 수 있다고 생각했다. 총선의 결과에 따라 아옌데는 자신을 지지하는 의원들이 다수인 의회를 배경으로 통치력을 회복할 수도 있고, 반대로 자신을 탄핵하려고 하는 적대적인 의원들이 다수인 의회에 발목이 잡힐 수도 있었다. 그러나 어떤 결과가 오더라도 위기는 민주적 절차로 해결될 수 있다고 그는 생각했다.

1973년 9월 9일 일요일 아침에 아옌데 대통령은 피노체트를 비롯한 군 수뇌부를 만나 그들에 대한 신뢰를 표명했다. 대통령은 자신이 직면하고 있는 곤경에 대해 솔직하게 이야기하고 나흘 뒤에 국민투표 실시를 공표하겠다고 밝혔다.

이날 저녁 공군 참모총장 구스타보 레이는 아직 망설이고 있는 피노체트를 방문해 쿠데타에 대한 동의를 얻었다. 이와 함께 이날 미국 해군의 유도미사일 탑재 순양함과 구축함 2척, 잠수함 1척이 칠레 북부에 도착해 정박했다. 미국 정부는 쿠데타가 순조롭게 진행되지 않을 경우에는 미국의 해병대도 투입할 예정이었다.

9월 10일 밤에 라울 몬테로 해군 참모총장이 가택연금을 당했다. 이어 11일 육군, 해군, 공군, 경찰군이 모두 가담한 4군 합동 군사쿠데타가 일어났다. 이날 오전 7시에 해군이 방송국을 비롯해 발파라이소의 요소요소를 장악했다. 발파라이소 시장인 루이스 구티에레스(Luis Gutierrez)가 이런 사실을 경찰군 부사령관인 호르헤 우루티아(Jorge Urrutia) 장군에게 알렸다. 우루티아는 아옌데에게 쿠데타가 일어났다고 전화로 보고했다. 아옌데와 국방부 장관인 오를란도 르텔리에(Orlando Letelier)가 피노체트와 레이를 찾았으나 연락이 되지 않았다.

11일 오전 7시 15분에 아옌데는 경호원들과 함께 자신의 거처인 토마스 모로(Tomas Moro)를 출발해 7시 35분에 모네다 궁에 도착했다. 아옌데는 군의 일부만 쿠데타에 가담했다고 생각했고, 피노체트를 믿었다. 그는 피노체트가 쿠데타 군에 의해 연금됐을 것이라고 기자에게 말하기까지 했다. 마리오 세풀베다 경찰군 사령관이 모네다 궁에 와서 경찰군은 정부에 계속 충성할 것이라고 말했으나, 쿠데타에 가담한 멘도사(Mendoza) 장군이 이미 경찰군을 지휘하고 있었다.

8시에 육군이 산티아고의 TV 방송국과 라디오 방송국을 대부분 장악했다. 8시 42분에 쿠데타 군의 성명이 라디오를 통해 발표됐다. 칠레 군부가 전국을 장악했으며 아옌데 정권은 타도됐다는 내용이었다. 쿠데타 군은 아옌데에게 11시까지 모네다 궁을 떠나지 않으면 "지상과 하늘에서 공격하겠다"는 최후통첩을 보냈다. 아옌데는 일언지하에 거절했다.

9시 55분에 팔라시오스(Palacios) 장군의 탱크부대가 모네다 궁 앞에 포진했다. 10시 15분에 아옌데 대통령이 칠레 국민에게 마지막 연설을 했다. 이것이 그의 유언이 됐다. 그 사이에 군 병력이 신속하게 움직여 칠레 전역의 통신망을 장악하고 도로를 차단했으나, 산티아고에 있는 마가야네스(Magallanes) 라디오 방송국은 아직 점령당하지 않았다. 이 방송국을 통해 아옌데의 연설이 방송됐다.

이것은 분명히 내가 여러분에게 연설할 마지막 기회입니다. 공구이 포르탈레스 라디오 방송국
과 코르포라시온 라디오 방송국의 송신탑을 폭격하고 있습니다. 나는 쓰라리지는 않으나 실망
스런 마음으로 연설하고 있습니다. 그러나 내 연설은 맹세를 해놓고 배반한 자들에게는 도덕
적 형벌이 될 것입니다.

칠레의 군인들, 최고사령관, 해군 참모총장을 자임한 메리노 제독, 바로 어제 정부에 충성을
맹세한 저 가증스러운 장군 멘도사 씨, 그 또한 국가경찰군 사령관을 자임하였습니다, 이들의
행위에 맞서 나는 노동자 여러분에게 이렇게 말할 뿐입니다. 나는 사임하지 않는다!

이 역사적 순간에 나는 나의 목숨으로 국민의 충성심에 보답하려 합니다. 우리가 수백만 칠레
인의 값진 양심에 뿌린 씨앗이 한 번의 수확으로 완성될 수 없다는 것을 나는 여러분에게 말
합니다.

그들은 힘이 있고 우리를 자신들의 종복으로 만들 수도 있지만, 범죄로도 폭력으로도 사회의
전진을 멈추게 할 수는 없습니다. 역사는 우리의 것이며 국민이 역사를 창조할 것입니다.

내 조국의 노동자들이여! 여러분이 정의라는 위대한 희망에 대한 해설자에 불과했던, 그리고
헌법과 법률을 준수하겠다는 약속을 하고 실천했던 한 사람에게 늘 보여준 충직함과 신뢰에
대해 감사의 뜻을 전하고 싶습니다.

여러분에게 연설할 수 있는 이 마지막 순간에 여러분이 교훈을 얻기를 바랍니다. 외국자본과
제국주의가 반동세력과 결합해서 슈나이더 장군이 가르치고 아라야 사령관이 재확인해준 칠
레군의 전통을 칠레군 스스로가 깨트리는 분위기를 만들었습니다. 두 사람은 이익과 특권을
계속 보호하려고 외부세력과 손잡고 권력을 재탈환하려는 같은 사회부문에 의해 희생당한 사
람들입니다.

나는 누구보다도 먼저 우리 땅의 평범한 여성들, 우리를 신뢰한 농촌 여성들, 힘든 노동을 하
는 여성 노동자들, 자신들의 자녀를 염려하며 돌보는 어머니들에게 말합니다. 나는 조국의 전
문직업인들, 자본주의 사회가 낫다고 옹호하는 고전주의 학자들과 전문 학자들이 뒷받침하는
선동에 맞서면서 일해온 애국적인 전문 직업인들에게 말합니다. 나는 청년들에게, 일신의 행
복을 버리고 혼신을 다해 투쟁해온 청년들에게 말합니다. 나는 칠레의 남자, 노동자, 농부, 지
식인, 앞으로 박해받을 사람들에게 말합니다.

우리나라에서 파시즘이 지금 몇 시간째 발호하고 있습니다. 그들은 행동할 의무가 있는 사람
들이 침묵하는 동안 암살을 자행하고, 다리를 폭파하고, 철도를 끊고, 석유와 가스 파이프라인
을 파괴하고 있습니다. 역사가 그들을 심판할 것입니다.

마가야네스 라디오 방송국은 침묵하게 될 것이며 내 목소리는 여러분에게 도달하지 못하게 될
것입니다. 그것은 중요하지 않습니다. 계속해서 내 목소리가 여러분에게 들릴 것입니다. 나는
언제나 여러분 곁에 있을 것이며, 나에 대한 기억은 노동자들에게 충실했던 강직한 사람으로
남을 것입니다.

국민은 스스로를 지켜야 하나 희생물이 되어서는 안 됩니다. 국민은 정복되거나 박해받아서는

안 됩니다. 모욕을 받아서도 안 됩니다.

내 조국의 노동자들이여. 나는 칠레와 칠레의 운명을 믿습니다. 반역이 우리를 덮친 이 암울하고 쓰라린 순간은 극복될 것입니다. 머지않아 자유를 희망하는 사람들이 보다 나은 사회를 건설하기 위해 나아갈 위대한 길을 열 것으로 여러분들과 함께 믿습니다.

칠레 만세! 국민 만세! 노동자 만세!

이것이 여러분에게 드리는 나의 마지막 말이지만, 나의 희생이 헛되지는 않으리라 확신합니다. 적어도 중범죄, 비겁, 반역을 징계하는 도덕적 교훈은 될 것이라고 확신합니다.

오전 10시 30분 반란군이 탱크를 앞세우고 대통령 관저인 모네다 궁을 공격하기 시작했다. 42명의 경호원뿐만 아니라 아옌데 대통령 자신도 자동소총을 들고 전투원이 됐다. 11시 52분에는 공군의 호커 헌터(Hawker Hunter) 전투기가 모네다 궁을 폭격하기 시작했다. 모네다 궁의 대부분이 연기와 화염에 휩싸였다.

오후 1시 50분에 팔라시오 장군이 반란군을 이끌고 모네다 궁에 진입했다. 그는 1층을 점거하고 외쳤다.

"대통령! 병사들이 1층을 점령했습니다! 내려와서 항복하시오!"

아옌데는 경호원들에게 투항하라고 명령했다(그러나 투항한 경호원들은 모두 사살됐다).

먼저 혼자 모네다 궁 2층으로 올라간 팔라시오는 아옌데의 시신을 보았다. 팔라시오는 통신으로 보고했다.

"임무 완수, 모네다 장악, 대통령 사망."

피노체트는 다음날인 9월 12일 "칠레는 내전상황"이라고 선언했다. 사실 전날의 사태는 통상적인 군사쿠데타가 아니었다. 공군이 아옌데 지지자가 많은 산티아고의 빈민가를 폭격하고 육군이 거기로 탱크를 몰고 쳐들어가 노동자와 빈민을 무차별 학살했으니 쿠데타라기보다 내전이었다.

쿠데타가 일어나기 1주일 전에 미국 정부는 30만 톤의 밀을 판매해달라는 칠레 정부의 긴급 요청을 묵살했다. 그런데 쿠데타가 성공하자 백악관은 칠레에 2450만 달러어치의 밀을, 그것도 신용으로 판매하는 것을 승인했다.

칠레를 장악한 군사평의회는 중남미 전체에서도 전무후무한 공포정치를 폈다. 3년 동안 인구 900만 명의 나라에서 13만 명이 구금됐고, 그 가운데 1만 5천~3만 명이 살해됐다. CIA는 그들이 작성한 '좌익명단'을 피노체트에게 넘겨주어 대규모 학살을 도왔다. 암으로 입원 중이었던 파블로 네루다는 1973년 9월 23일 심장마비를 일으켜 사망했다. 칠레군은 그의 집을 약탈했다.

칠레 군부에 의해 살해된 사람들 중에는 미국인, 스페인인, 프랑스인 등 외국인도 있었다(이 점이 1998년에 피노체트가 영국에서 체포되는 이유가 된다). 칠레에서 활동 중이었던 미국인 찰스 호먼(Charles Horman)과 프랭크 테루지(Frank Teruggi)는 쿠데타 직후에 실종됐다. 아옌데 정권을 지지했던 두 사람은 아옌데 정권의 정책을 옹호하는 간행물을 발행하고 있었다. 이들의 실종을 다룬 영화 〈실종(Missing)〉은 1982년에 아카데미상을 받았다.

쿠데타에 반대한 사람들에 대한 비방도 횡행했다. 비방이라는 것이 원래 그렇지만, 그중에는 너무 저질이어서 실소를 금할 수 없게 하는 것도 많았다. 아옌데에 대한 비방이 대표적인 예다. 군사평의회는 아옌데 대통령이 자살했다고 발표한 다음에 곧이어 그가 재임 중에 고급 위스키를 많이 마시고, 미국 포르노 잡지를 애독하고, 첩을 여러 명 두고 있었다는 식으로 비방했다. 의회와 모든 정당이 해산됐고, 선거도 없어졌다. 계엄포고령만으로 국가가 운영됐다.

칠레의 정치인이나 국민 가운데 군이 쿠데타를 저지르는 데서 더 나아가 헌정을 파괴하리라고 예상한 이는 별로 없었다. 심지어는 군부의 집권의지를 알아차리지 못한 야당들이 아옌데 정권을 무너뜨리는 쿠데타를 환영하는 내용의 성명을 발표하기까지 했다.

아옌데 정권은 미국에는 눈엣가시였다. 칠레에서 선거를 통해 들어선 아옌데의 사회주의 정권이 경제를 성공적으로 이끌어간다면 중남미의 다른 국가들 모두가 칠레의 선례를 따르려고 할 것인데 그렇게 되는 것은 미국에 심각한 타격이 된다고 미국 정부는 우려했다. 따라서 미국은 좌익 성향의 정당이 집권할 수 있는 칠레의 정치구조를 뿌리부터 제거하려고 한 것이었다. 형식은 칠레군의 궐기였으나 실제로는 미국의 주권국가 침공, 국가원수 살해, 유서 깊은 민주적 헌정질서 파괴였다. 칠레 군사쿠데타의 배후 연출자였던 미국 국무장관 헨리 키신저는 바로 그해의 노벨평화상 수상자가 됐다.

피노체트는 교대로 군사평의회 의장직을 맡는다는 반란군 수뇌부의 약속을 깨고 다른 3군의 참모총장을 숙청했다(다음에 정권을 넘겨주겠다는 약속은 밀약이든 공약이든 지켜진 예를 세계사에서 찾아보기 어렵다. 전두환이 노태우에게 정권을 이양한 것은 그간의 우여곡절은 어떻든 간에 특기할 일이다).

1974년 6월 군사평의회 의장에서 스스로 대통령이 된 피노체트는 군복을 입은 채로 육군 총사령관과 대통령직을 겸임하면서 칠레를 통치했다. 14년 뒤인 1988년 10월에 피노체트가 집권 연장을 위해 실시한 국민투표에서 예상과 달리 그가 찬성 43%, 반대 57%로 패배했다. 이에 따라 1989년에 실시된 대통령 선거에서 에일윈(Patricio Aylwin)이 대통령에 당선되어 1990년 3월 취임했다. 피노체트는 1998년 3월까지 육군 참모총장과 3군 총사령관직을 유지했다. 그는 군에서 퇴역한 다음날 종신 상원의원이 됐다(칠레에서 상원의원은 불체포 특권을 갖는다). 피노체트는 1998년 10월 영국에서 살인죄로 체포되어 구금됐다가 2000년 건강상의 이유로 칠레로 송환됐고, 2006년 심장병으로 사망했다.

1963년 대통령 선거

미국 정부는 일단 5 · 16 군사쿠데타를 인정했으나 조속한 민정복구를 원했다. 1961년 6월 24일 새뮤얼 버거 대사가 부임했다. 버거 대사는 28일 박정희와 처음 만난 자리에서 민정복구와 경제개혁 두 가지만 약속하면 지지하겠다는 미국 정부의 뜻을 전했다.

7월 3일 박정희 최고회의 부의장이 의장으로 취임하고 송요찬이 내각수반이 됐다. 최고회의 의장직을 사임한 장도영은 당일로 반혁명 혐의로 체포됐다. 이날 반공법이 공포됐다.

7월 6일 소련을 방문한 김일성이 소련 수상 흐루시초프와 '우호, 협조 및 상호원조 협정'을 체결했다. 이 협정의 군사조항은 다음과 같은 내용을 담고 있었다.

어느 한 조약국 측이 어느 한 국가 또는 수개 국가로부터 무력공격을 받고 전쟁 상태에 이르게 될 경우 다른 조약국 측은 모든 수단을 다 동원하여 즉시 군사원 조 및 그 밖의 원조를 제공한다.

김일성은 5·16 군사쿠데타 주도세력이 강력한 반공의 입장을 표명하자 불안감을 느껴 소련과 중국을 방문해 군사원조 조약을 체결하기로 한 것이었다. 소련과 중국은 이에 응했다.

7월 9일 '장도영 일파 44명 반혁명 사건'이 발표됐다. 이것은 5·16 세력 내부의 첫 번째 권력투쟁이었다. 이때 체포되어 '혁명재판'에 회부된 이들은 다음과 같다.

> 장도영(전 최고회의 의장, 군사영어학교 출신, 중장), 송찬호(최고회의 위원, 육사 5기, 준장), 박치옥(최고회의 위원, 육사 5기, 대령), 문재준(최고회의 위원, 육사 5기, 대령), 김제민(최고회의 위원, 육사 9기, 중령), 이희영(내각수

혁명재판소

5·16 군사정부에 의해 1961년에 설치된 특별 군사재판소. 자유당 정권과 민주당 정권 때 누적된 부정부패 사건과 5·16 전후에 발생한 반혁명 사건 등을 총괄적으로 처결했다. 290일간에 걸쳐 1천여 회의 공판을 열어 총 250건을 처리하고 1962년 4월 27일 재판을 끝냈다.

이 재판소의 활동에는 재판소장 최영규(崔英圭) 준장을 비롯한 43명의 심판관과 검찰부장 박창암(朴蒼岩) 대령을 비롯한 31명의 검찰관이 동원됐다. 3·15 부정선거 사건, 특수 반국가행위 사건, 반혁명 사건, 부정축재 사건, 밀수 사건, 공무상 독직 사건, 정치폭력배 사건 등과 관련해 697명이 입건됐고, 2천여 명의 증인이 출두했다. 방청객도 수만 명에 달했다.

이 재판소는 4·19 전날의 고대생 습격과 4·19 당일의 고교생 타살에 연루된 혐의를 받은 '정치깡패'들에 대한 재판을 가장 먼저 시작했다. 우선 8월 17일 1심에서 상습폭력집단 수괴로 지목된 이정재에게 사형을 선고했다.

이어 8월 25일에는 고대생 습격 사건과 관련해 임화수와 유지광에게 사형을 선고하고 신도환에게 무기징역을 선고했다. 임화수는 이승만 정권 시절에 반공예술인단을 조직해 전국을 돌며 자유당 선전에 앞장섰던 사람이다. 유도선수 출신인 신도환은 1958년 4대 민의원으로 당선되고 1959년에는 반공청년단 단장이 됐던 사람이다. 8월 26일에는 신정식에게 사형을 선고했다. 신정식은 4·19 당일 경성 전기공업고 3학년생 최기태 군의 뒤통수를 각목으로 쳐서 그를 죽인 것으로 조사됐다. 이정재와 신정식에 대한 사형은 9월 28일 혁명재판 상고심에서 확정되고 10

반 비서실 보좌관, 육사 5기, 대령), 안용학(최고회의 의장 비서실장, 육사 5기, 대령), 노창점(구 황실 재산관리 사무총국장, 육사 5기, 대령), 이성훈(내각수반 비서실 보좌관, 육사 5기, 대령), 최재명(감찰위원장, 육사 5기, 대령), 방자명(제15 CID 대장, 육사 8기, 중령), 김영우(제3 CID 대장, 육사 8기, 중령), 오기수(제15 CID 정보과장, 대위), 장인항(제15 CID 배속, 준위), 하영조(예비역 헌병 대위), 김경조(제1 공수전투단 소대장, 중위), 김석률(제7 헌병중대장, 대위).

7월 10일 김일성이 모스크바를 떠나 북경에 도착했다. 환영만찬에서 중국 국가주석 유소기(劉小奇)는 소련과 북한 사이에 협정이 체결된 것을 축하했다.

월 19일 집행됐다.

혁명재판소의 활동 가운데 가장 관심을 모은 것은 3·15 부정선거와 4·19 당시 발포명령 관련자에 대한 재판이었다.

1961년 9월 20일 혁명재판소 제1심판부는 3·15 부정선거의 책임을 물어 최인규, 이강학, 한희석에게 사형을 선고했다. 최인규는 3·15 선거 때 '4할 사전투표', '3인조, 9인조 공개투표', '완장부대 동원', '야당 참관인 축출' 등의 부정선거행위를 저지르면서 이기붕이 부통령에 당선되도록 하는 데 앞장섰다.

9월 30일에는 혁명재판소 제1심판부가 4·19 당시에 경무대 앞, 서울 일원, 마산 등에서 발포가 이루어진 사건과 관련된 피고인들에 대한 선고공판을 열고 홍진기, 곽영주 두 피고인에게 사형을 선고했다. 재판부는 판결문을 통해 경무대, 서울 일원, 마산 등지의 발포 사건은 부정선거에 항거하는 비무장 시민의 귀중한 생명을 앗아간 것이므로 어떠한 정당성도 인정할 수 없다고 밝혔다. 최인규와 곽영주에 대한 사형은 12월 6일 혁명재판소 상소심에서 확정됐다(두 사람 중 홍진기는 이후 무기징역으로 감형된 후 1963년에 8·15 특사로 석방됐다).

혁명재판에 의해 〈민족일보〉 사장 조용수(趙鏞壽), 사회당 조직부장 최백근(崔百根), 특수밀수범 한필국 등도 사형 선고를 받았다. 1961년 10월 31일 혁명재판소 상소심판부는 반공법 위반으로 〈민족일보〉의 사장 조용수, 감사 안신규, 논설위원 송지영에게 사형을 선고했다. 국내외 각계의 진정과 호소로 안신규와 송지영은 대법원에서 무기징역으로 감형됐으나, 조용수는 사형이 확정됐다.

최인규, 곽영주, 임화수, 조용수, 최백근에 대한 사형은 12월 21일 집행됐다.

11일 김일성은 중국 수상 주은래(周恩來)와 '우호, 협조 및 상호원조 협정'을 체결했다. 이 협정에도 소련과 맺은 협정과 마찬가지로 조약국 중 한 쪽이 공격을 받으면 다른 쪽이 군사원조를 한다는 조항이 포함됐다.

남한에서는 7월 21일 혁명재판소와 혁명검찰부가 개설됐다.

7월 22일 국가재건최고회의는 경제기획원을 신설함과 동시에 종합경제재건계획을 발표했다. 군사정부는 이를 기초로 실현가능한 구체적 실행방안 작성에 착수했다.

8월 9일 동해의 화진포에서 버거 주한 미국 대사를 비롯한 미국 대표들과 박정희 국가재건최고회의 의장을 비롯한 5·16 주체들이 군정의 기한과 민정 이양 시기에 대해 협의했다. 양쪽은 8월 12일 타협을 이루어 군정을 2년 만에 끝내기로 합의했다.

9월 중순에 경제기획원이 종합경제재건계획의 실행계획안을 완성하자 국가재건최고회의가 그 안에 대한 심의를 시작했다. 이 실행계획안은 국가가 시장에 적극 개입하여 경제개발을 추진하기 위한 것이었다. 무엇보다도 이 계획을 추진할 자본이 필요했는데 이 문제에서는 미국의 원조가 가장 중요했다.

11월 4일 딘 러스크(Dean Rusk) 미국 국무장관이 내한해 최고회의 의장 박정희의 미국 방문에 관해 협의했다. 박정희는 천병규 재무부 장관, 송정범 경제기획원 부원장을 비롯한 공식 수행원 13명과 이병철 삼성물산 사장을 단장으로 하는 민간 경제사절단 25명을 데리고 11월 11일 출국했다. 박정희는 14일 워싱턴에서 "미국의 원조는 한 푼도 낭비되지 않을 것임을 맹세한다"고 말해 미국 방문의 가장 큰 목적이 원조를 확보하는 데 있음을 알렸다. 케네디 미국 대통령은 회담에서 박정희가 설명한 5개년 경제발전계획 초안에 대해 큰 관심을 보였다.

제1차 경제개발 5개년 계획이 1962년 1월 5일 발표되고 1월 13일부터 시행에 들어갔다. 계획기간의 연도별 경제성장률 목표는 1962년 5.7%, 1963년

6.4%, 1964년 7.3%, 1965년 7.8%, 1966년 8.3%였다.

군정 기간에 여러 차례 정치적 파란이 있었고, 대통령중심제를 채택한 개헌안이 1962년 12월 17일 국민투표로 확정되어 12월 26일 공포됐다.

초대 중앙정보부장 김종필은 이미 비밀리에 정당을 결성하고 있었다. 이런 사실을 미국의 정보망을 통해 알고 있었던 버거 대사는 박정희에게 김종필이 만들고 있는 정당은 고도로 중앙집권적인 것이어서 '정부 속의 정부' 역할을 할 것이라고 경고하고 그와 같은 정당이 생겨나는 것에 대해 반대한다는 뜻을 전했다.

1962년 12월 23일 김종필은 국가재건최고회의 최고위원들에게 자신이 조직해온 정당에 대해 설명했다. 최고위원들은 그 정당에 합류하자는 이들과 혁명공약대로 원대복귀해야 한다는 이들로 갈렸다.

1963년 1월 초에 정치활동 재개가 허용된 뒤로는 정국이 박정희 최고회의 의장의 출마 문제, 야당통합 문제 등으로 소용돌이쳤다.

1월 5일 김종필이 중앙정보부장직을 사임하고 공화당(민주공화당) 창당에 전념하겠다고 밝혔다. 2월 17일 박병권 국방부 장관을 비롯한 3군 참모총장, 해병대 사령관, 중앙정보부장 김재춘 등이 박정희에게 대통령 선거에 출마하지 말라는 내용의 최후통첩을 전했다. 그리고 김종필에게는 창당 작업을 그만두고 한국을 떠나라고 요구했다. 박정희는 18일 민정에 불참한다는 성명을 발표했고, 김종필은 25일 순회대사라는 직함을 가지고 출국했다.

2월 26일 공화당이 창당대회를 열어 총재에 정구영(鄭求瑛), 당의장에 김정렬(金貞烈)을 선출했다. 공화당은 4·19와 5·16의 정신을 계승하겠다고 밝히고 근대화, 민족주체성 확립, 새로운 지도세력 규합, 한국의 풍토에 알맞은 자유민주주의 실현 등을 당의 이념으로 내걸었다.

3월 11일 중앙정보부가 김동하, 박임항, 박창암, 이규광(전두환의 처삼

촌), 김윤근 등을 반혁명 음모를 했다는 이유로 체포했다. 1961년 7월 9일 발표된 '장도영 일파 44명 반혁명 사건'에 이은 두 번째 '반혁명 사건'이었다.

이로써 다시 군을 장악하게 된 박정희는 3월 16일 군정을 4년 연장한다는 내용의 성명을 내고 이에 대해 국민의 의사를 묻는 국민투표를 실시하겠다고 밝혔다. 미국 정부는 군정연장에 관한 성명을 즉각 철회하지 않으면 모든 경제원조를 중단하겠다고 위협했다. 멜로이 주한미군 사령관은 한국군 수뇌부와 만나 군정연장 계획을 철회하지 않으면 수도경비사령부에 무기와 탄약을 공급하지 않겠다고 말했다.

박정희는 4월 8일 군정연장 계획을 철회하면서 자신도 민정에 참여하기 위해 대통령 선거에 출마하겠다고 밝혔다. 5월 14일 윤보선 전 대통령을 중심으로 한 옛 민주당 구파가 민정당(民政黨)을 창당했다. 민정당은 당 대표로 김병로, 대통령 후보로 윤보선을 추대했다.

박정희가 군정연장 계획을 철회한 대가로 미국 정부가 5월 20일 보류해오던 추가원조를 승인한다고 최고회의에 통고해왔다. 추가원조는 현금 1500만 달러와 잉여농산물 1900만 달러어치였다. 당시 한국은 미국의 경제원조 없이는 버틸 수 없었으므로 미국 정부가 원조를 매개로 한국 정부에 영향력을 행사하는 태도를 취한 것이었다.

7월 18일 옛 민주당 신파가 박순천을 중심으로 민주당을 창당했다. 민주당은 박순천을 총재로 내세웠으나 대통령 후보는 내지 않았다.

7월 27일 박정희 최고회의 의장이 대통령 선거는 10월 중순, 국회의원 선거는 11월 하순에 실시해 민정이양을 하겠다고 발표했다. 8월 11일 송요찬 전 내각수반이 구속됐다. 이에 대해 미국 정부는 깊은 관심을 표명했고, 야당은 공포분위기 조성용이라고 비난했다. 박정희는 8월 30일 전역하고 그 다음날 공화당의 대통령 후보 겸 총재가 됐다. 9월 5일 정부는 대통령 선거를 10월 15일 실시한다고 공고했다.

7월부터 야권에서 야당통합 운동이 일어났으나 분란만 초래됐다. 옛 민주당 구파 가운데 김준연, 소선규, 조영규 등의 호남세력이 윤보선과 결별하고 9월 3일 자민당(자유민주당)을 창당했다. 위원장은 김준연, 대통령 후보는 수감 중인 송요찬으로 결정됐다.

9월 12일 야당통합을 명분으로 내건 '국민의 당' 창당 작업은 난투극으로 끝났고, 대통령 후보로 유력한 윤보선과 허정의 대립만 격화시켰다. 분열과 난투극을 거듭한 국민의 당 파동에 대한 국민의 실망과 분노는 매우 컸다. 선거 초기에 국민은 선거 자체를 외면하는 분위기였다. 민정당에서는 야당통합 협상 과정에서 김도연과 유진산이 윤보선에 반발하면서 이탈해 분위기가 썰렁해졌다.

9월 15일 대통령 후보 등록이 마감되고 기호 순으로 장이석(신흥당), 송요찬(자민당), 박정희(공화당), 오재영(추풍회), 윤보선(민정당), 허정(국민의 당), 변영태(정민회) 등 7명이 대통령 후보로 공고됐다. 옛 민주당 신파가 만든 민주당은 5·16 군사정변을 진압하지 못한 탓에 이미지가 나빠져서 독자후보를 내지 못했다. 민주당은 대신 허정 후보를 지지했다.

선거에서 5·16 세력이 유망한 것은 결코 아니었지만, 야권이 6명이나 되는 후보를 냈기 때문에 도저히 박정희 후보와 대결해 승리할 가능성이 없어 보였다. 그러나 선거전의 후반에 들어서면서 야당 진영이 단일후보 옹립을 추진했고, 그 결과로 최종 단계에서는 박정희 공화당 후보 대 윤보선 민정당 후보의 대결로 선거판도가 압축됐다. 게다가 '사상논쟁' 이 일어나면서 선거열기가 고조됨에 따라 선거결과를 누구도 예측할 수 없게 됐다.

이 선거에서 특기할 점은 '진보적 여당 대 보수적 야당' 의 구도로 선거운동이 진행됐다는 것이다. 이때 지식인과 대학생들은 군사정권에 대해서는 원초적인 거부감을 갖고 있었으나 군사정권 주도자들의 민족주의적 언행에는 동감을 표시하기도 했다. 박정희가 내건 민족적 민주주의를 허구라고 비판하는 지식인들도 있었으나 그들도 미국을 사대하는 '구 정치인' 들의 정치행태에 대해서는 못마땅해 했다.

후보들 사이의 대결은 우선 신문을 통한 '대통령 선거 출마의 변' 으로 시작됐다.

박정희 후보는 출마의 변 첫머리에서 "혁명 2년간에 있었던 몇 가지 실책을 반성하고 앞날의 거울로 삼으려 하며, 그로 말미암아 국민이 겪은 불편에 대해 심심한 사과의 뜻을 표하지 않을 수 없다"며 군정 2년의 과오에 대해 국민 앞에 사과했다. 박정희 후보는 또한 구 정치인들에 대한 철저한 불신감을 표출했다.

윤보선 후보는 "이번 선거는 민주주의를 소생시키려는 생각과 자유민주주의의 탈을 쓴 비민주주의적인 생각의 결전" 이라고 주장했다. 그리고 "군사정부 2년간의 암흑과 공포의 비밀주의와 국민분열 정책은 무엇을 뜻하는 것이며, 이와 같은 비민주주의적인 상태를 계속 연장하려는 불가사의한 생각은 과연 무엇을 뜻하는 것이냐"고 물었다. 윤보선 후보는 "이번 선거는 정상적인 상황 아래서의 정책대결이 아니라 이에 앞서 자유민주주의의 탈을 쓴 군정이냐 아니면 민정이냐를 결정짓는 중대한 계기"라고 말했다.

윤보선 후보와 더불어 유력한 야당 후보로 꼽힌 허정의 출마의 변은 표현은 부드러웠으나 더 날카로운 맛이 있었다. "불가능한 것을 허위로 공약하는 것은 첫째로 주권자인 국민을 우롱하고, 둘째로 자신이 거짓말쟁이가 되는 행위"라면서 '시급한 민생고의 해결' 과 '정국의 효과적인 안정' 을 주된 공약으로 내걸었다. 허정 후보는 "국민이 중압 밑에서 질식 전야의 신음을 계속하고 있고, 전국 도처에 퍼져있는 국민 감시의 검은 눈총 밑에서 겨우 눈치나 볼 뿐 입이 있어도 말을 못하고 귀가 있어도 듣지 못하고 눈이 있어도 보지 못하도록 강요하는 전 세기적인 폭정 밑에 놓여 있다"고 군정을 비난했다.

박정희 후보와 윤보선 후보는 여러 모로 대조적이었다. 박정희 후보는 시

골 빈농 출신으로 가난을 뼈저리게 맛보며 자란 반면에 윤보선 후보는 서울 명
문 양반가의 자손으로 부유하게 자라 일제시대에 영국으로 유학 가서 에든버
러 대학을 졸업했다. 윤보선 후보는 유학시절에 동양에서 온 왕자로 알려질 정
도로 여유롭게 지낸 것으로 알려졌다. 그는 광복 후 한민당 창당에 참여했고,
이승만 정권 때에는 서울시장과 상공부 장관을 지냈다. 그는 1955년에 민주당
창당에 참여했고, 그 뒤로 민주당 구파의 지도자로 정치활동을 했다.

윤보선 후보 진영은 정해영을 회계책임자로, 김영삼을 임시대변인으로
임명했다. 선거구호는 '군정으로 병든 나라 민정으로 바로잡자' 로 정했다. 현
수막 그림으로 박정희 후보 진영은 '황소' 를 채택했고, 윤보선 후보 진영은 기
호 5번을 상징하는 '다섯 손가락' 을 채택했다.

윤보선 후보의 숙부인 윤치영(초대 내무부 장관 역임)은 공화당에 입당해
의장이 됐다. 그는 윤보선 후보가 아닌 박정희 후보를 당선시키기 위해 열성적
으로 전국을 돌며 지지연설을 했다.

윤보선 후보는 9월 21일 목포에서 첫 유세를 했다. 원래는 대구를 첫 유세
지로 삼으려고 했지만 민정당 안에서 이에 반대하는 주장이 나왔다. 윤보선과
결별하고, 수감 중인 송요찬을 대통령 후보로 추대한 옛 민주당 구파 동지인 김
준연, 소선규, 조영규 등 호남세력의 기세를 꺾기 위해 목포를 첫 유세지로 삼
아야 한다는 것이었다. 결국 첫 유세지가 목포로 바뀌었다. 이날 〈동아일보〉는
자사의 헬기를 목포 상공에 띄워 윤보선 후보가 청중을 모으는 데 큰 도움을
주었다. 윤보선 후보는 목포에서 1만 청중을 불러 모았다.

이 선거에서 박정희 후보의 남로당 경력과 관련해 사상논쟁이 벌어졌다.
자신의 사상에 대한 논란이 있음을 아는 박정희 후보는 9월 23일 아침 〈중앙방
송〉을 통해 정견발표를 하면서 다음과 같이 말했다.

우리는 지난 20년 동안 여러 가지 좋은 사상, 정치, 제도를 수립하여 잘 살아보

겠다고 애써왔습니다. 그러나 하나도 이 나라에 올바르게 이식된 것은 없습니다. 예를 들면 자유민주주의를 그렇게도 목메어 부르고 살려보려고 애써봤으나 자유민주주의는 영영 꽃피지 못했습니다. 왜 그랬을까요?

그 이유는 간단합니다. '자주'와 '자립'을 지향하는 민족적 이념이 없는 곳에서는 결코 진정한 자유민주주의가 꽃피지 않는 법입니다. 민족의식이 없는 사람들에게 자유민주주의는 항상 잘못 해석되고, 또 잘 소화되지 않는 법입니다. 따라서 우리는 자주와 독립의 민족의식을 가진 연후에야 올바른 민주주의를 가질 수 있는 것입니다.

사회질서를 요구하는 것은 탄압이다, 교통신호를 지키도록 강요하는 것은 독재다, 외국 대사관 앞에서 데모하는 것은 자유다 하는 이러한 사고방식은 모두 자유민주주의를 잘못 이해하고 있는 것이며, 이것은 자주, 자립의 민족적 이념이 없는 사람들이 가지고 있는 천박한 자유민주주의 사상인 것입니다. …

본인은 지난 2년 동안 이 자주와 자립의 민족의식을 되살리기 위해 무한히 애써왔습니다. … 이번 선거를 어떤 사람은 사상과 사상의 대결이라고 말하고 있습니다. 참 좋은 표현이라고 생각합니다. 그러나 이번 선거는 사상과 사상을 달리하는 개인과 개인의 대결이 아니라, 더욱 폭 넓게, 사상과 사상을 달리하는 세대와 세대의 대결이라고 보아야 할 것입니다. 즉 민족적 이념을 망각한 가식의 자유민주주의 사상과 강력한 민족적 이념을 바탕으로 한 자유민주주의 사상의 대결입니다.

이날 윤보선 후보와 민정당이 여수에서 연설회를 가졌다. 찬조연사로 등단한 윤제술(尹濟述)은 특유의 유머를 구사하고 고사(古事)를 인용하면서 군정 2년을 신랄히 비판했다. 그는 연설이 끝나갈 즈음에 연단 뒤쪽에 있는 종고산(鐘鼓山)을 가리키며 "종고산아, 너는 알고 있다. 종고산아 말해다오. 너는 분명 알고 있다. 종고산아 말해다오"라고 여운을 남기는 동시에 선동적인 발언을 했다. 이는 박정희 후보가 여순 반란사건에 연루되어 군법회의에서 무기징역을 선고받았던 일을 상기시키는 발언이었다. 윤보선 후보도 9월 24일 오전 10시 전주에서 수행기자 10여 명과 기자회견을 갖고 다음과 같이 말했다.

나는 어제 여수 유세에서 느낀 바가 있는데, 여수순천 반란사건의 관계자가 우리 정부에 있다는 것을 상기해야 한다고 생각한다. 나는 박정희 의장의 민족사상이나 민주주의 신봉을 의심해마지 않는다.《국가와 혁명과 나》라는 박 의장의 저서를 보면 이집트의 나세르를 찬양하고 히틀러도 쓸 만한 사람이라고 했는데, 이 사람이 과연 민주주의를 신봉하고 있는 사람인가 의심하지 않을 수 없다.
여수 유세 때 여러 가지 생각이 내 가슴속에서 교차했다. 여순 반란사건이 민주주의와 민족주의를 신봉하는 사람들이 벌인 것은 아닐 것이다. 민주주의를 지키려는 애국자들이 그때 반란을 막았기 때문에 다행히 현 군사정부 아래서도 부족하나마 우리가 민주주의 생활을 영위하고 있는 것이다.
지금 이 선거는 정권다툼이 아니라 민주주의와 이질적 민주주의의 대결이다. 그렇다고 박 의장을 보고 공산주의자라고 하는 것은 아니지만, 누가 민주주의자이고 누가 비민주주의자인가 하는 것은 역사를 캐보면 알 것이며 국민은 판단할 수 있을 것이다.

윤보선 후보의 이 발언으로 사상 문제가 본격적인 쟁점이 됐다. 이 발언을 듣고 흥분한 기자들이 우체국으로 달려가 기사를 송고했다. 전국의 석간신문들이 윤보선 후보의 발언을 1면 머리기사로 실었고, 유권자들이 선거에 비상한 관심을 보이기 시작했다. 그런데 윤제술과 윤보선 후보는 단지 '믿을 만한 사람으로부터 들은 이야기'에 근거해 그런 발언을 한 것이었지 어떤 물적 증거를 가지고 있는 것은 아니었다. 그래서 5·16 당시 청와대 대변인이었던 김준하가 서울의 도서관과 신문사 등을 찾아가 증거를 확보하기로 했다.

9월 25일 대전에서 열린 윤보선 후보의 유세장에 3만 명이나 되는 청중이 모여들었다. 윤보선 후보는 "지금 이 시점이야말로 이 나라의 운명을 여러분의 손으로 결정해야 할 중대한 시기임을 명심해달라"고 말했다. 이날 오후 인구가 5만 명인 공주에서 열린 윤보선 후보의 유세장에도 8천 명이나 되는 청중이 모였다.

이날 서울에서는 교동국민학교에서 공명선거투쟁위원회 주최로 시국강연회가 열렸다. 공명선거투쟁위원회는 재야와 6개 야당이 만든 조직이었다. 연단에 오른 자민당 위원장 김준연은 1961년 5월 26일자 미국 〈타임〉의 보도 내용을 소개했다. 박정희 후보가 여순 반란사건으로 무기형을 선고받았지만 상관과 동료들의 구명운동 덕분에 석방됐다는 것이었다.

이 시국강연회 행사장에는 충격적인 내용의 전단도 뿌려졌다. '구국청년동지회' 명의로 된 그 전단은 '간첩 황태성 사건'과 박정희 후보의 연관성을 문제 삼았다. 전단에는 "황태성 사건의 전모를 밝혀라", "황태성은 대구 10·1 폭동 당시 박정희의 친형과 같이 활약했다는데 그 진상을 밝혀라", "박정희의 형수가 황태성을 수차례 면회했다는데 그 이유가 무엇인가", "황태성 사건의 관련자로 실형을 받은 자를 형 집행 중에 석방한 이유는 무엇인가", "공화당 내에 6·25 당시 부역자와 가족이 월북한 자가 있다는 사실을 알고 있는가", "공화당의 중견간부인 김모 씨가 6·25 당시 부역을 했다는 사실을 아는가" 등의 내용이 적혀있었다.

공화당은 이날 오후 윤보선을 사직당국에 고발했다. 윤보선 후보의 언동이 대통령선거법 148조 '허위사실 유포죄'와 149조 '후보자에 대한 비방죄'에 해당한다는 것이었다. 이에 대해 야당은 일제히 비난하고 나섰다.

민정당의 임시대변인 김영삼은 "그러한 위협에 놀라지 않겠다. 그만한 정치적 발언은 선거 기간에 대통령 후보로서 할 수 있는 것이다. 공화당이 고발한 것은 가소로운 일"이라고 반박했다. 국민의 당 대변인 송원영은 "여순 반란

사건 관련자가 정부 내에 있는 것 같다는 윤보선 씨의 발언은 중대한 문제다. 그 말이 나오게 된 배경을 밝히라"고 요구했다. 민주당 대변인 김대중은 "박 의장의 사상이 의심받는 것은 중대한 문제이니 그 진상이 국민 앞에 철저히 밝혀져야 한다"고 말했다.

이러한 사상논쟁은 민정당이 선거 막판의 분위기를 휩쓸기 위해 꺼내든 비장의 무기였다. 이에 따라 선거전이 치열해지고 승패가 불확실해지자 박정희 후보는 장관 자리의 절반을 주는 대가로 국민의 당 허정 후보와 제휴하려는 시도까지 했다. 그러나 민정당을 비롯한 야당들은 충분한 증거를 가지고 있는 것은 아니었고, 그래서 예비역 장성들을 만나 여순 반란사건의 진상과 박정희 후보의 좌익경력을 알아내려고 했으나 누구도 입을 열지 않았다.

9월 26일 공화당은 윤보선 후보 진영의 사상공세에 맞서 윤보선 후보가 5·16 군사혁명 계획을 사전에 알고 있었다고 주장했다. 이것이 이른바 '5·16에 대한 윤보선의 사전내통설'이다. (이와 관련해 장면 전 총리는 윤보선이 사전에 5·16 세력과 내통했다고 비난했다. 장면은 죽는 날까지도 윤보선의 사전내통을 굳게 믿었다. 5·16 당시 윤보선의 태도는 의구심을 불러일으킬 만했다. 훗날 미국 정부가 공개한 문서에 따르면, 윤보선은 5·16 쿠데타 세력과 사전에 접촉한 바 있고 쿠데타 계획을 어느 정도는 알고 있었다.)

윤보선 후보는 이튿날인 27일 청주에서 기자회견을 갖고 "박정희 씨가 지적한 민족이념 없는 가식된 민주주의자 중에는 나까지 포함되는 것이 틀림없는데, 다른 건 몰라도 사상적으로 나를 몰아대는 것에 대해서는 도저히 견딜 수 없다"면서 "서구식 결투라도 신청해, 박정희 씨는 총을 잘 쏘는 군인이지만 나는 맨주먹으로라도 싸우고 싶은 심정"이라고 말했다.

같은 날 중앙정보부장 김형욱이 기자회견을 갖고 황태성 사건에 대해 해명했다. 28일로 예정된 윤보선 후보의 대구 유세를 앞두고 대구의 민심이 크게 흔들리고 있다고 판단됐기 때문이었다.

이 무렵 대구에서는 황태성 사건과 관련해 갖가지 루머가 떠돌고 있었다. '10·1 대구폭동 사건은 간첩 황태성과 박정희의 친형인 박상희가 주도했고 이 일로 박상희가 처형됐다더라', '박상희는 간첩 황태성의 중매로 결혼을 했다더라', '박정희도 간첩 황태성과 어릴 때부터 잘 알고 지내던 사이라고 하더라' 등이 루머의 내용이었다.

김형욱은 "간첩 황태성이 박정희 의장과 친분이 있다는 이야기가 세상에 유포되고 있는데, 이것은 터무니없는 소리"라며 "간첩 황태성 사건이 거론되는 것은 혁명정부 고위층과 국민 사이를 이간하려는 북괴의 고등전략"이라고 주장했다. (박정희는 5남2녀 중 다섯째 아들이다. 이때는 그의 남자형제 가운데 세 명은 이미 사망한 뒤였고, 맏형 박동희만 고향에서 농부로 살고 있었다. 남로당 선산군당 위원장이었던 셋째 형 박상희는 1946년 대구폭동 때 총살당했다. 김종필은 1950년대에 박상희의 딸과 결혼하여 박정희와 인척관계가 됐다.)

사상논쟁으로 분위기가 크게 달아오른 가운데 9월 28일 대구 수성천에서 윤보선 후보의 유세가 열렸다. 10만 명을 헤아리는 군중이 모였다. 연단에 오른 윤보선 후보는 "여순 반란사건에 공화당 박정희 씨가 관련됐다고 볼 수 있다"고 말해 청중을 놀라게 했다. 이날 박정희 후보는 서울에서 유세하면서 '외국에서 직수입한 민주주의'를 비난하고 '스스로 책임지는 자세'를 강조했다. 그는 다음과 같이 말했다.

이번에 실시되는 대통령 선거와 국회의원 선거는 그야말로 우리 민족과 국가의 진퇴흥망을 판가름하는 역사적 고비가 될 것이고, 우리 한국 근대사에 있어서 하나의 결정적인 전환점이 된다는 것을 저는 확신해마지 않습니다.

오늘 이 자리는 정권다툼을 위한 하나의 경쟁처도 아니요, 하물며 우리가 서로 남을 헐뜯고 꼬집고 욕을 하고 중상모략을 하는 입씨름을 위한 장소도 아닙니다. 여기에 모인 우리 모든 국민이 다 같이 옷깃을 가다듬고 진실과 정직 앞에 어떻게 하면 앞으로 이 나라를 올바른 국가로서, 또한 우리가 보다 잘 살 수 있는 근대국가로서 재건할 수 있을 것인가 하는 문제를 우리 모든 국민이 진지한 태도로 의논하고 우리의 포부를 피력하는 토론장이 돼야 할 것입니다. …

본인을 지칭해서 가장 위험한 민족주의자다, 무슨 이질적인 민주주의 사상을 보지(保持)한 자다, 이렇게 비난하는 사람이 있습니다. 오늘 이 자리에서 본인이 생각하고 있는 민족주의라는 것을 확실히 여기서 밝혀두겠습니다.

우리가 지금 살고 있는 이 생활주변은 이조 5백 년 동안 뿌리를 깊게 내린 사대주의적인 근성, 일제 40년 동안 우리에게 뿌리 깊이 박힌 일제 식민주의적인 근성, 이와 같은 전근대적인 봉건주의 잔재가 아직까지 완전히 일소되지 않고 있는 것입니다. 이것을 완전히 일소해버리고 자주국민으로서 우리의 자주성과 민족의 주체의식을 똑바로 가진 그런 민족이 되자는 것입니다. 여기다가 외국에서 들어오는 주의, 사상, 정치제도를 우리 체질과 체격에 맞추어서 우리에게 알맞은 사회를 만들자는 것이 본인이 주장하는 민족주의입니다. …

시민 여러분! 본인과 같이 이렇게 체격이 작은 사람이 외국에서 6척이 넘는 사람이 입는 양복을 갖다가 입고 긴 소매에 긴바지를 입고 서울 거리를 걸어보십시오. 이것이 꼴불견이 아니고 무엇이겠습니까? 이것이 허수아비가 아니고 무엇이겠습니까? 본인은 왈 이것을 허수아비 민주주의라는 것입니다. 알맹이가 없는 가식된 민주주의라고 하는 것입니다.

그들은 입버릇처럼 대한민국에 있어서의 민주주의는 자기들만이 알고 있고 자기들의 독점물인 것처럼 떠들고 돌아다닙니다. … 그들은 우리 국민이 서로 의논해서 결정지을 수 있는 문제를 하필이면 사사건건 외국 사람의 눈치에 살금살금 걸쳐보고, 외국 사람한테 가서 꼭 물어보고, 외국 사람이 무엇이라고 한마디 해야 꿈쩍하고, 외국 신문이나 잡지에 한마디 나야 그것이 바이블같이 중요하다 하고, 우리나라 신문이나 잡지에 난 것은 대수롭게 생각하지 않고 모든 것을 다 외국 사람에게 의지해서 해결히려고 합니다. 데모를 하려면 숭앙정이나 최고회의 앞 널찍한 데서 떳떳하게 할 것이지, 하필이면 외국공관 앞에서 점잖지 못하게 어슬렁어슬렁 돌아다닙니까?

이런 것을 가리켜서 사대주의적 민주주의라고 본인이 말하는 것입니다. 이런 것을 통틀어서 본인은 가식적 민주주의라고 했습니다. 이런 말을 했더니 구 정치인들이 대단히 노발대발해서 오늘 아침 여러분이 신문에서 보신 바와 같이 모당의 대통령 후보라는 분은 어떤 지방에서 이야기하기를, 아마 굉장히 화가 났던 모양입니다, 박 의장은 총을 가지고 있고 나는 주먹 밖에 없지만 주먹과 총의 대결이라도 결투를 하겠다고 점잖지 못하게 이야기합니다. 박정희도 과거에 군복을 입고 있을 때에는 무기를 가지고 있었는지 모르지만 오늘 현재는 군복을 벗은 하나의 평범한 시민입니다. 그래서 저에게는 총도 없고 칼도 없는 것입니다.

9월 29일 윤치영 공화당 의장이 전남 광주에서 협박에 가까운 어조로 야당을 비난했다. 그는 "만약 썩은 정치인들이 정권을 잡는다면 몇 달 안에 혁명이 또 일어날 것이며, 혁명이 일어나지 않는다면 나라도 혁명을 일으키겠다"라고 폭언했다.

이에 야당은 '하늘을 무서워하지 않는 처사', '민주주의 신봉자가 아닌 쿠데타 신봉자임을 스스로 폭로한 것', '이번 선거의 무의미함을 입증하는 중대발언'이라며 맹비난했다. 박정희 후보는 당황하여 윤치영을 소환하라고 했으나 윤치영은 자신이 한 발언을 취소하지 않고 오히려 한 발 더 나아갔다. 그는 "우리나라는 5·16 이전과 같이 되면 공산주의에 먹힐 우려가 크다"거나 "허정 씨와 윤보선 씨의 발언을 문제 삼아야 하며, 국가기밀을 외부에 누설시킨 송요찬과 김재춘(2대 중앙정보부장 역임)은 총살돼야 마땅하다"는 등 발언의 강도를 높여 야당을 공격했다.

9월 30일 마산에서 유세를 가진 윤보선 후보는 야당 후보 단일화 문제에 대해 낙관적인 견해를 표명했다. 10월 1일 국민의 당 송원영 대변인은 "서울 유세를 계기로 허정 후보와 윤보선 후보 간의 우열이 현저하게 드러날 것이고 그것을 기준으로 정치적 명분이 있는 사람이 야당 단일후보가 될 것"이라는 내용의 특별담화를 수원에서 발표했다. 윤보선 후보와 허정 후보는 둘 다 10월 5일 서울에서 유세를 가질 예정이었다.

10월 2일 국민의 당 허정 후보가 사퇴하여 사실상 야당 후보 단일화가 이루어졌다. 국민의 당의 총재이자 대통령 후보인 허정은 이날 오후 지방유세를 취소하고 후보 사퇴를 선언했다. 그는 기자회견에서 "내가 금년 초부터 오늘까지 결심해온 것은 군정을 종식시켜야만 하겠다는 것이며, 그 목표를 달성하기 위해 단일 야당을 선두에서 제창하면서 노력을 아끼지 않았다"면서 "후보가 7명이나 난립하고 있어 이와 같은 상태가 계속되는 한 군정 종식은커녕 오히려 군정의 재집권을 합리화할 명분을 줄 게 분명하다"고 사퇴이유를 밝혔다. 그는 "내가 물러서는 길만이 단일후보를 성취하는 유일한 길"이라고 말하고 기자회견을 끝냈다. 허정의 후보 사퇴는 그가 홀로 결정한 것이었는데, 놀라운 것은 그가 반대급부로 윤보선 후보에게 어떠한 요구도 하지 않은 것이었다. 야당 진영은 허정의 후보 사퇴를 열렬히 반겼다.

10월 3일 박정희 후보는 전남 광주에서 처음으로 대중유세를 했다. '역사는 역행시킬 수 없다'는 제목을 내걸고 연설에 나선 박정희는 사상논쟁을 "낡은 매카시즘의 찌꺼기"라는 말로 일축했다. 그는 "이번 선거는 구악세력과 민중세력의 대결"이라고 규정하고 "폭로전술과 인신공격은 법에 저촉되지만 그렇다고 잡아 가두면 선거방해라고 떠들려는 심리를 알기 때문에 선거기간에는 처벌하지 않겠으나 선거가 끝나면 반드시 법에 따라 엄단할 방침"이라고 말했다.

10월 4일 민정당은 각 신문에 '공개질의서' 형태로 낸 광고에서 일본 조창(朝倉) 경제연구소가 발행한 조창승(朝倉昇)의 《한국 및 한국인》이라는 책이 박정희의 과거 행적을 폭로하고 있는데 그 진부(眞否)를 해명하라고 요구하면서 다음과 같이 주장했다.

우리는 구태여 남의 과거사를 들추기를 원치 않는다. 그러나 민주국가의 원수가 국제적으로 그 사상성분을 의심받고 있다면 그야말로 국가안위에 관한 문제이므로 이 중대사실을 국민 앞에 경고하는 동시에 박정희 씨의 석연한 해명을 요구하지 않을 수 없는 것이다. 외국서적을 인용한다고 책(責)하는 측에서는 군정 하 국내 간행물에 그런 기사가 실릴 수 있었던가를 반문하고 싶다.

10월 5일 공화당은 각 신문에 민정당을 외세에 아부하는 사대 민주주의 정당, 윤보선 후보가 촉발시킨 사상논쟁을 매카시즘이라고 비난하는 광고를 냈다. 그 내용은 다음과 같다.

전국의 지식인 여러분!
우리들은 이제 이 나라 이 사회의 근대화 작업을 끈덕지게 방해하고 있는 일체의 매카시즘을 타도, 청소해야 할 공동의 전선에 섰습니다.
보십시오! 적나라(赤裸裸)에서 도를 넘어 골격까지 드러내고야만 저들의 자학의 모습을!
외세에 기생하여 낡은 지반을 고수해보려는 전근대적 정치집단들은 자라는 민족의 자주의식과 새로운 민족적 엘리트의 등장을 극력 저지하고 있습니다. …
매카시즘의 한국적 아류인 그들은 그 '악지(惡智)의 보검(寶劍)'을 구사하고 있습니다. '시커먼 무쇠를 매카시즘이란 번철(燔鐵)에 달달 볶아 새빨간 빨갱이를 만들려는' 수법을 농하고 있습니다. 다시 말할 것도 없이 그들은 이제 알맹이 없는 공허한 관념을 염불하면서 그들의 집권지반인 이 나라의 온갖 봉건적인 유제와 식민지적 근성들을 온존시켜보려고 최후발악적 선동을 자행하고 있는 것입니다.

지난날의 헌정사를 더듬어볼 때 여러분은 오늘의 야당 인사들이 얼마나 많은 지식인의 진보적인 발언을 매카시즘적인 수법으로 탄압해왔는가를 똑똑히 알고 계실 것입니다. '참다운 반공'이 무엇인가를, 그리고 '참다운 민주주의'가 무엇인가를 이해하지 못하고, 자기들의 정치지반인 전근대적인 유제가 위협을 당하면 용공이니 빨갱이니 하는 상투적인 술어로 상대세력을 학살시켰던 것이 한국적 매카시즘의 아류들이 저질러온 행적이었습니다.

오늘의 야당 인사들은 우리나라의 현 시점이 어떤 데 처해 있는가를 모릅니다. 그들은 민족주체의식이니 새로운 지도세력이니 하는 것을 무조건 두려워할 뿐 아니라 한국 사회를 과학적으로 점검해보려는 움직임마저 탄압하려고 발버둥 치고 있습니다.

이날 박정희 후보는 충남 유성, 윤보선 후보는 서울 남산공원에서 각각 유세했다.

박정희 후보는 군정이 종식되면 거국정부를 수립하고 행정부에 참여하고 있는 현역 군인들을 전원 원대복귀시키겠다고 말했다. 또한 "비위에 맞지 않으면 공산당으로 모는 그들의 한민당식 수법 탓에 억울하게 공산당 누명을 쓴 불쌍한 백성이 얼마나 많은가?"라고 반문하면서 윤보선 후보의 사상공세를 비난했다.

윤보선 후보의 서울 유세에는 10만 명의 청중이 모였다. 그는 "혁명이라는 것은 국민 대중의 사무친 한을 풀어주고 희망을 주어야 하는데도 군사정부는 총칼로 국민을 불안과 공포 속에 몰아넣고 무력으로 온갖 부정을 감행했다"며 "그런 의미에서 박정희 씨는 반혁명자"라고 비난했다. 또한 "삼천만의 이름으로 박정희 씨의 사상을 규탄한다"고 말하며 사상시비를 계속했다.

10월 6일에는 박정희 후보가 대구에서 유세를 가졌다. 10만 명의 청중을 앞에 두고 그는 자신이 당선되면 "공산주의자나 반국가적 행위를 한 자를 제외한 모든 정치범을 석방하겠다"고 선언했다. 이날 유세에 찬조연사로 나온 이만섭(〈동아일보〉 기자 출신인 그는 군정 치하에서 구속, 수감된 경력이 있으나 공화당에 합류했다. 훗날 김영삼 정권과 김대중 정권 때 국회의장을 역임했다)은 "박정희 후보의 사상이 의심스럽다느니 또는 여순 반란사건에 관련이 있다느니 하는 윤보선 씨의 터무니없는 주장은 정적을 빨갱이로 몰아치는 한민당식 수법의 재연"이라고 윤보선 후보를 비난했다.

10월 7일 박정희 후보와 윤보선 후보가 각각 경남 진주와 강원 원주에서 선거유세를 했다. 이날 박정희 후보는 자신에 대한 미국 정부의 의구심을 의식한 듯 "나는 반미주의자가 아니다"라고 발언했다. 윤보선 후보는 "당장 모든 정치범을 석방하라"고 요구했다. 이날 수감 중인 자민당 후보 송요찬이 야당 후보 단일화를 위해 후보를 사퇴한다고 밝혔다.

박정희 후보는 10월 8일 마산에서 기자회견을 갖고 여순 반란사건과 자신은 무관하다고 주장했다. 그는 "당시 여순지구에 주둔한 국군은 14연대이고 나는 육사생도 대장으로 복무하고 있었으므로 그 반란과 나는 아무 관련이 없다"고 말했다. (이런 박정희의 해명은 그 자체만으로는 사실이다. 여수순천 반란사건은 1948년에 제주도 4·3 봉기 때문에 일어났다. 4·3 봉기를 진압하는데 어려움을 겪게 된 이승만 정부는 여수 14연대를 제주도로 파견하기로 했다. 이에 14연대 부대원들이 남로당 지하조직원인 김지회·홍순석 중위와 지창수 상사 등을 중심으로 출동을 거부하면서 10월 20일 새벽에 봉기했다. 이들은 여수와 순천 일대를 장악했고, 정부는 22일 호남지역에 계엄령을 선포했다. 계엄군은 22일에는 순천, 27일에는 여수를 점령했고, 계엄군이 반란군을 진압하는 과정에서 무고한 민간인이 많이 희생됐다. 살아남은 반란군은 지리산으로 들어가 유격전을 계속했다. 박정희는 이 반란과는 관계가 없었으나 그 뒤에 이어진 군부 내 좌익분자 색출 과정에서 남로당 조직원이라는 사실이 드러나 군법회의에서 무기징역을 선고받았다.)

　　같은 날 민정당 윤보선 후보는 안국동 자택에서 기자회견을 갖고 '박정희 씨가 여순 반란사건에 관계되어 무기 선고를 받았던 사실에 대한 증거자료'를 공개했다. 그것은 공보부가 1961년 5월 16일부터 1962년 5월 16일까지 1년간의 해외자료를 담아 발행한 《한국관계 해외논조 연감총집(年鑑總集)》이었다. 이 책의 927쪽에 "박 의장은 제1군 참모장 당시 좌익의 군 책임자로 복무했고, 1948년 북조선 정부를 지지한 여순 반란사건으로 인하여 사형선고를 받았으나 우인(友人) 장교들의 감형운동의 도움을 받아 군에 다시 복무하게 됐다"는 내용이 기재돼있었다. 윤보선 후보는 "박정희 씨는 전 국민이 배심원이 된 자리에서 그때의 관계서류를 공개하고 당당하게 할 말을 하라"고 공격했다.

　　10월 9일 박정희 후보와 윤보선 후보가 각각 부산과 안동에서 유세했다. 윤보선 후보는 황태성 사건을 문제 삼았다. 그는 안동 중앙국민학교에서 열린 유세에서 "민주공화당은 민주정당도 아니고 민주주의를 실천하는 정당도 아니다. 공화당은 완전히 불법, 위법으로 사전조직된 정당이다. 그뿐 아니라 공산당의 돈을 가지고 공산당의 간첩이 와서 공산당식으로 만든 정당이므로 민주정당이 될 수 없다"고 독설을 퍼부었다. 특히 다음 발언이 파란을 일으켰다.

　　"간첩 황태성은 20만 달러를 가지고 내려왔다. 김종필은 그를 조선호텔에 모셔 놓고 그의 돈을 가지고 공산당식으로 밀봉교육처를 다섯 군데나 만들어가면서 점선식으로 공화당을 조직했다. 이런 정당이 과연 자유주의를 국시로 하는 이 나라에서 민주정당이 될 수 있는가?"

　　공화당과 박정희 후보는 야당의 사상공세에 대해 정면대결을 회피하고 간접적으로 대응하고 있었지만, 윤보선 후보의 위와 같은 안동발언이 나오자 더 이상 우회적인 대응에만 머물러 있을 수 없게 됐다. 사상논쟁이 시작된 이래 2주일 이상 직접적인 대응을 피하던 박정희 후보가 이날 부산에서 가진 유세에서는 다음과 같이 직접 반박하고 나섰다.

"가령 내가 빨갱이라면 어째서 그들 밑에서 육군 소위에서 소장까지 올라갈 수 있었으며, 전방 사단장도 하고 야전군 참모장도 할 수 있었겠는가? 내가 사단을 몰고 이북으로 넘어가면 어떻게 할 뻔했는가? 또한 그러한 위험한 사상을 가진 사람이 혁명을 했는데 왜 대통령으로 앉아서 그것을 비호했는가?"

"3권을 쥐고 있는 최고회의 의장을 빨갱이로 모는 구정치인들이 정권을 잡는다면 앞으로 우리나라에는 그들에게 밉게 보이는 사람은 누구를 막론하고 빨갱이로 몰리는 무서운 분위기가 조성될 것이다."

"만일 내가 공산주의자라면 군정의 서릿발 같은 권세를 갖고 왜 김일성과 야합하지 않았겠는가?"

"싸우다가 힘이 부족하면 빨갱이라는 모략을 하는 것이 바로 야당이다. 과거에 한민당이 이따위 수법을 썼는데, 오늘도 야당이 이와 똑같은 수법을 쓰고 있다. 과거와 양상이 다르다면, 과거에는 여당이 야당을 잡았는데 지금은 야당이 여당을 잡으려고 한다."

이날 박정희 후보는 사상 문제로 인한 연좌제를 없애겠다고 공약했다. 이 공약은 득표에 큰 도움이 됐다. 부산 유세를 마친 박정희 후보는 열차 편으로 안동으로 가던 도중에 열차 안에서 기자회견을 자청하고 황태성 사건에 대해 해명했다. 그 요지는 다음과 같다.

일제 때부터 황(황태성)과 형(박상희)은 친구였다. 해방 후에 보니 황은 빨갱이였고, 그가 북에 갔다는 말을 들었다. 5·16이 나던 해 9월경에 당시 정보부장 김종필이 황을 아느냐고 물으면서 간첩으로 남하해온 것을 알고 그를 체포했다고 보고해왔다. 황은 나를 만나야만 이야기하겠다고 묵비권을 행사하다가 나중에는 김종필이라도 만나야 이야기하겠다고 했다. 할 수 없이 치안국 직원을 시켜 김종필로 가장해 조선호텔에서 황을 만나게 했다. 황은 자기가 이북의 무역부상(副相)인데 나를 만나면 남북협상 문제를 협의하겠다고 말했다. … 우리는 그 일당을 모조리 붙잡았다. 처음 단서는 대구에 있는 나의 형수를 만나려고 사람을 보낸 것을 형수가 김종필에게 연락해 알려서 잡게 된 것이다. 그 뒤 재판을 하고 법에 의해 처리했다. 이 밖에 야당이 떠드는 이야기는 모두 허위로 날조된 것이다.

이 기자회견의 내용은 각 신문에 보도됐다. 의혹을 제기했던 야당으로서는 큰 수확이었다.

선거 초반에는 야당의 분열로 결과가 정해진 선거라는 평가가 많았다. 그러나 사상논쟁으로 열기가 고조되고 야당 후보가 단일화되면서 결과를 예측할 수 없는 상황이 됐다. 사상논쟁은 잘못하면 역효과를 볼 소지가 있는 것이었는데, 아니나 다를까 선거 5일 전인 10월 10일 일이 터졌다. 이날 민정당의 지원 유세자 김사만(金思萬)이 경북 영주에서 한 발언이 문제였다. 김사만은 "부산과 대구는 빨갱이가 많은 곳이다. 김일성을 보면 만세를 부를 사람이 많다"고 말했다. 이 발언이 신문에 보도되자 부산과 대구에서 민정당을 규탄하는 분위기가 일어났다.

이로 인해 10월 11일 밤 서울에서 민정당 당사가 군중의 습격을 받아 당원들이 테러를 당하고 기물이 파괴되는 사건이 일어났다. 민정당은 각 신문에 다음과 같은 사과문을 실었다.

사과문

10월 10일 영주에서 있었던 본당 선거연설회에서 김사만 연사가 대구, 부산 지방 인사들에게 '빨갱이가 많다 운운'의 모독적인 발언을 하였다고 전해짐으로써 많은 물의를 항간에 일으킨 데 대하여 당으로서 공식 사과드리는 바입니다.

김 씨는 10여 일 전 구 민우당(民友黨)으로부터 신입(新入)한 평당원이며 아마도 대중 앞에서의 흥분과 경솔의 탓으로 그런 잘못된 발언을 한 것으로 생각되

옵는 바, 이는 전혀 본당의 의사가 아님을 거듭 말씀드립니다.

본당으로서는 김 씨를 즉시 소환하였사온 바, 귀당 후 사실임이 확연할 때는 제명조치를 강구할 것입니다. 이미 대변인이 공식 사과한 바 있으나 제현(諸賢)에게 끼친 모독이 너무도 심하므로 지상을 통하여 거듭 사과드리는 바입니다.

10월 10일

민정당

10월 13일 비가 내리는 가운데 박정희 후보와 윤보선 후보가 마지막 선거 유세를 했다. 박정희 후보는 수원과 인천에서 "지금 여건으로는 누가 집권해도 당장 잘살게 할 수 없다"면서 "내가 집권하면 여러분에게 근면과 내핍, 피땀 흘려 일할 것을 요구할 것"이라고 말했다. 윤보선 후보는 수원과 천안에서 "군정과 민정을 판가름하는 이 마당에 사상이 분명한 사람과 그렇지 못한 사람 가운데 누구를 선택할 것인가"라고 물었다.

투표를 이틀 앞둔 이날 민정당은 박정희 후보가 여순 반란사건에 관련됐다는 주장을 증명할 만한 자료라며 한 뭉치의 서류를 공개했다. 그중에는 군법회의의 재판 내용을 다룬 1949년 2월 17일자 〈경향신문〉 기사와 1949년 2월 18일자 〈서울신문〉 기사도 들어있었다. 민정당은 이들 자료를 토대로 반란의 동기와 시발, 반란부대의 이름과 지휘관, 최후까지 지휘한 반란 두목, 진압부대의 배신, 박정희의 임무, 박정희에 대한 재판 당시의 군 수뇌부, 박정희에 대한 재판의 법관 구성, 피고인별 형량, 법정으로 사용된 장소와 재판 일시, 법정에선 박정희 피고인의 특징, 박정희가 복직하게 된 경위 등을 설명했다. 그리고 황태성 사건에 대한 처리가 부당함을 지적했다. 이날 민정당이 제시한 증거자료 중 1949년 2월 17일자 〈경향신문〉 기사의 내용은 다음과 같다.

건전한 국군을 건설하고자 국방부에서는 10월 반란사건 이래 장교를 비롯하여

병사에 이르기까지 1천여 명을 검거하여 취조 중에 있던 중 조사가 끝난 자들은 지난 8일부터 군법회의에 회부 중이었는데, 지난 13일까지 판결언도를 받은 자는 73명에 달하고 있는 바 그중 전 마산 18연대장 최남근은 총살언도를 받았으며, 그 외 김학휴, 조병건, 박정희, 배명종 등은 무기징역 언도를 받고 기타는 15년부터 5년까지 징역판결이 있었다 한다. 그런데 최남근은 남로당 군세포 책임자로서 전번 체포된 이재복의 사상적 감화를 받아 남로당에 가입한 후 정부를 전복할 목적으로 동지를 규합 중 반란사건 중에는 반군 진압작전 임무를 수행치 않고 탈주로를 열어주는 등 실질적으로 국군에게 막대한 피해를 입게 하고 38 이북으로 도주하려다가 체포된 것이라 한다.

'군법회의 숙군공판 최남근 일파에 총살 언도' 라는 제목으로 〈서울신문〉에 실린 기사도 내용이 거의 같다. 다만 최남근이 16연대장이라고 한 것만 다르다. 이 외에 심판관으로 김완용 중령 이하 6명, 검찰관으로 이찬형 중령 이하 1명이 참석했다는 내용이 들어있다. (이 두 신문기사는 윤보선 후보의 측근인 김준하가 경향신문사와 서울신문사를 찾아가 찾아낸 것이었다. 그는 먼저 동아일보사로 갔으나 1949년 2월에 있었던 군법회의에 대한 기사는 누락돼있었다. 그는 소공동 부근의 시립도서관과 을지로 입구 부근의 국립도서관을 가보았지만 그 두 곳에 보관된 신문에도 관련 기사가 누락돼있었다.)

민정당이 선거 막판에 제시한 이런 국내신문 보도기사는 그동안 민정당이 증거물로 여러 차례에 걸쳐 제시한 해외자료보다 훨씬 신빙성이 높은 것이었다. 〈동아일보〉는 민정당이 폭로한 내용을 호외로 만들어 전국에 뿌렸다.

공화당은 이런 민정당의 폭로공세에 대해 매카시즘이라고 반박하고 맞대응에 나섰다. 공화당은 "박정희 후보를 빨갱이로 모는 민정당 대통령 후보 윤보선 씨도 그 가족 중에 공산당원이 있음이 드러났다" 는 내용이 포함된 성명을 발표했다. 이 성명에서 공화당은 "윤 씨의 사위 신모 씨는 6·25 당시 부역한 후 9·28 수복 이후 피검돼 무기징역을 선고받은 바 있고 또 다른 사위 남모 씨도 6·25 당시 부역한 사실이 있다"고 주장했다. 윤보선 후보는 "나는 사위가 하나밖에 없는데…"라는 반응을 보였다.

미국 하원 국제관계위원회의 국제기구소위원회가 1978년 10월 31일 발간한 〈한미관계 조사보고서(Investigation of Korean-American Relations)〉에 박정희의 좌익경력에 대한 짤막한 언급이 있다. 그 내용은 다음과 같다.

박정희는 1917년 한국 남동쪽의 한 시골마을에서 태어났다. 정상교육을 마친 후 박은 만주와 동경에 있는 일본 육군사관학교에 지원하여 이후 일본 관동군 장교로 복무했다. 1946년 그는 2기생으로 육군사관학교에 입교했다. 1948년 박은 여순 반란사건에 가담한 혐의로 사형선고를 받았으나 G-2 군정보부장인 백선엽 장군의 주선으로 결국 방면됐다. 그는 군 사령부 내 G-2에서 민간인 정보장교로 근무했다. 여기서 그는 나중에 군사정부에서 핵심 역할을 하게 되는 김종필과 석정선을 알게 됐다. 이 두 사람은 육사 8기생으로 백 장군이 G-2에서 근무하도록 차출한 8기생 15인에 속했다. 한국전쟁 발발 직후 박은 군에 복귀했다. 여타의 많은 남한 장교처럼 박은 미국의 고급 군사과정을 이수했다. 그는 11년간 25번이나 전임됐으나 군 정책의 외곽에 있었기 때문에 생각만큼 빨리 진급하지는 못했다. 이러한 대우에 대한 불만이 그로 하여금 쿠데타에 나서도록 하는 데 하나의 요인으로 작용했을 것이다.

한국의 대통령 선거에 외국 언론들도 관심을 갖고 특파원을 파견해 취재하게 했다. 재미 언론인인 피터 현도 〈뉴욕 헤럴드 트리뷴〉의 임시 특파원으로 한국에 와서 박정희 후보와 윤보선 후보를 인터뷰했다. 그는 이때의 취재소감을 나중에 다음과 같이 회고했다.

나는 좀 불편한 입장이었다. 윤보선 전 대통령과 인터뷰를 하루 앞둔 날이었고, 그의 정적인 박정희 장군과의 인터뷰를 이틀 앞둔 날이었기 때문이다. 당시로서는 윤보선 전 대통령이 언론인으로서 나의 중립성과 객관성을 얼마만큼 이해해줄지 미지수였다. 다만 대통령 후보로서의 그의 정책과 비전, 그리고 역사관에 관하여 내가 물어볼 때 파리에서 내 외교관직을 갑자기 박탈한 책임자 박정희 장군보다 훨씬 더 유식한 답변을 해주기를 내심 바라고 기원했다. 그래야 그가 나중에 내가 쓴 공평한 기사에 만족할 수 있을 게 아닌가.

1960년대 초에 남한은 세계에서 소득이 가장 낮은 나라의 하나로 알려져 있다는 사실을 나는 잘 알고 있었다. 특히 대적하고 있는 북한보다도 경제면에서나 군사면에서 모두 뒤지고 있을 때였다. 나는 윤 전 대통령에게 이 참담한 현실에 대한 대책을 물었다. 그의 대답은 "먼저 당선되는 게 중요하다. 일단 당선되고 나면 상황을 분석하겠다"는 것이었다. 나는 내 귀를 의심했다. 유력한 대통령 후보가 어떻게 이런 멍청한 발언을 할 수 있단 말인가.

이와는 대조적으로 그 다음날 회견한 박 장군은 그의 혁명적인 공약, 즉 '경제개발 5개년 계획' 시리즈를 아주 자세하게 설명해주었다. 나는 제1차 5개년 계획에서 연평균 7.1%의 GNP 성장률을 목표로 세운 데 대해 의문을 던졌다. 내 예측으로는 그런 성장률은 한국은 물론 대만이나 말레이시아 같은 어떤 개발도상국에서도 불가능한 일이라고 그에게 직접 지적했더니 그는 이렇게 대답했다.

"제1차 5개년 계획이 끝나는 1966년에 다시 와 보시지요. 당신은 그때 내 대답을 확인할 수 있을 겁니다."

나는 다시 그를 찔렀다.

"온 나라가 기아선상에서 허덕이는데 경험도 없는 군인들이 '경제기적'을 주장한다고 해서 국민들이 과연 그들의 경제관리 능력을 믿을 수 있겠습니까?"

"그렇지요. 국민들은 허리를 졸라매고 자신들의 미래와 자식들의 장래를 위하여 더 열심히 일하기만 하면 돼요."

박 장군은 힘주어서 한 마디 더 했다.

"무슨 일이든 일단 시작하면 국민들은 하면 된다는 자신감을 가져야 해요. 나는 합니다. … 국민들도 할 수 있어요."

대통령 선거 이틀 전인 1963년 10월 13일 〈뉴욕 헤럴드 트리뷴〉은 '한국의 선거: 군사정부 지도자의 공약'이라는 제목의 기사를 크게 실었다. 윤보선 후보와 그의 지지자들은 이 기사에 대해 못마땅해 했다.

마침내 1963년 10월 15일 사상논쟁을 결산하는 선거일을 맞았다. 사상논쟁이 투표에 상당한 영향을 미치리라고 다들 예상했지만, 투표결과가 어떻게 나올지는 예측하기가 어려웠다. 박정희 후보가 사상논쟁으로 치명적인 타격을 입어 패배하리라고 보는 이들도 있었고, 매카시즘적인 인신공격이 역효과를 내어 윤보선 후보가 패배할 것이라고 보는 이들도 있었다. 투표율은 84.99%나 됐다.

10월 17일 오후 3시에 완료된 개표의 결과는 공화당 박정희 후보 470만 2640표(총투표수의 42.61%), 민정당 윤보선 후보 454만 6614표(총투표수의 42.19%)로 집계되어 아주 근소한 차이로 당락이 갈렸다. 나머지 83만여 표는 군소정당 후보들이 나누어 가졌다.

1963년 제5대 대통령 선거 후보별 득표				
후보	정당	총득표수	총득표율(%)	유효득표율(%)
박정희	민주공화당	4,702,640	42.61	46.65
윤보선	민정당	4,546,614	42.19	45.10
오재영	추풍회	408,664	3.70	4.05
변영태	정민회	224,443	2.03	2.22
장이석	신흥당	198,837	1.80	1.98

** 유효득표율은 총투표수의 8.67%에 달하는 무효표를 제외하고 계산한 득표율이다.*

주한 미국 대사관은 10월 16일 국무성에 올린 보고서에서 '윤보선의 기대 이상 선전, 군인 표의 윤보선 지지, 그리고 군사정부의 공명선거 의지'를 선거의 특징으로 꼽았다. 버거 대사가 작성한 이 보고서는 "투표결과를 과신한 때문이라고 하더라도 군사정부는 의식적으로 질서 있고 효율적인 투개표가 보장되도록 최선을 다했다"고 평가했다.

이 선거에서는 그때까지 없었던 표의 이른바 '남북현상'이 생겨난 점이 특이했다. 종래 여당의 아성이던 경기도, 강원도, 충청도에서 야당 후보인 윤보선이 더 많이 득표했고, 야당의 텃밭이던 남쪽의 경상도, 전라도에서는 여당 후보인 박정희가 더 많이 득표했다. 이런 표의 남북현상을 두고 추풍령을 경계로 36선이 생겨났다는 말까지 나돌았다. 그러나 이 말은 지금의 기준으로 보면 과장된 것이었다. 서울, 경남, 제주도를 제외하고는 어느 후보도 각 광역행정구에서 60% 이상 득표하지 못했다.

선거결과를 놓고 여러 가지 분석이 나왔다. 그러나 투표일까지 약 20일

1963년 제5대 대통령 선거 지역별 득표	박정희	윤보선
서울	37만 1627	80만 2052
부산	24만 2779	23만 9083
경기	38만 4764	66만 1984
강원	29만 6711	36만 8092
충북	20만 2789	24만 9397
충남	40만 5077	49만 663
전북	40만 8556	34만 3171
전남	76만 5712	48만 800
경북	83만 7124	54만 3392
경남	70만 6079	34만 1971
제주	8만 1422	2만 6009
합계	**470만 2640**	**454만 6614**

동안 여야가 사생결단으로 벌인 사상논쟁이 유권자들의 투표에 어느 정도나 영향을 미쳤는지는 뚜렷하게 드러나지 않았다.

여순 반란사건이 일어난 곳이었기에 관심을 모았던 여수와 순천의 투표 결과는 엇갈리게 나왔다. 여수에서는 윤보선 1만 8409표, 박정희 1만 3263표로 윤보선 후보가 더 많이 득표한 반면에 순천에서는 박정희 1만 4615표, 윤보선 1만 1860표로 박정희 후보가 더 많이 득표했다. 이 두 곳에 관한 한 사상논쟁은 투표에 별다른 영향을 주지 않았다고 볼 수 있다.

그러나 사상논쟁이 끼친 영향이 느껴지는 부분도 분명히 있었다. 해방 직후에 좌익세가 강했거나 한국전쟁 중에 용공으로 몰려 많은 민간인이 피해를 본 전라도, 경상도, 제주도 등 남부지역에서 박정희 후보가 크게 이긴 것이 그런 측면을 갖고 있다. 박정희 후보는 자신의 연고지인 경상북도에서 55.6%, 전라도에서는 57.2%를 득표했다. 득표율로 볼 때 박 후보 표가 가장 많이 나온 곳은 제주도였다. 제주도의 개표 결과는 박정희 70%, 윤보선 22%였다.

제주도에서 이렇게 특정 후보에 대한 몰표가 나온 것은 전무후무한 일이었다. 그 이유로 4·3 봉기의 영향을 꼽는 분석이 있다. 좌경용공으로 몰려 불이익을 당한 유권자들이 좌익경력을 갖고 있는 박정희 후보에게 기대를 걸었을 가능성이 있다는 것이다. 경상도에서 박정희 후보가 윤보선 후보를 비교적 크게 앞지른 원인의 하나도 빨갱이 운운 한 김사만의 발언이었다. 경상도에는 1946년 대구폭동과 한국전쟁 때 좌익으로 몰려 피해를 본 사람들이 많았다.

'빨갱이'나 '좌경용공'이라는 말은 한국에서 그렇게 지칭된 사람에게 치명적인 피해를 줄 수 있는 용어다. 그러나 그렇게 지칭되어 고초를 겪었거나 연좌제에 시달린 경험이 있는 사람들은 그런 용어가 사용되는 것에 대해 반감을 갖는다. 그래서 매카시즘이나 사상논쟁이 역효과를 내기도 하는 것이다.

유럽에서는 '나치 부역자'라는 말이 한국의 '빨갱이'나 '좌경용공'이라는 말과 비슷한 기능을 한다. 1986년에 오스트리아에서 대통령 선거가 실시됐다. 이때 미국은 당선이 유력한 쿠르트 발트하임(Kurt Waldheim, 1972~1981년에 유엔 사무총장 역임) 인민당 후보를 낙선시키려고 그의 나치 정보장교 경력을 폭로했다. 그러나 발트하임 후보는 여유 있게 당선됐다. 나치 부역자로 몰려 곤욕을 치른 사람들이 유난히 많은 오스트리아의 국민이 오히려 반발한 결과였다.

박정희 후보가 표를 많이 얻은 지역들이 1956년에 치러진 제3대 대통령 선거에서 조봉암 후보가 표를 많이 얻은 지역들과 일치했다는 점도 특기할 만하다. 조봉암은 서울(득표율 17%), 경기(16%), 충북(11%), 충남(16%), 강원(8%) 등 중북부 지역에서는 이승만에 크게 뒤졌으나 전북(31%), 경북(34%), 경남(30%)에서는 예상외로 많은 표를 얻었다. (조봉암은 1956년 11월 민주사회주의를 표방하고 혁신정당인 진보당을 창당했으나 1958년 간첩 혐의로 구속되어 정치재판으로 사형선고를 받고 1959년 7월 31일 처형됐다. 그가 구속된 사유는 간첩 양명산(梁明山)으로부터 북한의 지령과 자금을 받았다는 것과 진보당의 평화통일론이 국시에 위배된다는 것이었다. 평화통일론은 무죄를 선고받았으나 간첩 혐의는 양명산의 진술 번복에도 불구하고 인정됐다. 조봉암이 1956년 대통령 선거에서 선전한 것이 진보당 사건의 근본 원인이었다. 보수야당인 민주당은 이 사건을 수수방관했다.)

선거기간 중에 사상논쟁이 벌어지자 박정희 후보는 곤혹스러워하긴 했지만 그것이 자신에게 불리하다고만 생각하지는 않았다. 좌경용공으로 몰려 억울한 피해를 당한 사람들이 많다는 것을 그는 잘 알고 있었다. 실제로 박정희 후보는 자신이 사상 문제로 공격당하는 점을 적극 홍보하라고 선거참모들에게 지시했다. 5대 대통령 선거는 강력한 반공국가인 한국에서도 대통령 후보가 사상 문제로 공격을 당하는 것이 반드시 불리한 것만은 아니며 오히려 득표에 유리하게 작용할 수도 있음을 보여주었다.

중북부 지역의 유권자들이 윤보선 후보에게 많은 표를 던진 것에서도 사상논쟁의 영향이 느껴진다. 중북부는 휴전선에 보다 가까운 지역이므로 사상논쟁에 더 민감한 반응을 보였다고 할 수 있다. 서울과 인천에서는 윤보선 후보가 박정희 후보에 비해 각각 2.2배, 2.5배의 득표를 했다. 군인가족이 많이 거주하는 강원도의 춘천과 원주에서 윤보선 후보가 박정희 후보를 2배 차이로 이긴 것도 주목할 만하다. 이곳의 유권자들이 직업군인 출신인 박정희 후보에게 등을 돌린 것은 그의 좌익경력에 예민하게 반응한 결과로 볼 수 있다.

전체적으로 보면 표의 남북현상이 나타났으나 도시별, 군별로 보면 반드시 그런 것도 아니었다. 중북부에서도 경기도의 용인군, 강화군, 옹진군과 강원도의 영월군, 평창군에서는 박정희 후보 표가 더 많이 나왔다. 남부에서도 광주, 목포, 전주, 군산, 마산, 포항, 김천 등에서는 윤보선 후보가 더 많은 표를 얻었다. 부산에서는 박정희 24만 2천 표, 윤보선 24만 표로 두 후보의 득표가 엇비슷했고, 대구에서는 박정희 후보가 간신히 이겼다.

남부지역에서 박정희 후보가 크게 이긴 것이 반드시 사상논쟁의 결과라고 단정할 수는 없다. 농업인구가 많은 남쪽에서 농촌 출신인 박정희 후보에게 기대를 걸었다고 해석할 수도 있다. 대도시에서 윤보선 후보가 더 많이 득표한 것도 감안한다면, 사상논쟁 외에 전통적인 여촌야도 현상과 지역별 성향도 작용한 선거결과였다.

선거결과가 드러난 10월 17일 박정희 후보와 윤보선 후보가 축하전문과 위로전문을 주고받았다.

윤보선 귀하, 민주정치 재건의 역사적 과업과 제3공화국 대통령 선거에 있어서 귀하의 선투에 대해 만강의 경의를 표합니다. 비록 앞으로 여야로 입장을 달리하더라도 새로운 정치 기풍의 조성과 전통의 수립을 위해 더욱 협조와 편달이 있기를 빌어마지 않습니다. 박정희.

귀전을 감사하며 귀하의 당선을 축하합니다. 이번 선거에서 표시된 민의를 존중하며 이 나라 민주발전에 노력하기를 빕니다. 윤보선.

곧이어 벌어진 6대 국회의원 선거에서도 사상논쟁이 이어졌다. 11월 6일 윤보선 민정당 대표최고위원은 "이번 총선거는 대통령 선거의 연장전"이라며 "머지않아 태도를 밝히겠다. 사상논쟁과 관련해 내가 할 이야기는 다 했으며 이제는 박정희 씨가 아니라고 했던 사실까지 확연히 드러났으니 그가 그 사실을 해명하든지 국민에게 사과해야 할 것"이라고 말했다. 그는 닷새 뒤인 11일에는 전남 여수 교동에서 지원연설을 하면서 "내가 알기로는 박정희 씨의 형한 분이 대구 10·1 폭동사건 주모자의 한 사람으로 총살당했고, 국내에서 발행되는 모 영자신문에서 박 씨의 다른 형 하나는 현재 북한 괴뢰정권 밑에서 정보관계 실무자로 활동하고 있다는 기사를 읽었다"고 말했다.

그러나 국회의원 선거에서도 사상논쟁이 야권에 유리하게 작용했다고 볼 수 없다. 11월 26일 실시된 국회의원 선거에서 여당인 공화당은 불과 32.4%를 득표하는 데 그쳤으나 야권 후보가 난립한 덕분에 175석 가운데 110석이나 차지했다. 총의석 175석(지역구 131석, 전국구 44석) 가운데 각 정당이 확보한 의석은 공화당 110석(지역구 88, 전국구 22), 민정당 41석(지역구 27, 전국구 14), 민주당 13석(지역구 8, 전국구 5), 자민당 9석, 국민의 당 2석이었다.

공화당이 과반수 의석을 확보하지 못한 곳은 서울뿐이었다. 부산에서는 야당 후보 중 유일하게 민정당 김영삼 후보가 당선됐고, 전남에서는 민주당 후보 중 유일하게 김대중이 당선됐다. 미국 정부와 일본 정부, 그리고 국내 언론이 모두 공화당이 과반 의석에 미달할 것으로 예상했는데, 한마디로 이변이 일어난 것이었다. 11개 당으로 야권이 분열되어 한 지역구 당 평균 6명의 후보가 난립한 것이 그 이유였다(여당이 득표율이 낮아도 야권의 분열로 승리하는 일은 이후에도 여러 번 되풀이된다. 야권은 특히 1987년 대선에서 이런 사실을 절감하게 된다).

야당은 이후 박정희의 사상 문제를 더 이상 거론하지 않았다. 그러나 박정희는 1963년 선거에서 사상 문제로 곤욕을 치렀음에도 선거공약이었던 연좌제 폐지를 완전하게 실행하지는 않았다.

경제개발과 3선개헌

경제개발 5개년 계획이 처음 시행된 1962년에 한국의 경제상황은 하루 세 끼 밥 먹으면 부자라는 소리를 들을 정도였다. 학교에 점심 도시락을 싸오지 못하는 학생이 도시락을 싸오는 학생보다 더 많았다. 정부의 예산에서 미국의 원조가 차지하는 비중이 이전보다 줄어들긴 했어도 여전히 50%는 됐다. 미국의 원조가 없으면 군인, 공무원, 교사 등에게 봉급을 줄 수 없어서 국가가 정상적으로 운영될 수 없을 형편이었다. 이럴 때 막대한 자금이 필요한 경제개발을 하기 위해서는 외국자본 유치가 반드시 필요했다.

그러나 원리금 상환능력이 없어 보이는 나라에 돈을 빌려줄 나라는 없었다. 한국 정부는 우선 서독에 향후 보내기로 한 간호원과 광부들의 임금을 담보로 1962년 10월 서독으로부터 1억 5천만 마르크의 차관을 얻었다.

한국에 대한 미국의 원조는 1963년 2억 1640만 달러에서 1964년 1억 4930만 달러로 대폭 줄어들었다. 한국의 외환보유액도 1962년 말의 1억 6400만 달러에서 1963년 6월에는 1억 1400만 달러로 줄어들었다. 박정희 정권은 일본과 국교를 맺고 일제의 한반도 지배와 관련된 대일 청구권 자금을 받아내어 그 돈으로 경제개발 5개년 계획을 추진해야 했다. 미국도 한일간 국교 정상화를 적극 권고했다. 당시 미국은 일본을 중심으로 하는 지역통합 전략을 동아시아 정책의 기조로 삼고 있었다.

그러나 일제에 의해 혹독하게 착취당했던 한국 국민은 일본과의 수교를 용납하기 어려웠다. 한일간 국교 수립을 위한 회담에 반대하는 학생들의 운동이 막 출범한 박정희 정권에 위기를 안겨주었다. 1964년 3월 24일 서울대 학생들이 교정에서 '제국주의자 및 민족반역자 화형 집행식'을 열고 '대일 굴욕외교'에 반대하는 운동에 돌입했다. 학생시위가 격화되자 박정희 정권은 6월 3일 계엄령을 선포했다. 계엄령은 56일 만인 7월 29일 해제됐으나 일본이 한국의 정세를 관망하겠다면서 뒤로 물러앉음에 따라 한일간 국교 수립을 위한 교섭은 11월 말이 되어서야 재개됐다. 미국 정부가 중재하는 가운데 한국 정부는 1965년 6월 일본과 국교를 수립하고 무상원조 3억 달러, 유상원조 2억 달러, 상업차관 3억 달러의 청구권 자금을 얻어냈다. 청구권 자금은 포항제철 건설에 상당부분 투자됐고, 민간부문에서는 삼성, 쌍용, 한국화약, 한일합섬 등 대기업에 집중 분배됐다.

또한 박정희 정권은 베트남에 파병하여 경제적 이득을 얻었다. 미국 정부는 1964년부터 우방국들을 상대로 베트남 전쟁에 대한 협조와 참전을 요청하는 '다국적 동맹 캠페인'을 벌였다. 미국의 린든 존슨 대통령은 20여 개 우방국 원수들에게 친서를 보내 월남전에 참전해줄 것을 요구했다. 이때 유일하게 한국 정부만 대규모 전투부대 파병에 적극적인 태도를 보였다. 박정희는 1965년 5월 16일 미국을 세 번째로 방문했는데 전례 없는 환영을 받았다. 8월 13일 한국 국회에서 전투사단 파병 동의안이 본회의를 통과했다. 야당 의원만이 아니라 공화당 의원 중에서도 정구영, 서인석, 박종태 3인은 반대하거나 기권했다.

한국은 1966년까지 베트남에 2만 3865명을 파병했고 1969년에 파병 인원을 대폭 늘려 1969~1972년에 최대 4만 7872명의 한국군이 베트남에 상시 주둔했다. 베트남에 파병한 대가로 1965~1970년에 한국 정부는 미국 정부로부터 9억 2700만 달러의 원조를 받았다. 또한 미국은 한국군의 현대화를 도왔다. 베트남 파병은 당시 심각한 사회문제였던 높은 실업률을 해소하는 데도 도움이 됐다. 1만 명이 넘는 노무자들이 베트남에 가서 일해 번 돈을 한국으로 송금했다. 1965~1972년에 한국 기업들이 베트남 전쟁과 관련하여 벌어들인 돈과 군인, 노무자들이 받은 봉급은 모두 7억 5천만 달러에 달했다.

한국 정부는 파병에 대한 반대급부로 미국에서 좋은 조건의 공공차관을 도입할 수 있었는데 1966~1972년에 11억 달러가 들어왔다. 공공차관은 주로 발전소, 고속도로, 철도 등 사회간접자본 건설에 투입되어 한국경제의 발전에 큰 역할을 했다.

박정희는 학생과 교수들이 '반대를 위한 반대'를 한다는 생각을 갖고 있었는데, 이런 그의 생각이 드러나는 연설이 많다.

> 그야말로 가난한 나라의 학생들이 후일의 웅비에 대비하기는커녕, 조국을 사랑하고 민족의 앞날을 걱정한다는 소위 현실참여가 바로 이런 것이라면 실로 가공할 모순이며 가증스러운 작폐라 아니 할 수 없는 것입니다.
>
> *1964년 6월 3일 비상사태 선포에 즈음한 담화문*

> 과거 일제시대에 우리가 일제와 싸우던 것과 마찬가지인 정신자세, 즉 왜적이 와서 우리를 점령하고 우리를 식민지화하고 우리가 남의 노예가 되었을 때 우리가 일제에 대항하던 이러한 정신자세는 근본적으로 뜯어고쳐야 되는 것입니다. …
>
> 지금 우리 한국의 지식인 가운데는, 인텔리 가운데는 정부가 하는 일은 무조건 반대해야만 그 사람이 아주 인텔리이고 지식인이고 애국자라고 합니다. 정부

가 하는 일은 그네가 아무리 생각해도 옳다고 여럿이 있는 앞에서 이야기하였
다가는 "저 사람은 정부에 아부하는 사람이며 소위 요즘 말하는 사꾸라요, 저
사람은 무슨 정부의 앞잡이다"하는 이런 우리 한국의 인텔리들의 사고방식이
근본적으로 뜯어고쳐지기 전에는 한국의 근대화라는 것은 어렵습니다. …
오늘 이 자리에 학생들도 좀 얼굴을 보이기 때문에 내 좀 더 얘기를 하려 합니
다. 학생들! 지금 정치인들이 국회에서 뭐라고 떠들면 내용도 모르고 덮어놓고
거리에 나와서 플래카드를 들고, 무슨 학교에서 성토대회도 하고, "무슨 정부
물러가라, 매국하는 정부 물러가라"하는 등 이런 철없는 짓도 하는데, 나는 학
생 제군에게 솔직하게 이 자리에서 얘기해두거니와, 제군이 앞으로 이 나라의
주인공이 되자면, 적어도 10년 내지 20년 후에라야만 제군이 이 나라의 주인공
이 되는 것입니다. 제군의 시대가 오는 것입니다.
오늘 이때에 우리들 기성세대가 모든 것을 책임지고 여러분들 못지않게 나라에
대한 것을 걱정하고 근심하고 노력하고 있다는 것을 여러분은 잊어서는 안 됩
니다.

1965년 5월 2일 진해 제4비료공장 준공식에서

박정희는 또 외세에 의존하는 자세, 원조나 받으려는 '거지근성'을 버려
야 한다고 늘 역설했다. 그의 연설에는 자주, 자조라는 단어가 많이 나온다.

1965년 5월 민정당과 군소야당인 민주당, 자민당, 국민의 당이 통합하기로 결
의하고 민중당(民衆黨)을 탄생시켰다. 실질적으로는 당대당 통합이 아니라 제
1야당인 민정당이 군소야당들을 흡수통합한 것이었다. 따라서 민정당 대표 윤
보선이 민중당의 총재가 되는 것이 당연해 보였다. 그러나 6월 14일 민중당 창
당 전당대회에서 윤보선과 유진산이 갈등하는 가운데 반란표가 발생해 민주당
총재 박순천이 민중당 총재가 되는 이변이 일어났다(그 전해인 1964년에도 민

정당 내부에서 윤보선과 유진산의 극한대립이 있었다. 이것을 제1 진산파동이라고 한다). 박순천이 통합야당의 당수가 되자 김대중이 덩달아 제1야당 당수의 측근 참모로 위상이 올라갔다. 이때 김대중은 민중당의 대변인이 됐다.

의원직을 내걸고 한일회담 반대 투쟁을 이끌던 윤보선, 정일형, 정해영, 정성태, 윤제술, 김재광 등이 민중당의 노선을 비판하고 탈당해 신한당(新韓黨)을 창당했다(1966년 3월 30일). 신한당은 창당과 동시에 윤보선을 총재 및 6대 대통령 선거(1967년) 후보로 선출했다.

민중당에는 대통령 선거에서 당선될 가능성이 있는 후보가 없었다. 그렇다고 해서 당선될 가망이 없는 박순천 총재를 후보로 낼 수는 없었다. 1966년 가을이 되자 대통령 후보 문제가 민중당에 절박한 고민거리가 됐다. 결국 김영삼 원내총무가 나서서 저명한 법학자인 유진오 전 고려대 총장을 대통령 후보로 영입하는 일을 추진했다. 유진오는 1966년 10월 20일자로 민중당에 입당했다(유진오도 친일 경력이 있다).

그러나 민중당과 신한당은 통합협상을 시작했다. 협상 과정에서 양쪽은 '유진오 총재, 윤보선 대통령 후보'에 합의했다. 1967년 2월 7일 민중당과 신한당이 통합해서 신민당(新民黨)이 탄생했다. 김대중은 신민당의 정무위원 겸 대변인이 됐다.

1967년에 실시된 6대 대통령 선거에서 박정희와 윤보선이 다시 대결했다. 박정희는 1967년 4월 15일 대통령 출마를 밝히는 연설을 하면서 자립에의 의지를 다시 한 번 강조했다. 다음은 그 일부다.

민족의 주체성 확립이나 자립은 말로써만 되는 것이 아니라 그 생산적 실천에서만 가능한 것이며, 더구나 현실과 동떨어진 원리적인 이론에서 찾을 수 있는 것이 아니라 일하는 직장에서 찾을 수 있다는 것을 나는 강조하지 않을 수 없습니다.

국민 여러분! 민족적 민주주의의 제1차적 목표는 자립에 있습니다. 자립이야말로 민족주체성이 세워질 기반이며 민주주의가 기착(寄着), 영생할 안주지인 것입니다. 민족자립이 없이 거기에 '자주'나 무슨 '주의'가 있을 수 없으며, 자립에 기반을 두지 않는 민족주체성이나 민주주의는 한갓 가식에 불과하다는 것이 나의 변함없는 신조입니다.

따라서 나의 노력은 자립 성취를 위해 집주(集注)되어왔으며, 앞으로도 민족자립이 성취될 때까지는 그 노력의 방향에 변함이 없을 것입니다.

국민 여러분! 우리에게 자립의 날은 가까이 오고 있습니다.

국민 여러분의 주변을 살펴보십시오. 거의가 우리 손으로 만든 국산품들입니다. 나라살림도 대부분 국민 여러분의 세금으로써 꾸려나갈 수 있게 됐습니다. 우리 신용으로 얼마든지 외국에서 돈을 빌려올 수도 있게 됐으며, 정부가 가진 외화도 여러분에게 빌려줄 수 있게 됐습니다. 남의 원조에 기대야 할 것은 극히 적은 부분으로 줄어들었습니다. 이 얼마나 금석지감이 있는 이야기들이겠습니까?

국민 여러분! 수년 전 내가 자립을 강조하고 민족적 민주주의를 제창했을 때 많은 사람들이 우리에게 자립은 달성할 수 없는 먼 곳에만 있는 줄만 알고 있었고, 원조 없이는 곧 죽는 것으로만 생각하고 있었습니다. 미국의 원조 액수가 얼마인가에만 관심이 있고 우리가 수출할 액수가 얼마인가에는 생각조차 없었던 것이 솔직히 말해서 그때 우리 정치인들의 태도가 아니었습니까? 그러나 원조 액수보다 수출 액수에 관심을 쏟고 있는 것이 오늘 한국 국민의 모습이 아닙니까?

그러니 국민 여러분! 우리는 아직도 더 많은 공장을 건설해서 국민생활을 더욱 풍요롭게 해야 하겠으며, 더 많은 수출을 하여 경제적 완전자립을 성취해야 하겠으며, 더 많이 증산하고 기업농을 발전시켜 농가소득을 올려야 하겠습니다.
…
우리 공화당이 내놓은 백 가지 공약사업도 중요하지마는 보다 근본적인 문제는 내가 얼마나 일하고, 또 국민 여러분이 얼마나 일하는가에 달려 있는 것입니다. 어떠한 당의 공약사업도 그 당이 할 수 있는 것이 아니라 결국 국민 여러분이 하는 것임을 나는 분명히 밝혀두는 바입니다.

우리의 진로나 계획은 이미 우리가 정성을 다해 만든 제2차 5개년 계획에 다 담겨 있습니다. 문제는 얼마나 노력하고 일하는가에 달려 있습니다. 나는 앞으로 4년 동안 더욱 분주히 지방을 다니며 국민 여러분을 격려할 것이며, 또 더욱 열심히 일할 것을 국민 앞에 약속합니다. 나는 일하는 대통령이 될 것을 국민 앞에 약속합니다. …

선거운동 기간 중에 박정희 후보는 지방의 발전에 관한 공약은 일체 하지 않았다. 4월 18일 전주에서 2차 유세를 가진 박정희 후보는 경제성장과 관련해 자신의 청사진을 밝히면서 "이러한 일을 거짓말만 하고 소란만 떠는 야당에 맡겨도 잘해나갈 것이라고 생각하는 분이 있으면 아무 생각 말고 야당에 표를 찍으시오. 그러나 박 대통령과 공화당만이 일을 잘할 수 있다고 생각한다면 나에게 표를 찍어주시오"라고 말했다.

4월 21일 신민당 대변인 김대중은 "약 100억 원으로 예상되는 공화당 선거자금의 출처를 밝히라"는 성명을 발표했다. 김대중은 "대통령 선거운동 비용이 규정에 따라 2억 8천만 원으로 제한되고 있는데 공화당은 그 몇십 배를 사용하고 있다"고 주장했다.

4월 23일 대구 수성천 변에 약 30만 명의 청중이 모여들었다. 여기서 박정희 후보는 연설을 마치면서 "야당은 거짓말, 생떼, 중상모략을 하는 데서는 세계에서 둘째가라면 서러워할 것"이라고 비난했다. 이어 4월 27일 광주에서는 10만 명의 청중이 모인 가운데 박정희 후보가 연단에 올라 다음과 같이 야당을 비판했다.

"요즘 민주주의가 사망했다고 하는데 수염이 석 자라도 먹어야 산다고 배가 불러야 민주주의도 할 수 있는 겁니다." "야당 사람의 몸은 20세기 것이니 머리는 19세기 것입니다. 이런 야당인(野黨人)의 머리를 근대화하는 것이 우리나라 근대화의 첩경입니다." "야당의 유세에 관이 방해해서 청중이 안 모인다는데 우리 국민은 관이 방해하면 샛길로 해서라도 더 많이 모입니다."

5월 3일 실시된 6대 대통령 선거에서 박정희 후보는 윤보선 후보와 116만 표 차이로 압승을 거두었다.

이 선거에서 박정희 후보가 윤보선 후보를 크게 이길 수 있었던 것은 1차 경제개발 5개년 계획(1962~1966)이 성공을 거두었기 때문이라고 볼 수 있다. 박정희 후보는 전통적으로 야당을 지지하던 도시에서도 많은 표를 얻었다. 도청소재지 급의 도시들만 보면 경기도와 전라도를 제외하고 나머지 모든 지역에서 박정희 후보가 윤보선 후보를 이겼다. 서울에서는 윤보선 후보에 졌으나 표 차이는 6%(8만 203표)에 불과했다. 1963년 대선 때 35%(43만 425표)나 뒤졌던 것에 비하면 서울에서도 지지기반을 크게 넓힌 셈이었다.

5월 8일 정부는 7대 국회의원 선거일을 6월 8일로 공고했다. 7대 국회의

1967년 제6대 대통령 선거 지역별 득표

	박정희		윤보선	
서울	59만 5513표	45.2%	67만 5716표	51.2%
부산	33만 8135표	64.2%	16만 4077표	31.2%
경기	52만 5676표	40.9%	67만 4964표	52.6%
강원	42만 9589표	57.1%	34만 9807표	41.7%
충북	26만 9830표	46.6%	25만 2649표	41.2%
충남	48만 9516표	45.3%	50만 5076표	46.8%
전북	39만 2037표	39.7%	45만 1611표	48.7%
전남	65만 2847표	42.0%	68만 2622표	43.9%
경북	108만 3939표	64.1%	44만 7082표	26.4%
경남	83만 8426표	68.6%	28만 1545표	23.4%
제주	7만 3158표	56.5%	4만 1572표	32.1%
합계	**568만 8666표**	**51.4%**	**452만 6541표**	**40.9%**

원 선거에는 11개 정당이 참가하고 702명이 입후보했다. 이 선거는 내무부와 중앙정보부가 관여했을 뿐 아니라 중앙부처 관리와 국영기업체 임직원 등이 지역에 파견되는 등 관권선거로 치러졌고, 공화당이 막대한 자금을 살포하기도 했다.

어쨌든 이때의 7대 국회의원 선거에서 신민당은 참패했다. 공화당이 국회의 전체 의석 175석 중 3분의 2가 넘는 129석을 차지하는 압승을 거두었다. 신민당은 45석을 얻는 데 그쳤고, 군소정당들은 몰락했다. 그러나 극심한 여촌야도 현상으로 인해 공화당 후보가 서울에서는 14개 선거구 중 1곳에서만 당선됐고, 부산에서도 7개 선거구 중 2곳에서만 당선됐다.

신민당은 "유령 유권자 조작, 관권과 폭력에 의한 공포분위기 조성, 공개투표와 대리투표 등의 부정이 자행된 6·8 선거는 완전한 범죄적 선거"라면서 선거의 전면적 재실시를 요구했다. 신민당이 이렇게 반발할 정도로 무리한 관권선거가 감행된 것은 개헌에 필요한 3분의 2 이상의 의석을 확보하고자 한 박정희의 의도에 따른 것이었다.

6월 13일 공화당 당의장인 정구영 의원이 박정희와 만나 선거 후유증에 대해 논의했다. 명망 높은 변호사로 지내다가 박정희 정권에 참여한 정구영은 나중에 다음과 같이 회고했다.

그때 근 두 시간 간곡하게 진언을 했어. 대통령도 여러 가지 보고 느낀 점을 얘기해. 지나친 타락선거였다는 점도 인정해. 그렇지만 야당의 주장은 또 뭐냐는 거야. 전면 재선거를 하라는데 그거 정권 내놓으라는 소리 아닙니까, 그러는 거야.

"제가 이번 선거에서 몇 사람은 국회에 들어오지 못하기를 바라서 특히 그 지역의 공화당 후보를 특별지원했습니다. 그 몇 사람이 내게 반대한다 해서 그런 것 아닙니다. 6대 국회 4년 동안 보니까 그 사람들은 이면에선 뒷거래다 뭐다 해서 제 실속을 차립니다. 그런데 표면에서는 저만이 애국자고 깨끗한 사람인양 행세합니다. 차관 승인 같은 것도 양해한다고 뒤에서 업자에게 약속하고 정작 공식 회의에선 내가 언제 그랬더냐는 듯 시치미를 떼고 특혜 아니냐고 짐짓 때리고 그럽니다. 이런 거짓말쟁이들이 국민한테 도리어 인기가 있고 표를 더 받습니다. 이번 선거에서 여당만 돈을 썼습니까. 야당에도 여당 못지않게 돈을 쓴 사람이 있습니다. 김대중 같은 사람 선거운동 한 것은 온통 마타도어, 흑색 선전입니다. 당해낼 재간이 없어요. 잔꾀와 속임수로 선거를 치러요. 그래 놓고 부정선거다, 재선거하라는 소리는 이 사람이 앞장서서 하고 있습니다. 어느 선거나 어느 정도의 타락과 부정은 있기 마련입니다. 우리 같은 형편에선 더욱 그렇습니다. 그렇지만 이번 선거에서 투표부정, 개표부정은 없었지 않습니까" 그러는 거야. "선생님 말씀, 충분히 이해는 합니다만 그 방식으로 이 문제를 해결하지는 않겠습니다." 대통령이 아주 단호하게 잘라 말해.

이영서 편,《정구영 회고록, 실패한 도전》, 중앙일보사, 1987,

제10장 67년 선거와 그 후유증, 174~175쪽

신민당이 전면 재선거를 요구하며 국회 등원을 거부했고, 11월에 여야간 협상이 벌어졌다. 이때도 박정희는 김대중에 대해 "고지서가 발부된 세금까지 깎아달라고 청탁했다. 흥정하고도 약속대로 안 하고 딴전부리기 일쑤다. 겉으로 저만 깨끗하고 애국자고 민주주의자다. 국민은 그런 걸 모른다"고 말하며 비난했다.

1960년대 후반에 북한이 갖고 있던 대남노선의 특징은 '군사화'에 있었다. 북한은 1970년대에는 이른바 '결정적 시기'를 만든다면서 '혁명적 대사변을 주동적으로 맞이하자'는 구호 아래 모든 정책을 군사력 강화에 집중했다. 이와 관련해 북한은 대남정책을 이전의 '지하당 노선'에서 '유격전'으로 전환했다.

　　1967년 5월 노동당 4기 제15차 전원회의에서 경제건설 중시파로 알려진 대남사업 총국장 이효순이 대남사업 실패에 대한 책임을 지고 사퇴하고 후임에 허봉학이 임명됐다. 이때부터 북한에서는 대남공작 기구가 확대되고 특수부대가 창설되거나 확대됐다. 8월 12일 북한은 민족보위성 정찰국 직속으로 대남공작 특수부대를 창설했다. '124군 부대'라는 명칭이 부여된 이 부대는 2400명의 병력으로 구성됐다. 이들 병력은 300명씩 8개 기지로 나누어 배치되어 유격훈련을 받았다. 각 기지가 남한의 1개 도(道)씩을 담당했고, 제6기지가 서울과 경기도를 담당한 기지였다. 북한은 1967년 12월 16일 최고인민회의 제4기 1차 회의에서는 남한 혁명화를 강조하는 '10대 정강'을 발표했다.

　　1967년에 베트남 전쟁에서 난관에 봉착한 미국 정부는 한국 정부에 추가 파병을 요청했다. 북한은 이 해에 남한으로 게릴라를 침투시키는 전술을 구사했다. 이로 인해 1967년 한 해에만 휴전선과 남한 쪽 후방에서 218건의 교전이 벌어졌다. 그 결과로 북한군은 228명이 전사하고 57명이 포로가 됐으며, 한국군과 미군은 131명이 전사하고 294명이 부상을 입었다. 한국의 민간인 중에서는 22명이 사망하고 53명이 부상을 입었다. 이 해에는 또한 한 달 평균 10건 이상의 무장공비 침투 사건 또는 간첩단 사건이 신문에 보도됐다. 신문사들은 이런 기사를 중간급 정도로 비중으로 취급했다.

　　이러한 상황 속에서 1968년 1월에 북한 특공대가 청와대 기습을 시도하는 사건이 일어났고, 미국 정부가 이 사건에 대해 미지근한 태도를 취함으로써 미국에 대한 박정희의 불신이 깊어졌다.

　　1월 21일 밤 10시경 31명으로 구성된 북한의 무장 특공대가 서울 시내로 침입해 긴급 출동한 남한의 군경 병력과 교전을 벌였다. 북한 특공대는 서울 세검정에서 청운2동 쪽으로 가다가 임시검문소에서 비상근무 중이던 경찰관으로부터 검문을 받게 되자 수류탄을 던지면서 공격함으로써 교전이 벌어졌다. 이어 북한 특공대는 분산하여 파주와 고양 방면으로 도주했다. 대간첩작전

본부는 군과 경찰의 병력과 헬리콥터 등의 장비를 동원해 밤새 수색작전을 벌였다. 군경합동 부대는 1월 30일까지 27명을 사살하고 1명(이 사건의 유일한 생존자인 김신조)을 생포했다. 나머지 3명은 휴전선을 넘어 북한으로 돌아가는 데 성공한 것으로 추정된다. 그 과정에서 남한의 민간인 7명이 사망하고 국군 23명이 전사했다. 북한 특공대가 청와대에서 1킬로미터도 안 되는 지점까지 접근했다는 것은 충격적인 사실이었다.

박정희는 이 사건에 분개하여 북진보복까지 생각했다. 박정희는 이 사건이 일어난 날 밤 늦게 주한 미국대사 윌리엄 포터를 청와대로 불러 즉각 보복해야 한다면서 미국이 행동에 나설 것을 요구했다. 박정희는 흥분한 목소리로 "대사! 북한군 30명이 쳐들어와 나를 죽이려 했소"라고 말했다. 박정희는 "북한의 도발에 효과적으로 대응하지 못하고 끌려가기만 해서는 한국과 미국이 계속 당하게 될 것이오"라고 경고하고 "북을 공격해야겠소. 이틀이면 평양에 닿을 수 있다고 생각하오"라고 결의를 표명했다.

포터 대사는 "하시려거든 혼자 하십시오"라고 받아넘기고 청와대를 나왔으나 내심 몹시 걱정이 됐다. 실제로는 이때 한국은 북한을 공격할 역량을 갖추고 있지 못했다. 미국이 뭔가 대응책을 강구할 것이라는 한국 정부의 기대에도 불구하고 미국은 청와대 기습 시도 사건에 대해 아무런 대응조치도 취하지 않았을 뿐 아니라 오히려 박정희가 단독으로 보복에 나설 가능성을 경계하는 태도를 보였다.

북한 특공대가 청와대 기습을 시도한 1·21 사건이 일어난 지 이틀 뒤인 1월 23일에는 미국의 전자첩보함 푸에블로(Pueblo) 호가 승무원 83명과 함께 북한에 납치됐다. (푸에블로 호의 함장으로서 납북됐다가 풀려난 로이드 부처(Lloyd M. Bucher)는 1982년 10월 4일 한국에 와서 가진 기자회견에서 "당시 북한은 푸에블로 호를 1·21 사건에 대한 보복을 위해 공격하러 출동한 한국의 해군 함정으로 오인해 나포했으리라고 생각한다"고 말했다.)

미국은 승무원들의 석방을 위해 박정희 정권을 따돌리고 북한과 협상을 벌였다. 미국과 북한 사이에 비밀협상이 진행되고 있었던 1968년 2월 6일 정일권 국무총리가 포터 대사와 찰스 본스틸 주한미군 사령관 겸 유엔군 사령관을 불러 미국이 청와대 기습 시도 사건에 대한 대응을 우선적인 정책으로 다루지 않는 데 대해 항의하고 한국 정부는 자위권 행사도 불사할 것이라는 강경한 결의를 전달했다.

국회도 1·21 사건을 국가안전을 위협한 중대사건으로 평가하고 한국이 단독으로라도 단호한 대응조치를 취해야 한다는 결의안을 만장일치로 통과시켰다. 미국의 존슨 대통령은 한국 정부와 국회의 강경한 태도를 보고 2월 11일 국방부 차관 사이러스 밴스(나중에 카터 행정부에서 국무장관이 된다)를 특사로 한국에 파견해 한국 정부를 달래려고 했다. 밴스 특사가 존슨 대통령에게서 받은 지시는 간단했다.

"박이 북한을 공격하지 못하게 하라(Do what is necessary to stop Park from invading North Korea)."

미국 대통령 전용기를 타고 2월 12일 서울에 도착한 밴스 특사는 박정희에게 1억 달러의 군사원조를 추가로 제공하고 M16 소총 공장 건설을 약속했다. M16 소총 공장 건설은 박정희 정권이 1년간에 걸쳐 미국에 요구해온 것이었으나 미국은 시간만 끌고 있었다. 밴스를 통해 전달된 미국 정부의 이런 약속에 박정희도 많이 누그러져 "한국 단독으로 북을 공격하지는 않겠다"고 말했다. 미국 정부가 밴스 특사를 서둘러 한국에 파견해 그러한 약속을 한 것은 당시 한국이 베트남에 4만 명이 넘는 병력을 파견해 미국을 도와주고 있었던 것과 무관하지 않았다. 박정희 정권은 미국이 한국을 계속해서 무시한다면 베트남에 파견한 병력을 철수하겠다는 뜻을 미국에 시사했었다.

그러나 미국의 입장이 변한 것은 아니었다. 본스틸 사령관은 한국군의 독자적인 행동을 막기 위해 한국군에 대한 유류 공급을 일시 중단하는 등 견제조치를 취했다.

1968년은 휴전 이후 남북 간 무력충돌이 가장 심했던 해다. 휴전선에서 236건, 후방에서 120건 등 모두 356건의 남북 간 무력충돌이 일어났다. 이로 인해 북한군은 321명이 전사하고 63명이 포로로 잡혔고, 한국군과 미군은 162명이 전사하고 294명이 부상을 입었다. 한국의 민간인 사망자도 35명에 이르렀다.

북한은 1968년 10월 30일, 11월 1일, 11월 2일 세 차례에 걸쳐 120명 이상으로 추정되는 무장 게릴라를 울진삼척 지구에 침투시켰고, 이로 인해 한반도에 긴장이 고조됐다. 2개월간의 소탕작전 끝에 1968년 12월 28일 대간첩작전본부가 "울진삼척 지구 무장간첩 소탕작전 결과 간첩 110명을 사살하고 5명을 생포하고 2명은 자수하여 모두 117명을 소탕했다"고 발표했다.

그에 앞서 이 해 7월 20일 중앙정보부는 목포 앞 임자도(荏子島)를 거점으로 활동해온 간첩 27명을 구속해 검찰로 보냈다고 발표했다. 발표문에 따르면, 지하당 전남도책 정태홍(鄭泰洪, 정태묵이라고도 한다) 등 간첩단은 1962~1967년에 북한을 드나들며 1845만 원의 공작금을 받아 지하당을 조직하고 간첩활동을 했다. 45세인 정태홍은 전남 목포 출생이며 김대중의 목포상고 1년 선배였다. 그는 남로당원으로 활동하다가 국가보안법 위반죄로 징역 7년을 선고받고 복역하던 중 6·25 전쟁이 일어나자 탈옥했다. 그는 네 차례 북한에 드나들었고, 노동당에 입당했으며, 공작금 800만 원을 받아 지하당원 포섭 등의 활동을 했다고 중앙정보부는 발표했다. 정태홍 외에 최영길(崔永吉), 김종태(金鍾泰), 윤상수(尹相秀) 등이 간첩단의 조직원이었다. 이들은 이듬해 모두 사형됐다. 중앙정보부에 따르면 간첩단 구성원의 가까운 친척이 당국에 신고하여 이들을 적발하게 됐다고 한다. 그런데 적발된 간첩 중 최영길(崔永吉)이 김대중의 선거참모였으므로 김대중이 위기에 몰렸다.

중앙정보부장 김형욱은 김대중을 세종호텔로 불러 직접 만난 후 김대중에 대해서는 무혐의 처리했다. 훗날 김형욱은 회고록에서 이때 김대중과 만난 일을 다음과 같이 묘사했다.

나는 이른 점심을 하러 간다는 말을 남기고 열한 시경 사무실을 나섰다. 몇 분 안에 세종호텔에 도착하여 엘리베이터에 올라탔다. 중앙정보부가 특별조사를 위해 확보하고 있던 특수방 앞에 서서 방 번호를 확인하고 노크를 했다. 거기에는 이미 김대중이 와 있었다. 우리는 간단히 그리고 사무적으로 악수를 교환하였다.

"나, 김대중 의원과 단독으로 얘기 할 것이 있으니까 자네들은 나가 있도록."

나는 옆에 배석하고 있던 조사관들에게 명령하였다. 김대중은 매우 긴장해 있었다. 그는 내가 왜 그에게 점심식사를 같이 하자고 초대했는지를 잘 알고 있는 듯이 보였다.

"사실은 오늘 초대한 것은 점심식사를 하기 위한 것이 아니라 최영길에 대한 것을 몇 가지 다짐하고 넘어가야 할 것이 있어서입니다. 괜스리 중앙정보부로 호출을 하면 귀찮은 일이 생길 것이고 김 의원의 정치적 장래에 본의 아닌 흠도 생길 것 같아서."

"그 점 고맙게 생각합니다, 김 부장님."

"최영길로부터 무슨 이상한 낌새를 느낀 적은 없었습니까? 무슨 특별한 부탁이나 반정부 발언을 하도록 종용받았다거나."

"김 부장께서 잘 아시다시피 반정부 발언이라면 이 김대중이가 대한민국에서 두 번째 가라면 서러워할 만큼 많이 한 사람입니다. 구태여 최영길의 도움이 없었더라도 말입니다. 나도 정치가로서 대망을 가진 사나이오. 최영길이가 그따위 조직에 가담했다는 걸 사전에 알았다면 내가 그를 중용했다는 것이 될 법이나 한 일이겠습니까."

"그건 내가 아오. 그러길래 나도 김 의원을 다른 정치인과 달리 취급하고 있소.

하나 이번 문제가 된 임자도 사건은 북한이 한국 내 야당을 선동하려는 공작을 그 중심 목표의 하나로 하고 있소. 더구나 김 의원과 같이 인기 있는 진보적 야당 중진은 그들에게 매력적인 목표물이라는 것은 아셔야 할 것이오."

"알겠습니다. 그러나 그 논법대로 하자면 대한민국에서 야당 하는 사람은 죄다 그 사람들의 마수에 걸려들 수도 있다는 얘기가 되겠지요. 결과적으로 보아 내가 최영길을 선거참모로 썼다는 것은 불행한 일이었습니다. 김 부장께서 나까지 한사코 연루시키려 든다면 고생 좀 하게 되리라고 각오는 하고 있습니다."

"내가 김 의원을 연루시킬 것 같소?"

"그거야 김 부장께서 더 잘 아시겠지요. 한 가지만 더 말씀드리자면, 최영길이가 그런 지하당 조직에 관계됐다는 걸 내가 알았다면 그가 아무리 수완이 좋고 조직능력이 있다손 치더라도 나는 그를 선거참모로 쓰지 않았을 겁니다. 지금 대한민국의 대공 사찰망이 어떻습니까? 생각해보십시오. 누가 감히 김 부장의 어마어마한 정보망을 속이려 들겠소이까? 쓸데없는 위험을 감수하면서 말입니다."

"허허, 나를 은근히 비행기 태우시는군. 아무튼 나는 개인적으로 이 나라에 김 의원 같은 야당 정치인도 있어야 한다고 믿는 사람입니다. 장래가 촉망되는 야당 정치인에게 이만한 일로 결정적인 상처를 안겨주고 싶은 생각은 없소이다."

"감사합니다, 그 말씀."

"그러나 위치가 위치인 만큼 앞으로 사람을 쓰실 때는 각별히 조심을 하셔야 할 것이오. 김 의원의 대성을 기원합니다."

"고맙습니다. 그런 말씀을 다른 사람도 아니고 김형욱 정보부장으로부터 들으리라고는 생각지도 못했습니다."

"그럼 나는 떠나겠소. 곧 우리 조사관들이 간단한 질문을 할 터이니 최영길의 배후에 대해서는 방금 나에게 말씀하신 대로 그저 모른다고만 진술하시오. 그 사람들이 별 트집을 잡거나 무례를 범하지 않도록 내 얘기해두고 가리다."

"잘 알겠습니다. 고맙습니다, 김 부장님. 중앙정보부 최고사령탑 안에 나를 개인적으로 이해해주는 분이 있다는 것이 놀라울 뿐입니다."

나는 11시 40분경 거기를 떠났다.

《김형욱 회고록》 제3권, 아침출판사 1985, 245~246쪽

1967년 대통령 선거와 국회의원 선거에서 참패한 신민당은 1968년에 파벌 난립의 해를 보냈다. 윤보선도 박순천도 은퇴한 신민당은 유진오 총재를 중심으로 새출발했다.

1968년 5월에 열린 전당대회에서는 부총재 자리를 놓고 계보간 경쟁이 치열했다. 이때 김대중은 유진오—유진산 라인에 합류했다. 유진산 의원을 수석 부총재로 밀 테니 원내총무 자리를 보장하라는 것이 김대중의 합류조건이었다. 유진오와 유진산 진영은 이 조건을 보장하기 위해 당헌까지 고쳐 원내총무 선출절차를 변경했다. 이에 따라 의원총회에서 직접 선출하게 돼있던 원내총무가 총재의 지명을 받아 의원총회에서 투표로 인준받는 자리가 됐다.

전당대회 후 유진오 총재는 새 원내총무로 김대중을 지명하기 위해 의원총회에서 인준할 가능성을 타진했는데 의원들이 거부반응을 보였다. 김대중은 의정활동은 활발히 했으나 동료 의원들의 신뢰는 얻지 못한 것이었다. 그래서 유진오 총재가 김대중 대신 5선의 정성태 의원(광주시 갑구)을 원내총무로 지명할 뜻을 비치자 김대중이 반발했다. 김대중은 유진산 수석 부총재를 찾아가 약속을 지키라고 요구했고, 유진산은 유진오 총재에게 압력을 가했다. 결국 유진오 총재는 김대중을 원내총무로 지명했다.

6월 5일 신민당 의원총회에서 원내총무 인준투표 결과는 찬성 16표, 반대 23표, 기권 2표로 나와 찬성표가 과반수에 미달해 인준안이 부결됐다. 김대중에 대한 신민당 의원들의 인준 거부는 유진오 총재에게도 타격이었지만 김대중에게는 더 큰 타격이었다.

　　유진오 총재는 며칠 뒤 구 민주당 구파 계열이지만 숭법석인 성성태 의원을 원내총무로 지명해 가까스로 의원총회의 인준을 받았다. 만약 정성태 의원이 원내총무 직을 잘 수행했더라면 위계질서와 선후배 관계를 유별나게 중시했던 야당의 보수적 질서가 더 오래 유지됐을지도 모른다. 그러나 정성태 원내총무는 효과적인 원내전략 구사와 의원 통솔에 실패해 11월 스스로 원내총무 직을 사임했다. 이에 김영삼 의원이 다시 원내총무가 됐다.

　　1969년에 3선개헌으로 정국이 들끓었다. 박정희 정권은 대통령의 3선을 가능하게 하기 위한 개헌을 추진했다. 공화당은 ① 대통령의 3선 연임 허용 ② 대통령에 대한 탄핵소추 의결요건 강화 ③ 국회의원의 국무총리 및 국무위원 겸직 허용을 주요 내용으로 한 개헌안을 내놓았다. 그러나 여론이 3선개헌에 극히 부정적이었고 야당뿐 아니라 공화당 안에서도 공개적으로 반대 입장을 밝힌 의원이 40명이 넘어 개헌안이 국회에서 통과되기 어려웠다.

　　박정희 정권은 이 개헌안을 통과시키기기 위해 안간힘을 다했고, 중앙정보부가 개헌안 통과를 위한 공작정치에 앞장섰다. 박정희 정권은 결국 3선개헌에 반대하던 공화당 의원들의 대부분을 찬성 입장으로 돌려놓고 성낙현 등 신민당 의원 3명까지 매수해 122명으로부터 개헌 지지 서명을 받아냈다(공화당에서는 정구영, 예춘호, 양순직 의원 등이 끝까지 반대했다).

　　신민당은 유진오 총재와 김영삼 원내총무를 중심으로 3선개헌 반대 투쟁을 전개했다. 신민당은 6월 5일 '3선개헌 반대 범국민투쟁위원회'를 조직했고, 대학가에서도 연일 개헌반대 시위가 일어났다. 신민당 소속 의원 3명이 개헌에 찬성하는 성명을 내자 신민당은 이들의 의원직을 박탈하기 위해 당을 해산했다가 재창당하는 극단적인 조치를 취하기까지 했다.

　　7월 25일 박정희 대통령이 "개헌안이 국민투표에서 부결되면 나와 정부는 즉각 퇴진하겠다"고 선언했다. 이어 8월 7일 공화당이 개헌안을 국회에 제안했다.

국회에 제안된 모든 법률안은 본회의에 보고되고 정식 발의되는 절차를 거쳐야 했다. 신민당은 발의 단계에서부터 개헌안을 봉쇄한다는 원내전략을 세우고, 국회가 소집되자마자 본회의 단상을 점거했다. 국회의장 이효상은 개헌안의 본회의 보고를 생략하고 곧장 정부에 '제안된 개헌안의 공고 요청'을 직송했다. 이에 따라 정부는 즉시 개헌안을 공고했다. 개헌안은 공고기간 만료 직후인 9월 9일 정기국회 본회의에 상정됐다.

9월 14일 일요일 새벽 2시 개헌에 찬성하는 의원들이 국회 본회의장에서 점거농성을 벌이고 있는 신민당 의원들을 피해 국회 제3별관에 몰래 모여 찬성 122표, 반대 0표로 개헌안을 변칙 통과시켰다. 이어 개헌에 대한 국민투표를 앞두고 공화당과 신민당이 전국적으로 치열한 찬반 유세를 벌였다. 10월 17일 실시된 국민투표에서 77.1% 투표율에 찬성률 65.1%로 개헌안이 확정됐다.

박정희를 옹호하는 이들은 3선개헌이 단순히 그의 장기집권 욕구를 충족시키기 위해서만 추진된 것은 아니었다고 주장한다. 1971년으로 예정된 박정희 대통령의 임기 만료 이전에 국가발전 계획의 실행이 완성될 수 없었기 때문에 박정희가 그것을 완성하기 위해 집권기간의 연장을 도모했다는 것이다.

1969년에는 북한의 도발도 계속됐다. 특히 이 해 4월 15일에는 미국의 EC—121 정찰기가 동해의 공해상에서 북한 미그 전투기의 공격에 의해 격추되어 승무원 31명이 전원 사망하는 사건이 일어났다. 닉슨 미국 대통령이 크게 흥분했으나 미국이 베트남에 발이 묶인 상황이었으므로 동해에서 미국 해군이 무력시위를 벌이는 것 이상의 조치를 취하지 못했다. 미국 정부의 이런 미지근한 태도에 박정희 정권은 불만스러워했다. 미국 정부가 북한에 대한 보복을 거절하자 박정희는 닉슨 행정부의 강력한 안보공약에도 불구하고 미국을 더욱 불신하게 됐다.

7월 25일 닉슨 대통령이 괌(Guam)에서 기자회견을 갖고 이른바 '닉슨 독트린(Nixon Doctrine)'을 발표했다. "아시아 각국은 내란이 발생하거나 침략을 받는 경우에 스스로 문제를 해결해야 한다"는 내용이었다. 이는 안보에 대한 박정희 정권의 불안감을 더욱 증폭시켰다.

12월 11일에는 강릉에서 서울로 비행하던 KAL 여객기가 납북됐다. 이때 승객 47명과 승무원 4명 등 모두 51명이 납북됐고, 1970년 2월에 이들 가운데 39명만 귀환했다.

2부

유신체제

1971년 대통령 선거

신민당은 3선개헌 저지 투쟁에 실패하고 유력한 대통령 후보감으로 꼽히던 유진오 총재가 건강이 나빠져 병상에 눕게 되어 진로를 새로이 모색해야 했다. 신민당은 1970년 1월 26일 당 총재와 대통령 후보를 동시에 선출하는 전당대회를 열기로 했다.

유진오 총재의 퇴장으로 유진산(柳珍山) 시대가 열릴 것 같았다. 유진산은 수석 부총재인데다 당내 제1파벌의 보스이자 정치력에서 단연 1인자였다. 그러나 그는 권모술수에 능하다는 이미지 때문에 대통령 후보가 된다 해도 대통령 선거에서 박정희를 이길 가능성이 낮아 보였다. 다시 말해 박정희 정권의 입장에서 야당의 대통령 후보가 되기를 바랄 만한 인물이 바로 그였다.

3선개헌이 국민투표로 확정된 지 20여 일이 지난 1969년 11월 8일 김영삼 신민당 원내총무가 '40대 기수론'을 제창하고 나서면서 세대교체 여론을 조성하기 시작했다. 그는 성명을 통해 다음과 같이 밝혔다.

우리 야당은 빈사상태에서 헤매는 민주주의를 회생시키는 데 새로운 결의와 각오를 다지고 앞장서야 할 사명 앞에 서 있다. 이 중대하고 심각한 사명의 대열

에서 깊은 의무감과 결단, 그리고 벅찬 희생을 각오하면서 1971년 선거에 신민
당의 대통령 후보로 나설 결의를 당원과 국민 앞에 밝힌다.

김영삼이 이 성명을 발표한 것은 수원의 빈센트 병원에 입원 중인 유진오
총재에게만 사전에 알리고 전격적으로 한 행동이었다. 김영삼은 신민당의 3선
개헌 반대투쟁을 잘 이끌었다는 평가를 들으며 차세대 지도자로 부각되고 있
었다. 그러나 아직 그의 세력은 미약했고, 노장층은 모두 다 그에 대해 냉소적
인 반응을 보였다.

김영삼에게 강한 역풍이 몰아쳤다. 유진산은 '구상유취(口尙乳臭)'라는
표현을 써가며 반박했다. 유진산은 자파 당원들에게 김영삼의 대통령 후보 지
명 운동에 동조하지 말라고 하면서 그들을 단속했고, 이재형(李載瀅) 부총재와
정일형(鄭一亨) 부총재를 비롯해 다른 파벌의 노장층은 이 문제에 관한 한 연
합전선을 폈다. 김영삼을 지지하는 의원은 노장층에서는 5선의 서범석(徐範
錫) 의원 한 명 정도였고, 소장층에서도 조윤형 등 몇몇 의원뿐이었다.

노장층의 공격이 예상보다 훨씬 강하자 김영삼은 김대중에게 협조를 구
했다. 조윤형이 김대중을 찾아가 만났다. 조윤형은 "우리 야당의 활로를 트기
위해서는 침체의 요인인 보수의 벽을 허물어야 한다. 그러기 위해 김대중 씨도
김영삼 씨와 함께 후보경쟁 선언을 해서 40대 후보를 쟁취하는 공동전선을 펴
는 것이 필요하다"고 제안했다.

이에 대해 김대중은 아직은 당내 형편이 40대 기수론을 소화할 수 있을 만
큼 성숙되지 않았고, 자신의 목표는 1975년 대통령 선거에 있다면서 대통령 후
보 경쟁에 합류하기를 거부했다. 조윤형은 "1971년 대통령 선거에 나설 계획
이 없더라도 40대의 도전은 개인의 이해타산을 떠나 젊은 우리가 함께 쟁취해
야 할 고지(高地)"라고 역설하고 어떤 형태로든 협조해줄 것을 요청했으나 김
대중은 "시간을 두고 연구하자"는 말로 거절했다. 김영삼의 40대 기수론은 처

음에는 당 내에서 환영을 받기는커녕 이처럼 외면을 당했다.

그러나 당내 기류를 예의주시하던 김대중이 시간이 지날수록 40대 기수론에 호응하는 분위기가 형성되는 것을 보고 태도를 바꾸었다. 김대중은 전당대회가 열리기 이틀 전인 1970년 1월 24일 뉴서울 호텔에서 기자회견을 갖고 대통령 후보 지명전에 나설 용의가 있다는 뜻을 밝혔다.

1월 26일로 예정된 전당대회에서 신민당은 당 총재와 대통령 후보를 동시에 지명하기로 돼있었다. 그러나 전당대회가 열리기 직전에 대통령 후보 선출은 6월로 미루고 이번에는 총재만 선출한다는 당내 합의가 이루어졌다.

총재 경선에 노장층에서 유진산, 이재형, 정일형이 후보로 나섰다. 이재형은 윤보선의 지지를 받았고, 정일형은 김대중의 지원을 받았다. 윤보선은 비주류의 반유진산 연합을 형성하는 데 앞장섰다. 이에 대항해 유진산은 재야세력 포섭에 나섰다. 전당대회 며칠 전에 이재학(李在鶴)을 비롯한 구자유당계가 신민당에 흡수됐고, 이철승을 비롯한 민주계 22명과 진보당 간사장이었던 윤길중(尹吉重)을 비롯한 혁신계 10명이 입당했다.

비주류는 연합전선을 형성해서 1차 투표에서는 이재형과 정일형 두 의원이 경쟁하되 2차 투표에서는 1차 투표에서 표를 적게 받은 쪽이 물러나 표를 많이 받은 쪽을 지원하기로 합의했다.

1월 26일 전당대회에서 실시된 총재 경선의 1차 투표 결과는 유진산 286표, 이재형 192표, 정일형 125표, 무효 3표로 나왔다. 과반수 득표자가 없으므로 당헌에 따라 2차 투표를 하게 됐다. 정일형은 신상발언을 통해 경쟁에서 물러난다고 선언하고 이재형을 지지한다는 뜻을 밝혔다. 그러나 2차 투표 결과가 유진산 327표, 이재형 276표, 무효 3표로 나와 과반수 득표자인 유진산이 총재로 당선됐다. 이는 정일형 지지표 중 3분의 1이 유진산 쪽으로 이탈한 탓이었고, 이로써 반유진산 연합은 패배했다. 막후협상에 능하기로 이름난 유진산이 그런 자신의 실력을 발휘해 총재가 된 것이었다.

신민당이 전당대회를 치른 지 얼마 지나지 않은 1970년 2월 12일 이철승도 대통령 후보 경선에 나서겠다고 선언했다. 이제는 김영삼과 김대중 외에 이철승까지 가세해 40대 세 명이 젊음을 내세우며, 대통령 후보를 노리는 유진산 총재를 압박하기 시작했다. 신민당은 대통령 후보 지명을 위한 전당대회를 1970년 6월에서 더 연기해 9월 29일에 열기로 결정했다.

40대 기수론이 당 안팎에서 큰 호응을 얻자 유진산 총재는 3월 10일 기자회견을 갖고 자신은 절대로 대통령 후보에 나서지 않겠다고 말했다. 그 뒤로도 유진산은 기자회견이나 당 공식기구를 통해 여러 차례 불출마 의사를 표명했다.

40대 기수를 자처하는 세 사람은 김영삼의 제의로 7월 23일 인천 올림포스 호텔에서 만나 선의의 경쟁을 다짐하는 각서를 교환했다. 그 내용은 우선 세 사람 사이에 자율적으로 후보 단일화를 이루기 위해 노력하고, 단일화에 실패하면 지명대회에서 선의의 경쟁을 하며, 1차 투표에서 과반수에 미달할 때에는 세 사람 가운데 1위 득표자에게 표를 몰아준다는 것이었다.

한편 당에서는 유진산이 지명한 사람들로 '대통령후보 조정 12인 대책위원회'가 구성되어 노장층에서 대통령 후보를 물색하는 작업에 나섰다. 이 위원회는 1963년과 1967년의 대선 때처럼 이범석, 백낙준, 허정, 이인 등 정계 원로들과 접촉했으나 이들은 표 대결을 거부하고 추대받기를 원했다. 결국 노장층에서 후보를 옹립하기 위한 노력은 실패로 돌아갔다.

8월 3일 유진산은 베트남, 대만, 일본 3개국을 야당 총재의 자격으로 순방했다. 유진산은 3개국 행정수반과 회담했고, 현지 한국 대사관으로부터 극진한 대접을 받았다. 이것은 박정희 정권이 유진산의 입지를 강화시켜주는 게 좋겠다는 계산 아래 이루어진 일이었다.

8월 27일 유진산은 지도위원회에서 "후보에 나서지 않겠다고 공언했다고 해서 후보가 될 수 없는 것은 아니며, 정치는 유동적이므로 당에서 십자가를 메라고 하면 당명에 따르겠다"고 말했다.

8월 29일 청와대에서 박정희와 유진산이 만나 여야 영수회담을 가졌다. 박정희와 박순천이 만난 이후 5년만의 여야 영수회담이었다. 배석자 없이 3시간 동안 진행된 이 회담의 내용에 대해 확실하게 알게 해주는 증언이나 기록은 없다.

9월 1일 유진산 총재는 정무회의에서 "몇 달 전에 한 불출마 선언을 상황이 달라진 지금에 와서도 계속 지켜야 한다는 것은 납득할 수 없다"면서 "그렇지만 지명대회에서 만장일치로 추대되는 경우에 수락을 할 것인지에 대한 결심은 아직 서 있지 않다"고 말했다. 갈피를 잡을 수 없는 발언이었다. 그러나 유진산의 직계인 이민우(李敏雨, 1985년에 신민당 총재가 되어 2·12 총선을 이끌게 된다), 김의택 등이 유진산에게 출마할 뜻이 있다고 생각하고 후보추대위원회를 구성하면서 조직단속에 나섰다.

여야 영수회담을 전후해 유진산이 보여준 움직임은 그 영수회담의 목적과 내용이 무엇이었는지를 짐작하게 해준다. 안보와 국내정치의 두 측면에서 당시 상황을 종합적으로 돌아보면 여야 영수회담이 열려야 할 필요성은 충분히 있었다.

1970년 7월 5일 윌리엄 로저스(William Rogers) 미국 국무장관은 베트남의 사이공에서 열린 7개 참전국 회의에서 한국의 최규하 외무장관에게 '주한미군 2만 명 철수' 방침을 통고했다. 8월 24일에는 스피로 애그뉴 미국 부통령이 주한미군 철수 문제를 상의하기 위해 특사 자격으로 방한했다. 애그뉴는 25일과 26일 두 차례에 걸쳐 박정희와 회담했다. 애그뉴는 주한미군을 2만 명 이상 철수하지는 않겠다고 확약했다. 그러나 그는 대만으로 가는 비행기 안에서는 미국 기자들에게 "한국군의 현대화가 완전히 이루어지면, 아마도 앞으로 5년 이내가 되겠지만, 주한미군을 완전히 철수할 것"이라고 폭탄선언을 했다. 이 말을 전해들은 박정희는 "미국의 방심에 일희일비하는 처지를 빨리 넘어서야 한다. 자주국방만이 우리가 살 길"이라고 말한 것으로 알려졌다.

전해인 1969년 가을에 3선개헌안이 국회에서 변칙으로 통과됨으로써 세 번째로 대통령 선거에 출마할 수 있게 된 박정희는 다음해인 1971년의 대통령 선거를 준비해야 하는 입장이었다. 한편 신민당은 대통령 후보 경선을 위한 9월 임시 전당대회를 꼭 한 달 앞두고 있었다. 이런 시점에 열린 여야 영수회담의 진정한 목적이 과연 무엇이었느냐는 의문이 제기될 수 있다. 당시에 초미의 관심사였던 '야당 대통령 후보로 누가 선출될 것인가'와 관련이 있는 논의가 이루어졌을 가능성이 높다.

유진산 총재와 40대 기수 세 사람 가운데 누가 야당 대통령 후보가 되느냐에 따라 1971년으로 예정된 7대 대통령 선거의 판도가 정해지게 되므로 박정희의 입장에서도 이 문제에 관심을 갖지 않을 수 없었다. 박정희는 가장 상대하기 쉬운 사람이 야당 대통령 후보가 되기를 바랐고, 막후공작을 통해 실제로 그렇게 되게 하려고 했다.

9월 19일 공화당과 정부가 대통령 선거에 대비한 기본전략을 마련하기 위해 당정 연석회의를 가졌다. 이 회의에서 당정은 박정희의 지시대로 '전국적으로 골고루 이기는' 선거결과를 실현하기 위한 기본전략을 마련했다. 신민당의 대통령 후보가 선출되기 10일 전의 일이었다.

경쟁상대 후보가 결정돼야 선거전략을 수립할 수 있는데도 공화당이 이처럼 일찌감치 기본전략을 수립할 수 있었던 것은 당시에 이미 박정희와 당정이 경쟁상대 후보를 예상하고 있었음을 의미한다. 더욱이 '골고루 전국에서 이기는' 선거전략을 거론한 것은 충청도 출신인 유진산 총재를 신민당의 대통령 후보로 생각했기 때문이라고 할 수 있다. 그러나 유진산은 대통령 후보 경선에서 완전히 사퇴했고, 이에 따라 박정희 정권의 선거전략은 빗나갔다. 박정희 정권이 그 다음으로 대통령 선거 경쟁상대로 선호한 야당 정치인은 누구였을까?

"당시 권력층에서는 오히려 김대중 씨보다 김영삼 씨가 더 어려운 상대라고 판단한 것 같아요. 김영삼 씨를 지원하기로 약속했다는 당 지도층 이재형 씨 집에는 지명대회를 앞두고 중앙정보부장이 몇 차례 방문한 일도 있었습니다. 그래서 신민당의 대통령 후보 지명에는 고위 권력층이 개입했다는 얘기도 있었지요."

이는 김영삼을 지지했던 조윤형 의원이 나중에 한 증언이다. 당시 중앙정보부장이었던 김계원도 훗날 신민당의 대통령 후보 선출 과정에 중앙정보부의 공작이 있었음을 인정했다. 유진산 총재와 동남아 여행을 같이 했던 김수한 의원(김영삼 정권에서 국회의장 역임)도 "당시 권력층에서는 공화당 후보 박정희와 같은 영남 출신의 김영삼이 야당 후보로 나서는 것은 자신들에게 불리하다고 판단하고 있었던 것 같다"고 증언했다.

박정희와 지역기반이 겹치는 김영삼을 박정희가 기피했을 가능성은 크지만, 실제로 그랬는지는 단언할 수 없다. 박정희가 김영삼과 김대중 가운데 누구를 상대로 하고 싶었는지는 분명하지 않다. 어쨌든 신민당의 대통령 후보 지명대회가 열리기 직전까지 40대 기수들 사이에 경쟁이 치열하게 펼쳐졌다.

9월 25일 유진산 총재는 이철승, 김영삼, 김대중을 자택으로 불러 "내가 출마하지 않을 테니 그 대신 나에게 후보 지명을 일임해달라"고 제의했다. 유진산으로부터 별도로 후보 지명에 관한 언질을 받은 바 있는 이철승과 김영삼은 그의 제의를 받아들였다. 그러나 김대중은 지지자들과 상의할 시간을 달라고 하더니 '6인 지명단'에 추천권을 위임하겠다는 대안을 냄으로써 사실상 유진산 총재의 제안을 거부했다. 이에 따라 9월 27일 김영삼과 이철승만 유진산 총재를 그랜드 호텔에서 만나 그가 내민 서약서에 서명했다.

서약서

신민당 대통령 후보 경합에 있어 나는 후보 제1추천권을 유 당수에게 맡기고 당수가 두 사람 중의 한 사람을 추천했을 경우에는 나를 지지하는 대의원들과 함께 일체의 난동이나 반란을 하지 않고 당수의 추천에 승복하여 지명대회와 대통령 선거에서 성의를 다할 것을 인격과 신뢰를 걸고 당과 국민에게 서약합니다.

유진산이 누구를 지명할 것인가에 대한 추측과 소문이 난무했다. 유진산은 김영삼과도, 이철승과도 깊은 인연이 있었다. 유진산은 본명이 유영필(柳永弼)로, 전라북도 금산 출신이었다(금산은 나중에 행정구획 조정으로 충청남도에 속하게 된다). 그는 자신이 살던 진산면(珍山面)의 지명을 따 유진산으로 개명했고, 자신이 살던 마을의 이름을 따 '옥계(玉溪)'라는 호를 사용했다. 이철승의 부친은 유진산의 부친과 여수 돌산에서 동업으로 금광업을 했었다. 유진산은 이철승의 숙부 이석주와도 절친한 사이로, 한국전쟁 때 이석주의 집에 피신한 적이 있고 이철승의 정치스승이 되기로 그와 약속한 관계이기도 했다. 이런 인연 때문에 유진산이 이철승을 후보로 추천할 것이라는 소문이 나돌았다.

그러나 신민당 내부 사정을 잘 아는 사람들은 그런 소문을 믿지 않았다. 이철승은 1954년에 3대 국회에 진출했다. 그 뒤인 1955년 9월 19일 민국당을 중심으로 야권의 여러 정파들이 모여 민주당 창당대회를 열었다. 이때 이철승은 장면 중심의 신참 무소속 그룹인 신파의 일원이었다. 민주당 내부에서 구파와 신파의 갈등은 치열했다. 신익희와 조병옥이 없었다면 일찌감치 쪼개질 당이었다. 이철승은 구파의 조직참모인 유진산을 무자비하게 공격했다.

반면에 유진산과 같은 민주당 구파 출신이며 20년 이상 같은 배를 탄 김영삼 원내총무는 유진산에게 무난한 선택이었다. 9월 28일 유진산은 중앙상무위원회에서 "나는 당수로서 김영삼 의원을 신민당 대통령 후보로 여러분 앞에 추천한다"고 밝혔다.

이로써 대통령 후보 문제는 모든 것이 다 결정된 것처럼 보였다. 유진산은 당내 대의원 가운데 5분의 2를 거느리고 있었고, 서약에 따라 이철승은 김영삼을 지지하게 돼있었다. 비주류 측에서도 속속 김영삼에 대한 지지를 약속하며 당직배분 쪽으로 관심을 돌렸다. 전당대회는 요식행위에 불과한 것처럼 보였다. 언론매체도 신민당의 대통령 후보 경선에서 김영삼이 당연히 승리할 것으로 보았다.

그러나 김대중은 포기하지 않았다. 김대중의 심복인 김상현(金相賢) 의원이 일선에서 발 벗고 뛰기 시작했다. 김대중 진영은 퇴계로에 있는 금수장 호텔에 진을 쳤다. 계산해본 결과 대의원 900표 중에서 김대중을 지지할 표는 242표에 지나지 않았다. 김대중의 참모들은 이철승을 찾아가 전라도라는 지연을 거론하며 김대중에 대한 지지를 부탁했다. 그러나 이철승은 "정치선배, 고향선배를 몰라보는 김대중을 지원할 수 없다"고 일축했다.

김대중은 청진동 일대의 여러 여관에 나뉘어 투숙 중인 대의원들을 찾아다니며 지지를 호소했다. 지방에서 올라온 대의원들은 계보별로 표 이탈을 막기 위해 집단투숙을 하고 있었고, 다른 계보의 요원이 침투하는 것을 막으려고 파수꾼까지 세워두었다. 그러나 김대중은 서슴없이 적진에 뛰어들어 큰절까지 올리며 지지를 호소했다.

김대중은 이미 그 전 8개월 동안 전국의 지구당을 누비며 대의원들을 설득했다. 이러한 강행군으로 그는 자기 조직의 밑바닥을 다졌다. 민주당 신파였던 김대중은 민주당 구파가 주도권을 잡은 신민당에서 비주류에 속했다. 김대중은 신파의 원로인 정일형과 박순천의 지지를 받고 있었으나 열세를 면할 수는 없었다. 열세를 만회하기 위해 김대중은 당의 하부조직을 파고드는 데 온힘을 기울였다.

김대중은 9월 28일 밤에 〈동아방송〉의 김모 기자를 만나 두 가지를 부탁했다. 그 기자는 야당가의 움직임을 잘 아는 사람이었다.

"김형, 난생 처음 부탁이오. 지금 고흥문 사무총장이 엄청난 돈을 풀고 있다는 정보가 있는데 이 시간부터 돈을 쓰지 말길 바란다는 내 말을 전해주시오. 또 김의택 전당대회 의장에게 내일 아침 당헌 개정안이 상정되면 우리 쪽 개정안에 손을 들어달라고 전해주시오."

전당대회 당일인 9월 29일 아침에 김대중은 수백 명의 지지자들을 동원해 대회장인 시민회관의 입구에 배치했다. 그들은 김대중의 사진을 붙인 피켓을 들고 서서 입장하는 대의원들에게 김대중을 지지해줄 것을 호소했다. 피켓에는 '김대중 동지를 대통령 후보로!' '승리의 기수 김대중 동지 만세!' 등의 구호도 적혀 있었다.

이철승은 투표 직전에 신상발언을 통해 서약에 따라 김영삼을 지지하는 선언을 할 예정이었다. 그러나 신상발언은 봉쇄됐다(이것을 정치공작의 결과로 보는 견해도 있다). 격분한 이철승계 대의원들은 모두 백지투표를 했다.

투표결과는 김영삼 421표, 김대중 382표, 무효 84표였다. 무효표 중 78표는 이철승계의 백지투표였다. 1위인 김영삼의 득표수가 과반수인 443표에서 22표가 모자랐다. 계보간 세력분포로 단순계산을 하면 대의원의 40%를 차지하는 유진산계와 두 번째로 대의원이 많은 이재형계의 약속이 있었고 서약에 따라 이철승계도 김영삼을 지원하게 돼있었으니 김영삼이 대의원 중 3분의 2의 지지를 얻어 승리해야 했지만, 투표결과가 그렇게 나오지 않은 것이었다. 유진산계와 이재형계에서 상당수 대의원이 이탈한데다가 이철승계마저 백지투표를 했기 때문이었다. 개표한 결과 과반수 득표자가 없자 40분간 휴회가 선포됐다.

무효표 만들기를 주도한 이철승계 조직참모 조연하(趙淵夏)는 자파 대의원들을 한데 모아놓고 "우리가 끝까지 캐스팅 보트를 쥐기 위해서는 굳게 결속해야 한다"고 강조했다. 이때 김대중은 자신의 득표수가 과반수에서 61표가 모자랐으므로 이철승계의 백지투표 78표만 끌어오면 2차 투표에서 역전승을 거둘 수 있다고 계산했다. 김대중은 조연하와 직접 만나 협상했다.

김대중: 조 선배님, 저는 선배님과 고향도 같으려니와 선배님의 도움으로 신민당 생활을 시작하지 않았습니까. 더욱이 김영삼은 경상도 출신입니다. 저를 밀어주십시오.

조연하: 이 조직표는 소석(素石, 이철승의 호)이 다져놓은 기반이오. 소석의 앞날을 위해 무엇을 약속하겠소?

김대중: 선배님, 무엇이든지 요구하시는 대로 각서를 쓰겠습니다.

조연하: 정치인에게 있어 위상이란 자신의 지위로 말하게 됩니다. 오늘 이 자리에서 대통령후보 지명을 받게 된 사람은 경륜에 관계없이 실질적인 야당의 제일인자가 되고 맙니다. 그렇지 않소?

김대중: 대통령 후보라 해서 어떻게….

조연하: 거두절미하고 소석을 위해 어떻게 하겠소?

김대중: 앞으로 전당대회의 총재 경합은 물론 다음 대권경쟁이 있을 시 그에게 모든 것을 양보하겠습니다.

김대중은 명함에 이 같은 내용을 써서 서명을 하고 조연하에게 건넸다. 조연하는 이 각서를 받고 자파 대의원들의 동의를 얻어 2차 투표에서 김대중을 밀기로 결정했다. 이철승은 2차 투표에 참석하지 않고 혼자 대회장을 빠져나갔다. 이철승계 대의원들은 대부분 이탈하지 않고 김대중에게 표를 던졌다(백지투표 78표 중 76표가 2차 투표에서는 김대중에게 갔다).

이어 김대중은 신민당의 제2계보 수장인 이재형과도 밀약을 맺었다. 다음

번 총재 경합에서 이재형을 밀기로 약속한 것이다.

김영삼 진영은 당황했다. 사전에 확인해본 바로는 1차 투표에서 과반수 득표를 해야 했는데 결과가 그렇게 되지 못했기 때문이었다. 김영삼 진영은 각 계보 보스들에게 약속이행을 촉구했다. 그러나 이재형은 계보 대의원들에게 "1차 투표 때처럼 그냥 방치하라"고 지시했다(이재형은 1970년 11월에 총재 경선에 나섰으나 김대중이 유진산을 지지한 탓에 패했다. 그는 1971년 초에 신민당과 김대중을 극렬히 비난하면서 탈당했다. 1980년에는 민정당 창당 발기위원장이 됐고, 이어 당 대표를 역임했다).

2차 투표가 시작됐다. 투표가 진행되는 도중에 불길한 예감이 든 조윤형은 김영삼을 로비로 불러내어 이렇게 말했다. "형님, 2차에서 아무래도 역전될 것 같아요. 나이 많은 사람들에게 속은 것은 분하지만 우리가 어리석었던 것으로 해둡시다. 형님만이라도 약속은 지켜야지요."

2차 투표 결과는 김대중 458표, 김영삼은 1차 때보다 줄어든 410표, 기타 18표로 나왔다. 김대중이 12표가 남는 과반수 득표를 해서 대통령 후보로 선출됐다. 김대중의 승리가 선포되자 대회장에서 환호하는 소리와 탄식하는 소리가 엇갈렸다. 유진산은 옆에 있는 조직참모 이민우에게 말했다. "우리 놀래미 회 먹는 셈치고 김대중을 밀어줍시다." 김대중이 연단에 올라가 후보수락 연설을 했다.

지명대회에서 투표를 한다 할 것 같으면 커다란 혼란이 야기될 것이라고 걱정하던 당 내외의 모든 걱정은 한낱 기우에 불과했습니다. 내가 당수의 추천에 대해 승복하지 않고 끝까지 표결을 주장한 것은 결코 당을 아끼지 않거나 당수를 존경하지 않아서가 아닙니다. 자기 소신을 관철하는 자식이 장래 발전성이 있듯이, 우리가 선배 당수의 말씀을 충분히 존중하고 존경하지만, 자기의 소신이 자기의 신념이라고 생각할 때는 당헌과 당규에 위배되지 않는 한 한번 자기의 소신을 관철하는 그러한 정도의 신념이 없어 가지고는 어떻게 해서 명년에 박정희 정권과 싸워서 승리할 수 있겠느냐, 나는 이렇게 생각하는 것입니다.

갈채와 함성이 진동했다. 이어 김영삼의 연설이 있었다. 그는 전날 그토록 공들여 작성한 후보수락 연설문을 구겨 버리고 즉석연설을 했다.

김대중 씨의 승리는 신민당의 승리이며 나의 승리입니다. 김대중 씨의 당선을 위해 제주도에서 거제도로, 거제도에서 무주구천동으로 전국 방방곡곡을 누비겠습니다.

김영삼은 이날 밤 선거참모본부에 돌아와 통곡하는 참모들을 달랜 후 상도동 자택으로 귀가해 눈물을 흘렸지만, 다음해 대통령 선거전에서 실제로 김대중 후보를 위한 지원유세에 나섬으로써 자신이 한 말을 지켰다. 이날 밤 김대중은 늦게까지 사무실에서 조연하와 자리를 같이 했다. 김대중은 "조 선배의 은공을 자손 대대로 잊지 않겠습니다"라고 말하며 감사했다.

이 예상외의 결과를 사전에 장담한 사람이 있었다. 신민당 안에서 '정보부장'이라는 별명을 얻을 정도로 정부와 여당 내부의 정보에 밝은 박병배 의원이었다. 박병배는 전당대회 전날 밤, 그러니까 김영삼계와 김대중계가 마지막 표 점검을 하느라 바쁘게 돌아가고 있던 시간에 김대중이 대통령 후보에 지명되리라고 호언장담하며 출입기자들에게 내기를 하자고까지 했다. 지명대회 당일 석간인 〈경향신문〉이 1면 톱으로 '김영삼 대통령 후보 지명'이라는 오보를 내기까지 한 상황에서 그가 유독 정확하게 김대중이 대통령 후보로 선출될 것을 예상한 이유는 무엇이었을까?

김영삼의 예상치 못한 패배에는 여러 가지 이유가 있었다. 이재형계와 이철승계가 김대중과 배후거래를 했을 뿐 아니라 유진산계도 상당수 이탈했다.

유진산계 중신들은 사보타주를 했다고 말할 수 있을 정도로 김영삼을 지원하는 데 소극적이었다. 유진산의 1급 참모이면서도 40대 기수론을 적극적으로 지지한 중진의원 고흥문 사무총장은 나중에 다음과 같이 증언했다.

유진산 당수의 김영삼 씨 추천이 발표된 후 견지동 사무실(유진산계의 사무실)에 들렀더니 모두 픽픽 웃더군. 일단 경쟁에 들어섰으니 이기도록 힘을 써야 될 것 아니오. 당시 김영삼 씨 개인으로는 조직과 자금도 아주 미비했지. 막바지 득표운동을 일원화하기 위해 김영삼 씨한테 사람과 자금을 보내달라고 했더니 김동영 씨 한 사람만 터덜터덜 왔어요. 자금도 없어서 유 당수와 내가 오백만 원씩 갹출했지. 그런데 그 돈마저 전당대회 전에 다 쓰지를 못했다니까.

게다가 우연이라고 하기에는 공교로운 일로 김영삼은 대회 전날(28일) 귀중한 시간을 허비했다. 김영삼 의원은 후보수락 연설문 내용을 협의하러 유진산 당수의 자택을 방문했다. 그는 유진산과의 면담을 끝내고 지방에서 올라온 대의원들이 묵고 있는 여관을 순방하기 위해 승용차를 타고 시내로 들어오다가 한강 인도교가 차단되는 바람에 황금 같은 2시간을 길에서 보내야 했다. 마침 방한 중인 하일레 셀라시에 에티오피아 국왕의 차량행렬이 통과한다는 이유에서였다(이 일을 우연히 그리된 것이 아니라 중앙정보부의 공작이었다고 보는 견해도 있다). 이재형도 28일 낮에 김영삼을 불러, 그가 대의원과 접촉할 시간을 빼앗았다. 김대중은 이 지명전에 대해 훗날 다음과 같이 회고했다.

제1차 투표에서 나는 김영삼 씨보다 적은 표를 얻었다. 그러나 나와 김영삼 씨가 모두 총 투표수의 과반수를 얻지 못했기 때문에 재투표를 하게 되었다. 쌍방이 서로 과반수를 얻지 못한 것은 이철승 씨의 세력이 백지투표를 했기 때문이다. 나는 제2차 투표에 들어갔을 때 신문기자들에게 나의 승리를 예언했다. 왜

냐하면 제2차 투표에서 이철승계의 표가 나에게 돌아오기로 약속되어 있었고 또한 그렇게 되어야만 할 상황이었기 때문이다. 과연 제2차 투표에서 나는 과반수를 훨씬 넘어서 대통령 후보로 지명되었다.

나는 지명수락 연설에서 "바로 지금부터 진정코 새로운 시대가 도래한다. 나의 당에도, 한국의 정치에도 새로운 시대가 도래한 것이다. 나는 이 같은 새로운 시대의 선두에 서서 국민의 자유와 행복을 위해 싸워서 반드시 박정희 정권의 장기집권을 방지하는 동시에 국민이 건국 이래 염원해오던 민주적인 정권교체를 실현시키겠다"고 소신을 밝혔다. 이 지명투표에서 나는 또 새로운 시도를 해보면서 성공적으로 게임을 이끌었다.

나는 투표일에 애드벌룬을 하늘 높이 올리는 한편 멜빵을 어깨에 걸친 나의 많은 지지자를 투표장소인 시민회관(市民會館, 지금의 세종문화회관) 부근에 동원, 회관을 둘러싸고 있도록 했다. 그리고 대회장 일대에 나의 포스터를 붙이는 등 김대중 무드를 일으키게 했다. 나는 한국의 당 대회에서는 지금까지 그 예를 찾아볼 수 없는 분위기를 만들어 놓음으로써 대의원들에게 강한 인상과 영향을 주었던 것이다. 이런 방법은 선진국에서는 흔히 볼 수 있는 일이지만 한국에서는 신선한 발상으로서 주목되어 성과를 거두었던 것이다.

《후광 김대중 대전집》, 제6권 《독재와 나의 투쟁》, 1993, 103~104쪽

김대중은 "앞으로 전당대회의 총재 경합은 물론 다음 대권경쟁이 있을 시 이철승에게 모든 것을 양보하겠다"고 서약하고 이철승을 매수한 일과 총재 경선에서 지지를 약속하며 이재형을 매수한 일은 자서전에서 밝히지 않았다. 김대중의 승리가 당시 집권층의 의도대로 된 것인지 아닌지는 지금도 단언하기 어렵다. 집권층의 공작에 의한 것이라고 단정하는 견해로 대표적인 것은 다음과 같다.

1970년 9월 26일 당시 야당인 신민당의 대통령 후보 지명 경쟁에서는 김영삼, 김대중, 이철승 등 3인이 치열한 경합을 벌였다. 당 대표인 유진산 당수는 김영삼을 당 공식후보로 지명함으로써 김영삼은 전당대회에서 유리한 고지를 점령했고, 그의 지명이 확실시됐다. 김영삼은 승리를 확신하고 지명수락 연설문 작성에만 신경을 썼다. …

박정희로서는 상대 당의 같은 경상도 출신인 김영삼의 대통령 출마를 꺼렸다. 그래서 공화당은 같은 경상도 출신의 김영삼을 저지해야 되겠다는 계산 하에 그의 경쟁자인 김대중 후보를 지원했다. …

이에 앞서 박정희는 대통령 선거 싸움에 자기보다 연하인 젊은 김영삼이나 김대중과 싸우게 되는 것이 쑥스러웠다. 그래서 공화당 4인 체제(의 수뇌)를 불러 신민당이 대통령 후보에 유진산을 내세우도록 공작하라고 분부했다. 이러한 사실은 그들에 의하여 당자(當者)인 유진산에게 전달이 되어 유진산도 나서기로 작정하고 있었다. 그러나 그는 다만 선거자금을 걱정하여 그들에게 선거자금의 조달을 의뢰했다. 공화당 4인 체제는 야당 대통령 후보의 선거자금도 마련하지 않으면 안 되었다. 그러나 김영삼이 선수를 치고 나오고, 그의 결심과 대항이 만만치 않자 유진산은 그를 내세우고자 하는 공화당에 대하여 선거자금의 불충분을 핑계로 부득이 출마를 포기하고 젊은 사람들을 내세우지 않으면 안 되게 되었다.

유진산 당수는 당 공식후보를 지명할 때 김영삼과 이철승을 불러 서약을 받았다. 두 사람 가운데 누구를 지명하든 지명을 받지 못한 사람은 지명에 승복하고 지명된 자를 지원해준다는 것이었다.

한편 김대중은 어떻게 되어서 지명경쟁에 뛰어들었는가? 김대중은 김영삼과 이철승에 비해서 모든 것이 뒤떨어진 사람이었다. 의회 경력이나 당 서열 상에서도 그렇거니와 두 사람에 비해서 당내 지지세력도 빈약했다. 그러나 그는 근 10년간 나는 새도 떨어뜨린다는 중앙정보부장을 하던 김형욱과 특별한 관계에 있었다.

김형욱은 중앙정보부장의 자리에 있으면서 이북의 서북세력을 대표하고 있었다. 특히나 경상도 세력이 득세하는 것을 견제하고 있었는데 지난 삼선개헌의 공화당 영빈관 철야 의원총회에서 경상도 세력인 4인 체제에 의하여 중앙정보부장의 자리에서 쫓겨난 데 대해 몹시 앙심을 품고 있었다. 그래서 이번 신민당 대통령 후보에 4인 체제와 통하는 신민당 진산계와 김영삼을 누르기 위해서 그의 소유인 서울 무교동 소재 삼흥빌딩의 사무실까지 빌려주고 있던 김대중에게 신민당 대통령 후보 경선에 나가도록 권유하고, 경상도 세력에 눌려있는 전라도와 이북 서북세력의 기수 노릇을 하도록 측면에서 공작하여 김대중의 입후보 지명을 지원하고 있었다.

이한두 저, 《유신 공화국의 몰락》, 매산 출판사, 1986, 36~38쪽

이 글은 공화당 중앙위원이었으며 김종필과 가까웠던 이한두(李漢斗) 씨의 저서 《유신 공화국의 몰락》에서 인용한 것이다. 이한두 씨는 1970년대 후반부터는 윤보선의 개인비서로 정치활동을 했다. 위와 같은 이한두 씨의 주장은 신중히 검증되어야 할 것이다. 그러나 그 내용 중 사실로 확인된 것도 있다. 어떤 이유에서인지는 몰라도 김대중은 4대 중앙정보부장 김형욱과 사이가 좋았다.

1963년 7월 중앙정보부장에 임명된 김형욱은 3선개헌을 앞장서 성공시켰음에도 불구하고 3선개헌안이 국회를 통과한 뒤에 곧 해임됐다. 그 뒤로 그는 박정희 정권에 대한 복수심을 품고 김대중을 비밀리에 지원해주기도 했다. 김대중이 볼 때 김형욱은 박정희 정권 10년간의 비밀을 알게 해줄 수 있는 대어(大魚)였다. 1971년 대통령 선거 때 김형욱은 김대중의 선거자금 모금을 위해 발 벗고 나섰다. 그는 사업가들을 설득해 자금을 모으고 스스로도 상당한 액수를 보태어 김상현을 통해 김대중에게 주었다. 김형욱은 반면에 김영삼과는 매

우 적대직이었다. 김영삼이 원내총무 시절에 중앙정보부의 횡포를 맹비난하자 김형욱이 그에 대한 초산 테러를 사주하기도 했다.

김대중과 김형욱의 연계는 8대 국회(1971~1972) 때에도 유지됐다(김형욱은 8대 국회에서 공화당 전국구 의원을 지냈다). 1973년에 김형욱은 6년 3개월 동안 중앙정보부장에 재직하며 긁어모은 재산 수천만 달러를 가지고 미국으로 도피성 이민을 갔다. 훗날 김형욱이 구술한 정치비화를 김경재가 정리해 《김형욱 회고록》이라는 책으로 출판했다. 박정희 정권을 철저히 비방하는 김형욱의 증언이 담겨있는 이 책의 내용은 검증돼야 할 부분이 많아 신중하게 받아들여져야 한다. 박정희 정권의 반역자가 된 김형욱은 1979년 10월 프랑스 파리에서 실종됐다.

당시 공화당 선거대책본부에 있던 한 간부는 여당이 선호한 야당 대통령 후보에 관해 훗날 다음과 같이 말했다.

그때 우리는 무리한 3선개헌 때문에 선거전이 어렵다는 분석을 하고 있었다. 우리는 대통령의 영남 기반을 최대한 활용해야 한다고 봤다. 그래서 영남 기반인 김영삼 씨가 야당의 대통령 후보가 되는 것이 우리에게는 가장 불리하다고 보고 있었다.

9월 29일 〈동아일보〉는 김대중이 신민당의 대통령 후보로 선출됐음을 1면 머리기사로 보도하면서 김대중의 약력을 다음과 같이 정리해 실었다.

김대중 씨 약력 (만 45세, 전남 신안 출신) ▲ 목포상고 졸업 ▲ 만주건국대 3년 중퇴 ▲ 흥업해운 사장 ▲ 목포일보 사장 ▲ 한국웅변협회 부회장 ▲ 신세계지(誌) 주간 ▲ 민주당 중앙상무위원 ▲ 민주당 노농부장 ▲ 민주당 인제군당 위원

장 ▲ 민권수호연맹 선전부장 ▲ 민주당 선전기획부장 ▲ 5∼7대 국회의원 ▲
민중당 대변인 ▲ 신민당 당무위원

김대중의 이력 중 특히 만주건국대와 관련된 학력 부분에 대해 그 뒤로 말
이 많았다. 1993년에 발간된《후광 김대중 대전집》에 나오는 '김대중 연보' 는
그 부분이 다음과 같이 씌어 있다.

1948. 목포일보 사장

    4 · 19. 김구-김규식 방북, 남북대표자 회의

    8 · 15. 대한민국 정부 수립

    8.25. 북한 총선거 실시, 김일성 수상 선출

    10.20. 여순 반란사건

1949. 건국대 정치학과에 입학했으나 이듬해 전쟁으로 학업 중단

    5.20. 남로당 국회 프락치 사건

    6.25. 김구 피살

    10.1. 중공 정권 성립

김대중의 자서전에서 학력과 관련된 부분을 인용하면 다음과 같다.

목포상고 4학년 때부터 성적이 전 과목에 걸쳐 점차 떨어졌다. 그 원인은 두 가
지였다. 1, 2학년 때는 늘 반장이었고 다행히 성적도 좋았다. 우등생만 갈 수
있다는 은행에도 취직할 수 있다고 생각했지만 나는 대학진학을 결심했다. 3학
년 때 1, 2조는 취직반, 3조는 진학반으로 학교 측이 나눠놓았다. 3학년에 이
르러 취직반 반장을 그만두고 진학반으로 간 것은 대학에 가겠다는 뜻을 세웠
기 때문이다.

그런데 일본이 일으킨 태평양전쟁은 일본 스스로가 점점 궁지에 몰리는 상황으로 변했다. 일본에 건너가서 대학에 진학하는 것이 작은 소망이었는데 미 해군의 해상봉쇄로 사실상 갈 수 없게 되었다. 가기 위해선 목숨을 걸어야 하고 여행허가를 받아내는 일도 하늘의 별 따기만큼이나 어렵던 시절이었다. 만주(현재 중국 동북부) 건국대학은 학비가 무료이기 때문에 그곳도 진학목표 중 하나였다. 그런데 1943년 '학도지원병' 제도가 강행되더니 이어 태평양전쟁 막바지에 이르자 1944년 징집제도가 바뀌어 패전할 때까지 약 20만 명이 강제 징집된 것이다. '어차피 군대엘 가야 하는데 대학진학도 못하는 공부에 죽자 살자 매달릴 필요가 무엇인가?' 나는 점차 자포자기의 심정으로 공부해봤자 소용없다는 생각이 든 것이다. 그것은 성적이 떨어진 첫째 이유였다.

또 하나는 사상적인 이유였다. 그때부터 많은 독서와 견문을 쌓는 동안에 점점 시야가 넓어졌다. 목포상고 선배가 가까이 접근해 들려준 일본 사정 이야기에 영향을 받은 것 같다. 나중에 들었는데 그 선배는 공산당과 관계가 있었으며 나를 끌어들이려 했다는 것이다. 하지만 나는 군대 생각 때문에 그런 운동에는 전혀 관심이 없었다. …

일본의 전쟁 상황은 갈수록 악화되어 갔고, 1944년 봄에 목포상고를 졸업할 예정이었지만 우리는 모두 그 전 해인 1943년 가을에 앞당겨 졸업하게 되었다. 이는 전시 특별조치였고, 일본인 학생들도 마찬가지였다.

목포상고를 졸업한 뒤 나는 얼마 되지 않아 일본인이 경영하는 해운회사에 입사했다. 만주의 건국대학에 진학할 예정이었으나, 일제의 징용을 피하기 위해 대학진학을 포기하고 일본인이 경영하는 회사에 취직한 것이다. 전쟁 종반이라서 어디서나 일손이 부족해 취직이 쉬웠다.

《김대중 자서전》, 도서출판 인동, 1999, 36〜38쪽

〈신동아〉 1985년 5월호에 '김대중과 김영삼'이라는 제목의 기사가 실렸

다. 여기에 김대중에 대해 다음과 같이 기술한 부분이 있다.

그는 국민학교 4학년 때 하의도에서 목포 북교(北橋)국민학교로 전학했고 13세 때 목포상업학교에 1등으로 합격할 정도의 수재였다. 당시의 동창인 임종기(林鍾基) 의원(전 민한당 원내총무)은 그가 줄곧 우등을 했고 작문과 역사 성적이 뛰어났으며 웅변에 소질이 있었다고 전한다. 그후 그의 학력과 청년시절에 대해서는 구구한 억측이 많다. 그의 학력을 훑어보면 만주의 건국대 중퇴, 경희대 대학원과 고려대 경영대학원 수료로 되어있다. 그는 "정규 대학교육을 받을 기회가 없었으나 면학에 힘썼다"고 회고한다.

목포상업학교를 졸업한 김 씨의 꿈은 만주건국대학에 진학하는 것이었다. 1943년 그는 서울로 올라와서 시험을 치른 결과 물론 합격했으나 징집될 연령이라서 입학을 포기하고 곧 일본인 상선회사에 취직, 경리담당 사원으로 일했다. 그가 숫자에 밝아 경제정책 비판이나 정책 수립에 일가견을 갖게 된 바탕도 이때 닦아졌던 듯하다. 그러다가 20세 때 8·15 해방을 맞았다. 그는 해방을 맞아 쫓겨 간 일인 회사의 관리위원으로 선임되는 등 약관 20세에 경영진이 되었고 이재에 밝아 한때 상당한 재산을 모았다.

김대중과 가까운 김형문이 쓴 책에도 같은 내용이 있다.

상업학교를 졸업한 젊은이는 그의 장래의 나아갈 길에 관해서 하나의 선택을 하지 않으면 안 되었다. 하나는 전문학교에서 대학에 진학하는 길이요, 다른 하나는 직업전선에 뛰어드는 일이었다. 그는 만주건국대학에 응시, 합격한 바 있었으나, 그러나 이 젊은이는 25년생이었으니 명년에는 이른바 징병 제1기생이었으므로 '대일본제국의 군인'이 되기 위해 출정하지 않으면 안 되는 것이었다. 무슨 수를 쓰든지 군대는 나가지 않아야 되겠는데, 이 대학은 징병을 연기해주는 것도 아니었다. 그래서 그는 한 직업을 택하기로 한 것인데, 일본 사람이 경영하는 목포상선 주식회사의 경리과 사원으로 취직을 했다. 특히 이 회사를 택한 이유는 이른바 국책회사였기 때문에 징병이 보류되었던 것이다. 김대중 씨는 이 회사에서 2년 남짓을 근무한다.

김형문, 《김대중, 그는 누구인가》, 금문당, 1987, 45~46쪽

〈신동아〉의 기사와 김형문의 책 내용에서 공통된 점은 김대중이 만주건국대에 합격은 했는데 그 대학에 가보아야 군대에 징집되기 때문에 입학을 포기했다는 것이다. 당시 일제는 대학생에게 징병 연기의 혜택을 주었으나 전황이 불리해진 1944년에는 이런 혜택을 철회했다. 그러나 김대중은 자서전에서 만주건국대 진학을 목표로 했다고만 했을 뿐 입학시험을 쳤다거나 합격했다고는 하지 않았다. 김대중은 1987년 10월 30일 관훈클럽 초청 토론회에서 자신의 학력에 대해 다음과 같이 해명했다.

— 이번에는 좀 개인적인 질문을 드리겠습니다. 특히 김대중 위원장 세대가 대단히 어려운 시대를 살아왔기 때문에 개인적인 히스토리라고 할까 하는 것이 비교적 잘 알려져 있지 않은 편입니다.

그것은 시대적 상황을 충분히 감안해 이해는 합니다만 그러나 오늘날 정치에 있어서는 대통령을 하겠다, 한 나라의 지도자가 되겠다는 분들은 어떤 형태로든 간에 국민 앞에 투명하게 비쳐져야 하는 것이 올바른 선택을 유도할 수 있는 것이 아닌가 이렇게 느껴져서 김 위원장의 해방 전후한 정치경력 등에 대한 오해나 비판에 대한 말씀을 해주시고 또 학력 문제에 대해서도 몇 가지 알아보고 싶습니다.

제가 이걸 우연히 발견한 것입니다만, 선관위에서 나온 국회의원 당선자 명단에 보면 김 위원장의 학력이 4가지로 나와 있습니다. 일본 법정대학인 경우가

있고, 건국대학 이것은 아마 만주건국대학인 걸로 보입니다, 또 경희대학도 나와 있고 대학원이라고 나와 있기도 합니다.

이런 문제를 묻는 것은 비단 김 위원장의 경우만은 아니고 앞으로 토론회에 나오거나 예정된 분들께도 그분의 개인적인 경우를 우리가 물을 권리가 있지 않은가, 다만 김 위원장이 오늘 처음 나왔기 때문에 먼저 묻게 되는 것을 양해하기 바랍니다.

= 나는 여러분들같이 좋은 시대를 못 만나고 또 환경이 그래서 … 내 학력은 이렇습니다. 나는 학력이 법정대학 나왔다는 말 한 적도 없고 만주건국대학 나왔다 한 일도 없습니다. 다만 부산 있을 때 거기에 건국대학이란 게 있어 가지고, 나중에 동아대학으로 합병했습니다, 거기에 내가 3학년으로 편입한 일이 있습니다. 그리고 나는 경희대 경영대학원을 나왔고, 경희대 대학원에서 석사과정을 마쳤습니다. 다만 대학을 정식 졸업 안 했기 때문에 석사학위는 받지 못했습니다.

김대중에 대해서는 학력 이외의 다른 이력에 관한 논란도 많았다. 미국 국무성에는 정보조사국(BIR: Bureau of Intelligence and Research)이라는 정보기구가 있다. 이 기구는 세계 각국에 있는 대사관 등 해외공관을 통해 각국의 유력인사들에 대한 자료를 수집하고 분석한다. 이 기구의 업무시스템 중에 '잠재적 지도자 신상명세 보고 프로그램(PLBRP: Potential Leader Biographic Reporting Program)' 이라는 것이 있다.

김대중에 대해서는 이 프로그램이 1960년대부터 '자료파일' 을 작성했다. 1971년 대통령 선거 직전의 시기에는 박정희 정권이 이미 베트남에 대규모 병력을 파견해 놓고 있어서 미국에 대해 어느 정도 발언권을 가지고 있었고, 미국 정부는 한국의 군사전략적 가치를 고려해 한국의 대통령 선거에 대해 큰 관심을 가지고 지켜보고 있었다. 미국 국무성 관리들은 선거가 실시되기 1년여 전부터 선거결과를 예측하기 위한 정보수집 활동에 열중하고 있었다. 이런 상황에서 1970년 12월 27일 윌리엄 포터 주한 미국 대사가 '김대중의 경력'에 관해 미국 국무성에 보낸 보고서에는 다음과 같은 부분이 들어 있다.

선거에서의 잠재적 취약점

초기 좌익연루: 김대중은 1945년 해방 직후 좌파 정치에 연루됐음. 그러나 자세한 부분에서는 언론마다 보도내용이 다름. 한 보고서에 의하면 김대중은 1940년대 후반 한때 친공산주의자였다가 전향한 자들이 조직한 보도연맹을 위해 반공연설을 한 바 있음. 이 점을 볼 때 김대중은 초기 한때 좌파에 기울었다는 것을 확인할 수 있으나 동시에 반공산주의로 빨리 넘어왔다는 사실도 알 수 있음. 10일 전 김대중은 우리 대사관 관리에게 자신의 초기 활동에 대해 말해 준 바 있음. 이에 따르면 해방 후 그는 약 6개월간 좌익 신민당에 관계했으나 내부 공산주의자들의 세력에 반대해 당을 떠났음. 김은 또 자신이 1946년 10월 목포 파출소 습격 사건에 가담했던 것으로 비난을 받았으나, 그 사건이 일어나던 날 자신은 장남을 출산하는 처 옆에 같이 있었다고 주장했음. 김은 또 우리 대사관 관리에게 말하기를, 1950년 목포가 공산주의 점령 하에 있을 때 공산당에 의해 감금되어 사형선고를 받았다고 했음. 그는 공산당의 패주로 구출됐음. 미국 육군 정보참모부가 한국 정보계통 관리의 말을 인용한 바에 따르면, 한국 정보계통 인사들 사이에서 이 이야기는 일반적으로 틀림없는 것으로 받아들여지고 있음. 상황을 종합해볼 때, 그가 초기에 좌익에 기울었다는 주장은 대통령 선거 운동에서 김대중에게 잠재적인 위해요소가 될 가능성이 있음. 그러나 박정희 대통령도 똑같은 약점이 있기 때문에 민주공화당이 이 문제를 공개적으로 부각시킬 것 같지는 않음.

병역미필 문제: 김대중의 출생신고서를 기준으로 하면 한국전쟁 발발 시 24세였으나 한국군에 징집되지 않았음. 김대중은 대사관 관리에게 말하기를, 자신

은 단순히 소집되지 않았을 뿐이며 따라서 징집기피였다고 할 수는 없다고 했음. 그러나 당시 부유층이나 유지급 가족의 자제가 병역면제를 받는 것은 흔한 일이었으며, 김대중이 이러한 의혹을 반증하지 못할 경우 국민들은 군 복무를 하지 않은 것으로 간주할 것임. 신민당의 대통령 후보로 선출된 직후 김대중의 참모들이 준비한 김대중의 이력에 따르면, 김대중은 1950년 10월에는 '공민해안경비대 전남지부 부사령관'으로 되어있음. 조사해보니 공민해안경비대는 지역방위와 해안경비를 임무로 하는 비공식적인 자원단체였음.

수입원과 정치자금: 한 가지 아리송한 점은 김대중이 지금까지 박정희 정권으로부터 과연 재정지원을 받았느냐는 것인데, 대부분이 그런 것으로 받아들이고 있긴 하지만 만약 돈을 받았다면 박정희 정권이 왜 그에게 재정지원을 했고 그 액수가 얼마냐 하는 점임. 한 정보요원은 박 정권 초기인 1964년에는 김대중에게 돈을 지원했다고 언급한 바 있음. 최근 들어서는 김대중이 박 정권으로부터 돈을 받은 최대 수혜자 가운데 한 명인 것으로 대부분의 사람들이 인식하고 있음. 김대중이 박 정권으로부터 최소한 최근까지 돈을 받았을 가능성과 관련해서는 정치자금의 흐름이 정보기관에 의해 철저하게 통제되고 있는 한국의 정치풍토에서 '깨끗한' 정치자금은 거의 없으며 이런 류의 돈 지원은 크게 문제되지 않는다는 점을 고려해야 함. 김대중이 1950년대에 국회 진입에 몇 차례 실패한 후 빚더미에 올라앉았고 첫째 아내가 자살한 원인이 바로 이 때문이라는 설이 있기도 했지만, 최근에는 재정적으로 안정된 것으로 보이며 풍족한 자금을 가지고 있다는 징후가 보임. 현재 수입원에 대해서는 본 대사관이 파악한 바가 없음. 개인 수입과 관련해 대중 앞에 이를 해명하는 문제에 대해서는 김이 걱정하지 않는 것처럼 보임. 그가 선거유세에서 말하기를, 자신이 당선될 경우 대통령을 포함한 고위 공직자의 수입을 공개하겠다는 공약을 한 바 있음. 박정희 정부의 한 고위 공직자는 최근 사석에서 김대중이 경제적으로 어려운 회사들을 갈취해 부를 축적한 사실을 선거에서 부각시킬 수 있는 증거를 확보하고

있다고 주장한 바 있음.

김대중이 신민당의 대통령 후보로 결정되자 윤보선은 신민당을 탈당한 뒤 1971년 1월 6일 장준하(張俊河)와 더불어 국민당을 창당하고 박기출(朴己出)을 대통령 후보로 추대했다. 명망 높은 목사 강원룡(姜元龍)은 신민당의 대통령 후보 경선에 나섰던 김영삼, 이철승, 김대중을 다 만나본 다음에 김대중을 돕기로 결정했다. 강원룡은 국민당 총재 윤보선을 만나 대통령 선거에서 김대중을 지지해줄 것을 호소했다. 이에 윤보선은 "강 목사는 사람을 몰라도 그렇게 몰라? 김대중이란 사람은 머리털부터 발톱까지 완전히 정치적인 사람이야. 김대중은 믿을 수 없어"라면서 반발했다. 강원룡은 김대중을 지지해야 정권교체를 할 수 있다며 윤보선을 설득했다.

1971년 1월 23일 김대중은 기자회견을 통해 정책의 대강을 선보였다. 김대중은 이날 "만일 이번에 정권교체가 이뤄지지 않는다면 박정희 대통령은 다음 임기 동안 선거조차 없는 영구집권의 총통적 체제로 가고야 말 것"이라고 말했다. 그러면서 그는 총통제 음모 분쇄, 민족안보 전개, 예비군 완전 폐지, 대중경제 실현, 농업혁명 추진, 부유세 실현, 전태일 정신 구현, 여성의 지위 향상과 여성의 능력 개발 등 국정 전반에 걸쳐 많은 공약을 제시했다.

이틀 뒤인 1월 25일 김대중은 미국과 일본 방문에 나섰다. 한국에서 야당의 대통령 후보가 선거 이전에 미국과 일본의 정치지도자들을 찾아가 자신의 정책을 설명하고 지지를 호소한 것은 이때가 처음이었다. 2월 19일에는 박정훈, 장충준, 한광옥, 김덕규, 조홍규 등 6·3세대 20여 명이 신민당에 입당해 크게 환영받았다.

1971년 4월 27일 실시된 제7대 대통령 선거를 앞두고 박정희 공화당 후보와 김대중 신민당 후보가 격전을 벌였다. 박정희 후보는 권력과 금력을 총동원했지만 김대중 후보가 예상외로 바람을 일으킴으로써 고전하지 않을 수 없었다. 박정희가 집권한 뒤로 10년의 세월이 흘렀으므로 이제는 국민이 변화를 바라고 있었던 것이다.

미국에서 귀국한 김대중은 선거유세를 본격적으로 벌여나갔다. 1970년 10월 24일부터 선거 전날인 4월 26일까지 전국을 돌며 137회의 유세를 했다. 공화당은 김대중을 수월한 상대로 예상했으나 김대중은 의외의 돌풍을 일으켰다. 유진산 총재, 정일형 의원, 김영삼 의원도 전국을 누비며 지원유세를 했다. 유진산이 지원유세에 몸을 아끼지 않는 태도를 보여주자 '아버지 같은 당수, 아들 같은 후보' 라는 말이 나오기도 했다.

이 선거에서는 경제개발과 부정부패 문제가 주요 쟁점으로 떠올랐다. 박정희 정권은 '중단 없는 전진' 을 내세웠고, 신민당은 '경제개발이라는 이름 아래 부정부패가 독버섯처럼 자라났다' 고 주장했다.

김대중은 선거전이 막바지에 이른 4월 18일 서울 장충단공원 유세에서 공원 밖의 주변 간선도로까지 가득 메운 수십만 군중을 향해 열변을 토했다. 우선 박정희가 국민 위에 군림하는 군주 같은 자세를 취하고 있다고 비난했다.

박정희 씨는 지금 국민에게 봉사하고 심판받는 대통령 입후보자가 아니라 국민 위에 군림하고 국민을 지배하는 군주 같은 자세를 취하고 있습니다. 대통령 선거에 임했음에도 불구하고 전국 유세조차 하지 않고 도 소재지 몇 군데 밖에 안 가고 있습니다. 국민을 무시하기 때문에 그런 것입니다.

여러분! 내가 정권을 잡으면 1년 이내에 550만 서울 시민들이 안심하고 발 뻗고 잘 수 있는 국방태세를 완비할 것입니다. 그것은 첫째로 완전히 국민의 지지를 받는 정부를 수립하여 공산당이 발붙일 데가 없도록 하고, 모든 정보기관이 공산당 잡는 데 집중해서 간첩이 얼씬도 못하게 할 것입니다. 국군은 정치적으로 완전 중립이 되게 할 터이니 오직 대공 전투에만 집중하게 될 것입니다.

여러분! 내가 "향토예비군을 폐지한다" 이렇게 말했더니 공화당 사람들이 향토예비군을 폐지하면 내일이라도 김일성이 서울에 들어올 것 같이 말을 합니다. 이것은 새빨간 거짓말입니다. 우리에게는 향토예비군이 없어도 예비역을 유사시에 10분 이내에 동원할 수 있는 그러한 법과 제도가 있습니다. 향토예비군은 국방에 필요한 것이 아니라 박정희 씨의 독재체제를 강화하기 위해서 필요한 것입니다, 민주주의에서는 필요 없는 것입니다.

우리는 이북의 김일성보다도 배가 많은 현역 군인을 가지고 있습니다. 60만 대군을 가지고 있어요. 미군도 주둔하고 있습니다. 경찰도 있습니다. 향토예비군은 필요가 없는 겁니다. 취약지구에는 전투경찰대와 예비사단, 기동타격대가 있으면 됩니다.

내가 향토예비군을 폐지한다고 했더니 전국의 국민이 호응을 했습니다. 이에 공화당이 놀라 자빠져 가지고, 국방장관이 협박을 하고 국회의 문을 닫고 내가 김일성한테 손을 든 것처럼 떠들어댔습니다. 내가 공화당 사람들에게 말했습니다. "당신네 향토예비군이 그렇게 좋으면 공화당은 하라 이 말이야. 내가 정권 잡아 가지고 우리 국방정책에서 향토예비군 필요 없다는데 남의 당 정책에 대하여 공화당이 시비할 게 뭐 있느냐 말이오"하고요.

박정희 씨는 엉뚱하게도 무슨 70년대 후반에 가서 신의주까지 고속도로를 놓겠다느니, 금강산에 가서 관광개발을 한다느니 잠꼬대 같은 소리를 하고 있어요. 아까도 말했지만 국제정세는 지금 급속도로 변하고 있습니다. 내가 말한 4대 국가 간 한반도 전쟁 억제안, 이 안은, 내가 지난번에 미국 갔을 때 험프리 전 미국 대통령 후보 같은 사람이 내 설명을 듣고 "당신의 그런 훌륭한 정책을 미국 지도자들이 다 알았으면 한다"면서 내 손을 붙잡고 "널리 좀 알려달라"고 부탁했어요. 하버드대학의 라이샤워 교수나 MIT대학의 윌리엄 번디 같은 교수도 전폭적으로 지지를 합니다. 닉슨 대통령도 금년 연두교서에서 "아시아에서의 안전보장은 4대 국가에 달려 있다"고 말했습니다.

나는 박정희 씨에게 이 자리를 통하여 말하고 싶습니다. "대통령을 하려면 공부 좀 하라”고. “국제정세가 어떻게 돌아가는가, 조그마한 국내정치에만 악용하려 들지 말고 크게 앞을 내다보고 국가의 운명을 내다보는 대통령학을 공부하라”고 권고하고 싶어요.

여러분! 나는 오늘 여기서 박 정권의 부정부패에 대해서 중대한 얘기를 좀 하고 싶습니다. 요새 지방을 다녀보면 도처에 뭐라고 써 있느냐 하면 ‘중단 없는 전진’, 이렇게 해놓았습니다. 박 정권이 전진한다는 것입니다. 전진은 뭐가 전진입니까? 이 나라에서 민주주의가 후퇴하고, 남북통일이 후퇴하고, 농촌경제가 후퇴하고, 도시 중소기업들의 경제가 후퇴하고, 대기업들이 마구 쓰러지며 후퇴하고 있습니다. 이 나라에서 중단 없이 전진하고 있는 것이 하나 있어. 그것은 오직 부패, 부패만이 중단 없이 전진하고 있습니다.

오늘날 박 정권 사람들은 마치 부정부패는 박정희 씨는 아무런 책임이 없는 것처럼 얘기를 합니다. 나는 나의 경쟁상대자에 대해서 되도록 그 개인의 인격과 관련된 말은 하고 싶지 않습니다. 다만 내가 참을 수 없는 것은, 사실을 감추고 박정희 씨는 아무 책임도 없는 것같이 하는 것만은 용서할 수가 없어요. 오늘날 이 나라의 부정부패는 법적으로, 정치적으로 박정희 씨에게 책임이 있을 뿐 아니라 사실상으로도 책임이 있습니다.

여러분! 오늘날 지금 이 나라에서 청와대 비서진의 책임자, 경호실의 책임자, 박정희 씨의 처남, 박정희 씨의 처조카, 사위, 이런 사람들이 몇십 억, 몇백 억의 부정축재를 했어요. 어째서 박정희 씨에게 책임이 없느냐, 그 말이오. 이렇게 부정부패한 것이 오늘의 현실입니다. 지금 이 나라 국민은 어떻습니까? 돈이 없으면 천금 같은 부모가 병들어도 병원 앞에서 죽고, 돈이 없으면 다 큰 자식이 학교도 못 가고, 쌀이 없으면 굶고, 집이 없으면 길거리에서 떨고 있는 실정입니다.

여러분! 윗물이 맑아야 아랫물이 맑습니다. 대통령이 깨끗해야 모든 공무원이 깨끗해요. 내가 정권을 잡으면 내 단독으로 부정부패 일소에 대한 책임을 질 것

입니다. 나의 재산을 국민 앞에 공개 등록하고, 부정부패 수사법을 만들고 부
정부패 적발위원회를 전국에 두어 가지고 국민 여러분의 대표가 참석해서 정치
와 행정의 부정부패를 적발하게 할 것입니다. 부정부패에 대한 전 책임을 누구
에게도 미루지 않고 내가 지는 동시에 국민 여러분이 감시하고, 국민 여러분이
한번 대통령인 나와 손을 잡고 일치단결해서 부정부패를 뿌리 뽑자는 것을 이
자리에서 제의하는 바입니다.

내가 정권을 잡으면 대중경제 체제를 실시할 것입니다. 생산 면의 자유경제,
분배에 있어서의 사회정의를 실천에 옮길 것입니다. 물가를 대폭 내려서 오늘
날 독과점 업자들이 결탁해 가지고 물가를 올리는 것을 법으로 금지해서 여러
분의 물가를 대폭 내리고 노동자와 사무원이 참여하는 '노사공동위원회'를 만
들 것이며, 또한 농촌경제의 발전을 기초로 그 위에 상업과 공업을 발전시킬 것
입니다.

세금정책에 있어서 일대 개혁을 단행하겠습니다. 세금에 있어서는 오늘날 돈
많이 벌면 세금을 적게 내고, 돈벌이가 적은 중소기업이나 공무원이나 봉급자
가 오히려 세금을 많이 냅니다. 노동자가 세금을 많이 부담하는 이러한 현상은
단호히 시정할 것입니다. 농민들은 땅 한 평이 없는데 30만 평, 40만 평 골프장
이 대한민국에 열 개 이상 있습니다. 이 골프장 출입하는 사람들, 단단히 입장
세 내야 돼요.

여러분! 4 · 19는 학생의 혁명이었소. 5 · 16은 군대가 저질렀어. 이제 오는 4
월 27일은 학생도 아니고 군대도 아니고 전 국민이 협력해서 이 나라 5천 년 역
사상 처음으로 국민의 손에 의해서 평화적으로 정권을 교체하는 위대한 민주주
의 혁명을 이룩하자는 것을 여러분에게 호소하면서, 나와 뜻을 같이하는 여러
분이 총궐기하는 의미에서 박수갈채를 보내주시기를 부탁합니다.

여러분! 여러분! 여러분! 감사합니다. 나는 이번 선거에서 기어이 승리할 것입니
다. 여러분은 이번 선거에서 나와 더불어 승리할 것입니다.

내 연설이 끝나면 내가 가장 사랑하고, 친아우같이 여기고, 또한 우리나라 민주주의의 위대한 지도자이신 조병옥 박사님의 둘째 자제인, 나의 아우 같은, 친형제 같은, 그리고 훌륭한 청년인 조윤형 의원의 폭탄 같은 말씀이 있을 것입니다. 또한 여러분이 신문을 보셨으면 아시겠지만 우리나라 여성계의 위대한 지도자이며, 가장 인기 높은 인물이요, 유일한 여자 법학박사인 이태영 선생이 이번에 이화여대 법정대학장 자리를 사임하시고 민권투쟁의, 정권교체의 대열에 참가해서 오늘 연사로 여기 나와 계십니다.

이 두 분의 말씀을 여러분이 한 분도 자리를 뜨지 말고 끝까지 들어주시기를 바라면서, 여러분! 7월 1일은 청와대에서 새로운 대통령이 취임식을 올리는 날입니다. 550만 서울 시민 여러분! 7월 1일에 청와대에서 만납시다.

4월 25일 박정희 후보는 서울 장충단 공원에서 방어조로 연설했다.

야당은 총통제니 뭐니 해서 내가 두 번이고 세 번이고 언제까지나 집권할 것처럼 허위선전을 하고 있습니다. 그러나 3선개헌 때 국민투표로 한 번만 더 할 수 있도록 여러분이 허락한 것이지 몇 번이고 해도 좋다고 지지한 것은 아닐 것이며, 여러분이 나를 다시 뽑아주면 이 기회가 마지막 정치연설이 될 것입니다. … 나는 그동안 부정부패 문제에 가장 고심했고 이를 뿌리 뽑기 위해 온갖 노력을 기울였어도 아직도 부정부패가 있는 것은 사실입니다만, 한 번만 더 기회를 주면 기어이 뿌리 뽑고 물러가겠습니다.

같은 날 김대중은 대구 수성천 변 유세에서 다음과 같이 말했다.

이번에 정권교체가 안 되면 이 나라는 영원히 파멸의 길을 걷게 되며, 박정희 씨 한 사람의 총통제 시대가 옵니다. 나는 그 증거를 가지고 있습니다. 공화당 정권은 외국에 연구원을 파견해서 총통제를 연구했으며, 서울시청 앞의 구 대한항공 빌딩 8층에 총통제 연구기관이 있습니다. … 나는 그동안 전국을 통해 유세를 해본 결과 만일 김대중이 경북에서 지지를 받으면 문제없이 대통령에 당선된다는 것을 알았습니다.

선거일을 닷새 앞둔 4월 22일 미국 국무성의 윌리엄 로저스 장관과 동아시아태평양 담당 차관보 마셜 그린을 비롯한 미국 정부의 고위 관리들이 참석한 회의에서 한국의 대통령 선거에 대한 토론이 벌어졌다. 이날 기록된 다음과 같은 대화 비망록을 보면 그들은 박정희 후보가 당선되리라고 예측하고 있었음을 알 수 있다.

서울에서 주한 미국 대사관이 대통령 선거에 대한 일일보고를 보내오고 있다. 야당의 김대중 후보가 부산에서 60만 명의 청중을 동원하는 등 정력적인 선거 운동을 벌이고 있지만 박정희 대통령이 재선될 가능성이 높다.

1971년 4월 27일 실시된 대통령 선거에서 박정희 후보와 김대중 후보는 접전 끝에 박 후보가 634만 2828표, 김 후보가 539만 5900표를 얻어 박 후보가 94만 7천 표 차이로 승리했다.

4월 28일 미국 국무성이 헨리 키신저 대통령 안보담당 특별보좌관에게 보낸 문서에 이 선거에 대한 간단한 평이 들어 있다.

제목: 박정희 한국 대통령에게 보낼 축하전문
박정희에 대한 신임이 확인된 투표였다는 말 외에는 선거의 성격에 대해 언급하지 않음. 야당에서는 부정선거라고 주장하지만, 주한 미국 대사관의 보고와

1971년 제8대 대통령 선거 지역별 득표		
	박정희	김대중
서울	80만 5772	119만 8018
부산	38만 5999	30만 2452
경기	68만 7985	69만 6542
강원	50만 2722	32만 5556
충북	31만 2744	22만 2106
충남	55만 6632	46만 1978
전북	30만 8850	53만 5519
전남	76만 5712	48만 800
경북	133만 3051	41만 1116
경남	89만 1119	31만 595
제주	8만 1422	2만 6009
합계	**634만 2828**	**539만 5900**

언론보도에 따르면 차분하고 질서 있는 가운데 치러진 상당히 공정한 (reasonably fair) 선거였음.

4월 29일 신민당은 '4·27 대통령 선거의 진상은 이렇다' 라는 제목의 성명서를 발표했다. 이 성명은 "중앙정보부에 의해서 계획되고 지령되고 감독된 완전범죄의 선거였으며, 전 국력을 동원하여 한 개 야당을 때려잡는 소리 없는 암살의 선거였다"고 주장했다.

야당의 분열

대통령 선거는 끝났지만 5월 25일 총선거가 실시될 예정이어서 정치권은 여전히 분주했다. 총선거를 눈앞에 두고 신민당에서 심각한 내분이 발생했다.

5월 6일 오후 4시 50분경 서울 종로4가에 있는 중앙선거관리위원회는 긴장감에 휩싸여 있었다. 10여 분이 지나면 총선거에 입후보할 전국구 후보등록 마감시간인 오후 5시가 될 시점이었다. 100여 명의 보도진이 붐비는 가운데 전국구 인선과 관련해 떠도는 소문에 흥분한 비주류계 신민당원 100여 명이 살기등등한 모습으로 대기하고 있었다. 영등포 갑구가 지역구인 신민당 유진산 총재가 같은 선거구의 공화당 후보인 장덕진(張德鎭)에게서 거액의 뇌물을 받고 출마를 포기했다는 루머가 떠돌았다. 중앙선거관리위원회의 요청에 따라 기동경찰이 정문에 도열해 삼엄한 경계를 폈다.

오후 4시 55분에 중앙선거관리위원회에 도착한 유진산 총재는 후보등록 마감시간에 겨우 맞춰 지역구가 아닌 전국구로 후보등록을 마쳤다. 곧이어 후보자 명단 전체가 발표됐다. 유진산 총재가 자신의 지역구인 영등포 갑구를 버리고 전국구 후보로 올라 있는 것이 문제가 됐다. 신민당원들의 난동으로 유진산 총재는 1시간 이상 중앙선관위를 떠나지 못했다. 신민당원들은 "진산 개새

끼 나와라, 가만 안 두겠다"고 고함을 지르며 난동을 부렸다. 이른바 '5·6파동' 또는 '제2 진산파동'으로 불리게 되는 사건의 시작이었다.

6시 20분에 겨우 중앙선관위를 빠져 나온 유진산은 7시 10분쯤 상도동 자택에 도착했다. 300여 명의 비주류계 청년 당원들이 "당을 팔아먹은 자는 심판을 받아야 한다"고 고함을 지르며 달려들었다. 그중에는 김대중의 경호책임자 이윤수도 있었다. 그들은 제지하는 유진산계 청년 당원들과 칼과 도끼를 휘두르며 난투극을 벌였다. 화분이 날아가고 유리창과 문이 부서지는 등 유진산의 자택은 난장판이 됐다.

유진산 총재는 양일동 부총재를 비롯해 김영삼, 고흥문, 정일형, 김대중, 이철승, 홍익표, 신도환 등 당 중진들에게 긴급히 연락을 취했다. 밤 11시 40분경 신도환, 이철승, 양일동, 홍익표, 김의택 등이 달려왔다. 김대중과는 전화연결이 되지 않았고 고흥문, 김영삼, 정일형은 연락을 받고도 오지 않았다. 김대중은 그 시간에 송원영, 김상현 등과 함께 필동에 있는 자신의 처가에서 다음날에 해야 할 일에 대해 논의하고 있었다. 난동을 부린 비주류계 청년 당원들은 송원영(동대문 갑구)과 김상현(서대문 을구)의 지구당 소속 당원이 대부분이었다.

다음날인 5월 7일 아침부터 관훈동에 있는 신민당 중앙당사는 비주류계 청년 당원들의 난동으로 아수라장이 됐다. 그 대부분은 서울 중구(위원장 정일형), 동대문 갑구(위원장 송원영), 서대문 을구(위원장 김상현), 용산구(위원장 김원만)의 당원들이었다. 김대중 계보에 속하는 의원 김원만(金元萬)의 선동이 사태를 더욱 악화시켰다.

"진산이 지역구와 전국구를 팔아 수억 원을 챙겨 외국으로 도망치려고 합니다. 누군가 공항에 나가 이를 막아야 합니다."

흥분한 당원들이 당사 2층에 걸려 있던 유진산 총재의 사진을 떼어 불사르고 2층 총무국 사무실의 책상과 의자 등을 부수었다. 선거대책본부장실은 몰려든 청년 당원들 때문에 나무벽이 무너졌다. 10시가 되기 조금 전에 정일형 선거대책본부장이 사태 수습을 위한 3개 항의 방안을 제시했다. 그 내용은 다음과 같았다. ① 유진산 당수는 정계에서 은퇴하고, ② 전국구 헌금은 당에 반납하게 하며, ③ 전국구 공천자 대회와 운영위를 소집해 신민당의 선거포기 여부를 결정한다.

10시가 조금 넘은 시각에 양일동 부총재가 당사에 나오자 당사를 난장판으로 만든 청년 당원들이 그의 멱살을 잡고 탈당계를 쓰라고 강요했다. 양일동이 거부하자 그의 얼굴에 침을 뱉고, 그를 주먹으로 때리고, 담뱃불까지 그의 얼굴에 갖다 대려고 했다(양일동은 약 2시간가량 시달린 끝에 탈당계를 써주었다).

10시 50분경 고흥문, 김영삼 ,이철승, 정일형, 윤제술, 서범석, 김원만, 정운갑, 송원영, 홍영기, 김준섭, 방일홍 등 당 중진들이 총재실에 모여 대책회의를 열었다. 이들은 ① 유진산 총재는 총재직과 전국구 후보직을 사퇴하고, ② 총선 참여 여부는 운영위와 공천자 대회를 소집해 의견을 모으기로 했다. 대책회의가 열리는 동안 김대중의 참모인 김상현이 기자실에 나타나 "김대중 후보는 너무 큰 충격을 받았기 때문에 좀 더 생각한 뒤 수습 문제에 대해 태도를 밝힐 것으로 안다"고 말했다.

오후 3시에 동교동 김대중 자택에서 김대중 주도로 당 6인위 회의가 열렸다. 이 회의에는 유진산 총재가 '유고', 양일동 부총재가 '탈당'으로 불참한 가운데 김대중, 고흥문, 홍익표, 정일형 4인만 참석했다. 이들 4인은 회의를 마치고 유진산 총재를 제명하고 김대중을 총재 권한대행으로 선임한다는 결정을 발표했다. 이 결정의 적법성이 논란이 되면서 유진산과 김대중 사이의 대립이 첨예해졌다. 이로써 진산파동의 본질이 당권다툼에 있음이 드러난 셈이었다.

유진산을 제명하고 김대중을 총재 권한대행으로 추대하기로 한 동교동 6

인위 회의의 결정에 대한 공식적인 토론을 위해 오후 5시에 이철승, 이중재, 김대중, 고흥문, 김홍일, 김형일, 조영규 등이 참가하는 운영위원회가 소집됐다. 사회를 맡은 고흥문이 동교동 회의의 결과에 대해 보고했다. 이 운영위원회 회의에서 다음과 같은 말들이 오갔다.

> **김홍일:** 수습책에 대해 한 사람씩 논의해보자.
>
> **김형일:** 유 당수가 전국구 1번으로 들어간 경위를 듣자.
>
> **김대중:** 나는 처음에 반대했으며 자세한 내용은 몰랐다.
>
> **조영규:** 전국구 문제는 유 당수와 김 후보가 합의해서 결정하도록 하지 않았는가.
>
> **김대중:** 합의해서 결정하지 못했다.

이어 이철승, 이중재, 김형일 등이 동교동 회의의 결정이 법적 근거가 있는지를 따지려는 순간 양일동 부총재의 강제탈당 문제로 흥분한 성동 갑구(위원장 양일동)의 당원 약 80명이 회의실에 난입해 회의가 중단됐다. 이들은 김대중에게 탈당계를 내라고 목소리를 높였다. 이들은 1층에서 4층까지 당사를 점거하고 철야농성에 들어갔다.

이날 밤 양일동은 김대중에게 전화를 걸어 고함을 쳤다. "그래 당신의 선거(대통령 선거)를 치르고 나니 당이 부서지고 남의 선거는 망쳐도 좋은 것이오? 이제는 내가 당신을 제명할 거요."

유진산은 이날 한남동에 있는 아들 유한렬의 아파트에 가서 쉬고 있었다. 전날 비주류 계통의 청년 당원들에게 시달림을 당해 피곤했기 때문이었다. 언론은 유진산의 행방이 묘연하다는 기사를 내보냈다.

8일 아침 양일동의 연고지인 군산과 옥구에서 상경한 200여 명의 지지자들이 당사의 농성에 합세했다. 이들은 "김대중은 당의 질서를 문란케 했으니 사과하고 당을 떠나라"라는 내용이 담긴 유인물을 돌리기도 했다.

이날 유진산은 경위를 해명하기 위한 기자회견을 가졌다. 기자회견에서 그는 김대중에게 당권을 넘겨준 동교동 회의의 결정에 대해 비판했다.

그들이 무슨 권한이 있기에 나를 제명하는가. 그 사람들은 6인위도 아니고 네 사람이 한 짓이다. 나도 참석하지 않은 상태에서 회의를 하고 양일동 부의장에게 강제로 탈당계를 쓰게 하다니, 그런 야만적인 일을 해놓고 무슨 6인위요. 하도 피로해서 자식 집에 쉬러 간 것이 어째서 당수 유고냐 말이야. 그동안 내가 지방에 가려면 양 부의장에게 당무를 맡긴다고 분명히 밝혔어. 나는 정당다운 정당을 만들어 놓겠다고 젊은 사람들을 앞세우고 모든 불만을 억누르고 다녔는데, 김대중 의원이 6인위를 소집할 자격이 어디 있는가. 이러한 중대한 시기에 남에게 누명을 뒤집어씌워 당권도전 장난을 하는 것은 있을 수 없으며, 이것은 선거전에서 싸우고 있는 동지들에게 찬물을 끼얹는 일로서 용납될 수 없어. 끝까지 규명해야겠소.

김대중도 기자회견을 열고 동교동 회의의 결정은 합법적이라고 주장하면서 유진산에 대해 정계은퇴를 요구했다.

이 진산파동에서 유의할 점이 있다. 사건의 발단은 유진산이 지역구를 포기하고 전국구로 간 것을 두고 여당에 매수된 것이라고 김대중이 규정한 것이었다. 그런데 김대중은 이전부터 유진산에게 전국구로 갈 것을 건의했고, 전국구 인선 과정에서도 스스로 유진산을 전국구 2번에 올려놓았었다(전국구 인선은 양일동과 김대중이 하다가 의견일치를 보지 못한 가운데 등록마감 날 아침에 당 총재인 유진산에게 맡겨졌다).

다음은 이 사건을 보도한 〈동아일보〉 기사다(〈동아일보〉는 전체 8면 가운데 5면을 할애해 진산 파동을 보도했다).

신민 '파동' 수습에 혼선

"6인위 결정은 불법" 유진산 씨

"권한대행 수락할 터" 김대중 씨

국회의원 전국구 공천 후유증에 휩싸여 진통을 겪고 있는 신민당은 그 수습책을 싸고 혼미를 거듭하고 있다. 7일 격심한 파도 속에 김대중 전 후보 집에서 6인위(김대중, 고흥문, 홍익표, 정일형 씨만 참석)는 유진산 당수의 제명과 김대중 전 후보의 당수 권한대행 선임을 결정했으나 그동안 행방이 묘연했던 유 당수는 8일 "6인위 결정은 불법"이라고 맞섬으로써 신민당의 전국구 파동은 새로운 양상으로 접어들었다.

'유 당수 제명, 김대중 씨 권한대행' 어제 6인위 결정

유 당수는 이날 "정계 은퇴, 당수 사퇴, 전국구 사퇴 등 자신의 거취에 대한 결심은 서있으나 사태를 왜곡시키고 당수에게 누명을 씌워 선거를 치르는 혼란 속에 당권을 뺏으려는 일부 기도는 먼저 잡아놓고야 말겠다"고 주장, 김대중 전 대통령 후보 측의 당수 권한대행 취임을 막을 뜻을 명백히 했으며 전 대통령 후보 김대중 씨는 7일에 있었던 6인위의 결의가 합법이라고 선언, "유 당수가 의혹에 찬 지역구 포기로 당을 사지로 몰아넣고 그것이 당내 파쟁의 소산인양 돌리려 함은 국민을 우롱하는 처사"라고 주장, 유 당수의 퇴진을 요구하면서 당수 권한대행을 8일 오후에 수락하겠다고 밝혔다. 이와 같은 움직임은 당초에 보여준 유 당수의 책임 문제로 집약된 신민당 파동이 당권경쟁의 양상으로 변모돼가고 있는 인상을 짙게 풍겨주는 것으로서 주목된다.

김대중, 고흥문, 홍익표, 정일형 씨 등은 7일 오후 3시 김대중 씨 댁에서 회합, (1) 유진산 당수를 제명하고 (2) 선거기간 중 김대중 씨로 하여금 당수 권한을 대행케 하며 (3) 양일동 씨도 자진 탈당케 하되 그렇지 않은 경우엔 제명키로 했으나 뒤이어 6시께 열린 운영위에선 김대중 씨 권한대행에 반대하는 운영위원이 있었을 뿐 아니라 양일동 씨계 당원들이 난입, 아무 결론 없이 헤어졌다.

현 파동을 수습하는 방안에 있어선 유 당수, 김대중 전 후보 측의 상반된 주장 외에 김영삼, 이철승, 김재광, 김형일 씨 등은 6인 내지 7인 비상대책위를 구성하자고 주장하고 있으며 일부에선 당헌 규정대로 고흥문 운영위 차석 부의장을 당수 권한대리로 하자는 안도 있다.

신민당은 8일 오후 운영위를 열어 이 같은 사태를 수습하기 위한 구체적 방안을 논의할 예정인데, 이에 앞서 7일 밤과 8일 오전 각파 유력인사들은 개별접촉을 갖고 의견을 교환했다.

7일 밤 유 당수는 그의 자택에서 양일동 씨와 만났고 고흥문, 김영삼, 이철승 씨는 이 씨 댁에서 만났고 김대중 씨 측에서도 김원만 씨 등이 모임을 가졌으며 8일 오전에도 정일형, 윤제술, 서범석 씨 등이 모임을 가졌다.

한편 7일 오후의 김대중 씨 댁 회합에 대해 고흥문 씨는 "건의키로 한 것이고, 김대중 씨는 운영위의 의견을 듣고 당수 권한대행 수락 여부를 결정하겠다고 말했으며, 결의사항은 아니다"라고 말했다. 또 유 당수는 그의 탈당계를 양일동 씨에게 써주었으며 양 씨는 7일 아침 중앙당사에 이를 갖고 나갔으나 "일부 당원들이 나를 협박하는 상황 아래서는 내놓을 수 없었다"고 밝혔다.

김영삼, 이철승 씨 등 6인
권한대행 김홍일 씨 결의

김영삼, 이철승, 김재광, 김형일, 이중재, 박영록 씨 등 6인의 운영위원들은 8일 낮 조선호텔에서 회합, (1) 유 당수는 일단 당수직을 사퇴한다 (2) 운영위 세 부의장(양일동, 고흥문, 홍익표)도 도의적 책임을 지고 사퇴한다 (3) 그럴 경우 당헌 규정상 김홍일 전당대회 의장으로 하여금 당수 권한을 대행케 한다는 등 3

개 항을 결의하고 유 당수, 김대중 씨 및 운영위 세 부의장에게 이를 수락토록 제의했다. 이에 대해 유 당수와 양, 고 두 부의장은 즉각 동의한 것으로 알려졌다. 한편 김대중 씨와 홍익표 씨는 이에 대해 즉각적인 회답을 하지 않은 것으로 알려졌다.

이에 앞서 유진산 당수의 주류 측은 8일 아침 상도동 유 당수 댁에서 사태 수습을 위한 간부회의를 열어 6인위 멤버 중 김대중, 정일형 씨를 김영삼, 이철승 씨로 교체한 수습 6인위원회를 구성, 이번 사태에 대한 책임을 철저히 규명키로 했다.

이러한 움직임 속에 중앙당사는 양일동 부의장계 당원들에 의해 사실상 점유된 가운데 '유 당수의 명에 의해' 당사 정문 셔터를 닫고 출입을 규제하고 있다.

"유 당수는 퇴진해야 한다"
김대중 씨 회견 "당권파 책임전가 국민우롱"

신민당 김대중 전 대통령 후보는 8일 "유진산 당수가 의혹에 찬 지역구 포기로 당을 사지로 몰아넣고 그것이 당내 파쟁의 소산인양 돌리려 함은 국민을 우롱하는 처사로 유 당수는 물러서야 하며 나는 국민과 당을 위해 모든 투쟁을 다 하겠다"고 말했다. 김 전 후보는 이날 서울 동교동 자택에서 기자회견을 열고 "운영위 수권기구인 6인위의 결정은 운영위 보고로 그쳐 합법이며 다만 권한대행 수락 여부는 오후에 밝히겠다"고 말했다.

김 전 후보는 "6일 밤까지 자기가 책임을 지겠다고 해놓고 이제 와서 태도를 바꿔 그것이 당권경쟁의 소산인양 말한 것은 국민을 우롱하고 당을 사지에 몰아넣는 것으로 유 당수 아래서는 선거를 치를 수 없으며 동지들이 완전 파멸하는 것을 내다보면서 이 사태를 묵과할 수 없어 권한대행을 몇 당내 인사와 상의해 수락하겠고, 당이 약간 혼란하더라도 유 당수 아래 선거를 치르는 것보다는 이것이 낫다"고 말했다.

다음은 김 전 후보의 기자회견 내용.

(1) 신민당의 운영위 규정으로 선거가 끝날 때까지는 후보, 당수가 영도해왔는데 7일 운영위 수권기구인 6인위를 소집하려 했으나 당수는 행방이 묘연, 나머지 세 분에게 연락해 고흥문, 홍익표, 정일형 씨가 모였는데 그들의 의견이 촌각을 다투는 시간에 당을 살리는 길은 유 당수를 제명하고 나를 내세워 이미지를 쇄신해야 한다는 의견이었다. 이래야만 기사회생으로 국민이 새 의욕을 갖고 다시 4 · 27 선거와 같은 호응을 해주기를 기대할 수 있으므로 나에게 책임을 맡을 것을 요청했다.

네 분 중 세 분이 유 당수를 제명하고 내가 권한대행을 하도록 의결, 나에게 수락을 요청하면서 수권위 결의니까 합법으로 운영위에는 보고에 그친다고 말했는데 나는 중앙당에서 운영위 간담회를 열더라도 비록 총선 기간이나마 다수 지지를 받는 상황에서 일하고 싶었다. 운영위에서 고 부의장이 결의사항을 보고하고 나도 경위설명을 하려는데 소란이 벌어져 회의는 유회되고 말았다.

(2) 나는 개인적으로 유 당수 제명 방침을 찬성하지 않았고, 양일동 부의장의 제명에는 반대했다. 양 씨는 내 의견대로 했는데 유 당수만은 그렇게 않고는 당의 이미지를 소생시킬 수 없다고 해서 결정된 것이다. 유진산 씨가 6일 밤까지 자기가 책임지겠다고 해놓고 이제 와서 태도를 바꾼 것은 부당하다. 당권경쟁의 소산이라고 말하는 것은 당수로서 떳떳치 못한 행동이며 저지른 일로 당을 파국에 몰아놓고 그런 태도를 보임에 개탄과 분노를 금할 수 없다.

전국에서 동지들이 한 쪽에선 관권에 몰리고 당의 혼란으로 고초를 받고 있으니 가슴 아픈 심정이며 동지들의 빗발치는 독촉과 애원을 당의 사정으로 결심을 보류해왔으나 숙고 끝에 적어도 유 당수 아래서는 선거를 치를 수 없으므로 유 당수는 물러나야 한다.

국민을 모독하고 동지들의 완전 파멸을 내다보면서 사지에 몰아넣는 것과 같아 권한대행을 단호히 수락할 결심인데 당의 중진과 협의해 최종 결정을 짓겠다.

유 씨의 반성 못한 태도에 대해 나의 국민에 대한 의무와 당의 책임을 위해 투쟁을 다하지 않을 수 없다.

(3) 전국구 후보 공천은 내게 가까운 사람은 모두 제거됐고 유진산 당수의 직계조차 제거됐다. 협의는 요식행위에 불과하고 진산의 독단으로 했다. 협의한 것은 그날 오전에 7명이 하기로 했으나 유청 씨 단 한 사람만 됐고 박순천 씨는 당수 자신이 당의 재정상 본인이 500만 원, 나에게 500만 원씩 내자고까지 하고 탈락시켰다.

내가 전국구를 권한 것은 포기설도 있어 2개월 전에 사적으로 얘기했는데 유세를 위해 지역구가 장해가 된다면 이 기회에 하면 국민도 납득할 것이고 뒷말도 없을 것이라고 했는데 유 당수는 아무리 생각해도 내가 나가야 한다고 말했다. 4일 고 부의장 사무실에서 양 씨가 전국구를 제의했으나 고, 홍 양 부의장과 정 박사, 그리고 나도 반대했다.

유 당수는 양 씨에게 화를 내며 전투에 나갈 사람 사기 떨어지게 왜 그러느냐, 영등포는 내가 나가야 떨어뜨린다고 말했다. 6일 아침에도 이에는 언급이 없었고 그날 오후 2시 오지 말라는 것도 몇 분 후보 협의하느라 억지로 갔으나 책상 위에 메모가 있고 오전에 유 당수가 박정훈 씨와 지역구에 내보내기로 합의한 것인데 단 한 마디 양해나 협의한 일이 없다.

문제는 전국구 인선 내용이 아니라 유 당수의 지역구 이탈이다. 선거공보와 벽보대도 못낸 상황인데 유 당수가 정계에서 떠나야 당과 국가에 봉사하는 길이다.

은퇴, 당수나 전국구 사퇴 중 택일

'당권도전' 장난은 끝까지 규명

유 당수 회견

자신의 지역구 포기와 전국구 공천 문제로 당내에 폭풍을 몰고 온 신민당 유진산 당수는 8일 아침 "그들이 무슨 권한이 있길래 나를 제명했는가"라고 반문, 6인위의 제명조치를 불법이라고 단정했다.

그는 이날 아침 시내 상도동 자택에서 기자와 만나 "이번 문제에 대한 수습 방안으로 (1) 정계 은퇴 (2) 당수직 사퇴 (3) 전국구 사퇴 등 문제를 당 간부들에게 제시하고 협의하도록 지시했다"고 밝히고, "이런 중대한 시기에 남에게 누명을 뒤집어씌우고 당권도전 장난을 하는 것은 있을 수 없으며 이것은 선거전에서 싸우고 있는 동지들에게 찬물을 끼얹는 일로 용납될 수 없으며 끝까지 규명하겠다"고 강경한 어조로 말했다.

— 7일 아침부터 저녁까지 어디 갔었는지.

"6일 밤에 전국구 등록을 마치고 집에 돌아와 난동을 겪고 나니 잠도 제대로 못 자고 또 다음날 인사차 찾아올 사람도 많을 것 같아서 7일 아침 일찍 한남동 아들 집에서 휴식을 취한 다음 오후 6시 집에 돌아왔을 뿐이다. 내가 돈을 가지고 일본으로 도망갔느니 하는 것은 그렇게 말하는 사람들의 인격이 의심스럽다."

— 일본으로 간다는 얘기가 있었는데.

"전부터 아들 결혼식 관계로 일본에 가려 했으나 그동안 선거 때문에 바빠서 못 갔고 또 전국구 심사 관계로 가지 못했는데 김대중 의원도 하루 갔다 다음날 오면 되지 않느냐 해서 전국구 심사를 마치고 급히 다녀오려고 했지. 그러나 야당 당수가 제 나라에서 못 살고 억만금을 가지고 남의 나라에 가다니⋯. 이 유진산이가 지역구를 팔아넘겼다는 생각을 고치지 않으면 우리나라의 앞날은 암담한 것이야."

— 영등포 갑구 포기를 등록시간 임박해서 결정한 이유는.

"원래 나는 당수가 되면서부터 지역구를 포기할 생각을 했다. 다만 최근에 와서는 상대가 장덕진 씨이기 때문에 포기 문제에 신중을 기했고 공화당에서 유능하다고 하는 그 사람을 꺾기 위해서는 내가 나가야겠다고 올 봄부터 마음을 굳혔으며 그래서 지역구 당사도 새로 얻었다. 그러나 그후 전국의 지역구 간부들이 찾아와 백 명이면 구십구 명이 모두 날더러 지역구를 포기하고 유세지원, 자금지원을 해달라고 애절하게 요청해왔기 때문에 결국 전국구로 나서게 된 거다. 대통령 선거 때 돈 내겠다고 한 사람이 3분의 1도 못 내 자금에 궁한 나머지 지난번 내가 금산, 진주 유세를 떠나면서 우선 전국구 공천의 헌금을 받아 쓰라고 했더니 육칠 명에게서 2억이나 받아 썼더군. 정치적 상대방을 꺾기 위해 돈을 받아 썼다, 사꾸라다, 팔아먹었다는 등 근거 없는 소리를 해서야 이 나라가 되겠는가." 그는 대통령 선거 때 돈 내겠다고 한 사람이 3분의 1도 못 냈다고 말하는 대목에서 갑자기 음성을 높이면서 왼손을 들어 탁자를 탁 쳤다.

—6인위의 제명 결정에 대한 소감은.

"그 사람들은 6인위도 아니고 그 회의라는 것도 네 사람이 한 짓이다. 나도 참석 않고, 양일동 부의장에게 강제로 탈당계를 쓰게 하다니 그런 야만적인 일을 해놓고 무슨 6인위요. 내가 지방에 가려면 양 부의장에게 그동안 당무를 맡긴다고 분명히 밝혔어."

— 영등포 갑구에 하필 무명 청년을 공천한 이유는.

"전부터 박세경 씨가 찾아와서 아들에게 영등포 정구(丁區)를 맡겨달라고 요청했고 또 전국구에 신청도 했고 당 내외에서 젊은 사람들을 이용만 한다는 불평들을 귀가 따갑도록 많이 들어오던 차에 박정훈 군은 젊어서 조직력도 있고 아버지가 정치자금도 댈 능력이 있는 사람이라 이 정도면 상대방을 꺾을 능력이 있다고 판단해서 결정했다. 결정이 너무 늦어 선거활동에 지장이 있다는 것은 인정하나 젊은이가 뛰면 장덕진이 정도는 문제 없어."

— 이번 전국구 후보 인선은 혼자 했다는데.

"처음에는 김대중, 양일동 씨에게 맡겨 그들은 4일과 5일 밤까지 만나 인선을 했으나 완전한 결론을 내리지 못하고 헌금 기준만 마련해왔어. 그래 5일 밤 이들 두 사람과 앰배서더 호텔에서 만나 논의하다가 나만 먼저 열한 시 반에 나왔지. 그들이 철야, 6일 아침에 마련한 안을 내놓으나 완전 합의된 것이 없었어."

— 전국구의 인선 원칙은.

"나는 한 가정에서 국회의원은 한 분 나오면 된다고 생각해서 내외, 부자간, 형제들은 모두 뺐으며 6일 오후 4시 15분경 정일형 씨가 찾아와 부인 이태영 씨를 부탁한 것도 이런 원칙 때문에 안 된다고 거절했다. 대구의 신진욱, 서범석, 양일동, 정일형 씨의 경우가 모두 여기에 해당돼."

"책임지고 곧 수습"

유 당수, 대변인 통해 성명

신민당 유진산 당수는 8일 오전 김수한 대변인을 통해 특별성명을 발표, "당에서 일어난 모든 잡음과 혼란을 자기책임 하에서 사필귀정의 원칙에 따라 오늘 내일 사이에 수습하겠다"고 밝혔다.

유 당수는 또 이 성명에서 "우리 신민당이 내부 문제로 인해 다소의 혼란을 빚어냄으로써 4·27 선거에서 보여준 바 있는 국민의 절대적인 기대와 지지에 적지 않은 실망을 안겨준 데 대해 당을 대표하는 사람으로서 국민들에게 송구한 마음을 금할 수 없으며 전국 153개 지역에서 어려운 싸움을 벌이고 있는 당 공천자들에게 마음 아프게 생각한다"고 말하고 "전국 당원들은 추호도 동요 없이 필승을 기하는 데 전력을 다하기를 바라며 국민들의 지지가 있기를 바란다"고 말했다.

"양일동 씨 사퇴서는 무효"

유 당수 언명

신민당 유진산 당수는 8일 오전 양일동 운영위 부의장이 쓴 탈당서에 대해 "양 부의장의 사퇴서는 법적으로 무효며 이러한 강압적인 사태에 대한 진상을 철저히 규명, 단호히 조치하겠다"고 말했다.

1971년 5월 8일자 〈동아일보〉

9일 신민당의 여러 파벌들이 독립운동가 출신인 김홍일 전당대회 의장을 총재 권한대행으로 추대하는 데 동의하여 사태는 잠정적으로나마 수습됐다.

유진산이 포기한 영등포 갑구에는 6·3세대인 박정훈(朴正勳)이 후보로 공천됐다. 박정훈은 1971년 2월 19일 6·3세대 20명이 한꺼번에 신민당에 입당할 때 그 일원으로 입당했다. 당시 이들의 입당식에서 유진오 당수와 김대중 등 중진들이 크게 환영해주었다. 김대중은 "젊은 세대에게 기대가 크다"며 자신의 대통령 선거 유세를 도와달라고 여러 차례 부탁한 바 있었다. 그러나 박정훈은 진산파동과 관련해 갖은 음해를 받았다.

〈동아일보〉는 5월 10일 사설에서 유진산을 인신비방과 더불어 혹독하게 공격하고 그에게 정계은퇴를 강권했다. 〈동아일보〉는 진산파동을 보도하는 데 있어서 일방적으로 김대중의 손을 들어주었다. 이에 비해 다른 신문들은 대체로 유진산과 김대중 사이의 당권다툼에 관한 보도에서 중립적인 논조를 유지했다. 다음은 〈동아일보〉의 사설이다.

유진산 씨의 거취

유 당수의 '배신적' 전국구 후보 등록을 계기로 폭발한 신민당 내의 이른바 '진산파동'이 당 간부들의 수습안과 김대중 전 대통령 후보의 양보로 우선 파국을 모면케 된 것은 참으로 다행한 일이다. 총선체제로 중도적인 당내 원로 김홍일 씨에게 임시로 당수 권한을 대행케 하고 유진산 씨는 당수직만을 물러서게 하는 것 등을 골자로 일단 휴전을 성립시킨 것은 총선에 임해서 국민의 여망에 부응하려는 신민당 간부들의 민주역량의 과시로서 마음 흐뭇하고 고무적인 사태 수습이라 아니 볼 수 없다.

사람에 따라서는 이번 파동을 신민당의 내분으로 보려는 경향도 없지 않은 듯하나 이번 파동은 오로지 유진산 씨 개인의 배당행위가 빚은 것이므로 당권투쟁과는 일단 분리해서 생각해야 할 문제며 이 사건이 신민당 전체의 문제처럼

보인 것은 유 씨가 당수직에 앉아 있었다는 사실에 크게 기인한다. 이 사건을
계기로 당내의 세칭 주류, 비주류 간에 약간의 불협화음이 있었던 것은 지도 체
제가 마비될 때 으레 있을 수 있는 일이며 강력한 구심 역할을 할 수 있는 권력
이 결해 있는 야당으로서 단시일 안에 이만큼 수습이 가능했다는 것은 오히려
국민의 공당으로서 체질이 개선돼가는 신민당의 새로운 모습을 보여준 예라 할
것이다.

그러나 당의 파동 수습과는 상관없이 유진산 씨는 차제에 자진해서 아주 신민
당을 탈당, 정계를 은퇴하는 것이 그에게 다소의 양식이 있다면 바람직한 태도
일 것이다. 물론 개인 유진산에 대해서는 일면 동정이 없는 것도 아니나 유진산
씨가 정계를 은퇴해야 한다는 것은 오늘날 국민의 여론처럼 돼있다. 혹자는 이
번 사건을 단지 전국구 후보등록이 유발한 한낱 파동이라 볼는지도 모르나 전
국구 후보등록은 그의 정치작풍이 빚은 있을 수 있는 귀결이며 그가 영등포 갑
구를 버린 것은 하나의 독립된 행위로서가 아니라 그의 정치작풍의 한 부분으
로 보아야 한다는 것이다.

그가 가는 곳, 그가 행하는 일에 일찍이 잡음과 의혹이 뒤따르지 않은 예는 드
물었다. 금산 지역구를 내놓은 이래 이번 또다시 영등포 갑구를 버리게 된 이
면, 또 몇몇 서울과 지방 지역구의 공천 과정에서 생긴 갖가지 의혹에 찬 항간
의 화제들은 오늘날 부녀층, 청소년층에까지 널리 번지게 되었으며 이른바 ‘진
산 이미지’는 전 국민 간에 불신의 상징, 권모술수의 화신처럼 알려지고 있다.
유진산 씨에 대한 불신은 당초 정계에서부터 싹텄으며 많은 동지들이 그와 당
을 같이할 수 없다고 메별을 했고 그가 소속하고 있는 당을 사이비야당 또는 위
장야당으로 몰아세우기를 서슴지 않았다. 그러나 그런데도 우리는 그가 소속
한, 또 그가 영도하는 신민당을 건전야당으로 고무, 격려했으며 성장을 성원해
마지 않았다.

우리도 이른바 ‘진산작풍’을 모르지는 않았으나 한 파벌의 두목이 아니요 이미

한 나라 제일 야당의 당당한 당수가 된 마당에 종래와 같은 권모술수나 '장난'은 절대로 하지 않으리라고 믿어 의심치 않았기 때문이다. 그러나 타고난 인간성에서는 벗어나지 못하는 것일까, 그는 이번 공천 과정에서 또다시 예의 술수를 부려 당원들은 물론 국민들의 격분을 야기시키고 말았다. 그에게 두터운 신뢰를 걸어온 사람들에게는 하늘이 무너지는 것이나 다름없었다. 한데도 그는 거의 자책의 기색을 보이지 않고 먼저 당권에 도전하는 자를 묵과할 수 없다느니 억울한 누명을 쓸 수 없다느니 하며 한때 어디론가 잠적한 듯하다가 주류파를 업고 서서히 반격태세로 나온 품이 구태의연한 '진산수법'을 그대로 보여주어 국민을 더욱 실망시키고 말았다. 그는 이번 파동을 영등포 갑구를 버린 사실에만 애써 국한시키려 하고 있으나 문제는 그의 정치작풍에 국민이 싫증과 불신을 표하고 있다는 사실이 더욱 중요하다.

만약 이번 파동을 계기로 유진산 씨가 모든 사태에 책임을 느끼고 스스로 정계를 은퇴한다면 그에게도 권모술수만이 아닌 자성과 자책을 할 줄 아는 솔직한 인간성이 있다는 것을 보여줄 기회가 될 것이다. 이 시점에서 그가 전국구 1번을 계속 고집한다는 것은 권토중래를 노리는 그의 예의 특유한 술수의 일면이라는 의혹을 면치 못할 것이며 이는 그로 하여금 다시는 회복할 수 없는 불행의 씨앗이 될는지도 모른다. 개인으로서 유진산 씨가 노후를 평안히 보내고 신민당이 체질개선을 이루어 재생의 계기를 마련하고 정치의 근대화를 이루어 이 나라 의회민주주의를 육성하기 위해서는 이 시점에서 유진산 씨가 당의 수습과는 상관없이 자진 탈당, 정계를 은퇴하는 길 외에는 다른 방도가 없다고 본다. 그에 대한 불신과 의혹이 얼마나 일반 대중 사이에 깊숙이 번지고 있는가는 스스로 여론을 조사해보면 알 일이며 우리는 여기에서 중언부언할 필요성을 느끼지 않는다. 하여간 '진산시대'와 그가 상징하는 '진산작풍' 시대는 이미 지났다고 보아야 한다.

유진산 씨는 해방 이후 오늘까지 줄곧 이 나라의 의회민주주의의 발전만을 염원해왔고 이를 위해서만 노려했다고 말할 사람이 있을지도 모르나 그 선해기 만약 옳다고 한다면 유진산 씨는 정계에서 문자 그대로 은퇴하는 것이 그의 소원을 실현할 수 있는 가장 현명한 길이라는 것을 깨달아야 할 시점에 서있는 것이다. 유진산 씨의 현찰을 촉구해마지 않는다.

1971년 5월 10일자 〈동아일보〉

선거대책위원이 된 김대중은 야당 대통령 후보를 지내면서 얻은 지명도를 활용하여 지역구 입후보자들을 위한 지원유세에 나서기 시작했다. 그는 5월 11일 유진산의 정계은퇴가 기필코 이루어져야 한다고 다시 한 번 말했다.

"유진산 씨 꼭 물러나야"

김대중 씨 오늘 서울유세 앞서 주장

신민당 김대중 전 대통령 후보는 11일 오후 서울 성북 을구를 비롯한 7개 지역 국회의원 후보 지원 유세에 앞서 "신민당의 이번 진산파동은 큰 안목에서 볼 때 신민당이 선명 건전야당으로 새출발하는 대전기를 마련, 전화위복의 길이 되었다"고 말하고 "유진산 씨의 정계은퇴는 기필코 이뤄져야 하며 당과 나라를 위한 유일 최후의 길은 자진 은퇴하는 길뿐"이라고 말했다.

김 전 후보는 4·27 대통령 선거 후 처음 나가는 유세에 앞서 이같이 말하고 "신민당 문제에 있어서 국민들이 경각해야 할 점은 공화당의 정보정치 마수"라고 지적, "박 대통령은 건전야당을 육성한다 해놓고 이같이 정당을 망치는 일을 서슴지 않고 그들은 밑으로는 말단 참관인과 선관위원의 매수로부터 위로는 당수까지 망치고 있으니 마땅히 국민의 규탄을 받아야 할 것"이라고 말했다.

1971년 5월 11일자 〈동아일보〉

1971년 5월 25일 8대 국회의원 선거가 실시됐다. 의원 정수는 6~7대 때의 175명보다 29명 늘어난 204명이었다. 총유권자 1561만 258명 가운데 1143만 202명이 투표에 참가해 73.2%의 투표율을 보였다.

선거 결과 여당인 민주공화당이 48.7% 득표하여 113석(지역구 86, 전국구 27)을 얻었고, 신민당이 44.3% 득표하여 89석(지역구 65, 전국구 24)을 얻었다. 신민당은 7대 국회에 비해 의석이 2배 가까이로 증가했다. 특히 대도시인 서울, 부산, 대구에서 신민당은 압승을 거두었다. 신민당은 선거구가 19개인 서울에서는 18명이 당선됐고(공화당 후보 중 유일한 당선자는 장덕진), 선거구가 8개인 부산에서는 6명, 선거구가 5개인 대구에서는 4명이 당선됐다. 군소야당인 국민당과 민중당에서는 1명씩만 당선됐다. 통일사회당과 대중당은 단 1명의 당선자도 내지 못했다.

신민당은 '진산파동'에도 불구하고 89석이라는, 당시의 야당으로서는 초유의 의석수를 확보했다. 이에 대해 진산파동이 없었으면 신민당이 더 많은 의석을 얻었을 것이라는 견해와 진산파동으로 야당이 수세에 몰리자 유권자들의 견제심리가 발동하여 신민당이 그 덕을 본 것이라는 견해가 엇갈렸다.

총선 이후 처음으로 6월 8일 신민당의 정무회의가 열렸다. 이 자리에서 유진산은 진산파동의 진상 규명을 요구했다. 유진산은 자신이 여당으로부터 뇌물을 받았다는 소문이 유포된 것을 비롯한 모든 사건진행 과정이 폭력으로 당권을 탈취하려는 김대중의 음모에서 비롯된 것이라고 생각했다. 그는 다음과 같이 말했다.

그간 선거 도중이라 근신하고 있었지만, 이제 선거가 끝났으므로 전국구 파동에 대한 진상규명이 있어야 합니다. 폭력으로 당권을 잡으려는 정치풍토를 시정해야 하며, 당원들 간에 당수가 당을 팔아먹었다는 불평과 의문이 가시지 않는 한 전당대회는 의미가 없습니다. 나는 분명히 말하거니와 전국구 공천을 계기로 당을 팔거나 해당행위를 한 일이 없습니다.

이에 따라 김형일을 위원장으로 하고 7인으로 '선거 사후처리 특별조사 위원회'가 구성됐다. 특별조사위원회는 6월 9일부터 조사에 착수해 자료수집에 나섰고, 14일에는 전국구 공천에 대한 첫 '당내 정치재판'이 열렸다. 총재실은 임시법정으로 바뀌었다. 위원석 맞은편의 증인석에 유진산, 양일동, 홍익표, 김대중, 고흥문, 정일형이 순서대로 앉아 심문을 받았다. 특별조사위원회는 두 차례에 걸친 유진산과 김대중의 대질증언을 포함해 관계자들의 증언을 청취하고 조사활동을 벌였다. 특별조사위원회는 6월 24일 6개 항의 조사결과를 발표했는데 주요 내용은 다음과 같다.

— 유진산의 지역구 포기에 따른 금전수수설은 근거가 없고, 다만 유진산이 단독으로 지역구를 포기해서 당원과 국민의 공분을 산 데 대해서는 책임을 져야 한다.

— 김대중은 이날(5월 6일) 오후 1시쯤 이 같은 사실을 진산으로부터 미리 통고받고도 만류하지 않은 책임을 져야 한다.

— 전국구의 무원칙한 공천은 유진산이 단독으로 처리했지만, 김대중도 공천 심사의 의무를 다하지 못한 책임을 져야 한다.

— 5월 7일 김대중 집에서 6인위 멤버 중 김대중, 고흥문, 홍익표, 정일형 등 4명이 모여 유진산을 제명하고 김대중을 당수 권한대행으로 결의한 것은 불법적인 처사로 유감된 일이다.

— 중앙당사의 난동 및 폭행 사태에 대하여는 서울 중구(정일형), 동대문구(송원영), 서대문 을구(김상현), 성동 갑구(양일동) 등 관계 지구당 간부들이 책임을 져야 한다.

신민당은 정무회의를 열어 이 같은 특별조사위원회의 보고서를 채택했다. 그러나 유진산은 정무회의의 결정에 만족하지 않았다. 그는 자신의 계보가 다수인 중앙상무위원회에서 반격을 시도했다. 6월 30일 중앙상무위원회가 열리자 김대중에게 공개사과를 할 것을 요구하는 측과 이에 반대하는 측이 맞서며 격론을 벌였고, 회의는 사흘을 끌었다. 7월 3일 자정에 이르러서야 양측은 다음과 같은 3개 항의 결의문에 동의했다.

결의문(1971년 월 30일, 7월 2일, 7월 3일에 걸친 제7차 중앙상무위원회에서 최용근 의원의 동의로 가결한 것임)

주문(主文)

5·6 파동을 처리하고 다음 전당대회를 단합된 모습으로 치르기 위하여 다음과 같이 동의한다.

① 5월 6일 하오 9시경 유진산 당수 댁에서 야기된 지역구 포기에 대하여 항의하는 지구당원에게 사실무근한 금전수수설을 고의로 유포시켜 난동을 확대시키고 전 국민을 공분케 한 주모자는 즉각 제명할 것을 요구한다.

② 김대중 전 대통령 후보는 5·6 파동으로부터 국회의원 선거기간 중을 통하여 이 파동의 확대를 막고 수습할 지도적 책무가 있음에도 불구하고 수습과정에서 여러 가지 점에서 확대시켰고 유 당수에 대하여 너무도 과도한 정치적 비난을 함으로써 이와 같은 혼란을 초래한 그 진의를 국민과 당수에 밝히고 유 당수와 전 당원에 대하여는 공개 사과할 것을 요구한다.

③ 이 동의는 정기 전당대회 이전에 완전히 처리되어야 한다.

김대중은 즉석에서 공개 사과했다. "나의 수양이 부족한 탓으로 유진산 전 당수의 명예를 훼손한 데 대해 진심으로 미안하게 생각합니다." 이어 그는 앞자리에 앉은 유진산에게 악수를 청했다.

유진산은 김대중계의 선봉장으로 나서서 자신의 정계은퇴를 강력히 주장해온 김상현을 바라보고 웃음을 띠며 말했다.

"자네는 종아리를 좀 맞아야 해."

이에 김상현이 허리를 굽히며 말했다.

"선생님, 정말 죽을죄를 지었습니다."

국회의원 선거가 끝나자 신민당의 각 계보는 숨 돌릴 틈도 없이 당권경쟁에 나섰다. 7월 20일 총재를 선출하는 전당대회가 열릴 예정이기 때문이었다. 상처를 입고 퇴진한 진산계의 쇠퇴와 신진들의 대거 진출로 계보 판도가 크게 바뀌었다.

유진산을 정점으로 했던 범주류는 유진산 직계, 양일동계, 고흥문─김영삼계로 갈라졌다. 이철승과 정해영이 독립계보를 이루었고, 김홍일 총재대행도 독자세력을 이끌었다. 이에 비해 비주류는 김대중을 중심으로 단일 세력을 형성함으로써 신민당 내 최대 파벌이 됐다. 범주류는 김홍일 총재대행을 밀기로 합의했다. 양일동과 김대중도 당 총재 후보로 출마했다.

7월 20일 시민회관에서 902명의 대의원 중 882명이 참가한 가운데 총재를 선출하기 위한 신민당 전당대회가 열렸다. 김홍일 총재대행, 양일동, 김대중 등 3인의 후보를 놓고 실시된 1차 투표의 결과는 김홍일 407표, 김대중 302표, 양일동 172표, 기권 1표로 나와 과반수 득표자가 없었다. 대의원 878명이 참가한 2차 투표에서도 김홍일 425표, 김대중 340표, 양일동 111표로 역시 과반수 득표자가 없었다. 대회가 산회한 뒤 뉴코리아 호텔에서 양일동과 김대중이 만나 단일화 협상을 벌였으나 서로 양보하지 않았다.

7월 21일 875명의 대의원이 참가한 3차 투표에서 김홍일 444표, 김대중 370표, 무효 61표가 되어 과반수를 얻은 김홍일이 총재가 됐다. 이날 전당대회는 다음 정기 전당대회를 1972년 5월 31일 개최하기로 결정한 뒤 "우리는 일체의 비생산적인 당내 파쟁과 대내 투쟁을 지양하는 데 다 같이 노력한다"는 결의문을 채택한 뒤 폐막했다.

김홍일이 총재에 당선됐다는 소식이 전해지자 대회장 밖에 몰려있던 김대중 지지 세력이 폭력을 휘둘러 시민회관 앞 광장이 아수라장이 됐다. 500여 명을 헤아리는 폭력배와 젊은이들이 김대중의 패배에 반발해 "죽여라" 하는 등의 소리를 지르며 대회장으로 난입했다. 이들은 김홍일 총재의 사진을 떼어내 불살랐다. 이들은 대회장을 나서는 김영삼, 이철승, 서범석 등 주류파 의원과 대의원들에게 각목을 휘두르며 습격했다. 최형우 의원 등 주류계 대의원들이 몽둥이와 돌에 맞아 병원에 입원했다. 이것은 야당 전당대회 사상 처음으로 발생한 대규모 유혈 폭력사태였다. 당시 습격당한 의원들은 생명의 위협을 느꼈다고 나중에 회고했다.

그러나 김대중은 이때의 폭력사태에 대해 "자연발생적인 것으로 우리 측과는 아무런 관계가 없다"고 주장했다. 김대중은 훗날 이 전당대회의 총재 경선과 폭력사태에 대해 다음과 같이 진술했다.

당시 나는 앞서 말한 자동차 사고로 인한 부상으로 몸이 부자연스러운 상태였지만, 이를 개의치 않고 7월 말의 당수경쟁에 나서게 되었다. 나 자신에 관한 얘기를 한다는 것은 어쩐지 마음에 내키지 않는 일이지만, 국민은 한결같이 내가 당수가 되는 것을 바라고 있었다. 대부분의 국민은 "신민당은 김대중을 나라를 맡으라고 대통령 후보로까지 추천했으면서 무엇 때문에 만장일치로 그를 당수로 당선시키지 못하는가"라고 말했다.

그런데 국민의 소리와 당내 상황과의 사이에 생긴 커다란 간격은 어떻게 할 수 없을 정도로 넓어져갔다. 유진산 씨는 그 자신이 도저히 출마할 수 없다는 것을 알고 있었기 때문에 당내에 아무런 기반도 없는 김홍일 씨를 내세웠고, 그에 따라 나의 라이벌인, 이른바 40대 기수로 불리어지고 있는 사람들이 이에 가담했다. 이때의 선거는 나의 몸이 제대로 회복되어 있지 않았다는 것과 내가 당권을 장악하지 못하고 있었다는 등등의 이유로 인하여 부정을 완전히 방지할 수가 없었다. 게다가 중앙정보부의 철저한 개입, 그리고 나의 지지자에 대한 협박, 매수 또는 출마방해 등이 공공연하게 벌어졌던 것이다.

당수 선거는 서울 시민회관에서 2일간에 걸쳐 3차 투표까지 실시되었으나 나는 결국 지고 말았다. 이때 서울시민과 지방에서 올라온 수천 명의 지지자들이 빗속에서도 시민회관을 둘러싸고는 나를 당수로 당선시키라고 절규했다. 내가 회장 안으로 들어가려 하자 만세소리가 터져 나왔고, 나를 반대하는 인사가 들어가자 욕설이 빗발치는 등의 광경이 벌어졌다.

선거에서 내가 패배하자 그들은 나의 반대세력에 분노를 터뜨리다가 드디어는 폭력사태로까지 발전하게 되었다. 나의 반대세력은 이 같은 소동을 내가 배후에서 조종한 것이라고 지레 짐작하고는 멋대로 사건을 꾸며댔다. 경찰도 개입해서 조사했지만 이는 시민들의 자발적인 행위였음이 입증되었다.

사실은 나 자신도 놀란 일이지만, 한국에서는 지금까지 여, 야당을 불문하고 당수 선거에 이토록 국민이 열의를 보인 예가 없었다. 당시 서울 시내에서 택시를 타면 운전사들은 신민당이 나를 당수로 선출하지 않은 데 대해 격노하는 등 모두들 이런 얘기를 화제로 삼았을 정도였다.

《후광 김대중 대전집》, 제6권 《독재와 나의 투쟁》, 1993, 139쪽

이때 신민당 총재로 선출된 김홍일(金弘壹. 1898~1980)의 경력은 다음과 같다.

평안북도 용천에서 태어나 1918년 정주 오산학교를 수석으로 졸업한 뒤 중국 상해로 망명해 1920년 상해 독립군 군비단에 몸을 담았다. 1921년에 일본군과 벌인 천보산 전투에서 승리한 뒤 시베리아 이만으로 가서 '대한의용군 군사위원회'를 조직하고 본격적인 항일 무장투쟁을 벌였다. 김구 주석의 권유로

1945년 6월에 광복군 참모장을 맡아 국내진공 작전을 준비했지만 일본의 항복으로 뜻을 이루지 못했다. 1948년 귀국해 육군사관학교 교장, 육군참모학교 교장, 육군 제1군단장 등을 지내고 1951년 중장으로 예편했다. 이후 외무부 장관, 국회의원, 광복회장 등을 역임했다. 정부는 1962년 그에게 건국훈장 독립장을 수여했다.

한국이 7대 대통령 선거와 8대 국회의원 선거를 치른 1971년은 한반도를 둘러싼 국제정세에 엄청난 변화가 일어난 해였다.

1971년 3월 주한미군 제7사단 병력 2만 명이 철수함으로써 주한미군은 제2사단만 남게 됐다. 이로써 주한미군 병력은 6만 2천 명에서 4만 2천 명으로 줄어들었다. 이에 대해 박정희는 북한이 다시 남침해도 미국이 남한을 돕지 않겠다는 뜻을 밝힌 것으로 받아들였다.

7월 초 닉슨 미국 대통령의 안보보좌관인 헨리 키신저가 비밀리에 중국을 방문해 수상 주은래와 회담했다. 중국의 모택동과 주은래는 소련의 위협에 맞서기 위해 미국, 일본과 국교를 수립하기로 결단을 내렸다. 7월 16일 닉슨 대통령이 주은래 수상의 초대를 받아들여 10개월 안에 중국을 방문하겠다고 발표해 전 세계를 경악케 했다.

중국은 1969년에 소련과 국경충돌을 일으킨 후 소련의 전면적인 침공에 대해 우려하고 있었다. 제정 러시아와 청 제국 시절부터 러시아와 중국은 심각한 영토분쟁을 겪었다. 10차례 이상의 조약 체결에도 불구하고 4300킬로미터가 넘는 두 나라 간 국경은 확정되지 않은 곳이 많았다. 두 나라 모두 공산당이 집권하여 서로 동맹관계를 맺었으나 영토분쟁의 우려는 상존하고 있었다. 중소관계는 1950년대 후반부터 냉각됐다. 1962년에는 6만 명의 신강 위구르 족이 경제난을 견디다 못해 소련으로 탈주하는 사건이 일어났다. 중국은 이를 소련의 선동에 의한 것으로 보고 소련 측을 비난했다.

소련과 중국은 국경을 확정하려고 교섭을 벌였지만 성과를 거두지 못하고 1969년 3월 우수리 강 유역의 다만스키 섬에서 무력충돌을 빚었다. 8월에는 신강 위구르 자치구에서 두 나라 군대가 교전했다. 소련과 중국 모두 대사를 소환했다. 서로간의 국경에 소련은 50만 명, 중국은 150만 명의 병력을 배치했다. 소련은 한때 전면전까지 생각하고 중국을 침공할 뜻을 미국에 알린 적이 있다. 미국 정부는 소련이 중국을 점령할 경우 더욱 상대하기 벅찬 상대가 될 것으로 판단해서 소련이 중국을 침공하면 좌시하지 않겠다고 했다. 이에 소련은 중국 침공을 포기했다.

그 뒤로 중국 정부는 미국과의 관계 정상화를 고려하기 시작했다. 미국 정부도 전후에 세계경제의 절반이나 차지할 정도로 막강했던 미국의 경제력이 상대적으로 위축되면서 소련과의 군비경쟁에 부담을 느끼고 있었던 데다가 장기화된 베트남 전쟁에 지쳐 새로운 외교노선을 모색하고 있었다. 긴밀한 동맹국이던 소련과 중국이 서로 대립하자 미국은 중국과 손잡고 소련을 견제하는 방향으로 놀라운 정책변경을 결정했다.

9월 6일 북경에서 중국 인민해방군 참모총장 황영승(黃永勝)과 북한 인민군 참모총장 오진우(吳振宇)가 북한에 대한 중국의 무상 군사원조에 관한 협정에 서명했다. 이 자리에는 주은래도 배석했다. 소련의 침공에 대비하기 위해 필요한 지역 중심으로 병력의 대부분을 배치한 중국이 만주 일대의 안전을 확보하고 그곳의 후방기지를 보존하기 위해서는 북한의 협조가 절실했는데, 이 때문에 중국이 북한과 무상 군사원조 협정을 체결한 것이었다.

10월 25일 미국의 양해 아래 유엔에서 상임이사국이던 자유중국(대만)이 축출되고 그 자리를 중국이 대신 차지했다.

이 해에 한국 국내에서는 성남지역에서 5만여 명에 이르는 빈민들의 폭동(8월 10일)이 일어나는가 하면 실미도에서 북한 침투를 위한 훈련을 받던 군의 특수부대원들이 경비원 23명을 사살하고 탈출(8월 23일)하는 사건이 발생하는 등 일련의 충격적인 사건들이 이어졌다. 11월에는 김대중이 교통사고로 다친 허벅지의 통증을 치료하기 위해 일본으로 가서 게이오대학 부속병원에 입원했다.

12월 6일 박정희 대통령이 '국가비상사태'를 선포했다. 닉슨 미국 대통령이 '아시아의 안보는 아시아인의 손으로'라는 취지의 닉슨 독트린을 발표하고 미국 정부가 주한미군의 일부를 철수하고 중국과 국교를 수립하려는 움직임을 보이는 등 격변하는 국제정세에 대한 대응을 위해 국가비상사태를 선포한다고 했다. 박정희는 국가비상사태 선포에 관한 담화문을 통해 △ 정부의 시책은 국가안보를 최우선으로 하고 조속히 만전의 안보태세를 확립한다 △ 안보상 취약점이 될 일체의 사회불안을 용납하지 않고 불안요소를 배제한다 △ 모든 국민은 안보 위주의 새로운 가치관을 확립해야 한다 △ 최악의 경우 우리가 향유하고 있는 자유의 일부도 유보할 결의를 가져야 한다는 등 6개 항을 선언했다. 일본에서 이 소식을 들은 김대중은 곧 귀국해 기자회견을 갖고 박정희의 국가비상사태 선포를 비난했다.

> 이는 박 대통령이 그의 독재정권을 더욱 강화하기 위해 선전하는 것일 뿐 지금 당장 북한이 침공하려 하고 있는 것은 아니다. 북한은 침공해올 수도 없고, 또 그런 계획도 현재로서는 가질 수가 없는 것이다. 이는 사실과는 완전히 상반되는 허구의 선전이다.

1972년 2월 닉슨 미국 대통령이 중국을 방문해서 상해 공동성명을 발표함으로써 미국과 중국 사이에 사실상 국교가 수립된 셈이 됐다. 상해 공동성명은 남북한의 국가원수에게 똑같이 큰 충격을 주었다. 미국과 중국은 비밀접촉을 하면서 남한과 북한에 그런 사실을 전혀 알려주지 않았다. 남한 정부는 미국으로부터, 북한 정부는 중국으로부터 버림받는 것 아닌가 하는 의구심을 품었다.

이에 박정희 정권이 제의하고 북한의 김일성이 수락하여 남한과 북한이 비밀협상을 벌이게 됐다. 남한의 중앙정보부장 이후락이 5월 비밀리에 평양을 방문해 김일성과 면담했고, 이어 북한의 부총리 박성철이 서울을 방문했다. 그 결과로 1972년 7월 4일 남북한 공동성명이 발표됐다. 이 공동성명에서 남북한은 ① 통일은 외세의 간섭 없이 자주적으로 이루어져 하고 ② 통일은 평화적 방법으로 실현돼야 하며 ③ 사상과 이념, 제도의 차이를 초월하는 민족적 대단결을 도모해야 한다는 것을 통일의 3대 원칙으로 내세웠다. 이 공동성명은 모든 국민을 놀라게 했고, 국민 사이에 통일에 대한 기대 내지 환상이 고조되게 했다.

1972년 5월 31일로 예정된 신민당 전당대회가 다가오자 총재직을 놓고 신민당 안에서 유진산, 양일동, 김영삼, 이철승, 김홍일, 김대중 등이 세를 겨루었다. 이번에는 김홍일 총재와 김대중이 연합했다. 1971년 7월의 전당대회 때에는 김홍일을 당수로 밀었던 친유진산 세력이 이번에는 김홍일에게 도전하는 반전이 일어난 것이었다. 당시에 김홍일과 당권을 겨루었던 김대중과 양일동은 이번에는 김홍일과 같은 배를 타게 됐다. 신민당의 각 파벌은 전당대회 때마다 이합집산을 거듭하면서 여러 차례 정치무상의 실상을 보여주었지만, 다른 어느 때보다 이때의 파벌간 합종연횡이 특히 인상적이었다.

김홍일과 김대중이 주축인 반유진산 연합의 요구로 전당대회가 5월 31일에서 7월 21일로 1차 연기됐다(신민당의 전당대회는 어느 파벌의 입장에서 표 계산을 해본 결과 승산이 없을 때나 계보간의 협상이 여의치 않을 때 연기 요청이 나와 적당한 구실로 연기되는 경우가 자주 있었다). 그런데 7월 4일 남북한 공동성명이 발표되자 김홍일 당수와 김대중이 1973년 초까지 전당대회를 다시 연기하고 남북협상의 진행상황 등 국내외 정세를 관망할 것을 주장했다. 논란 끝에 전당대회는 8월 23일 열기로 합의됐다.

8월이 되자 김대중은 정부가 발표한 8·3 경제긴급조치에 대해 당 차원에서 반대해야 한다고 주장하는 동시에 지구당위원장의 대의원 임명이 불법이라고 지적하면서 전당대회를 또 다시 연기할 것을 요구했다. 8월 14일 저녁에 전당대회 연기 문제를 토론하기 위해 김홍일 총재 집에서 각파 중진들의 회의가 열렸다. 김대중은 이때 이미 유진산이 총재로 선출될 가능성이 높은 전당대회는 불참하기로 결정한 상태였다. 이날 중진회의는 전당대회를 9월 중에 열기로 합의했다. 이에 따라 9월 1일 신민당은 정무회의를 열어 전당대회 날짜를 9월 26일로 정해 공고했다. 이것은 3번째 연기였고, 4번째 대회날짜 공고였다.

이렇게 전당대회가 거듭 연기된 것은 국내외 정세의 급변 외에 유진산이 당 총재로 복귀할 가능성이 높아지자 김대중이 연기전술로 맞선 데도 원인이 있었다. 김대중은 유진산이 총재로 복귀할 경우에 보복을 하고 나설 것을 우려했고, 김홍일 총재로서는 총재직에 좀 더 오래 앉아있을 수 있으니 나쁠 게 없었다. 이렇게 전당대회가 거듭 연기되는 동안 당내 실력자인 고흥문, 김영삼, 이철승, 정해영 등은 유진산 쪽으로 기울었고, 이에 대항해 김홍일, 김대중, 양일동이 반유진산 연합을 굳혔다.

반유진산 연합은 또 다시 전당대회를 연기할 것을 주장했다. 김대중계는 우선 9월 18일 정무회의에서 대회 연기 문제를 제기하려고 했으나 유진산계의 유회전술에 부닥쳐 실패했다. 그러나 사흘 뒤인 9월 21일 정무회의에서 김홍일 총재가 "유진산과 김대중의 양극대립이 해소되지 않는 한 대회를 연기할 수밖에 없다"고 선언했다.

9월 25일 저녁에 세종호텔에서 김홍일, 유진산, 김대중, 양일동의 4자회담이 열렸다. 이 회담에서 4인은 예정된 9월 26일의 전당대회를 열기는 하되 그 전당대회에서는 총재경선 등 다른 안건은 다루지 않고 전당대회의 연기만 결의하기로 의견을 모았다. 그러나 대회 연기의 구체적 시한에 대해서는 의견이 엇갈렸다. 이 자리에서 김대중은 전당대회를 다음해로 연기하자고 했다가 반대에 부닥치자 12월에 열 것을 주장했다. 양일동은 10월 말로 한 달만 연기하자고 했고, 유진산도 이에 동의했다. 4인은 다음날인 26일 아침 2차 모임에서 결론을 내리기로 하고 헤어졌다.

9월 26일 2차 4인회의에서도 합의가 이루어지지 못한 가운데 유진산계의 주도로 대의원 445명이 참가한 가운데 시민회관에서 전당대회가 강행됐다. 비주류 측이 대부분 불참한 이 전당대회에서 유진산이 총재로 선출됐다. 이날 대회에는 유진산, 고흥문, 김영삼, 권중돈, 이철승, 정해영, 한건수, 이중재, 김은하, 정성태, 김수한, 신도환, 조일환, 정운갑, 오세웅, 임종기, 진의종, 오홍석, 양해준, 이기택, 황낙주, 이상신, 신상우, 이대우, 김재화, 김준섭, 이상조, 이택희 등 39명의 신민당 의원이 참가했다. 이들은 '시민회관파'라고 불리게 된다.

이에 반발해 반유진산 연합은 다음날인 9월 27일 독자적으로 전당대회를 열기로 했다. 27일 효창동 김홍일 총재 자택에서 열린 또 하나의 전당대회에 참가한 사람들은 26일 진산계의 주도로 열린 전당대회는 무효라고 선언하고 12월에 전당대회를 다시 열 것을 결의했다. 여기에는 의원 45명과 대의원 483명이 참가했다. 이들은 '효창동파'라고 불리게 된다. 이날 대회에서 김홍일, 김대중, 양일동, 유청, 윤제술로 5인 수권위원회가 구성됐고, 이 위원회가 당 운영과 유진산계에 대한 정치적, 법률적 투쟁을 맡기로 했다. 이날 저녁 김홍일과 김대중계는 국일관에서 대의원들을 격려할 목적을 겸한 간담회를 가졌다. 이 자리에서 김대중은 격한 어조로 유진산계를 비난했다.

썩은 고구마가 가마니 속에 섞여 있으면 모든 고구마가 썩게 마련이다. 정권의 앞잡이들이 야당의 탈을 쓰고 야당을 파괴하려는 것은 용서할 수 없는 행위로, 그들은 차라리 제 갈 길을 갔다. 그것이 오히려 국민들을 위해 이로울 것이다.

전당대회가 두 개의 '반당대회(半黨大會)'로 나뉘어 열린 탓에 어느 쪽이 합법성을 갖느냐를 놓고 일종의 법통싸움이 벌어졌다. 시민회관파는 26일 중앙선관위에 당대표 변경 등록신청을 냈고, 이에 효창동파는 27일 김홍일이 신민당 대표임을 확인해달라는 내용으로 이의신청을 냈다. 이와 동시에 효창동파는 당대표 변경 등록절차를 정지시켜달라는 내용의 가처분신청도 서울민사지법에 냈다. 중앙선관위는 28일 전체회의를 열어 유진산계가 제출한 '신민당 대표 변경등록 신청'을 "형식적 요건이 구비됐다"는 이유로 수리했다. 그러자 29일 김홍일이 유진산을 상대로 '정당 대표위원 직무정지 가처분신청'을 서울민사지법에 내는 동시에 시민회관에서 열린 전당대회의 무효화를 요구하는 내용의 '전당대회 결의 부존재 확인소송'도 제기했다.

뿐만 아니라 양일동계의 중앙상무위원인 이명환 변호사가 유진산이 1971년 5월 총선에서 전국구 후보자들이 낸 헌금 중 일부를 횡령했다고 서울지검에 고발했다. (유진산은 정치자금을 모으는 데는 놀라운 수완을 발휘했지만 자신을 위해 쌓아 두지는 않았다는 것이 그를 잘 안다는 사람들의 일치된 견해다. 1974년에 유진산이 사망한 뒤에 상도동에 있는 그의 집이 은행에 저당 잡혀 있었던 사실이 드러났고, 유진산의 부인은 셋방살이를 하게 됐다. 이런 사정을 알게 된 박정희가 은행 빚을 대신 갚아주고 유진산의 부인에게 집을 되찾아주었다는 말도 있다).

이러한 이전투구를 해소하기 위해 조윤형, 최형우 등 소장 의원들이 양측의 전당대회를 동시에 무효화하자는 제의를 하기도 했다. 김대중은 이런 제의에 대해 냉담한 반응을 보이면서 법원의 판결을 기다리는 자세를 취했다. 서울지법 합의 16부(재판장 박승호 부장판사)는 1972년 10월 2일, 7일, 14일 등 세 차례에 걸쳐 신민당의 내분과 관련해 제기된 소송 사건들을 심리했다. 10월 말에는 판결이 내려질 것으로 예상됐다.

야당의 만성적인 파쟁을 오랫동안 지켜본 박정희는 조선왕조에서 당파싸움으로 세월을 보내던 무리와 당시의 야당을 동일시했다. 그가 보기에 야당은 경멸과 탄압의 대상이었지 존중할 만한 상대가 아니었다.

박정희는 이미 1972년 5월 중순에 중앙정보부장 이후락에게 유신 선포를 준비하라는 특명을 내렸다. 이후락은 '풍년사업'이라는 암호명을 사용하면서 서울 종로구 궁정동에 있는 중앙정보부의 안가에 3명의 법률전문가를 데려다 놓고 이 작업을 진행하게 했다. 이들이 작성한 보고서는 매주 청와대에 넘겨져 박정희, 이후락, 청와대 비서실장 김정렴 등 3인에 의해 검토됐다. 유신체제의 틀은 10월 초에 완성됐다. 박정희는 10월 3일 개천절 경축사를 통해 야당의 분열상을 비난했다.

북한 공산주의자들은 남북대화의 그늘 밑에서 우리의 혼란과 불안을 조성하고자 갖은 책동을 가해오고 있습니다. 바로 이 같은 시점에 민주사회의 장점인 다양성을 마치 분열로 착각하여 파쟁을 일삼는다든지 민주제도의 운영원리인 '견제와 균형'을 비능률의 구실로 삼으려는 이 같은 정략과 간계가 우리 주변에서 횡포를 부린다면, 이 모든 것은 마땅히 광정돼야 합니다.

유신체제의 성립

1972년 10월 17일 박정희 대통령은 비상계엄을 선포하면서 헌법의 일부 조항을 정지시키고 국가발전에 적합한 체제개혁을 하겠다는 내용의 '특별선언'을 발표했다.

나는 한반도의 평화, 이산가족의 재결합, 그리고 조국의 평화통일, 이 모든 것이 민족의 소명에 따라 남북의 성실한 대화를 통해서만 이루어질 수 있는 민족중흥의 위대한 기초작업이며 민족웅비의 대설계라고 믿습니다.

그러나 국민 여러분! 지금 우리의 주변에서는 아직도 무질서와 비능률이 활개를 치고 있으며 정계는 파쟁과 정략의 갈등에서 좀처럼 헤어나지를 못하고 있습니다. … 이처럼 민족적 사명감을 저버린 무책임한 정당과 그 정략의 희생물이 되어온 대의기구에 대해 과연 그 누가 민족의 염원인 평화통일의 성취를 기대할 수 있겠으며 남북대화를 진정으로 뒷받침할 것이라고 믿겠습니까. …

국민 여러분, 나는 이번 비상조치의 불가피성을 다시 한 번 강조하면서 오늘의 성급한 시비나 비방보다는 오히려 민족의 유구한 장래를 염두에 두고 내일의 냉엄한 비판을 바라는 바입니다. 나 개인은 조국통일과 민족중흥의 제단 위에 이미 모든 것을 바친 지 오래입니다. …

이날 다음과 같은 내용의 비상조치가 발표됐다.

① 1972년 10월 17일 19시를 기해 국회를 해산하고, 정당 및 정치 활동을 금지하는 등 현행 헌법 중 일부 조항의 효력을 정지시킨다.

② 일부 효력이 정지된 헌법 조항의 기능은 비상국무회의에 의해 수행되며, 비상국무회의의 기능은 현행 헌법의 국무회의가 수행한다.

③ 비상국무회의는 1972년 10월 27일까지 조국의 평화적 통일을 지향하는 헌법 개정안을 공고하며, 이를 공고한 날로부터 1개월 이내에 국민투표에 붙여 확정시킨다.

④ 헌법 개정안이 확정되면 늦어도 금년 말 이전에 헌정질서를 정상화시킨다.

박정희가 생각하기에 당시의 야당은 자신의 평생 숙원인 '조국 근대화'라는 과업을 수행할 능력도 의도도 없었다. 그가 보기에 많은 야당 정치인들이 민주주의를 팔아먹고 사는 사기꾼, 협잡꾼에 불과했다.

예를 들어 1971년의 대통령 선거에서 엄청난 행정력과 금권을 동원한 관권선거로 이긴 박정희는 선거가 끝난 후 '사기꾼에게 나라를 도둑맞을 뻔했다'는 투의 반응을 보였다. 그는 1961년에 군사쿠데타로 집권한 이후 1971년까지 국회의원 선거와 대통령 선거를 각각 3번씩 치렀다. 그 과정에서 그는 야당이 혹세무민하고 국민을 선동하는 데 선거가 악용된다는 인식을 갖게 됐다. 박정희의 생각으로는 장기집권과 독재도 '조국 근대화'라는 과업을 수행하는 수단으로 하나의 선택이 될 수 있었다. 국민 중에는 이같이 추정되는 박정희의 견해에 전적으로 또는 부분적으로 동조하는 이들도 있었지만, 그런 견해를 장기집권을 위한 자기합리화나 변명으로 보는 이들이 더 많았다.

박정희가 직접 작성한 명단에 의해 13명의 야당 국회의원이 체포되어 고문을 받았다. 그들은 조윤형, 조연하, 김녹영, 김경인, 홍영기, 이종남, 최형우, 박종율, 강근호, 이세규, 김상현, 류갑종, 나석호였다.

비상계엄이 선포된 10월 17일 상당수의 야당 정치인들이 외국에 나가 있었다. 김영삼은 미국 하버드대학에서 연설하기 위해 워싱턴에 머물고 있었다. 김영삼은 일시 망명을 하면서 한국의 정세변화를 지켜본 후에 귀국하라는 미국 정부의 권유를 받았지만 즉시 귀국했다. 다른 야당 정치인들도 대부분 서둘러 귀국했으나, 김대중은 귀국을 포기했다.

10월 27일 비상국무회의가 헌법 개정안을 의결해 공고했다. 개헌에 대한 반대토론은 금지됐다. 이 개헌안의 주된 내용은 '통일주체국민회의'라는 수임대의기구를 신설하고 거기서 대통령을 선출한다는 것과 대통령에게 긴급조치권, 국회해산권, 국회의원 3분의 1 임명권을 준다는 것이었다. 이른바 '영도적 대통령제'를 규정한 독재헌법안이었다.

11월 21일 국민투표가 실시되어 91.9% 투표율에 찬성 91.5%로 개헌안이 가결됐다. 이에 따라 12월 15일 통일주체국민회의 대의원을 뽑는 선거가 실시되어 2359명의 대의원이 선출됐다. 이어 23일 통일주체국민회의 대의원 전원이 세종문화회관에 모여 99.91%의 찬성으로 단독 출마한 박정희 후보를 8대 대통령으로 선출했다(2359명 가운데 2357명이 찬성했고, 무효표가 2표 나왔다).

12월 27일 박정희가 8대 대통령으로 취임하는 동시에 '유신헌법'으로 불리는 새 헌법이 공포되어 시행에 들어갔다. 바로 이날 북한의 김일성은 '조선민주주의인민공화국 사회주의헌법'을 제정해 권력을 대폭 강화했다. 수상이었던 김일성은 주석이 됐고, 마르크스레닌주의가 아닌 주체사상이 사회지도원리로 규정됐다. 종전의 북한 헌법 중 '조선민주주의인민공화국의 수부(首部, 수도)는 서울시다'라는 조항에서 '서울'은 '평양'으로 바뀌었다. 미국과 중국의 관계 개선이 한반도에는 이처럼 분단체제와 남북한 기존 권력이 강화되는 역설적인 결과를 초래했다.

유신헌법이 제정된 과정은 위헌이었다. 당시의 헌법에 따르면, 헌법을 개정하려면 개정안을 헌법상의 절차에 의해 공고하고, 국회에서 재적의원 3분의 2 이상의 찬성으로 통과시키고, 그런 다음에 국민투표에 붙여야 했다. 그러나 박정희는 대통령 성명 하나로 국회를 해산시켰고, 헌법의 주요 조항을 정지시켰고, 비상국무회의로 하여금 국회의 권한을 인수하게 했다. 그렇게 해서 국회를 거치지 않고 개헌안을 곧장 국민투표에 붙였다.

이는 프랑스에서 드골이 제5공화국 헌법을 제정한 과정을 모방한 것으로 보인다. 드골은 1958년에 알제리 독립운동을 진압하던 프랑스 군부가 반기를 들어 프랑스가 내전의 위기에 직면하자 사태수습을 맡게 됐는데, 의회를 거치지 않고 곧장 국민투표로 개헌을 확정했다. 실제로 유신헌법은 프랑스의 제5공화국 헌법을 상당부분 참조해 작성된 것으로 알려졌다.

유신헌법이 확정된 뒤 정당 활동이 재개되자 그동안 유진산과 김대중의 갈등으로 심각한 내분에 휩싸였던 신민당이 끝내 2개의 당으로 갈라졌다. 1973년 1월 27일 신민당에서 유진산이 총재가 되는 것에 반대하던 김홍일, 양일동 등이 '민주통일당'(약칭 '통일당')을 창당함으로써 야당이 분열됐다. 김대중 계보의 윤제술, 김경인, 김녹영과 양일동 계보의 류청, 박병배 등이 통일당으로 옮겨갔다. 통일당의 총재직은 양일동이 맡았다. 유진산과 대립하던 정일형, 김원만, 서범석 등은 통일당에 참여하는 듯했으나 결국은 신민당에 남았다.

'10월 유신'이 선포되자 신민당 유진산 총재는 '(유신에 대한) 참여 속의 개혁'을 주장했으나, 통일당은 창당 선언문에서 유신체제를 부정했다. 다음은 통일당 창당 선언문 중 일부다.

1972년 10월 17일 그들의 실정에 대한 국회의 추궁이 절정에 이르자 이를 모면하기 위하여 헌법적 근거도 없이 국회를 강제 해산함으로써 그나마 겨우 유지되고 있던 민주적 헌정질서를 근본적으로 파괴해버렸으며, 뒤이어 소위 유신헌법을 창안하여 일체의 정치활동을 중단시킨 가운데 그들의 모든 행정력과 동조자들을 총동원하여 계엄령 하의 삼엄한 통제력으로 일방적인 선전에 의한 국민투표로써 입법, 사법, 행정의 모든 국가권력을 장중에 넣고, 허울 좋은 통일주체국민회의라는 기구에서 대통령을 선출하는 형식을 밟고, 국회의원 총수의 3분의 1을 대통령이 지명하는 대로 통일주체국민회의에서 승인하도록 하는 낯간지러운 제도적 장치를 만들어놓고는 국민의 진정한 판단에 의한 정권교체의 가능성마저 바라볼 수 없게 만들어버렸다.

엄격히 말해서 10 · 17 국회해산은 민주헌정의 부정이며 5 · 16 못지않은 정권의 자위를 위한 쿠데타라는 오점을 영원히 씻을 수 없게 되었다. 그러나 1972년 12월 정치활동이 재개되자 마땅히 국정의 민주적 운영을 위하여 투쟁해야 할 재야세력의 중추로 자처해온 신민당이 현실참여라는 구실로 소위 유신체제를 긍정적으로 받아들이는 등 국민의 기대에 너무나도 어긋나는 방향으로 선회하였다. 바로 이것이 우리가 민주통일당(약칭 통일당)을 창당하게 된 연원이다.

1973년 2월 27일 9대 국회의원 선거가 실시됐다. 선거구당 1명만 당선되는 소선거구제에서 2명을 선출하는 중선거구제로 제도가 변경됐고, 선거구도 조정되어 2개 내지 3개 군이 하나의 선거구로 통합됐다.

두 야당은 선거운동 과정에서 대정부 공격보다 상호비방에 정력을 쏟았다. 유권자들은 민주통일당을 외면하고 신민당을 지지했다. 선거 결과 공화당은 73석, 신민당은 52석을 얻었다. 통일당은 불과 3석을 얻는 데 그쳤다. 통일당은 양일동 대표최고위원을 비롯해 윤제술, 김홍일, 류청, 김선태, 장준하 등 고위 당직자와 전직 의원 24명이 전부 낙선했다.

	민주공화당	신민당	민주통일당	무소속
서울	63만 8788	82만 7251	27만 1989	12만 8591
부산	24만 6387	34만 361	6만 6463	3만 7310
경기	49만 2974	41만 1002	11만 2533	11만 9122
강원	28만 2188	21만 6800	4만 686	12만 4430
충북	24만 7619	11만 3007	6만 3666	12만 2974
충남	36만 3505	32만 6927	14만 3026	19만 3006
전북	24만 9813	23만 6401	8만 2752	28만 1573
전남	66만 2148	31만 9521	18만 3696	23만 3529
경북	57만 4767	46만 3674	8만 3261	53만 6211
경남	44만 4239	30만 9857	6만 338	20만 1461
제주	4만 9326	1만 2499	5794	6만 9971
합계	425만 1754	357만 7300	114만 4204	204만 8178

야당인 신민당과 통일당의 전국 득표수를 더하면 약 472만 표로 여당인 공화당의 득표수보다 47만 표 정도 더 많았다. 서울특별시와 부산직할시에서는 제1야당인 신민당만으로도 여당보다 득표수가 더 많았다.

김대중 납치 사건

비상계엄이 선포되자 김대중은 일단 귀국을 포기하고 일본에 머물며 국내 정세를 관망하다가 1972년 11월 13일 일본에서 미국으로 건너갔다. 미국에 도착한 김대중은 먼저 미국 시민권자인 교포 임병규(林炳圭)를 찾아갔다. 나중에 김대중의 정책고문이 되는 임병규는 이때의 일을 다음과 같이 회상했다.

김대중 씨는 도착한 다음날 워싱턴에서 전화를 걸어왔다. 그래서 그 다음날 즉시 김대중 씨와 전 유엔 주재 한국 대사 임창영(林昌榮) 씨, 재미 한국인 학자 유기홍(柳基弘) 씨, 그리고 나, 네 사람이 뉴욕 힐튼호텔에서 합류하였다. 곧 장소를 뉴욕의 뉴포트에 있는 우리 집으로 옮겨 이야기를 시작했다. 우선 김대중 씨가 자신의 활동방침을 다음과 같이 설명했다. "첫째 미국의 정부고관이나 학자들과 협력체제를 만든다. 박 대통령이 포고한 유신체제는 한국 국민을 위한 것이 아니라는 사실을 호소해야 하기 때문이다. 또 한국 내의 자유 억압에 대해서도 호소해야 한다"고 했는데, 우선 협력을 구할 미국의 학자로서는 라이샤워, 제롬 코헨, 스칼라피노 등을 만났고, 그리고 하비브 미 국무부 차관보와도 회담했다.

하버드대학의 라이샤워 교수는 이렇게 말하고 있다. "그와는 두 번 만나 이야기했다. 나도 한국의 유력한 정치가인 그를 잘 알고 있었지만, 특히 성실한 민주주의 신봉자라는 인상을 받았다. 독실한 크리스천이고 훌륭한 리버럴 정치가라고 생각되었다."

우리는 주로 유신체제 이후의 한국 정정(政情)에 대하여 이야기하였다. 그는 한국에 돌아가면 자신의 신변 안전이 위태로워지기 때문에 하버드대학에서 1년 정도 연구하고 싶다는 의향을 비쳤다. 나도 그것이 좋겠다고 생각하여 그가 초빙연구원으로 하버드에 올 수 있도록 조정을 시작하였다. 하버드대학은 각국의 제 인사들을 초빙하여 연구의 장을 제공하기도 하고 혹은 대학 측이 그 사람들로부터 배우기도 한다. 한국인으로부터도 정부 측의 인사들―장성들과 정치가들―을 초청하고 있다. 김대중 씨 자신에게도 여기서 1년여를 푸근히 보내게 되면 휴식과 사색에도 안성맞춤이 아닐까 하고 나는 생각했던 것이다.

11월 21일 김대중은 미국 워싱턴에서 한국의 국민투표에 대한 성명서를 발표해 "나는 이것이 완전히 불법이며 무효임을 선언한다"고 밝혔다. 김대중은 미국의 주요 언론들과 인터뷰를 하거나 재미교포들을 만나면서 유신에 반대하는 세력을 묶어갔다. 이후 김대중은 주로 미국의 워싱턴에 머물면서 일본으로 여러 차례 왕래하게 된다. 김대중은 12월 14일 처음으로 재미교포를 상대로 시국강연회를 열었고, 이때 500명 정도의 재미교포들이 참석했다.

김대중은 임병규와 다시 만나 자신의 거취에 대해 논의했다. 이에 대해 임병규는 훗날 다음과 같이 회고했다.

두 번째 만났던 때는 그가 일본으로 떠나기 조금 전으로, 그는 일본의 우인들과 만나서 조언을 듣고 최종적으로 정치가로서의 행로를 결정하고 싶다고 하였다. 나에게는 주로 한국에 돌아가야 할 것인가, 아니면 그대로 해외에 머물러야 할 것인가를 상담하였다. 그러나 한국으로 돌아가는 것이 스스로를 위험에 빠지게 한다는 사실은 잘 알고 있었지만, 역시 귀국 여부는 타인이 조언을 할 수 있는 성질의 문제가 아니라고 생각하였다. 이는 본인만이 선택할 수 있는 문제라고 생각했기 때문에 아무런 조언도 하지 않았다.

1973년 1월 5일 김대중은 다시 일본으로 건너갔다. 2월 18일 김대중은 재일 한국청년동맹(약칭 한청동)의 제9회 겨울강습회에서 250여 명의 청년들 앞에 섰다. 그는 "조국에서는 이제까지 근근이 명맥을 이어오던 민주주의가 완전히 말살되었습니다"라고 말문을 열더니 곧이어 격렬한 어조로 박정희 정권을 규탄했다.

나는 공산당을 전멸시킨다는 방식에 반대합니다. 공산당에 숙청되는 것도 원치 않습니다. 양쪽 모두가 자신을 가지고 공존하며 함께 전진하지 않으면 안 됩니다. 하지만 이대로는 공존이 가능하지 않습니다. 중국에서는 장개석이 패주하고, 미국은 베트남에 60만 병력을 투입하고 하루에 1억 달러씩이나 쏟아 부어도 패했던 근본 원인은 독재정권의 부정부패에 있었습니다. 바로 그것 때문에 공산당에 패했던 것입니다.

베트남에서는 병사가 전사할 때 자신은 공산당의 총에 맞아 죽는 것이 아니라 돈이 없기 때문에 죽는다고 한답니다. 권력 있는 자는 자식을 프랑스 등지에 유학 보내고, 부자는 돈으로 자식을 징집대상에서 빼돌립니다. 결국 권력 없고 돈 없는 사람들만 징집되는 것입니다. 전쟁터로 나갈 때에도 가족이 걱정이기 때문에 가족을 데리고 갑니다. 내가 베트남에 갔을 때 병사들이 처자식과 개까지 데리고 행군하는 모습을 본 적이 있습니다. 또 부통령의 초대로 파티에 갔을 때에는 전쟁이 한창 진행 중인 나라임에도 불구하고 장관 부인의 양손이 손가락마다 반지와 보석으로 번쩍거리는 꼴을 보았습니다. 이런 꼬락서니들이기 때문에 망하고 만 것입니다.

박정희 씨의 경우도 마찬가지입니다. 월 10만, 20만 원의 급료로는 생활하기도 어려울 것인데 5천만, 1억, 2억, 3억짜리 집을 짓고 부인의 손가락에는 3500만 원짜리 반지를 끼우고 있습니다. 신문에 보도된 바입니다만, 한국에 균명고등학교라는 학교가 있는데 그 학교 교장 부인이 3500만 원짜리 반지를 가지고 있다가 밀수품 적발 시에 압수되었습니다. 신병을 구속하려고 하자 그 여자는 항의하였습니다. 왜 나만 구속하느냐, 모모 장관 부인도, 재벌 부인도, 국회의원 부인도 다 가지고 있다. 나도 친구가 가지고 있는 것을 샀는데, 권력 있는 사람은 그대로 두고 왜 나만 적발하는가?

이러면서도 국민에게는 건설하자, 새마을운동 하자 등등을 부르짖고 있습니다. 무슨 잠꼬대란 말입니까! 이러한 독재 하에서 우리는 노예가 되고 있는 것입니다. 한국민은 이러한 상태를 결코 용납하지 않습니다. 때가 이르러 기회가 오면 우리 국민은 일어섭니다. …

김대중이 해외에서 반정부 투쟁을 시작하자 그를 아는 일부 외국인들이 그에게 이런저런 충고를 했다. 일본 〈마이니치신문〉의 서울 특파원을 지낸 이시카와(石川昌)는 김대중에게 다음과 같이 경고했다.

한국의 정치가가 일본과 미국 등지를 무대로 하여 정부 비판을 한다면 외국세력과 결탁한 매국노라는 비판을 받게 될 것이다. 당신이 만일 여기에서 대정부 비난을 한다면 반드시 일본의 매스컴을 통하게 될 것이고 그렇게 되면 국적이 의심스럽다는 비난을 받게 될 것이다.

다음은 이 무렵 김대중이 〈뉴욕 타임스〉에 기고한 글이다. 이 글은 1973년 2월 23일자 〈뉴욕 타임스〉에 실렸다.

아시아 정책에 관한 충고

지난 27년간 아시아에 영향력을 행사해온 미군이 닉슨 독트린이라는 이름 아래 아시아에서 점진적으로 철군하고 있는데, 이로 인해 군사독재 정권이 줄지어 생기고 있다. 미국 민주주의 역사는 아마도 이것을 우호적으로 기록하지 않을 것이며, 조만간 미국인의 양심에 상처가 날 것이다. 영향력과 더불어 책임이 있기 때문이다. 절망과 좌절된 꿈의 시기에 자유를 사랑하는 아시아인들은 미국과의 소중했던 우정을 고통스럽게 회고할 것이다.

독재 치하에 있는 많은 아시아 국가에는 빵도 자유도 없다. 공산주의는 최소한 빵은 보장하니 아시아 국민이 어떤 길로 갈 것인지를 당신네 미국인은 잘 알 것이다. 만약 아시아가, 특히 한국이 공산화되면 일본은 필연적으로 핵무장을 할 것이고, 다시 군국주의로 갈 가능성이 높다. 일본이 재무장을 하면 다시 태평양에서 떠오르는 나라가 되지 않는다고 장담할 수 있겠는가?

대통령 선거 유세에서 내가 제기한 쟁점은, 여기서 특히 지적하고 싶은 것인데, 미국과 소련, 중화인민공화국, 일본 등 4대 강국에 의한 한반도 안전 보장이었다. 더 나아가 이들 4대 강국은 상호간 불가침 조약을 체결하여 나머지 아시아 국가들의 안전도 보장해야 한다.

당신네 미국인이 지난 27년간 아시아에서 겪은 일 중에는 고통스러운 기억을 상기시키는 것도 있고, 가끔 배은망덕을 맛본 기억을 상기시키는 것도 있을 것이다. 그러나 미국은 아시아에 참된 민주세력이 뿌리를 내리도록 그들을 계속해서 도와주어야 한다. 또한 당신들이 준 무기와 돈이 독재자에 의해 당신들이 도우려고 한 국민을 탄압하고 약화시키는 데 사용되지 않도록 늘 주의해야 한다. 아시아의 민주세력이 깊이 뿌리를 내리고 성장할 때에만 한반도에서 3만 4천 명, 베트남에서 4만 5천 명에 이른 젊은 미국인의 희생이 가치 있는 것으로 증명될 것이다.

우리는 아시아에 대한 미국의 영향력이 예전처럼 강하지 않다는 것을 인정한다. 그러나 새로 떠오르는 일본의 영향력과 합쳐진다면 미국의 영향력은 1950년 당시보다 훨씬 더 강력하게 된다. 만약 두 나라가 민주정치를 아시아의 지도자들에게 요구한다면 그 요구를 거절할 수 있는 지도자는 거의 없을 것이다.

북한과 중화인민공화국은 여전히 미군이 한국에서 철수하기를 바라고 있다. 그러나 일단 미군이 아시아에서 철수하면, 특히 한국에서 철수하면 일본이 재무장할 뿐만 아니라 군국주의화할 것으로 예상된다. 이는 두 공산국가에게는 매우 우려되는 일이며, 이 때문에 그들은 미군의 철수를 재고할 것이다. 미군이 북한의 재침을 막는다는 이유 하나만으로 현재까지 한국에 남아 있으나, 아시아에서 새로운 정치상황이 전개됨에 따라 아시아에 대한 미국의 정책을 전반적으로 재평가할 필요가 있는 상황이 도래했다.

14년 뒤인 1987년 10~11월 관훈클럽이 대통령 후보 4인을 차례로 초청해 토론회를 가졌다. 김대중은 10월 30일 초청됐다. 여기서 김대중은 위의 기고문의 내용을 부인하는 발언을 했다.

— 일관성 문제하고도 관련이 있고 또 앞으로 외교정책 구상 문제하고도 관련이 되는 것 같아서 보충해서 여쭤보겠습니다. 김 위원장께서는 지난 27일에 계보 대학생들과 만난 자리에서 친미도 반미도 아닌 보다 자주적인 대미 외교를 강조했습니다. 저희가 알기로는 김 위원장께서 두 차례 망명생활을 하는 동안에 거의 대부분을 미국에 계셨고 또 그런 점에서 볼 때는 많은 사람들이 미국으로부터 상당히 도움을 받은 그런 분으로 생각하는 사람이 많습니다. 그러나 지난 27일의 발언으로 볼 때는 느낌상으로는 조금 미국 쪽에서 멀어지는 것 같은 느낌으로 해설할 수 있는 부분도 있었는데, 김 위원장께서 미국에 계실 때는 조야에 다니면서 군원(軍援)을 삭감하거나 경제원조를 중단해서라도 한국의 민주화를 위해서 미국이 압력을 넣어야 된다, 이런 주장을 펴오셨는데 27일 대학생

들하고의 토론은 조금 다른 뉘앙스의 얘기인 것 같습니다. 그래서 한국의 민주주의를 위해서는 외국의 간섭도, 선의의 간섭도 수용을 해야 된다는 소신이 변한 것인지, 아니면 지지기반을 의식한 전술적인 발언인지 좀 말씀해주시기 바랍니다.

= 오늘 저녁 내가 여기 잘 나왔다고 생각하는 것은, 저렇게 자꾸 오해된 일이 여기서 얘기하는 과정에서 풀려가는데, 나는 미국서 단 한번도 군원을 중지하라든가 그런 얘기 한 일이 없어요. 이게 정부의 정보정치 조작에 의해서 그렇게 된 겁니다. 나는 그런 일이 없어요. 또 나는 안보에 대해서 미국이 그것을 한국 민주화에 대한 압력수단으로 이용하라는 것을 주장 안 했을 뿐 아니라 그것을 반대했어요. …

— 제가 기록을 위해서, 1973년 2월 김 위원장께서 미국에 당시 망명으로 있을 때 유신 치하에서 그때 〈뉴욕 타임스〉에 기고한, '어페어스(affairs)' 난에 실린 김대중 명의의 글에서는 분명히 한국에 정치적인 압력을 가하기 위해서 군사원조의 중단까지를 고려해서…. 그런 문제가 분명히 기록에 나와 있습니다. 제가 기록을 위해서 말씀드리는 것입니다.

= 그런 기록 나온 일이 없어요. 난 그렇게 쓴 일이 없어요.

김대중은 일본에서 집권 자민당의 중진 의원인 기무라 다케오, 아카기 무네노리, 기무라 도시오, 우쓰노미야 도쿠마 등을 만나 박정희 정권을 비난했다.

1973년 3월 25일 김대중은 다시 미국으로 건너갔다. 이후 그는 여러 곳에서 재미교포를 상대로 연설했다. 4월 24일 시애틀에 있는 워싱턴대학에서 그는 강연을 하면서 발언수위를 높였다.

괴뢰, 괴뢰 하는데 무슨 놈의 괴뢰냐. 공산주의란 기정사실을 우리는 27년간이

나 무시해왔는데 이북은 공산당으로 안정되어 있으나 이남은 민주체제도 안정되지 못했고 오히려 혼란과 불안, 민생고만 극심할 뿐이다. 또한 김일성이 주체성을 확립시킨 것은 잘한 것 아니냐.

5월 18일 샌프란시스코 국제학생회관에서 한 강연에서는 남북연방제를 주장했다.

내가 집권하면 남북연방제와 대중경제를 실시하겠다. 교포들은 앞날의 수권태세를 확립하여야 하며, 그 방법으로는 청와대와 백악관에 계속 편지를 보내어 항의해야 하고 특히 경제원조의 부정사용에 대하여는 백악관에 이를 항의하여 중단하도록 주장해야 한다.

7월 6일 김대중은 워싱턴에서 김상돈, 임창영, 안병국, 동원모, 김성동, 정기용 등 재미교포 30여 명과 함께 '한국 민주회복 통일촉진 국민회의(약칭 한민통) 미국본부'를 결성하고 명예회장에 취임했다.

7월 10일 다시 일본으로 건너간 김대중은 7월 13일 오후 동경에 있는 플라자 호텔에서 배동호, 김재화, 조활준, 김종충, 김군부 등과 만나 한민통 미국본부를 결성한 경위에 대해 설명했다. 일본에도 같은 조직을 만들자는 김대중의 제의에 따라 이들은 한민통 일본본부를 결성하기로 합의했다.

김대중이 해외에서 이렇게 반정부 활동을 활발히 벌이자 이후락 중앙정보부장은 김대중을 납치하기로 결심했다.

1973년 8월 4일 김대중은 동경의 그랜드팔레스 호텔에서 배동호 등과 만나 △ 8월 15일 오전 10시 동경 히비야 공회당에서 한민통 선언대회를 개최하고 △ 김대중이 직접 그 대회에서 연설을 하고 △ 의장에 김대중, 부의장에 김재화, 정재준, 김용원, 상임고문에 배동호, 고문에 양상기, 김제술, 유석준, 사무총장에 조활준(김대중의 수석비서), 조직국장에 곽동의, 국제국장에 김종충을 각각 선임하기로 합의했다. 이들은 △ 파쇼적인 1인체제를 분쇄하고 민주헌정 질서를 회복한다 △ 비동맹 다원외교를 실시하여 국위선양과 세계평화에 기여한다 △ 한반도를 중립화하고 남북연방제에 의한 점진적 통일을 실현한다는 것을 한민통의 강령으로 결정했다. 이날 밤 조활준에게 "김대중을 납치하려는 계획이 있다"는 전화제보가 왔다.

8월 8일 오전 11시 김대중은 통일민주당 총재 양일동이 묵고 있는 그랜드 팔레스 호텔 2212호실에 들어갔다. 김대중의 경호원 김강수는 호텔 1층 로비에서 기다리고 있었다. 양일동과 요담을 마친 김대중은 2028호에 묵고 있는 김경인이 2212호실에 들어오자 함께 점심을 먹었다. 오후 1시 19분 2212호실을 나오는 김대중을 6명의 중앙정보부 요원이 복도에서 납치해 옆방인 2210호로 끌고 갔다. 그들은 김대중을 침대에 눕히고 마취제를 묻힌 수건을 코에 갖다 대어 정신을 혼미하게 만든 뒤 그를 끌고 가 엘리베이터에 태우고 내려가 지하 주차장에 대기시킨 차에 태우고 오사카에 있는 중앙정보부의 안전가옥으로 이동했다. 안전가옥에서 며칠을 보낸 다음 그들은 김대중을 포박하고 중앙정보부의 대북공작선 '용금호'에 태우고 현해탄을 건너 11일 밤 부산 앞바다에 도착했다.

12일 아침 7시에 용금호가 부두에 접안했다. 김선배 의무실장이 김대중의 건강상태를 진찰한 뒤 그를 앰뷸런스에 태우고 서울로 향했다. 오후에 앰뷸런스가 서울에 도착했다. 중앙정보부의 하태준 해외공작국장이 직접 나와 김대중의 신원을 확인했다. 중앙정보부 요원들은 김대중을 안가로 데려가 거기서 하룻밤을 머물게 한 다음 13일 밤 동교동 부근에 내려놓았다. 이날 김대중은 국내언론과 기자회견을 했고, 그 내용이 다음날 크게 보도됐다.

이런 경위로 이루어진 김대중 납치 사건은 일본 영토에서 발생한 일이므로 한국 정부가 주도했다면 일본에 대한 심각한 주권침해에 해당하는 것이었다. 일본 정부는 격분했고, 일본 내 여론도 들끓었다. 한일 양국 정부가 수사에 나섰으나 그 진상이 드러날 리가 없었다. 일본 경찰은 김대중 납치범들이 대기했던 장소인 그랜드팔레스 호텔 2010호실에서 채취한 지문을 근거로 주일 한국대사관 1등 서기관 김동운(金東雲)을 용의자로 단정하고 그를 출두시킬 것을 한국 정부에 요구했지만 한국 정부가 거부하여 수사가 더 진행되지 못했다.

1973년 10월 26일 김대중은 다시 기자회견을 했다. 다음은 이 기자회견에 대한 〈한국일보〉의 기사다.

"정치활동 생각 없다.

해외활동 결과적으로 국가에 누 끼친 일, 미안"

김대중 씨 회견, "한일우호 금 안 가게"

전 신민당 대통령 후보였던 김대중 씨는 지난 8월 13일 귀국 즉시 기자회견을 가진 이후 74일 만인 26일 상오 시내 동교동 자택에서 기자회견을 갖고 "나의 해외활동이 결과적으로 국가에 누를 끼친 데 대해 미안하게 생각하며 그것은 결코 내 본의가 아니었다"고 말하고 "경위는 어떻든 무사히 조국에 돌아온 것을 다행으로 생각하며 나로 인해 한일 양국의 우호관계에 금이 가는 일이 없기를 바란다"고 말했다. 지난 8월 8일 일본에서 납치되어 13일 동교동 자택에 돌아왔으나 16일 이후 외부와의 접촉이 끊겼던 김 씨는 "현재와 같은 여건 아래서는 정치활동을 할 생각이 없으며 앞으로 당분간 건강회복에 노력할 생각"이라고 말했다.

외국 나갈 계획 안 해

김 씨는 또 "현재로서는 해외로 여행할 계획이 없으며 당국으로부터도 해외여행을 권유받은 사실이 없다"고 말했다.

이날 많은 내외 기자들 앞에서 성명서를 낭독한 김 씨는 "국회에서 나의 사건을 논의하는 것을 보고 나의 해외활동에 관해 생각지 않았던 오해가 많이 있음을 알았다"고 말하고 "특히 나는 (1) 미군철수 주장 (2) 망명정부 수립 계획 (3) 대한 원조 중단 요구 (4) 북한의 연방제 지지 등을 한 일이 없으며 이런 말이 나오더라도 반대해왔다"고 밝혔다.

그는 "다만 뉴욕에서 데모를 했을 때 한 사람이 미군철수 구호를 쓴 플래카드를 들고 뛰어들어 주최 측과 군중이 이를 제지한 일이 있으나 일본신문 등에서 마치 데모 자체가 미군철수에 찬성한 것처럼 보도했으며 이것이 국가에 누를 끼치고 오해를 일으킬 소지를 만든 데 대해 결과적으로 미안하게 생각한다"고 말했다.

그는 "지난 8월 8일의 사건으로 많은 국내외 인사들이 나를 위해 심려해준 데 대해 감사한다"고 말하고 "나는 이번 사건으로 죽음의 길에서 살아났고 많은 충격을 받았지만 그동안 한일 양국의 우호에 금이 가는 여러 사태를 보고 나의 생명도 보장되었는데 나로 인해 양국에 금이 가는 것을 원치 않기 때문에 기자회견을 갖게 된 것"이라고 말했다.

이날 아침부터 외부와의 접촉이 가능하게 되었다고 밝힌 그는 "그동안 수사당국이 나의 신변 보호와 수사필요 상 당분간 외부접촉을 안 하는 것이 좋다고 해왔기 때문에 나 스스로 이를 수락했었으나 오늘부터 그 필요가 없어지게 되었다"고 말했다.

김 씨는 "앞으로는 어떤 모임이나 정치활동에도 참여할 생각이 없지만 민주주의의 발전과 신장만이 나라와 국민의 행복을 위해 가장 중요한 것이라는 소신에는 변함이 없다"고 말했다.

"납치범 중 1명만 얼굴 기억, 김동운 서기관과는 다르다"
통금 해제 25일 밤 10시 통고 ⋯ "하버드 유학 연락해봐야"
김대중 씨의 기자들과의 문답 내용은 다음과 같다.

― 앞으로의 정치활동 여부와 가족과 함께 외국으로 나갈 계획이 있는지의 여부는.

"건강이 좋지 않아 당분간은 건강회복에 노력할 생각이다. 조금 저혈압이고 이따금씩 현기증이 나며 자동차 사고로 다쳤던 허리 밑부분의 신경통이 낫지 않았다. 동시에 현재의 여건 하에서 정치활동을 할 생각이 없다. 해외에 나가는 문제도 그것은 장차의 문제이고 이 시간에는 계획이 없다."

― 연금이 풀린 동기나 이유는 무엇이라고 생각하는가.

"수사당국이 수사와 신변안전 때문에 그런 요청이 있었으나 오늘부터 그럴 필요가 없어서 그런지, 나로서는 알 수 없다."

― 그것은 수사가 종결됐다는 것인가, 아니면 중단이 됐다는 것인가.

"그동안 수사에 대하여는 참고인으로 약 13회 진술했다. 최근에는 다른 진술 요구가 없었기 때문에 나로서는 특별히 할 말이 없다."

― 앞으로 신변보호를 요청할 생각인가.

"요청할 생각이 없다. 나는 대한민국의 치안이 누구도 나를 불법으로 해칠 그런 상태는 아니라고 생각한다."

― 해외여행을 권유받을 때는 어떻게 하겠는가.

"해외여행을 권유받은 일도 없을 뿐 아니라 우선 건강을 회복하는 데 노력하겠다. 그 문제는 이 시간에 특별히 결정한 일이 없다."

― 미국 하버드대학에서 공부할 계획은 취소가 되었는가.

"하버드대학은 금년 7월에 입학허가서가 나서 9월부터 학교에 나가도록 되어 있다. 이 사건 이후 미국과 연락을 하지 못해 앞으로 연락을 해보아야 알겠기 때문에 지금은 명백한 답변을 하기가 어렵다."

― 우쓰노미야 일본 중의원 등 외국 인사와 연락할 계획이 있는가.

"지금 어떤 특정인과 연락을 하겠다는 계획은 없다."

― 현재와 같은 여건에서는 정치활동을 안 하겠다고 했는데 어떤 여건을 말하

는가.

"여하간 현재는 나는 정치활동을 할 생각이 없다."

― '국가에 누를 끼쳐 미안하다'는 것과 '나의 본의가 아니다'라는 말은 앞뒤가 맞지 않지 않는가.

"예를 들면 뉴욕에서 데모를 할 때 한 사람이 미군철수라는 플래카드를 들고 전혀 본의 아니게 데모대에 뛰어들어 주최 측과 군중이 제지는 했으나 결국 일본 신문에서는 데모 자체가 그것을 주장한 것처럼 보도됐기 때문에 결과적으로 누를 끼쳐 미안하다는 뜻이다."

― 10월유신에 대한 의견 및 평소의 정치노선과 유신체제의 사이에 유사점이 있는지.

"오늘은 우선 당면의 신상문제에 대해 얘기하기로 하고 그 문제는 따로 나의 소견으로 말할 기회가 있겠다고 생각하나, 다만 나는 민주주의의 발전과 신장이 국민의 행복과 나라의 발전에 가장 중요한 것이라는 신념에는 변함이 없다."

― 납치 범인들에 대한 심증은.

"그 사건이 내 체험으로 어느 개인의 힘만으로는 할 수 없는 사건이라고 생각했다. 그러나 과연 이 사건이 어느 단체 누가 했느냐에 대해서는 확실히 알지 못하고 있다."

― 일본 당국이 이번 사건의 해결을 위해 도일을 요청한 것으로 알고 있는데.

"그런 요청 받은 일 없다. 그동안 기자회견, 수사당국에의 진술을 통해 내가 알고 있는 것은 모두 말했다."

― 일본 수사당국에서는 김동운 서기관을 사건 관련자의 1인으로 보고 있는데 김 서기관을 만난 일이 있는가. 또 그를 범인의 1인으로 생각하고 있는지.

"그날 사건이 나면서 밖으로 나가자 즉각 구타를 당하고 마취를 당해 집에 올 때까지 눈이 가려졌기 때문에 범인들의 얼굴을 잘 모른다. 다만 일본에서의 범인 중 1인만 기억할 수 있어 그 사람과 김 서기관과는 다르다고 수사당국에 진술했다."

― 이 사건은 국내를 떠들썩하게 한 사건인데 이와 같은(태도를 바꾼) 갑작스런 사태는 연금당하고 있는 동안 어떤 측과 타협이 있었는지, 아니면 갑자기 심경의 변화를 일으켰기 때문인가.

"내 자신이 지금 한 얘기와 그동안의 얘기와는 차이가 있다고 생각하지 않는다. 또 오늘 여러분과 이렇게 만나게 된 것은 그동안 수사당국이 외부접촉을 만류하다가 오늘로써 그 필요성이 없어졌다 하므로 여러분을 내가 만나자고 한 것이다. 수사당국과 특별한 접촉이 없었으나 다만 내가 기자회견을 하겠다는 것은 전했다. 연금해제 통고는 어제 밤 10시께 받았다."

― 지난번 우시로쿠 일본 대사와 만났을 때 무슨 얘기가 있었는가.

"우시로쿠 대사는 단순히 내 건강상태를 알아보기 위해서 왔다. 그와는 보통 일상적인 대화를 했고, 그때 내 사건으로 한일 양국간의 우호에 금이 가는 일이 없으면 좋겠다는 것만 걱정했다."

― 앞으로 정부나 여야, 사회단체 등의 공식, 비공식 모임에 초대받으면 나가겠는가.

"장차 당해보아야 알 일이나 현재 심경은 당분간 활동할 생각 없다."

― 외국여행 계획은.

"사건 이후 3개월간 집에만 있었기 때문에 상황판단의 자료가 없다. 외국에도 알아보아야 할 일이 있고 가정형편도 생각해 결정할 문제이다. 또 행선지의 상황에도 달렸고 정부와 사전협의도 필요할 것으로 안다. 사건이 일어난 직후에는 당연히 내가 일본으로 가서 수사에 협조할 생각이었는데, 이제 이렇게 되고 보니 일본으로 가는 문제는 내 자신 이러쿵저러쿵 할 문제가 아니다."

― 그동안 외부 출입은.

"일체 외부에 나간 일이 없다."

1. 나는 지난 8월 8일의 사건으로 수많은 국내외 인사들이 나를 위해 심려해주신 데 대해 감사한다.

2. 나는 나의 해외활동에 있어 결과적으로 국가에 누를 끼친 일에 대해 미안하게 생각한다. 그러나 그러한 일은 결코 내 본의가 아니었음을 말해두고자 한다.

3. 이제 그 경위는 어떻든 무사히 조국으로 돌아오게 된 것을 다행으로 생각한다. 나로 인해 한일 양국간의 우호관계에 금감이 없기를 바란다.

1973년 10월 27일자 〈한국일보〉

김대중은 이 납치사건으로 이득을 본 측면이 있다. 김대중의 해외활동 가운데 국가보안법 등 실정법 위반에 해당되는 것이 여러 가지 있었는데 이 사건으로 역풍을 맞은 박정희 정권이 그것을 문제 삼지 않기로 했다.

김용식 외무장관은 김대중 납치사건에 대해 일본 정부와 협상을 벌인 뒤 1973년 11월 1일 △ 김대중이 일본에서 한 언동에 대해서는 책임을 묻지 않고 △ 김동운 서기관은 파면하고 수사를 계속하며 △ 김종필 국무총리가 일본을 방문해 유감을 표명하기로 했다고 발표했다. 이것으로 박정희 정권은 김대중 납치사건을 매듭지은 셈이었다.

이와 별도로 일본 사회당은 자체적으로 진상조사를 벌여 1975년 7월 31일 범인의 명단을 발표했는데 나중에 비교적 정확했다는 평가를 들었다. 사회당이 발표한 바에 따르면 명령은 이철희 중앙정보부 차장이 내렸고 총책임은 김기완 공사, 현장지휘는 윤진원, 행동책은 윤영노, 김동은, 홍성채, 유춘국, 유영복, 호텔예약은 한춘, 국내 관리는 하태준 국장과 김진수 주일 대사관 참사관이 맡았다고 한다.

미국 CIA도 자체 조사로 이 사건의 가담자와 경위를 상세히 파악했다. 그

내용에 대해 일본의 〈아사히신문〉(1977년 11월 4일자)은 나중에 다음과 같이
보도했다. "미국 중앙정보국은 극비 보고에서 사건 후 2~3주 만에 범행에 가
담한 한국 중앙정보부의 주요 인물, 실행과정, 동경에서 오사카까지 연행되어
오사카 부근에서 중앙정보부가 사용하는 '안전가옥' 에 김대중 씨가 한때 연금
됐다는 것, 그곳에서 배까지 옮겨졌다는 것 등을 적시했다."

긴급조치 선포

유신헌법은 명백한 독재헌법이었으므로 자유민주주의를 이념으로 하는 한국에서 거센 반발을 초래할 수밖에 없었다. 유신체제가 선포된 다음해인 1973년 가을부터 개헌운동이 일어났다. 1973년 10월 2일 서울대 문리대 학생들이 벌인 유신 반대 시위가 기점이었다. 이후 개헌운동이 전국으로 퍼져나갔다. 10월 5일에는 서울대 상대 학생 300여 명이 동맹휴학을 결의하고 교정에서 연좌데모를 벌였다.

10월 6일 이집트가 이스라엘을 선제공격함으로써 4차 중동전쟁이 일어났다. 그 여파로 유가가 폭등하면서 석유파동이 일어나 전 세계에 크나큰 영향을 주었다.

10월 10일 서울대는 학생시위와 관련해 학생 23명을 제적하고 56명에게 무기정학 처분을 내리는 징계조치를 취했다. 이와 별도로 18명이 자퇴 형식으로 교정을 떠났다. 12월 1일에는 경북대 학생 1600명이 언론자유 보장 등 6개항의 요구사항을 내걸고 시위를 벌였다. 같은 날 부산대 학생 1천여 명도 시위했다. 12월 7일 박정희 대통령은 반정부 시위로 구속된 학생들 전원을 석방하고, 학칙 위반으로 학생들이 받은 징계도 모두 백지화하라고 지시했다.

　　12월 18일 서울 예술극장에서 임시 전당대회를 마친 민주통일당 당원 300

여 명이 '민주체제 회복하라' 는 플래카드를 들고 가두시위를 벌였다. 24일에

는 김수환 추기경, 지학순 주교, 재야인사 장준하, 함석헌, 김동길 등 30여 명이

'개헌청원 100만인 서명운동' 을 전개하기로 결의했다. 통일당은 즉시 이를 환

영하고, 서명운동에 최선을 다해 동참하겠다는 성명을 발표했다. 신민당에서

4차 중동전쟁과 1차 석유파동

1967년에 벌어진 6일 전쟁(3차 중동전쟁)에서 이스라엘에 참패해 시나이 반도를 빼앗긴 이집트
와 골란 고원을 잃은 시리아는 복수전을 벼르다가 1973년 10월 6일 이스라엘을 선제공격했다.
이에 따라 벌어진 전쟁이 4차 중동전쟁이다.

　전쟁이 발발한 뒤 이스라엘이 수세에 몰리자 10월 12일 미국의 닉슨 행정부가 이스라엘에 군
수물자를 공수하기 시작했고, 이에 대응해 16일 사우디아라비아와 이란을 비롯한 중동의 주요
산유국들이 원유가격을 배럴당 3달러에서 3.65달러로 1인상했다.

　19일 미국 정부가 이스라엘을 원조하기 위한 22억 달러의 예산을 의회에 요청하자 리비아가
미국에 대해 석유 금수 조치를 취했고, 중동의 다른 산유국들도 잇달아 같은 조취를 취했다. 중
동의 산유국들은 캐나다와 네덜란드 등 자신들이 적성국가로 규정한 나라들에도 석유 수출을 중
단했다.

　10월 26일 미국과 소련의 압력으로 이집트와 이스라엘이 더 이상 전투행위를 하지 않기로 결
정함으로써 4차 중동전쟁은 사실상 끝났다. 그러나 중동 산유국들은 석유 생산을 대폭 줄이고
유가를 올리는 등 석유 무기화 정책을 계속했다. 이로 인해 1973년 가을부터 1974년 봄까지 유
가가 배럴당 3달러에서 그 4배인 12달러로 뛰었다. 이것이 1차 석유파동으로, 비산유국들은 이
로 인해 심각한 경제적 타격을 입었다.

　중동 산유국은 아랍 국가에 비우호적이라고 자신들이 규정한 나라들에도 석유 금수 조치를 내
렸는데, 한국과 일본도 거기에 포함됐다. 이에 따라 일본 정부는 11월 22일 "이스라엘은 점령지
에서 철수해야 하며, 일본은 팔레스타인의 자결권을 옹호한다"는 내용의 성명을 발표했다. 한국
정부도 12월 15일 이스라엘의 점령지 철수를 요구하는 등 4개 항의 친아랍 성명을 발표했다.

　에너지 자급률이 10%에도 훨씬 못 미치고 수출의존도가 높은 한국경제는 1차 석유파동으로
큰 타격을 입었다. 경제에서 무역이 차지하는 비중이 큰 한국은 국제정세 변화의 영향을 많이
받는다는 사실이 1차 석유위기로 더욱 분명하게 드러났다. 한국은 안보문제를 단순히 군사적 측
면에서만 바라볼 수 없다는 점 또한 확인됐다.

도 정일형 의원이 지지성명을 발표했다. 대만을 방문하고 귀국하는 길에 일본에 들른 유진산 신민당 총재는 이날 "박정희 대통령은 국가와 민족의 장래에 불행을 끼치지 않기 위해 중대한 결단을 내려야 한다"고 말했다.

12월 29일 박정희 대통령은 개헌청원 서명운동을 중지하라는 내용의 경고담화를 발표했다. 이에 대해 공화당은 "애국충정이 집약된 경고"라고, 신민당은 "사태를 더욱 악화시킬 것"이라고, 통일당은 "서명운동을 불온한 것으로 보는 것은 부당하다"고 각각 논평했다.

1974년 1월 4일 기독학생총연맹이 '1974 기독학생 선언문'을 발표해 개원청원 서명운동을 적극 지지하며 이에 참여하겠다고 밝혔다. 5일 개헌청원운동본부 대표 장준하가 국민들이 정당한 비판을 할 수 있는 분위기가 조성돼야 한다고 주장했다. 이날 통일당은 개헌 서명운동에 적극 참여하기로 공식 결정했다. 6일에는 서울대 의대생 50여 명이 개헌 서명운동을 지지하는 성명서를 발표했다.

1월 7일 공화당의 초대 총재를 지낸 정구영이 박정희 대통령을 "약속을 어긴 졸장부"라고 비난하며 탈당 성명서를 발표했다(정구영은 3선개헌에도 반대했으나 그때는 탈당하지 않았다). 이에 대해 공화당은 배신행위라며 극력 비난했다. 같은 날 이희승(李熙昇)을 비롯한 문인 61명이 '개헌서명 지지선언'을 발표했다.

8일에는 신민당이 민주헌정 복구를 위해 헌법개정에 진력하기로 결의했다. 신민당은 정무회의 후 성명을 발표해 "현행 체제는 정보정치, 공포정치의 대명사일 뿐"이라고 비난하고 "신민당은 국민의 선두에 서서 민주회복을 위한 거당적 투쟁을 벌이겠다"고 다짐했다.

이런 개헌운동 분위기에 대응해 박정희 대통령은 8일 긴급조치 1호와 2호를 공포했다. 1호는 일체의 개헌논의를 금지한다는 것이었고, 2호는 그 위반자를 처벌하기 위해 비상군법회의를 설치한다는 것이었다. 긴급조치 1호는 긴급조치 위반자는 민간인이라도 군법회의에서 재판한다고 규정했다.

대통령 긴급조치 1호

1. 대한민국 헌법(유신헌법)을 부정, 반대, 왜곡 또는 비방하는 일체의 행위를 금한다.

2. 대한민국 헌법의 개정 또는 폐지를 주장, 발의, 제안 또는 청원하는 일체의 행위를 금한다.

3. 유언비어를 날조, 유포하는 일체의 행위를 금한다.

4. 앞의 1, 2, 3호에 금한 행위를 권유, 선동, 선전하거나 방송, 보도, 출판, 기타의 방법으로 이를 타인에게 알리는 일체의 언동을 금한다.

5. 이 조치에 위반한 자와 이 조치를 비방한 자는 법관의 영장 없이 체포, 구속, 압수, 수색하며 15년 이하의 징역에 처한다. 이 경우에는 15년 이하의 자격정지를 병과할 수 있다.

6. 이 조치에 위반한 자와 이 조치를 비방한 자는 비상군법회의에서 심판, 처단한다.

7. 이 조치는 1974년 1월 8일 17시부터 시행한다.

이날 정구영은 "유신체제는 삼권귀일 체제이며 국민 대다수가 달갑지 않게 생각하고 있다"고 언명했다. 1월 15일 비상보통군법회의 검찰부는 장준하와 백기완을 긴급조치 1호 위반 혐의로 구속했다.

유신헌법에 규정된 대통령의 긴급조치권은 초법률적인 것으로 유신헌법에서 가장 독재적인 요소였다. 이 조항은 프랑스 제5공화국 헌법 16조를 모방한 것으로 알려졌으나, 사실은 비교가 안 될 만큼 차이가 컸다. 프랑스 헌법은 비상조치의 선포요건을 구체적으로 규정했고, 사전에 상의해야 하는 대상을 확정해 놓았으며, 최소의 기간 안에 그 사명을 다하도록 규정했다. 이에 비해 유신헌법이 규정한 긴급조치는 ① 사후적 조치뿐 아니라 사전적, 예방적 조치도 할 수 있고 ② 비상조치의 내용과 범위가 지극히 광범위하고 ③ 국회의 동의 없이 발동할 수 있고 ④ 국회나 사법부의 통제가 불가능했다.

또한 정권의 모든 법적 조치는 위헌여부 심사대상이 돼야 하지만 긴급조치는 그러한 심사대상이 되지 않는다고 규정했다. 국회 의석 과반수의 결의로도 긴급조치 해제는 불가능했다. 오직 긴급조치로만 긴급조치를 해제할 수 있었다. 한마디로 말해 긴급조치는 대통령 1인에게 모든 권력을 백지위임한 것이었다(긴급조치는 모두 9호까지 선포됐는데, 그 가운데 국민의 자유와 권리를 직접 제약한 것은 1호, 4호, 9호였다).

그래도 개헌운동이 그치지 않자 박정희 정권은 4월 3일 긴급조치 4호를 공포하면서 '민청학련(민주청년학생총연맹)'이 불순세력의 조종을 받고 있다고 발표했다. 4월 25일에는 중앙정보부가 민청학련에 대한 수사상황을 발표했다. 이 사건으로 1024명이 조사를 받았고, 180명이 군법회의에 회부됐다.

유신체제 자체가 대한민국이 위기상황이라고 규정하면서 수립된 것이기도 했지만, 실제로 위기상황이 닥치면 유신체제에 대한 반대의 움직임이 수그러드는 경향이 있었다. 특히 1974년의 박정희 암살 기도와 1975년의 베트남 공산화는 국민 사이에 안보에 대한 위기의식을 확산시켜 유신체제의 수명 연장에 크게 기여했다.

1974년 8월 14일 한국 검찰은 김대중 납치 사건과 관련해 "현 단계에서는 김동운 전 서기관 등 혐의자들이 범죄에 가담했다는 증거가 없기 때문에 수사 중지를 결정했다"고 일본 정부에 통보했다. 그 다음날인 15일에 열린 광복절 기념행사에서 조총련 계열의 재일 한국인 청년 문세광이 박정희 대통령을 저격했으나 실패하고 대신 영부인 육영수가 총탄을 맞아 사망했다. 이 사건의 여파로 개헌운동은 침체했다.

신민당은 8월 22일부터 이틀간 임시 전당대회를 열었다. 넉 달 전에 유진산 총재가 지병으로 사망하여 후임 총재를 선출하기 위해 열린 것이었다. 김영삼, 이철승, 고흥문 등 5인이 총재 경선에 나섰고, 23일 2차 투표까지 치른 끝에 김영삼 의원이 총재로 선출됐다. 김영삼은 전당대회 결의문을 통해 김대중의 정치활동 재개와 민주수복을 실현할 것을 다짐했다. 같은 날 박정희 대통령은 긴급조치 1호와 4호를 해제했다.

9월 6일 광복회 회원 1400명이 일본 대사관에 난입해 일장기를 불태우고 차량을 부수었다. 이는 김대중 납치 사건과 관련해 박정희 정권이 일본으로부터 받은 수모에 대해 보복한 행위였다. 문세광 사건에는 일본 정부가 책임 질 부분이 있었다. 문세광 사건은 김대중 납치 사건으로 일본에 '사죄사절단'을 보내는 등 외교적 굴욕을 맞본 박정희 정권이 일본 정부에 외교적 보복을 가하기에 좋은 기회를 제공했다. 이에 한국 정부의 묵인 아래 광복회 회원들이 일본 대사관을 습격한 것이었다. 치외법권 지대인 외국 대사관에 군중이 난입한 것은 불법이었으나, 한국의 국민감정이 워낙 격앙돼 있던 터라 일본 정부가 별다른 대응을 하지 못했다. 이 사건 외에도 전국 각지에서 연일 반일시위가 벌어졌다. 이렇듯 한일관계가 크게 악화되자 미국 정부가 조정에 나섰다.

1974년 11월 15일 휴전선 인근에서 북한이 판 땅굴이 발견되어 세상을 놀라게 했다. 이날 아침 7시 35분 경기도 연천군 고랑포(高浪浦) 동북방 8km 지점의 비무장지대 안의 땅에서 수증기가 솟아오르는 것을 군사분계선 남쪽을 정기적으로 순찰하던 민간 경비대원이 목격했다. 이어 확인을 위해 땅을 파헤치는 남쪽 병력을 향해 북한군이 총탄 300여 발을 퍼부었다. 이날 오후 11시 주한 유엔군 사령부 대변인인 우드사이드 대령이 휴전선 인근에서 지하터널을 발견했다고 발표했다. 폭 90cm, 높이 120cm인 그 지하터널은 비무장지대 내 군사분계선에서 남쪽으로 1.2km 지점, 즉 비무장지대 남방한계선에서 불과 800m 앞까지 굴착된 상태였다.

11월 27일 서울 기독교회관에서 정계, 천주교, 기독교, 불교, 언론계, 학계, 문인, 법조인, 여성계 등 각계 인사 71명이 '국민선언'을 발표하고 '민주회복국민회의'의 결성을 공포했다. 이어 12월 25일 서울 YMCA 회관에서 민주회복국민회의가 창립총회를 열고 정식으로 결성됐다. 민주회복국민회의는 "범국민 단체로서 비정치 단체이며 그 활동은 정치활동이 아닌 국민운동"으로 스스로 성격규정을 했다. 또한 '자주, 평화, 양심'을 행동강령으로 정하고 '민주회복'을 활동목표로 설정했다. 대표위원에 윤형중(상임대표), 이병린, 이태영, 양일동, 김철, 김영남, 김정한, 천관우, 강원룡, 함석헌 등 10인이 추대됐고 홍성우 변호사, 한승헌 변호사, 함세웅 신부(대변인), 김병걸, 김정례, 임재경 등 6인이 운영위원으로 선임됐다. 김대중도 고문으로 참여했다.

납치사건 이후 침묵을 지키던 김대중이 1974년 말에 〈동아일보〉와 오랜만에 기자회견을 가졌다. 다음은 이 인터뷰를 보도한 1975년 1월 1일자 〈동아일보〉 기사다.

국민운동이 필요한 시점

1973년 8월 내외의 이목을 집중시켰던 납치사건에서 풀려난 직후 "현 여건 아래서는 정치활동을 하지 않겠다"고 선언하고 자택에서 '칩거' 해왔던 김대중 씨(50).

그는 물결이 높을 신춘정국부터는 어떤 형식으로든 '정치'에 참여할 것이라는 일반의 예상을 뒷받침하기라도 하듯, 벌써부터 '개헌'이니 '연합전선'이니 '투쟁'이니 하는 정치적, 전투적인 어휘들을 대화 속에 구사했다. "이 시점에서 정당은 국민운동적인 성격을 띠게 됐다"고 규정한 그로서는 이미 민주회복국민회의에 참가한 것만으로도 사실상 정치활동을 재개한 것으로 볼 수 있다.

— 새해 들어 해결해야 할 긴요한 문제는 무엇이라고 보시는지?

"사회의 민심이 순조롭게 방향을 잡아서 흘러가게 하려면 유신체제를 고집하는 현 정부의 태도와 생각을 바꾸는 것이 긴요한 일이다. 현 체제 아래서는 국민의 자유도 경제발전도 사회정의도 구현할 수 없다고 보면, 국민 전체가 능동적으로 참여함으로써 가능한 강력한 안보도 기대할 수 없다."

(김 씨는 안보문제와 관련, 민주주의에 얘기가 미치자 막혔던 물꼬가 터진 듯 거침없이 자신의 피해를 피력해 나갔다.)

"안보의 중요성을 부인하지 않으며, 자유를 강조하는 사람도 안보를 등한시해서는 안 된다. 자유와 안보는 손바닥의 앞뒤와 같은 것으로 민주국가에서는 자유가 목적이고 안보는 수단이며 안보에서 자연히 안정이 결과되는 것이다. 국민들이 안정을 시킬 대상이 자유라고 생각할 때에 자신의 일처럼 적극적으로 안보에 참여하는 것이지 그 대상이 독재체제일 때는 효과적인 안보가 될 수 없다. 국민들이 총칼 들고 싸우려면 북한의 체제와는 다른 분명한 차이점을 납득시켜야 한다. 국민의 정당한 권리인 자유와 기본권을 보장하는 나라치고 공산위협을 받는 나라는 세계에 없다."

— 신변보호 조치가 해제된 이후의 결과는?

"하루 평균 50명가량의 인사들이 집에 찾아와 건강과 신변을 염려해주고 말하기 어렵지만 민주회복을 기대한다고 격려하기도 한다. 내객 중 많은 사람들이 7대 대통령 선거 당시 '이번에 정권교체가 안 되면 선거가 없게 될 것'이라고 말했던 일을 되새긴다. ……

— 고문으로 돼있는 민주회복국민회의에 새해부터는 어떤 형태로 참여할 계획인지?

"현 정부에서 지금까지 가장 문제 삼아왔던 대상이고 또 나의 움직임에 따라 제3자에게 영향을 미치는 어려운 환경 속에 있기 때문에 국민회의에 정신적으로 백 퍼센트의 성원을 보내지만 구체적인 행동에 있어서는 국민회의가 나를 필요로 하는 정도에서 참여하겠다."

— 구체적인 행동이 무엇을 의미하는지?

"그쪽에서 요청하면 일신의 안일을 위해 회피할 생각은 없다는 뜻이다. 민주회복 과정에서 유념해야 될 점은 과거에 구애받지 않아야 하는 것이라고 생각한다. 따라서 극단적으로 말해서 공화당 사람도 진심으로 민주회복 대열에 서기를 원한다면 손잡아야 될 것이고, 동시에 민주회복의 태산준령을 앞둔 이 시점에서 동지는 있어도 라이벌은 있을 수 없다. 특정인을 영웅화해서는 안 되며 팀웍으로 국민연합 전선을 형성해 나가야 한다."

— *그런데 정부는 유신체제에의 도전을 용납하지 않는다는 방침을 되풀이 천명했는데….*

"우리는 어디까지나 평화적 해결을 바라고 있다. 따라서 정부가 민심의 귀추를 파악하고 건설적 대화를 해야 한다. 대통령이 원한다면 국가의 운명을 놓고 허심탄회하게 토론하고 얘기해야 될 것이라고 생각한다. 이 같은 평화적인 길을 거부할 때는 금년 정국이 순탄치 못할 것으로 우려된다."

— *이 시대 상황을 한마디로 규정한다면….*

"오늘의 시점은 비로소 국민적 민주혁명을 성취할 수 있느냐 없느냐의 과제가 주어진 시대라고 본다. 한국의 민주주의 하면 학생을 연상했지만 민주회복 국민선언으로 이제는 범위가 넓어진 셈이다. 그리고 우리 역사를 돌아볼 때 우리 민족은 세계 어느 민족 못지않게 민주역량을 가진 민족인 것을 알 수 있다. 중국대륙에 혹같이 붙어있는 이 한반도가 어떻게 중국화 안 됐는지 기적이라고 생각될 때도 있다. 이조 말엽 못난 조상 때문에 백년의 재앙을 받고 있지만 작금 국민은 신문을 거꾸로 볼 줄 아는 슬기마저 터득하고 있다. 74년의 민청학련 사건 이후에도 제2, 제3의 저항세력들이 나타나지 않았는가. 따라서 나는 민주회복을 확신한다. 민주회복이 데모나 성명발표 등 먼 곳에만 있는 것이 아니고 한 사람이라도 붙잡고 민주를 역설하고 국민도 가까운 데서부터 민주주의를 실현해 나가야 한다고 믿는다. 5원을 가지고도 애국할 수 있는데, 공중전화를 걸어 잘한 일을 격려해주고 잘못한 일은 질책할 수 있는 것이다. 최근 〈동아

일보)의 박해에 대해 전화 한 통화라도 걸면 얼마나 위로가 되겠는가. 민주회복
은 거창한 데 있는 것이 아니고 비근한 것에서 얼마든지 찾을 수 있다."

―오늘의 신민당에 대해 하고 싶은 말은….

"김영삼 총재가 목표를 헌정회복으로 잡은 것은 옳은 일이다. 정권교체라는 본
래적 의미의 정당이 될 수 있는 여건의 회복에 투쟁의 초점을 맞춰야 된다."

(납치 5일 만에 동교동 자택 앞길에서 묶여진 안대를 풀면서 천지광명을 되찾은
김 씨. 그 같은 생사의 고비가 한 인간으로서 뿐만 아니라 정치인으로서의 그에
게 많은 것을 준 것 같았다.)

"그 사건은 측량할 수 없는 영향을 미쳤다고 본다. 그들이 나를 배에 실었을 때
그들은 (성공한다는 것을) 백에 하나도 의심을 안 했고 나는 죽는다는 것을 백에
하나도 의심을 안 했다. 그러나 나는 살았고 그들은 실패했다. 생사는 인간의
지혜대로 되는 것이 아님을 깨달았다. 대통령 선거 때도 그런 체험을 했지만 높
은 계단을 달음박질로 뛰어올라가듯 했던 정치생활이었는데 이제는 평지를 가
듯 여유 있고 침착하게 정진할 생각이다. 결과에 구애받지 않고 현실적으로 내
가 할 수 있는 일을 차근차근 해나가겠다."

1975년 1월 14일 박정희 대통령이 연두 기자회견을 했다. 그는 북한의 위
협이 일소될 때까지는 유신헌법을 유지하겠다고 말했다.

무슨 외국 언론기관에, 미국 국회의원들한테, 어느 학자들한테, 무슨 정치인들
한테…, 그것도 사실을 사실대로 써서 보내면 좋겠는데 전혀 허위 날조된 그런
사실을 가지고 우리 정부가 마치 무슨 인권을 크게 침해하는 것처럼 이렇게 선
전을 해서 외국에서 어떤 세력을 끌어들여 가지고 우리 정부에다가 압력을 넣
어서 그 사람들을 석방시키겠다 하는, 그런 운동을 하는 사람이 있었다는데 대
해서 나는 지극히 불쾌하게 생각합니다. 솔직히 말하면 이것은 사대주의 근성

입니다.

민주주의도 좋고 자유도 좋지만, 우리나라가 하나의 자주독립 국가로서 앞으로 이 지구상에서 뻗어나가자면, 우선 우리 조상 때부터 내려오는 뿌리 깊은 사대주의 근성을 뽑아내야 되겠다는 것입니다.

그 다음에 민주주의 얘기가 나왔으니까 또 몇 마디 언급을 하겠습니다만, 여러분들이 잘 아시다시피 2차대전 후 이 지구상에는 신생 민주주의 국가가 많이 생겼습니다. 내가 알기에도 한국전쟁 당시 유엔 회원국이 약 50여 개국이었는데 지금 현재는 130여 개국으로 늘어났습니다. 그런데 이들 국가 중에 공산주의 국가를 빼놓고 기타 서방진영에 속하는 국가들은 거의 대부분 서구 민주주의를 자기 나라에 받아들여서 시행을 해보았는데, 솔직히 말해서 그것을 직수입해서 성공해 가지고 지금 잘해나가는 국가가 이 지구상에 몇 개나 되느냐, 여러분들 손꼽아보세요. 지도를 내놓고 보십시오. 동남아시아라든지, 중남미라든지, 아프리카라든지…, 내가 알기로는 거의 한 번씩 다 홍역을 치르고 중병을 앓았어요. 지금도 민주주의 소화불량증에 걸려서 신음하고 있는 나라가 한두 나라가 아닙니다.

그래도 그중에서 조금 잘해나가는 나라는 서구 민주주의를 받아들이되 자기 나라의 실정을 감안해서 가급적 실정에 알맞게끔 이것을 잘 조화해나간 나라는 비교적 잘하고, 그렇지 않고 무비판적으로 직수입을 한 나라는 열이면 열 전부 민주주의병에 한 번씩 걸렸다는 것입니다. 이것은 역사적인 엄연한 사실이 아닙니까. 민주주의 제도라고 하는 것도 민주주의가 그 나라에서 자랄 수 있는 토양과 풍토가 조성되어야만 자라는 것이지, 그런 것 없이 그냥 갖다 심어 가지고는 잘 자라나지 않습니다.

예를 들면, 같은 우리 한국 내에 있지만 제주도에 있는 밀감나무를 서울 근처에 심어보아도 살지 못하지 않습니까? 같은 국내라도 서울에 갖다 놓고 밀감나무가 자라나게 하려면 특별히 방풍을 잘 한다든지 온실을 만든다든지…, 무언가 제주도하고 비슷한 토양이나 기후나 이런 조건을 갖추어주어야지, 서울의 영하 20도가 되는 데다 그냥 갖다 놓았다면 당장 다 얼어 죽을 것입니다.

음식도 마찬가지입니다. 아무리 맛이 좋은 음식이라도 자기 체질에 맞지 않으면 소화가 안 되는 것입니다. 좀 쑥스러운 얘기입니다마는, 나는 지금도 목장 우유라든지 끓이지 않는 우유를 먹지 못합니다. 왜냐? 체질에 맞지 않기 때문입니다. 어릴 때 깡보리밥에 깍두기를 먹고 자란 뱃속이 되어서 그런지 목장우유라든지 생우유는 맞지 않아 먹으면 배탈이 나고 설사가 납니다. 그러나 우리 집 아이들은 잘 먹습니다. 어릴 때부터 먹여서 훈련을 시켰으니까…, 민주주의라고 하는 것도 역시 그런 것이 아니겠습니까.

우리나라에도 해방 후에 서구 민주주의를 받아들여 가지고 이렇게도 해보고 저렇게도 해보고 별별 것을 다 해보았습니다. 자유당 때 헌법, 민주당 때 헌법, 또 5·16 후에 민정 이후 제3공화국 헌법, 다 해보았지만 우리나라의 특수여건을 감안하지 않고 우리의 풍토에 잘 맞도록 조정을 하지 않으면 여기에서 자라날 수 없다는 결론을 우리는 얻지 않았습니까?

일부에서 유신헌법을 철폐하고 옛날 헌법으로 다시 환원해야 한다고 주장하고 있는데, 과연 옛날 상태로 돌아가서 나라가 잘되고 국민들이 모두 행복스럽게 잘살 수 있겠느냐…, 몇몇 정치인들은 좋아할 것입니다. 옛날 그런 헌법 체제로 돌아가면 정치인 만능 시대가 되고 그들이 활개를 치고 여러 가지 좋은 점이 많을는지는 모르지만, 과연 그것이 국민 전체의 행복이 되고 국가 전체에 이익이 될 수 있겠느냐는 것입니다.

요즈음 그 사람들은 우리나라 건국 이후에 어느 헌법이 제일 좋았느냐, 이렇게 물으면 제2공화국 헌법이 제일 좋았다고 그래요. 즉 민주당 때의 헌법이지요. 그것이 자유 황금시대라 그 말이에요. 그런데 요즈음 여러분들이 그 시대의 기록을 보십시오. 내가 본 어떤 기록에는 어떤 날은 하루에 전국에서 데모가 1천여 건이나 일어났어요.

국민학교 아동들까지도 거리에 나와서 데모를 하고, 이러한 무질서, 자유를 빙자한 방종, 혼란, 비능률, 또 선거 때만 하더라도 과거의 그 선거제도를 우리가 다 여러 번 겪은 것 아닙니까. 얼마나 거기에서 많은 돈이 낭비되고, 사회적인 혼란, 국민도의의 타락, 또 그 병폐라는 것은 일일이 우리가 열거할 수 없지 않습니까. 그런 상태로 우리가 다시 돌아가고 지금 체제를 철폐해 버리고 그런 낭비와 혼란을 되풀이하면서도 자주국방도 잘 되고 자립경제도 잘 되고 민주주의도 잘 되겠냐는 것입니다.

이런 모든 병폐를 깨끗이 일소하고 국민의 모든 능력을 한 곳에 집중해서 국력의 가속화를 해보자는 것이 유신체제입니다. 그렇게 해야만 우리나라의 민주주의도 서서히, 착실히 이 땅에 뿌리를 내리고 우리도 남부럽지 않게 자유와 번영을 누릴 수 있는 날이 멀지 않아 올 것이라고 나는 생각합니다. 그래서 결론적으로 현행 헌법은 고쳐서는 안 되겠다, 유신헌법을 철폐하고 옛날 헌법으로 다시 돌아가는 것은 솔직히 말하면 나라 망하는 길이다, 나는 이렇게 단언하여 얘기하고 싶습니다.

1월 15일 김영삼 신민당 총재는 대통령 연두 기자회견에 대응하여 "민주회복을 위한 개헌투쟁을 계속할 것이며, 〈동아일보〉 광고탄압 사태를 철저히 조사하겠다"고 언명했다. 그는 17일 일본과 미국 순방 길에 올랐다.

개헌운동이 거세지자 박정희 대통령은 국민투표로 유신헌법의 정당성을 재확인받기로 했다. 그는 1월 22일 유신헌법에 대한 찬반 국민투표를 실시한다고 공고했다. 25일 신민당은 정부가 국민의 의사표시를 봉쇄하고 언론의 침묵을 강요하고 있으며 일방적으로 찬성투표를 유도하는 활동을 벌이고 있다고 비난했다. 이날 김대중도 기자회견을 갖고 "난국 타개를 위해 국민투표를 중지하고 재야인사와 애국적 대화의 길을 열기를 희망한다"고 말했다. 30일 신민당은 정무회의를 열어 국민투표를 거부하고 재야세력과 연대해 거부운동을 벌이기도 낙본을 결정했다.

2월 12일 유신헌법에 대한 신임을 묻는 국민투표가 실시됐다. 투표율 79.8%에 찬성률 73.1%였다. 15일에는 박정희 정권이 긴급조치 1호와 4호 위반으로 구속 중인 인사들을 석방했다.

3월 10일 북부 베트남은 1973년에 맺은 평화조약을 깨고 남부 베트남에 대한 공세에 나섰다. 부패한 남부 베트남은 빠르게 무너졌다.

3월 19일 철원 북동쪽 13km 지점에서 북한이 판 땅굴이 두 번째로 발견됐다. 너비 2m, 높이 2m, 깊이 50~160m, 길이 3.5.km의 지하터널이었다. 화강암층에 굴착된 이 땅굴은 시간당 약 3만 명의 무장병력 외에 야포와 차량 등도 통과할 수 있는 구조였다. 그 크기가 제1 땅굴의 약 5배에 이르는 정도였다.

3월 22일 민주회복국민회의 운영위원인 한승헌 변호사가 반공법 위반으로 구속됐다. 4월 8일에는 박정희 대통령이 긴급조치 7호를 발동하고 고려대에 휴교령을 내렸다. 이날 인민혁명당(인혁당) 관련자 8명에 대해 대법원이 사형 확정판결을 내렸다. 하루만인 9일 인혁당 관련자 8명에 대한 사형이 집행됐다.

4월 17일 크메르(캄보디아)가 붕괴되고 수도 프놈펜이 공산반군에 의해 점령됐다. 베트남과 캄보디아의 상황전개에 고무된 북한의 김일성은 중국과 소련을 비롯한 여러 사회주의 국가를 순행하는 길에 나섰다.

4월 18일 김일성은 북경에 도착했다. 김일성은 환영연회에서 "전쟁이 일어나면 잃을 것은 군사분계선이요 얻을 것은 통일" 이라며 남침에 대한 지원을 요청했으나 중국 지도부는 "한반도의 안정을 원한다"고 대답했다. 그는 소련을 방문했으나 소련 정부도 "한국 문제의 평화적 해결을 원한다"는 뜻을 밝혔다. 그는 이어 동유럽과 아프리카의 사회주의 국가들을 순방했다.

4월 30일 북부 베트남이 남부 베트남의 수도 사이공을 점령함으로써 남부 베트남을 무력으로 흡수통일했다. 이에 북한과 대치하고 있는 남한의 정부와 국민은 큰 충격을 받았다. 민심이 동요했고, 미국이민 신청자가 급증했다. 이렇게 국민 사이에 위기의식이 팽배한 가운데 5월 13일 긴급조치 9호가 공포됐다. 그 내용은 다음과 같았다.

대통령 긴급조치 9호

1. 다음 각 호의 행위를 금한다.

    (가) 유언비어를 날조 · 유포하거나 사실을 왜곡하여 전파하는 행위

    (나) 집회, 시위 또는 신문 · 방송 · 통신 등 공중전파 수단이나 문서 · 도서 · 음반 등 표현물에 의하여 대한민국 헌법을 부정 · 반대 · 왜곡 또는 비방하거나 그 개정 또는 폐지를 주장 · 청원 · 선동 또는 선전하는 행위

    (다) 학교 당국의 지도 · 감독 하에 행하는 수업, 연구 또는 학교장의 사전허가를 받았거나 기타 의례적 · 비정치적 활동을 제외한 학생의 집회 · 시위 또는 정치관여 행위

    (라) 이 조치를 공연히 비방하는 행위

2. 제1에 위반한 내용을 방송 · 보도 기타의 방법으로 공연히 전파하거나 그 내용의 표현물을 제작 · 배포 · 판매 · 소지 또는 전시하는 행위를 금한다.

3. 재산을 해외 도피시킬 목적으로 대한민국 또는 대한민국 국민의 재산을 국외에 이동하거나 국내에 반입될 재산을 국외에 은닉 또는 처분하는 행위를 금한다.

4. 관계서류의 허위 기재, 기타 부정한 방법으로 해외이주의 허가를 받거나 국외에 도피하는 행위를 금한다.

5. 주무 장관은 이 조치 위반자, 범행 당시의 소속 학교 · 단체나 사업체 또는 그 대표자나 장에 대하여 다음 각 호의 명령이나 조치를 할 수 있다.

(가) 대표자나 장에 대한 소속 임직원, 교직원 또는 학생의 해임이나 제적의 명령

(나) 대표자나 장, 소속 임직원, 교직원이나 학생의 해임 또는 제적의 조치

(다) 방송 · 보도 · 제작 · 판매 또는 배포의 금지 조치

(라) 휴업 · 휴교 · 정간 · 폐간 · 해산 또는 면허의 취소 조치

(마) 승인 · 등록 · 인가 · 허가 또는 면허의 취소 조치

6. 국회의원이 국회에서 직무상 행한 발언은 이 조치에 저촉되더라도 처벌하지 아니한다. 다만 그 발언을 방송 · 보도 · 기타의 방법으로 공연히 전파한 자는 그러하지 아니한다.

7. 이 조치 또는 이에 의한 주무 장관의 조치에 위반한 자는 1년 이상의 유기징역에 처한다. 이 경우에는 10년 이하의 자격정지를 병과한다. 미수에 그치거나 예비 음모한 자도 또한 같다.

8. 이 조치 또는 이에 의한 주무 장관의 조치에 위반한 자는 법관의 영장 없이 체포 · 구속 · 압수 또는 수색할 수 있다.

9. 이 조치 시행 후 '특정범죄 가중처벌 등에 관한 법률' 제2조(뇌물죄와 가중처벌)의 죄를 범한 공무원이나 정부관리, 기업체의 간부직원 또는 동법 제5조(국고손실)의 죄를 범한 회계 관계 직원 등에 대하여는 동법 각 조에 정한 형에 수뢰액 또는 국고손실액의 10배에 해당하는 벌금을 병과한다.

10. 이 조치 위반의 죄는 일반 법원에서 심판한다.

11. 이 조치의 시행을 위하여 필요한 사항은 주무부 장관이 정한다.

12. 국방부 장관은 서울특별시장, 부산직할시장 또는 도지사로부터 치안질서 유지를 위한 병력 동원의 요청을 받은 때에는 이에 응하여 지원할 수 있다.

13. 이 조치에 의한 주무부 장관의 명령이나 조치는 사법적 심사의 대상이 되지 아니한다.

14. 이 조치는 1975년 5월 13일 15시부터 시행한다.

유신헌법에 대해 부정, 반대, 왜곡, 비방, 개정, 폐기를 주장하거나 청원,

선동 또는 이를 보도하는 일체의 행위를 금지하며 이를 위반한 자는 영장 없이 체포한다는 내용을 담고 있는 대통령 긴급조치 9호는 반정부 활동을 완벽하게 틀어막는 것이었다. 그러므로 이후로 더 이상의 긴급조치는 나올 필요가 없게 됐다. 간단히 말해 긴급조치 9호는 유신헌법 찬양은 죄가 되지 않지만 그 외의 언동은 모두 죄가 되는 것으로 규정한 것이다. 지나친 조치였지만 국민 모두가 위기의식에 휩싸인 가운데 취해진 조치였으므로 반대하는 목소리는 힘을 얻지 못했다.

이 당시 남한은 북한에 비해 군사적으로 상당히 열세였다. 미국 태평양사령부가 작성한 문서를 보면, 1970년대 중반에 북한이 남침할 경우 190일 만에 서울이 함락되고 216일 만에 남한 전역이 점령될 것으로 미군은 예측하고 있었다. 베트남의 적화통일로 고조된 안보에 대한 불안감의 영향으로 개헌운동이 한동안 잠잠해졌다.

6월 초에 박정희 대통령은 〈워싱턴포스트〉와의 회견에서 "한국이 미국의 핵우산 보호를 받지 못한다면 핵무기 개발을 포함한 모든 가능한 수단을 동원하겠다"고 말했다. 다음은 이 회견을 보도한 1975년 6월 12일자 〈워싱턴포스트〉의 기사를 우리말로 옮긴 것이다.

한국: 완고한 박정희

박정희 대통령은 미군이 한국에서 떠나더라도 최후까지 싸우겠다고 다짐하면서 미국의 핵우산이 철회되면 한국은 핵무기를 개발할 수 있으며 개발할 것이라고 우리에게 말했다.

이 한국의 철권 통치자는 또한 북한의 군사적 위협이 지속되는 한 엄격한 국내 안보조치를 완화하지 않을 것이라고 오랜만에 한 인터뷰에서 천명했다. 그는 민권을 완전히 회복시키는 조치가 자신에 대한 미국 의회의 지지를 얻는 데 도움이 될 것이라는 점을 인정하면서도 그러한 유화조치가 한국을 제2의 베트남으로 만들 수 있으며 따라서 정책을 크게 변화시킬 뜻이 없음을 시사했다.

이런 태도를 보면 박정희 장군은 베트남의 패망으로 충격을 받고는 기세가 오르는 공산주의 세력과 타협하려는 동아시아의 다른 지도자들과 구별된다. 병영국가인 북한의 총구를 눈앞에 둔 박정희 대통령은 미국과의 동맹에 크게 의존하고 있다. 그러나 그는 자신이 생각하기에 안보의 약화를 초래할 조치를 취해 미국의 비판자들을 달래려고 하지는 않을 것이고, 필요하다면 독자적인 길을 갈 준비가 돼있다.

청와대 집무실에서 외국 기자와는 8개월 만에 처음 가진 회견에서 박 대통령은 거의 2시간 동안 거침없이, 때로는 퉁명스럽게 답변했다. 약해 보일 정도로 체구가 작으며 집권 15년째에 이른 57세의 직업군인 출신 대통령인 그는 매우 좋은 건강상태를 유지하고 있고, 자신이 취하고 있는 노선이 옳다고 극단적으로 확신하고 있다.

박 대통령은 한국에 대해 미국이 안보공약을 공식 재천명한 것에 대해 신뢰를 표시하면서도 베트남의 패망 이후로 "많은 한국인들이 미국의 안보공약을 여전히 의심하고 있다"고 말했다. 그런 의심에 근거가 있으면 어찌할 것인가? "외부의 도움이 없더라도 우리 국민은 마지막 한 사람까지 싸우고 한 치의 땅도 넘겨주지 않을 결심이오."

그 다음에 그는 미국이 한국을 포기하면 핵무장을 할 것이라고 처음으로 확언했다. "우리는 핵무기를 제조할 능력은 있으나 개발하고 있지는 않으며 핵무기 비확산 조약을 준수하고 있다"고 대통령은 말했다. 그리고 무뚝뚝하게 덧붙였다. "미국의 핵우산이 철회되면 우리는 우리 자신을 구하기 위해 핵무기 개발을 시작해야 합니다."

핵우산과 공군력이 북한의 공격에 대한 미국의 주된 억제수단이다. 그러나 박 대통령은 주한미군 제2사단도 "침략을 못 하게 하는 데 핵심적인 역할을 한다"고 주장했다. 미국 지상군이 철수하면 "적은 오판을 하게 될 것이며 미국의 공약은 신뢰가 떨어질 것"이라고 말하기도 했다. 박 대통령은 싱긋 웃으면서 미군은 축구경기에서 최후방을 맡는 풀백의 역할을 한다고 말했다. 다시 말해 제2사단은 지상전의 중심이 되지는 않을 것이라는 뜻이다.

반대의견을 금지하는 5월 13일의 포고(긴급조치 9호−지은이 주)에 대해서는 그렇게 하지 않으면 "우리는 제2의 베트남이 될 지도 모른다"고 박 대통령은 말했다. 조치를 완화할 가능성은 있느냐는 질문에는 이렇게 대답했다. "북한의 행동에 달려 있다. 북한의 위협이 감소하면 우리는 안보조치를 완화할 수 있을 것이다. 북한의 위협이 증가하면 우리는 더 엄격한 조치를 취해야 할 것이다. 다른 방법은 없다."

박 대통령은 그의 탄압조치로 인해 미국과의 관계에 어려움이 생긴 것을 충분히 인식하고 있는 듯 "그것은 내 골칫거리 중 하나"라고 말했다. 만약 학생시위를 허용하면 많은 미국인들이 "베리 나이스"라고 말할 것이지만(한국어로 회견을 하던 박 대통령은 이 대목에서 "very nice"라고 영어로 말했다) 그렇게 하는 것은 안보를 해치고 나라를 공산주의자들의 침략에 취약해지게 만들 것이라고 그는 덧붙여 말했다.

박 대통령은 비상시에 민주국가가 민권을 제한했던 세 가지 예를 들었다. 그것은 캐나다 정부가 퀘벡의 분리주의자들을 탄압한 것, 알제리 위기 때 프랑스의 드골 장군이 독재적 조치를 취한 것, 그리고 2차 세계대전 중에 미국이 재미 일본인들을 수용소에 감금한 것(일본이 진주만을 기습공격하자 미국 정부는 미국 시민권자를 포함한 재미 일본인들을 수용소에 가두었다. 40여 년이 지난 뒤에 부시 행정부는 당시의 과오를 인정하고 1인당 2만 달러의 배상금을 지급했다−지은이 주)이다. 박 대통령은 한국에서 인권이 제약되고 있는 것을 인정하면서 북한에는 "인권이 전혀 없다"는 점에 미국인들은 유의해야 한다고 말했다.

박 대통령이 한 그 밖의 발언.

— 북한의 국지적 도발: 북한이 정면공격을 하지 않고 서해의 작은 5개 섬을 공격하는 국지적 도발을 할 경우에 북한의 후방을 보복공격을 하는 것은 "공산주의자들의 계략에 말려드는 것이다." 대신 북한의 해안에 근접해 있는 그 섬들은 공격에 "취약하지 않도록" 대비태세를 갖추어야 한다.

— 공군력: 한국에 있는 미국의 공군력과 한국의 공군력을 합하면 북한의 공군력과 "미묘한 균형"을 이루고 있다. 그러나 "미군이 한국에 영원히 주둔한다는 보장이 없으므로" 한국은 자체적으로 공군기를 더 많이 보유할 필요가 있다.

— 4대 강대국 조약: 미국, 소련, 중국, 일본이 한반도의 평화를 보장하게 한다는 한국 야당의 계획은 "매우 비현실적이다." 강대국들의 보장은 인도차이나에서 효과가 없었고, 한반도에서 "어떠한 강도로도 지탱되지 못할 것"이다.

박정희는 위협적인 북한을 다루는 데 있어 새로운 조치를 취할 의향이 없는 게 분명하다. 가혹한 국내 보안조치에 대한 고집, 미군의 계속적인 주둔 요청, 미군이 철수할 경우 핵무장을 해서라도 생존을 해야 한다는 결의, 이 모든 것이 한국이 베트남 같이 되어서는 안 된다는 그의 강철 같은 의지와 연결돼있다. 베트남의 패망 이후 불안감을 갖게 된 동아시아에서 보기 드물게 박 대통령이 보여준 이러한 의지는 그의 완고함 때문에 미국 관리들이 느끼게 된 불편함을 보상하고도 남는 것인지도 모른다.

거의 같은 시기에 국내 영자신문 〈코리아 타임스〉는 "한국은 핵무기를 개발할 수 있는 기술적 잠재력을 갖고 있다"고 최형섭 과학기술처 장관이 말했다고 보도했다.

1976년 3·1절에는 민주회복국민회의 사건이 일어났고, 이 사건으로 김대중이 구속됐다.

2월 22일 김대중은 정일형 의원 집으로 가서 정일형, 이태영 부부에게

3·1절을 맞아 시국선언을 할 것을 제안했다. 이태영은 김대중이 작성한 초안을 윤보선 전 대통령에게 보여주었다. 윤보선은 "문익환 목사가 따로 선언문을 만들고 있으니 종합해서 정리하자"고 말했다.

이태영은 문익환의 원고를 받아 24일 오후 김대중에게 전했다. 김대중은 자신의 초고와 비교하며 문익환의 원고를 다듬어 이태영에게 전했다. 윤보선은 그것을 보고 "내용이 너무 약하다. 유신헌법 철폐의 논거를 넣자"고 했다. 이에 따라 문익환은 보다 강경한 내용으로 성명서를 고쳤다. 이들은 비밀리에 서명을 받았다.

3월 1일 오후 6시 서울 명동성당에서 400여 명의 신자와 민주인사들이 저녁미사를 올렸다. 미사가 끝나자 이우정이 앞으로 나아가 '민주구국 선언문'을 낭독했다.

이 나라는 일인독재 아래 인권은 유린되고 자유는 박탈당하고 있다. 이리하여 이 민족은 목적의식과 방향감각, 민주주의에 대한 신념을 잃고 종파국을 향해 한 걸음씩 다가서고 있다.

우리는 국민의 자유를 억압하는 긴급조치를 곧 철폐하고, 민주주의를 요구하다가 투옥된 민주인사들과 학생들을 석방하라고 요구한다. 국민의 의사가 자유로이 표현될 수 있도록 언론, 출판의 자유를 국민에게 돌리라고 요구한다. 유신헌법으로 허울만 남은 의회정치가 회복되어야 한다고 주장한다. … 우리는 사법권의 독립을 요구한다. … 국민의 국세부담을 무시하고 짜인 팽창예산을 지양하라. 부의 분배를 철저히 하고 과감하게 실천하여 국민의 구매력을 키우라. … 어떤 개인이나 집단이 민족통일을 저희의 정략적인 목적을 위해 이용한다거나 저지한다면 이는 역사의 준엄한 심판을 면치 못할 것이다. …

3월 10일 박정희 정권은 이 사건을 '일부 재야인사들의 정부전복 선동 사긴'으로 규정했다. 박성희 정권은 김대중, 문익환, 함세웅, 이문영, 서남동, 신현봉, 이해동, 윤반웅, 문정현 등 10명을 대통령 긴급조치 9호 위반 혐의로 구속하고 윤보선 전 대통령, 정일형 의원, 함석헌, 이태영, 이우정, 김승훈, 장덕필 등 17명을 불구속 입건한다고 발표했다. 이때 국민은 긴급조치 위반 사건이 발생한 것을 정부의 발표로만 알 수 있었다. 긴급조치 위반 사건을 독자적으로 취재해 보도하거나 논평하는 것 자체가 긴급조치 위반이었으므로 언론은 이런 시국사건을 일체 보도하지 못했다.

5월 22일 이철승을 지지하는 신민당 비주류 청년당원들이 25일로 예정된 전당대회 개최를 막으려고 폭력으로 당사를 점거했다. 결국 25일 주류와 비주류가 각목을 들고 충돌한 끝에 주류는 당사에서 김영삼 총재를 재선했고, 비주류는 시민회관 별관에서 따로 집단지도체제를 채택했다.

5월 31일 중앙선거관리위원회는 신민당 양파의 대표권 변경 신청을 모두 각하했다. 신민당 비주류는 중앙선거관리위원회에 김영삼의 총재 지위와 자격에 대해 질의했는데, 6월 9일 중앙선거관리위원회는 그의 총재 지위가 소멸됐다는 답변을 내놓았다. 이에 따라 6월 11일 김영삼은 총재직 사퇴를 선언하고 이충환 전당대회 의장을 총재 권한대행으로 지명했다. 8월 28일에는 서울지방법원이 김대중에게 징역 8년에 자격정지 8년을 선고했다.

9월 15일 신민당 전당대회가 열렸다. 신민당은 이 전당대회에서 집단지도체제로 당헌을 고치고 이철승, 신도환, 유치송, 고흥문, 김재광, 이충환 등 6명을 최고위원으로 선출했다. 16일에는 대표최고위원 선출을 위한 경선이 열렸다. 이 경선에는 김영삼, 이철승, 정일형이 출마했다. 1차 투표 결과 김영삼은 349표, 이철승은 263표, 정일형은 134표를 얻었다. 김영삼이 1위였으나 과반수에 미달했으므로 2차 투표가 실시됐다. 정일형은 자신과 같이 민주당 신파인 이철승을 지지한다고 선언하고 사퇴했다. 2차 투표에서 이철승이 과반수인 389표를 얻어 364표를 얻는 데 그친 김영삼을 누르고 대표최고위원에 선출됐다. 9월 21일 이철승은 현 체제를 부정해서는 안 되며 자유권에는 한계가 있다는 취지의 발언을 했다.

1976년 11월에 실시된 미국 대통령 선거에서는 민주당의 지미 카터(Jimmy Carter) 후보가 현직 대통령인 제럴드 포드(Gerald Ford) 공화당 후보를 이기고 당선됐다. 언론은 무명에 가까운 그가 돌풍을 일으키며 대통령에 당선된 것은 워터게이트로 상징되는 기성 정치인들의 부패에 미국 국민이 염증을 느꼈기 때문이라고 분석했다. 카터가 내세운 도덕성 회복에 관한 구호가 유권자들의 마음을 사로잡은 것이었다. 선거 과정에서 인권 개선을 중시해 미국의 대외정책을 운용하겠다는 입장을 밝히고 주한미군을 철수하겠다는 공약을 내걸었던 카터의 당선은 한국 정계의 비상한 관심을 끌었다.

12월 29일 서울고등법원은 김대중에게 징역 5년에 자격정지 5년을 선고했고, 이 2심 판결은 1977년 3월 23일 대법원에서 확정됐다. 이에 따라 진주교도소에 수감된 김대중은 복역 중 신경통이 악화되어 1977년 12월 19일 서울대병원으로 옮겨져 치료를 받다가 1978년 12월 27일 형집행정지로 석방됐지만 곧바로 가택연금을 당했다.

유신체제의 균열

긴급조치 9호가 선포된 뒤로 반정부 운동은 약화됐다. 그러는 사이에도 고도성장은 계속되어 1977년에는 계획보다 4년 일찍 수출액이 100억 달러를 넘어서면서 사상 처음으로 경상수지가 흑자를 기록했다. 1964년에 1억 달러이던 수출액이 13년 만에 100배로 늘어난 것이었다. 박정희 정권의 미래도 전도양양해 보였다. 그러나 유신체제는 위기극복을 명분으로 한시적으로 자유주의적 민권을 유보하는 체제였고, 따라서 정권이 경제목표 달성에 성공한다 해도 체제변경 요구는 더욱 거세질 수밖에 없었다.

1977년 가을 학기부터 대학생들의 시위가 다시 불붙기 시작했다. 1977년 10월 7일 서울대 학생 1500여 명이 민주회복과 학원자유를 외치며 시위를 벌였다. 약 400명이 연행되고 8명이 구속됐다. 학교 당국은 61명을 학사징계하고 10개 단과대학 및 대학원에 휴교 조치를 내렸다. 10월 25일에는 연세대에서 학생 2천여 명이 시위를 벌였다. 400여 명이 연행되고 7명이 구속됐다. 10월 31일에는 이화여대 학생 2500여 명이 유신체제에 반대하는 농성시위를 벌였다. 11월 4일에는 고려대에서 유신 철폐를 요구하는 유인물이 살포됐다. 이 사건으로 2명이 구속됐다. 11월 11일에는 서울대 학생 3000여 명이 '민주구국투쟁선언문'을 발표하고 구속자 석방, 총장 사임 등을 요구하며 농성을 벌였다. 경찰이 교내로 진입해 100여 명을 연행했고, 그 가운데 10명이 구속됐다.

1978년은 대통령 선거와 총선거가 실시되는 해였다. 5월 18일로 예정된 통일주체국민회의 대의원 선거가 다가오자 시민단체들이 이 선거의 허구성을 비난하고 나섰다. 학생시위도 이어졌다. 5월 4일 이화여대 학도호국단 간부 학생들이 반정부 유인물을 돌리다가 3명이 구속됐다. 이에 이화여대 학생들이 7일 교내에서 이들의 석방을 요구하는 시위를 벌였다. 5월 8일에는 서울대 학생 1500명이 '민주구국선언문'을 발표했다. 학생들은 "현 체제 아래서 합법적 정권교체는 불가능하다" 면서 통일주체국민회의 대의원 선거 반대, 동맹휴학, 민주헌법 부활 등 7개항을 결의했다. 5월 9일에는 1000여 명의 이화여대 학생들이 교문 밖으로 나가 반유신 시위를 벌였다. 그러나 통일주체국민회의 대의원 선거는 5월 18일 예정대로 실시됐고, 투표율은 78.95%를 기록했다.

5월 19일 서울대 학생들이 5월 8일 결의한 행동지침에 따라 27일까지 기한부 동맹휴학에 들어갔다. 전교생의 40%가 동맹휴학에 참여했다. 이어 6월 12일 정오 무렵 서울대학 인문대 학생들이 '학원민주선언'을 낭독하고 교정에서 시위에 들어갔다. 자연대 학생들도 가세해서 시위대가 3천 명 정도로 늘어났다. 경찰이 교내로 진입해 진압작전을 폈다. 이날 학생들은 6월 26일 오후 6시에 세종로 사거리에서 반정부 시위를 갖는다는 행동지침을 공표했다. 60명이 연행되고 그중 9명이 구속됐다. 6월 24일에는 동국대 학생 3명이 친구에게 6월 26일 광화문으로 나오라는 편지를 써 보냈다는 이유로 구속됐다.

6월 26일 경찰은 새벽부터 반정부 인사들을 미행하거나 감시하거나 연금했다. 오후 6시 40분쯤 세종문화회관 앞에서 서울대, 고려대, 숭전대, 이화여대 등의 대학생 700여 명이 시위를 시작했다. 이들은 밤 10시 20분까지 도심 여기저기를 옮겨 다니며 시위했는데 그 과정에서 70여 명이 연행되고 20명이 구속됐다.

6월 27일 송기숙 등 전남대학 교수 11명이 '우리의 교육지표'라는 성명서를 발표했다. 이들은 "대학인으로서의 양심과 양식에 비추어볼 때 오늘의 교육은 실패했으며 국민교육헌장은 이러한 실패를 집약한 본보기"라고 지적했다. 이 사건과 관련해 교수 11명이 모두 조사를 받고 자퇴 형식으로 교수직에서 해임됐다. 송기숙 교수는 구속됐다. 6월 29일 전남대 학생 700여 명이 도서관을 점거하고 농성을 벌이자 경찰이 습격해 100명을 연행했다. 6월 30일에 임시 휴교령이 내려지자 전남대 학생들이 광주 시내에 나가 가두시위를 벌였다. 이틀간의 시위에서 학생 500명 정도가 경찰에 연행됐고, 그 가운데 10명이 구속됐다.

7월 6일로 예정된 통일주체국민회의의 대통령 선거가 다가오면서 박정희 정권은 반정부 인사들에 대한 탄압을 강화했고, 이에 맞서 학생들의 저항도 거세졌다. 박정희 정권은 7월 4일 밤 10시부터 재야인사 100여 명에 대해 가택연금을 실시했다. 이 가택연금 조치는 8일 밤 10시까지 나흘간 유지됐다.

7월 4일 재야 정치세력 연합체인 '민주주의와 민족통일을 위한 국민연합'(약칭 '국민연합')이 종로5가 기독교회관 2층 강당에서 20여 명의 반유신 인사들이 모인 가운데 발족했다. 윤보선 전 대통령, 함석헌, 그리고 서울대병원에 입원 중인 김대중이 공동의장이 됐다. 국민연합에 가입한 단체는 천주교정의구현사제단, 인권옹호위원회, 민주청년협의회, 자유실천문인협의회, 양심범협회, 구속자가족협의회, 퇴직교수협의회, 기독교사회선교위원회, 기독교학생회, 기독교여선교협의회, 동아투위, 조선투위 등 12개였다(나중에 민주헌정동지회가 결성되어 합류하여 국민연합은 13개 재야단체를 이끌게 된다. 1980년에 김대중이 정치활동을 재개하면서 김대중의 사조직으로 전락했다는 비평을 받기도 했다.)

7월 5일 천주교 전주교구 신부 30여 명이 대통령 선거를 앞두고 당국이 신부들을 미행하고 감시하는 등 불법행위를 자행하는 데 항의하면서 파티마 성당 옥상에서 시위를 벌였다. 6일 밤 10시 30분경 경찰이 성당에 쳐들어와 신부들을 구타하고 문정현 신부를 끌고 갔다. 박종상 신부는 중상을 입었다. 이런 시국사건들은 박정희 정권의 언론 통제로 인해 언론에는 전혀 보도되지 않았다.

7월 6일 통일주체국민회의에서 대통령 선출이 이루어졌다. 박정희가 단독으로 출마해 99.9%의 지지율로 선출됐다. 한국인권운동협의회가 이를 비난하는 내용의 전단을 만들어 뿌렸다. 유신체제의 대통령 선출 방식이 북한과 별 차이가 없다고 암시하는 방식으로 작성된 이 전단은 박정희 정권의 아픈 구석을 찌르는 것이었다. 그동안 남북한은 상호 비난하는 선전경쟁을 벌여왔고, 남한 정부는 학교에서 학생들에게 북한에는 정치적 자유가 전혀 없으며 권력자 선출 방식이 기만적이라는 점을 강조해 교육했기 때문이었다. 한국인권운동협의회의 전단에 실린 내용은 다음과 같다.

통일주체국민회의는 6일 상오 서울 장충체육관에서 오는 84년까지 재임할 임기 6년의 제9대 대통령을 선출한다. 국민회의는 6일 상오 10시 개회식을 한 뒤 단일후보인 박 대통령에 대한 제9대 대통령 선출 투표에 들어간다. (7월 6일 〈한국일보〉 1면)

×　×　×　×

제2대 통일주체국민회의 제1차 회의는 6일 상오 10시 서울 장충체육관에서 개회식을 갖고 현 박정희 대통령을 제9대 대통령으로 선출했다. 제2대 국민회의 대의원 2583명 가운데 2578명이 참석, 박정희 후보가 2577표(무효 1표)를 얻어(99. 9%) 임기 6년의 제9대 대통령으로 당선됐다. (7월 7일 〈한국일보〉 1면)

● 단일후보.
● 반대를 할 수 있는 자유가 없다!

● 99%의 투표율, 99% 찬성투표.

공산국가에서도 형식상 선거를 치른다. 그러나 그 선거는 민주주의 국가에서 실시하고 있는 선거와는 달리 일종의 사기행위이다. … 우선 공산국가의 선거에서는 단 한 사람의 입후보자에 대하여 찬성이냐 반대냐 하는 것을 표시할 수 있을 뿐이다. 그러나 유권자는 찬성할 수 있는 자유는 있어도 반대할 수 있는 자유는 없다. 선거라고 하는 것은 글자 그대로 많은 사람 중에서 적격자 한 사람을 고르는 선택행위인데 입후보자가 한 사람밖에 없다는 것은 벌써 선거로서의 의미가 없는 것이다. 그들의 선거 결과는 항상 99% 이상의 투표율과 99% 이상의 찬성으로 나타난다. 이런 선거 분위기 속에서 반대를 한다는 것은 상상조차 할 수 없는 일이다. 따라서 공산당의 명령에 복종하여야 할 의무만이 있을 뿐 다른 어떤 권리도 인정되지 않는 곳이 바로 공산주의 국가들임을 알 수 있다.

위 글은 우리나라 문교부가 발행한 중학교용 교과서 《승공통일의 길》 2, 페이지 47, 52, 53에서 발췌한 것임.

한국인권운동협의회

검찰은 이 전단에 대해 속수무책이었다. 그 내용이 모두 유신체제 하의 기성 언론과 국정 교과서에서 인용된 것이기에 검찰이 문제 삼아 탄압할 만한 문구가 전혀 없었다.

대통령 선거가 이루어진 뒤 한여름에 대형 부패사건이 잇달아 터졌고, 이에 국민이 분노했다. 신민당은 7월 10일 현대아파트 특별분양 사건의 진상을 밝히기 위해 국회 특별진상조사단을 구성하자고 공화당에 요구했고, 12일에는 임시국회 소집을 요구했다. 14일 검찰은 현대아파트 특별분양 사건 관련인사 259명에 대한 수사 내용을 발표했다.

7월 27일 감사원은 경북 교육위원회에서 교사 자격증을 매매한 사건을 발표했다. 교육위원회 임시직원 허노열이 1인당 50만~100만 원을 받고 중고등학교 교사 자격증을 부정하게 발급한 사실이 적발되어 관련자 43명을 조사하고 있다는 내용이었다. 8월 10일 검찰은 여고생을 상대로 스캔들을 일으킨 공화당 국회의원 성낙현을 특정범죄가중처벌법 위반 혐의로 구속했다. 성낙현은 신민당 의원이었으나 3선개헌에 찬성했고 그 뒤 공화당으로 당적을 바꾼 정치인이었다. 8월 11일 검찰은 교사 자격증 매매 사건과 관련해 가짜교사 53명에 대해 구속영장을 신청했다.

1978년 가을에 개학을 하자 대학가에서 다시 반정부 운동이 일어났다. 9월 13일 서울대 학생 2천여 명이 '민주회복 반독재투쟁 선언문'을 발표하고 교내시위를 벌였다. 경찰이 최루탄을 쏘면서 진압에 나섰으나 학생들은 학교건물 사이를 누비며 시위를 계속했다. 경찰은 강의실까지 쳐들어가 70여 명을 연

현대아파트 특별분양 사건

현대그룹 계열사인 한국도시개발(현대산업개발)은 1977년 6월 서울 압구정동에 현대아파트를 준공하여 분양했다. 이때 총 1529가구 중 952가구를 무주택 사원용으로 특별분양했는데, 그중 실제로 사원에게 분양된 것은 291가구였고 나머지 661가구는 전직 장관 5명, 공화당과 유정회 국회의원 5명 등 전현직 고위공직자 150명과 언론인, 군 장성, 현대그룹 간부의 친인척 등이 나눠 가졌다. 정부는 무주택 사원들에게 분양하는 것을 조건으로 아파트 건설을 허가했으므로 이를 지키지 않은 것은 명백히 불법이었다.

1978년에 들어 검찰이 수사에 나섰다. 검찰은 한국도시개발 사장 정몽구, 서울시 제2부시장 곽후섭 등 분양 알선자 5명을 구속했다. 정몽구는 대법원에서 건축법 위반으로 징역 6개월, 벌금 500만 원을 선고받았다.

행했다. 다음날인 14일에는 고려대 학생 2천여 명이 교내 강당에서 '78 민중선언'을 채택한 뒤 반정부 시위를 벌였다. 경찰은 52명을 연행하고 7명을 구속했다.

12월 12일 10대 국회의원 선거가 실시됐다. 투표율은 77.1%였다. 이 선거에서는 제1야당인 신민당이 486만 표를 얻어 여당인 공화당의 469만 표보다 더 많이 득표했다. 득표율로는 신민당 32.8%, 공화당 31.7%, 통일당 7.4%, 무소속 28.1%였다. 신민당과 공화당의 득표율 차이는 1.1%포인트에 지나지 않았으나 하나의 야당이 여당보다 더 많이 표를 얻은 것은 처음 있는 일이었으므로 박정희 정권은 큰 충격을 받았다. 신민당의 득표율에 통일당의 득표율을 더하면 야당 지지율이 공화당 지지율보다 8.5%포인트나 높았다. 당선자 수는 공화당 68명, 신민당 61명, 통일당 3명, 무소속 22명이었다.

공화당이 패배한 원인이 무엇인지에 대해 여러 가지 분석이 나왔다. 공화당의 낙선자들과 당직자들은 행정부가 그동안 추진해온 인기 없는 정책(특히

10대 국회의원 선거 주요 정당별 득표수

	민주공화당	신민당	민주통일당	무소속
서울	81만 9137	157만 8279	27만 8971	40만 2238
부산	34만 8730	46만 4539	14만 5308	21만 3255
경기	64만 3850	59만 4871	9만 138	47만 4041
강원	30만 1503	18만 3340	2만 2149	26만 4333
충북	23만 3775	21만 4283	8만 2179	11만 952
충남	49만 5342	28만 6878	10만 4226	34만 8502
전북	28만 6024	30만 1349	8만 796	30만 3603
전남	52만 5508	37만 203	19만 7160	44만 212
경북	56만 4171	47만 8025	6만 192	92만 6207
경남	43만 3726	37만 3143	3만 3938	55만 2551
제주	4만 4229	1만 6294	(후보없음)	12만 4193
합계	**469만 5995**	**486만 1204**	**109만 5057**	**416만 187**

부가가치세 신설, 농가에 피해를 입힌 신종 벼 품종 '노풍' 의 보급)을 비롯한 여러 가지 실정 탓이라고 분석했다.

신민당 대표최고위원 이철승은 1.1%포인트 승리를 '참여 하의 개혁' 이라는 자신의 중도통합론을 국민이 지지해준 덕분이라고 평가했다. 그러나 비당권파의 김영삼 의원은 국민이 신민당에 표를 많이 준 것은 신민당이 이뻐서라기보다 박정희 정권이 싫기 때문이었다고 봐야 하며 선거에서의 승리를 '유신 야당적 자세' 를 벗어나라는 국민의 채찍으로 받아들여야 한다고 말했다.

12월 17일 정부는 긴급조치 위반자 106명을 특별사면했다. 이어 12월 27일 박정희가 장충체육관에서 취임식을 갖고 제9대 대통령에 취임함으로써 유신 제2기의 막이 올랐다. 이로써 박정희 대통령의 임기는 1984년 12월 26일까지로 연장됐다. 이날 서울대병원에서 치료를 받고 있던 김대중이 형집행정지로 석방됐다.

김영삼의 총재 당선과 YH사건

1978년 하반기부터 한국경제는 급락하기 시작했다. 1978년 12월 22일 개각에서 부총리 겸 경제기획원 장관에 임명된 신현확은 성장 위주에서 안정 위주로 정책기조를 바꾸었다.

1979년 2월 19일 박정희 대통령이 여당의 지도부를 개편했다. 공화당 의장이던 이효상 의원을 당 총재 상임고문으로, 박준규 의원을 당 의장 서리로 임명했다. 유신정우회 의장에는 태완선(太完善)을 임명했고, 국회의장 후보에는 예상과 달리 백두진(白斗鎭) 전 유신정우회 의장을 지명했다.

유신정우회(維新政友會, 약칭 유정회)는 유신체제 아래서 대통령이 지명하고 통일주체국민회의에서 승인하여 국회의원이 된 인사들로 구성된 교섭단체였다. 이들의 수는 유신헌법에 따라 의원 총수의 3분의 1인 77명이었다. 정치조직이면서도 정당도 사회단체도 아닌 특수한 단체였다. 유정회는 유신의 이념을 구현하고 국민적 요구에 부응하는 활동을 하겠다고 했지만 실제로는 박정희의 원내 전위대로 기능했다.

국회의장에는 정일권 의장이 유임되거나 김종필 의원이 지명될 것이라는 예상이 우세했는데 이런 예상과 달리 백두진이 국회의장에 지명된 것은 경호실장 차지철이 그를 밀어준 덕분이었다.

1979년 3월 10대 국회 개원 직전에 이른바 '백두진 파동'이 일어났다. 백두진 파동은 유신 체제를 옹호하는 이철승 대표 체제의 본질을 여실히 드러냈다.

신민당과 통일당은 국회의장에 지명된 백두진에 대한 찬반투표를 할 때 퇴장하는 방식으로 항의의 뜻을 표현하기로 결정했다. 두 야당이 이렇게 결정한 이유는 간단했다. 백두진은 국민이 뽑아준 의원이 아니라 대통령의 지명 덕분에 국회에 들어온 유정회 의원이라는 것이 그 이유였다. 그런 사람이 국회의장 자리에 앉는다는 것은 문제가 있었다. 야당으로서는 반대할 만한 일이었다. 두 야당의 퇴장 방침이 알려지자 박정희 정권은 매우 강경한 자세를 취했다. 여당 의원들의 입에서 위협적인 언사가 튀어나왔다.

"국회가 술집이나 자기 집 안방처럼 마음대로 들어오고 나가는 곳이냐."

(박준규 공화당 의당)

"여당 총에는 실탄이 장전돼있다. 10대 국회 해산론까지 제기됐다."

(정재호 유정회 대변인)

야당의 퇴장 결정이 변경되지 않는 한 10대 국회를 개원할 수 없다는 것이 여권의 방침이었다. 백두진에 대한 야당의 보이콧은 유신체제에 대한 도전이라는 논리에서였다.

여권이 초강경 방침으로 나오자 이철승은 신민당 의원총회와 최고위원회의에서 "한신(韓信)이 가랑이 밑을 기었던 식으로 전체 이익을 보고 장기적 고려를 하는 게 필요하다"는 입장을 취했다. 김영삼 의원은 보이콧 강행을 역설했다. 결국 3월 17일 백두진에 대한 투표에 신민당은 이철승을 비롯한 최고위원 6명과 송원영 원내총무만 참여했다. 이로 인해 이철승은 커다란 타격을 입었고, 김영삼 의원은 선명성이 부각됐다.

1979년 5월 30일로 예정된 신민당의 총재 선출을 위한 전당대회를 앞두고 박정희 정권은 공작정치에 열을 올렸다. 중앙정보부와 청와대 경호실이 앞장섰다. 김영삼이 다시 총재직에 도전했다. 그 외에 이철승, 이기택(李基澤), 신도환(辛道煥), 이옥선 등도 총재 경선에 나섰다. 김영삼 의원은 ‘선명야당’, ‘박 정권 타도’, ‘민주 회복’ 등을 주창했고, 이철승 대표위원은 ‘중도통합론’과 ‘참여 하의 개혁’을 구호로 내걸었다. 겉보기에는 이철승이 압도적으로 우세했다. 하지만 신민당의 저변에서는 유신체제와 타협하는 이철승에 대한 반감이 끓어오르고 있었다.

박정희 정권은 김영삼 의원의 총재 당선을 저지하는 작업을 벌였다. 이미 4월에 박정희 대통령이 청와대 출입기자들과 저녁식사를 같이 하는 자리에서 술에 취하자 “김영삼이가 총재가 되어선 안 돼!”라고 말함으로써 의중을 드러낸 바 있었다.

신민당 전당대회를 며칠 앞두고 롯데호텔에서 김재규 정보부장과 김영삼 의원이 만났다. 두 사람의 면담을 주선한 이는 김녕 김 씨 문중 사람이었다. 김재규는 “피는 물보다 진합니다”라고 말했다. 동성동본임을 강조하는 말이었다. 김재규는 김영삼에게 총재 후보를 사퇴할 것을 끈질기게 간청했다.

“대통령 각하의 생각이 확고합니다. 김 총재도 생각해보십시오. 정권에 도전하는 사람을 그분이 가만두겠습니까?”

그러면서 김재규는 “총재 경선을 강행하면 그 결과는 불을 보듯 뻔하다”고 위협하기도 했고, 반대급부를 제시하기도 했다. 그러나 김영삼은 모든 요청과 제안을 거부했다.

예정대로 5월 30일 열린 신민당 전당대회에서 김영삼이 총재로 선출됐다. 1차 투표 결과는 이철승 292표, 김영삼 267표, 이기택 92표, 신도환 87표, 김옥선 11표였다. 과반수 득표자가 없으므로 2차 투표에 들어가야 했다. 막후에서 후보진영 간 협상이 벌어졌다. 이기택은 김영삼을 지지하면서 사퇴했고, 신도환은 이철승을 지지하면서 사퇴했다. 그 결과 2차 투표에서 김영삼이 대의원

751명 중 378표를 얻어 367표를 얻은 이철승을 누르고 총재에 당선됐다. 윤보선 전 대통령과 김대중은 당 고문으로 추대됐다.

신민당은 그동안 기회주의 노선의 이철승을 대표최고위원으로 한 대표위원제로 운영돼왔지만, 이때의 전당대회에서 당헌을 개정해 총재 중심의 강력한 단일지도체제로 전환했다. 그런데 그 총재에 김영삼이 당선되자 정국에 큰 파장이 일어나리라고 전망하는 사람들이 많았다.

김영삼 총재는 박정희 정권의 탄압뿐 아니라 이철승과 신도환을 중심으로 하는 비당권파의 도전이나 도발도 감당해야 했다. 전당대회 바로 다음날 비당권파는 "김영삼 총재가 재야세력과 손잡고 재야와 같은 길을 가려고 한다면 우리는 궤도를 같이 할 수 없다"는 입장을 밝혔다. 이는 스스로 박정희 정권에 기생하는 세력임을 자백한 것이나 다름없었다.

박정희 정권은 신민당 총재에 당선된 김영삼의 향후 행보를 경계하는 반응을 보였다. 공화당의 오유방 대변인은 김영삼의 총재 당선에 대한 축하논평을 통해 다음과 같이 협박했다.

우리는 앞으로 어떤 경우에도 신민당이 국가적 현실을 망각하고 변칙, 탈법, 기만 등의 전근대적 방법으로 정국안정을 해치고 국리민복에 어긋나는 처사를 단행할 때는 단호하게 대처할 것임을 밝혀둔다.

박정희 정권의 공작정치에 의해 1976년의 야당 전당대회 때 총재직에서 축출됐다가 3년 만에 다시 야당 총재로 복귀한 김영삼은 박정희 정권 타도를 목표로 하는 비타협적 투쟁에 나서는 태도를 취했다. 6월 1일 김영삼은 이민우(李敏雨), 박영록(朴永祿), 조윤형, 이기택을 부총재로 지명했다. 그는 재야세력도 영입하겠다고 밝혔다. 6월 5일에는 김영삼의 설득에 따라 김현규, 박찬, 손주환, 오세응, 예춘호, 이상민, 한병채, 변정일, 임호 등 무소속 의원 9명이 신민낭 입당을 선언했다. 다급해진 공화당은 6일 중앙정보부의 도움을 받아 무소속 의원 15명을 입당시켰다. 그중에는 바로 전날 신민당에 입당하겠다고 선언한 변정일과 임호 두 의원도 들어있었다.

1979년 6월 30일 한국에서 한미 정상회담이 열렸다. 카터 미국 대통령은 일본 동경에서 개최된 서방 7개국 경제정상회담에 참석한 다음 귀로에 6월 29일 한국을 방문했다. 이튿날 열린 한미 정상회담은 겉보기와 달리 파국으로 끝났다.

박정희 대통령은 45분간에 걸쳐 한국의 안보상황을 설명하면서 카터의 주한미군 철수 정책을 노골적으로 비난했다. 카터 대통령은 지루한 '안보강연'을 듣다가 참지 못하고 배석한 사이러스 밴스 국무장관과 해럴드 브라운 국방장관에게 "그가 더 길게 계속하면 한국에서 미군을 전부 철수시키겠다고 하라"는 내용의 메모를 건네기도 했다.

윌리엄 글라이스틴(William H. Gleysteen, Jr) 주한 미국대사는 훗날 "과거에 수많은 정상회담에 참석해보았지만 카터와 박정희가 그날 아침에 보여준 것처럼 지도자들이 정상회담에서 무지막지하게 얘기하는 장면은 본 적이 없다"고 회고했다. 그래도 한국의 인권 개선을 요구하는 미국 쪽 입장이 반영된 공동성명이 발표됐다. 카터 대통령은 다음날인 7월 1일 김영삼 총재와 만나 23분간 요담했다.

7월 5일 미국 육군 참모차장으로 전임된 존 베시(John William Vessey Jr.) 주한미군 사령관이 한국을 떠나면서 기자회견을 했다. 그는 카터 대통령이 이번 방한으로 북한의 군사력 증강 현황을 잘 알게 됐으므로 주한미군 철수가 곧 있게 될 것이라고 생각하지 않는다고 말했다.

7월 10일 정부는 석유제품 가격을 평균 59%, 전기요금을 35% 인상했다. 1979년 2월에 일어난 이란혁명의 여파로 2차 석유파동이 일어나 원유가격이 2

배로 뛰었기 때문이었다. 이날 신현확 경제기획원 장관은 석유가 인상으로 물가가 당초 억제목표 14~16%에 머물지 않고 도매물가는 23~24%, 소매물가는 21~22% 오르게 될 것이라고 말했다(실제로 1979년에 연간 물가상승률은 21%에 이르렀다).

이즈음 경기불황으로 기업도산, 해고, 실업사태에 관한 기사가 연일 신문에 났다. 유흥업소의 휴폐업도 크게 늘어났다. 게다가 부가가치세 도입에 따른 세금 증가가 국민을 크게 자극했다. 부산의 경우 1979년에 징수된 세금이 3880억 원으로 1978년보다 1년 만에 32%나 늘어났다. 세금 증가로 인해 부산 중심지의 보수적인 상인들마저 정부에 반감을 갖게 됐다.

7월 12일 박정희 대통령은 무역진흥 확대회의에서 기업들에게 불황을 이유로 감원을 하거나 해고를 하지 말라고 당부했다. 14일 한국노총은 석유파동에 따라 어려워진 근로자들의 생계를 보호하기 위해 "45% 상승할 것으로 추정되는 1979년도 생계비 부담이 반영되도록 임금을 인상하거나 물가수당을 지급하는 등 임금조정을 해야 한다"고 촉구했다. 이날 김영삼 총재는 소득세를 감면하고 면세점 이하 영세민들에게 생활필수품을 공급하기 위한 대책을 마련해야 한다고 말했다.

제헌절인 7월 17일 김영삼 총재는 긴급조치로 구속된 인사들이 모두 석방돼야 한다고 주장했다. 이날 정부는 긴급조치 위반자 86명을 석방했다. 23일 열린 임시국회 본회의장에 긴장감이 감돌았다. 김영삼 총재가 대표질문을 통해 유신헌법의 개정을 촉구하는 동시에 다음과 같이 박정희 대통령에게 평화적 정권교체의 길을 열라고 요구했기 때문이었다.

나는 여기서 내가 평소에 일관되게 주장해온 권고를 박정희 대통령에게 하고자 합니다. 박 대통령은 진실로 이 나라의 장래를 위해서, 그리고 박 대통령 스스로를 위해서 조속한 시일 내에 정권을 평화적으로 이양할 준비를 갖추기를 바

납니다. 이 나라에 다시는 4·19와 같은 유혈의 비극이 없어야 되겠으며….

7월 25일 신민당은 소속 의원 전원의 이름으로 헌법특별위원회 구성에 관한 결의안을 국회에 제출했다. 31일 서울지검 공안부는 신민당 기관지인 〈민주전선〉의 문부식(文富植) 주간을 구속했다. 미국 국무성은 이를 공개적으로 강력히 비난했다.

8월 초에 신민당과 박정희 정권이 YH무역 사건으로 정면대결을 벌였다. 봉제합섬 제조업체인 YH무역은 1966년 자본금 100만 원으로 출발했다. 1970년대에 정부의 수출금융 지원과 수출 제일주의 바람에 올라타 대기업으로 성장했다. 그러나 미국 시민권자인 기업주 장용호가 한국 본사에서 물건을 가져가고 대금결제를 하지 않는 방법으로 재산을 빼돌려 미국으로 도주했다. 결국 YH무역은 1979년 8월 6일 폐업 공고를 내고 문을 닫았다.

YH무역의 폐업으로 직장을 잃은 나이 어린 여성 노동자들은 밀린 임금을 받아내고 회사를 정상화하기 위한 집단행동에 나섰다. 회사 측은 이들에게 은행부채와 이자부담 등으로 인해 더 이상 영업을 할 수 없어 불가피하게 폐업한 것이라며 직장을 떠날 것을 요구했고, 노동자들은 8월 7일부터 회사 기숙사에서 항의농성을 시작했다. 경찰이 해산을 종용하자 이들 중 172명이 9일 오전 서울 마포에 있는 신민당사로 몰려가 4층 대회의실에서 농성을 벌이기 시작했다. 이날 아침 문동환 목사, 고은 시인, 이문영 전 고려대 교수가 상도동 김영삼 총재 자택을 찾아가 YH무역 노동자들의 사정을 얘기했다. 김영삼 총재는 신민당사를 농성장소로 제공하는데 동의하고 노동자들의 호소를 듣겠다고 했다. 다음은 YH무역 여성 노동자들이 발표한 호소문의 일부다.

정부와 은행은 근대화의 역군을 윤락가로 내몰지 말라

눈물이 흐릅니다. 가슴이 메어지게 아파옵니다.

목이 터져라 우리의 정당한 주장을 외치곤 쉬어버린 목으로 악을 쓰며 노래를 부릅니다. '저 푸른 초원 위에'라는 유행가에 우리가 가사를 붙인 노래입니다. 함께 힘차게 불러보시지 않겠습니까? …

우리는 이대로 물러설 수 없다

저희들의 애끓는 호소와 주장을 들으시는 정부당국, 그리고 옳은 일을 위해 사회 각 계층에서 수고하시는 여러분!

저희들은 이대로 물러설 수 없습니다. 이제 회사는 극악한 방법으로 우리를 길거리로 몰아내려고 하고 있습니다. 외부와의 유일한 통로인 전화마저 끊어버리고 말았습니다. 그러나 저희들은 현재 기숙사에서 농성을 계속하고 있습니다.

오늘부터는 회사에서 식사 공급이 끊어지는 날입니다. 저희들은 배가 고파 쓰러져 이 자리에서 죽는 한이 있더라도 끝까지 버티고 싸울 것입니다. 저희들은 이 투쟁을 하면서 이 투쟁이 결코 작은 투쟁이 아니며 우리만을 위한 투쟁이 아니라는 확신을 합니다.

악덕 기업주가 기업과 노동자를 헌신짝 버리듯 팽개치고 외화도피를 했다는 말을 주변에서 많이 들었습니다. 그리고 외국으로 도망간 사람은 물론 돈도 찾아올 수 없다고 합니다. 관계당국이나 은행에서도 어쩔 수 없다고 합니다.

여러분! 그 돈이 어떤 돈인가 저희는 생각을 해봅니다. 진정 우리의 피와 땀을 짜내고 우리의 청춘을 불살라 얻어진 귀한 돈이 아닙니까? 그 돈이 기업의 발전에 쓰이고 노동자의 취업에, 그래서 조국의 발전에 쓰여야 할 귀중한 우리 전체의 돈이 아닙니까? 기필코 장용호는 우리의 피와 땀을 혼자 가로채서 먼 나라 미국에서 행복하게 살 수는 없을 것입니다.

기업주도 버리고 은행도 정부도 가망이 없다고 팽개친 이 기업을 우리는 우리의 힘으로, 그동안 바쳐온 피와 땀의 몇 배를 들여서라도 일으켜 세우겠다고 다짐합니다. 또 저희들은 투쟁을 통하여 우리의 권리를 찾을 수 있도록 힘을 주는 노동조합을 지켜야 할 것도 깊이 배웠습니다.

노동조합이 없었다면 누구 하나 거들떠보지 않을 YH에서 벌써 우리도 떠나 이 불황의 길거리를 방황하고 있었을 테니까요. 저희들은 이겨서 우리의 생존권을 되찾고 이 사회에 정의를 심어 조국의 발전에 힘차게 참여하는 역군이 되고 싶습니다.

그러나 저희들의 힘만으로는 너무 어렵고 벅찬 과제임을 고백합니다. 존경하는 당국자, 그리고 각계각층에서 정의를 위해 힘쓰시는 여러분! 저희들의 호소를 들으시고 아낌없는 지원을 보내주시기를 간절히 기다립니다.

존경하는 정부당국 및 각계각층에서 수고하시는 여러분!

우리는 싸움꾼이 아닙니다. 우리는 투쟁을 좋아하지 않습니다. 그러나 우리의 정당하고도 정의로운 주장과 요구가 관철되지 않을 경우에는 죽기까지 싸울 것입니다. 감사합니다.

— 정부당국은 YH무역의 정상화를 실현시켜 우리가 안심하고 생업에 전념할 수 있게 하라!

— 미국은 악덕기업주 장용호를 소환하라!

— 조흥은행은 이 모든 사태에 전적인 책임을 지고 고용승계 및 금품청산 등의 제 권리를 보장하고 기업을 인수시켜라.

— 사용자는 직장폐쇄로 위장된 불법적 폐업조치를 즉각 철회하고 책임의식을 회복하여 자신과 성의로써 회사 정상화에 대처하라.

— 노동청은 우리 노동자들의 생존권, 근로권, 고용승계권 및 일체의 권리를 보장하라.

김영삼 총재는 오전 10시쯤 당사에 나와 총재단 회의에서 이 문제에 대해 간단히 보고한 다음에 여성 노동자 대표 다섯 명을 면담했다. 이어 김영삼 총재는 대회의실로 들어가 농성 중인 여성 노동자들에게 이렇게 말했다.

여러분이 마지막으로 신민당사를 찾아준 것을 눈물겹게 생각합니다. 여러분의 피와 땀과 눈물이 없었다면 오늘의 한국경제가 없었을 것입니다. 신민당은 억울하고 약한 사람의 편에 서서 끝까지 투쟁할 것입니다.

김영삼 총재는 박한상 사무총장에게 "보건사회부 장관과 노동청장을 불러 해결책을 강구토록 하라"고 지시했다. 박한상 사무총장은 홍성철 보건사회부 장관에게 문제해결을 부탁했으나 홍 장관은 해결능력이 없다며 거부했다. 8월 10일 낮 국회에서 열린 여야 원내총무 회담에서 황낙주 신민당 총무는 국회 보사위를 열 것을 제의했으나 거절당했다. 신민당은 이날 사회노동문제 대책위원회를 구성했다. 대책위는 YH 사건 해결을 위한 4가지 기본원칙을 정했다.

1. YH를 소생시키는 노력을 계속하되 부득이 폐업할 때는 종업원들을 모두 같은 업종의 다른 회사에 취업시킨다.
2. 취업은 임시방편책인 다른 기업체로의 전업 알선이 되어선 안 된다.
3. 종업원들의 집단행동은 법에 걸리기 때문에 이들의 신변안전을 보장해주어야 한다.
4. YH가 소생하는 경우 어떤 일이 있더라도 종업원을 해고시켜서는 안 된다.

한편 공화당은 "노사문제를 정치적으로 이용하는 것은 위험하며, 이를 정치권으로 끌어들이는 움직임이 있다면 중대한 일"이라는 반응을 보였다. 이날 오후 박정희 정권은 김재규 중앙정보부장 주재로 김계원 대통령 비서실장, 유혁인 대통령 정무 제1수석비서관, 고건 정무 제2수석비서관, 김정섭 정보부 제

2차장보 등이 참석한 가운데 YH 문제 대책회의를 열었다. 여기서 강제해산 결정이 내려졌다.

8월 10일 밤 10시 40분경 신민당사에서 농성 중인 여성 노동자들 사이에 경찰이 쳐들어올 것이라는 소문이 퍼졌다. 이들은 경찰이 자신들을 강제해산시키려고 하면 모두 투신자살한다는 결의문을 채택했다. 172명의 여성 노동자들은 극도의 흥분상태에 빠졌다. 이때 2층 총재실에 있던 김영삼 총재는 신민당원들과 함께 4층으로 뛰어왔다. 그는 "신민당사에는 경찰이 절대로 들어오지 못한다. 나와 서른 명의 신민당원들이 여러분을 지키고 있으니 걱정하지 말라"고 여성 노동자들을 설득했다.

여성 노동자들은 밤 11시 30분께 대회의실 바닥에 누워 잠을 청했다. 김영삼 총재는 여성 노동자들의 흥분이 가라앉자 당사 밖으로 나와 경찰관들을 향해 "여성 노동자들이 흥분하니 모두 물러나라"고 요구했다. 김영삼 총재는 마포 경찰서 보안과장 김준기 경정이 서성대는 것을 보고 그의 뺨을 때렸다. 그는 이어 당사 정문 앞에서 황용하 정보 1과장과 마주치자 그의 멱살을 잡고 따귀를 때리고 발로 차기도 했다.

밤 12시가 넘어 8월 11일로 접어들면서 신민당사 주변의 경찰병력이 늘어나기 시작했다. 1천 명 이상으로 늘어난 정복, 사복의 경찰관들이 신민당사를 에워쌌다. 경찰은 신민당사 주위에 매트리스를 깔아 여성 노동자들의 투신자살 기도에 대비했다. 새벽 1시 55분 이순구 서울 시경국장이 박한상 신민당 사무총장에게 전화를 걸어 여성 노동자들을 당사에서 내보내라는 최후통첩을 전했다. 이순구는 "총재를 바꾸라"고 했으나 김영삼 총재는 "건방지다"면서 이를 묵살했다.

곧이어 철제방패와 방망이로 무장한 기동경찰 1천여 명이 신민당사에 난입했다. 신민당원들은 현관 셔터를 내려 경찰의 진입을 막으려고 했다. 한 무리의 경찰이 2층 유리창을 부수고 뛰어들어 신민당 청년 당원들을 무수히 구타하고 경찰버스에 실었다. 경찰들은 2개 조로 나뉘어 한 무리는 4층 농성장소로, 다른 한 무리는 2층 총재실로 몰려갔다. 강제해산 과정에서 여성 노동자 김경숙이 사망했다.

총재실에는 김영삼 총재, 20명 정도의 국회의원, 당원, 언론사 기자 등 50여 명이 있었다. 경찰은 의자와 책상 등으로 바리케이드를 치고 방어하는 신민당 사무처 직원, 국회의원, 기자들을 철제방패와 방망이, 벽돌로 마구 구타했고, 김영삼 총재 등 간부들을 멱살을 잡고 밖으로 끌어냈다. 경찰의 폭력으로 부상당한 다수의 국회의원과 기자 12명이 병원으로 옮겨졌다. 박권흠 대변인은 갈비뼈가 부러졌고, 박용만 의원은 다리가 부러지는 중상을 입었다.

경찰이 신민당사 총재실을 습격했을 때 죽은 사람이 없었던 것이 신기하다고 기자들이 나중에 회고했을 정도로 경찰은 폭력적이었다. 김영삼 총재는 경찰의 승용차에 실려 상도동 집으로 옮겨졌다. 신민당원 26명도 연행되어 조사받았다.

신민당은 정무회의와 의원총회를 열고 김경숙 양의 사인 규명과 경찰 책임자에 대한 문책을 요구하면서 항의농성에 들어갔다. 김영삼 총재는 야당 당사에 난입해 여성 노동자들을 강제해산시키고 야당 의원을 구타해 중상을 입힌 것은 "야당의 존재를 무시하고 정당정치를 부인하는 일종의 쿠데타적 행위"라고 비난하고 "이후로 발생하는 모든 정치적 사태의 책임은 박정희 정권이 져야 할 것"이라고 말했다.

8월 13일 경찰은 여성 노동자들을 귀향시키고 문익환 목사, 고은 시인, 인명진 목사 등 5인을 배후조종 혐의로 입건했다.

다음날인 14일 미국 국무성의 토머스 레스턴 대변인이 한국 경찰을 비난하고 책임자 징계를 요구하는 강경한 내용의 성명을 발표했다. 이것은 한국 국내 문제에 대한 미국 정부의 이례적인 논평이었다. 다음은 이에 관한 〈뉴욕 타임스〉 8월 15일자 기사다.

미국 정부, 한국 경찰의 진압에 대해 "야만적이었다" 비난

오늘 미국 정부는 한 여성의 사망과 수십 명의 부상을 초래한 토요일 한국 경찰의 야당 본부 습격을 과도하고 야만적인 행위로 규정하고 비난했다.

미국 국무성 대변인 토머스 레스턴은 신민당사에서 해고에 항의하며 농성 중이던 여성 섬유노동자들을 끌어내리려고 한국 경찰이 습격하게 되기까지의 경위는 분명하게 드러나지 않았다고 기자들에게 말했다.

"그러나 한국 경찰이 농성 중인 여성 노동자들을 해산시키려고 한밤중에 폭력적으로 야당 본부에 진입하는 과정에서 과도하고 야만적인 행동을 했음은 의심의 여지 없이 분명하다"고 그는 말했다.

"우리는 한국 정부당국이 과도하고 야만적인 경찰의 행동에 대한 책임자들에게 적절한 징계조치를 취할 것을 희망한다"고 그는 덧붙였다.

이러한 미국 정부의 논평에 대해 한국 정부는 내무부 대변인의 성명을 통해 '내정간섭'이라고 반발했다. 미국 국무성의 잭 케넌 동아시아국 대변인은 16일 뉴스 브리핑에서 "미국은 한국 경찰의 신민당사 진입 사건에 대한 앞서의 국무성 논평이 타국에 대한 심각한 침해로 보지 않는다"면서 "미국은 한국 당국이 관련자를 징계하는 적절한 조치를 취하기 바란다"고 말하며 더 강경한 자세를 보였다. 그는 "미국은 소련이 자국 내 유태인을 투옥했을 때도 여러 차례 항의성명을 낸 바 있고 그때마다 그 같은 행동을 중지하기를 바란다는 뜻을 표명했다"고 말하며 '내정간섭'이라는 지적을 일축했다.

8월 17일 경찰은 농성의 주동자로 YH무역의 노조지부장 최순영(崔順永) 등 여성 노동자 3명과 문익환, 고은, 인명진, 이문영, 서경석 등 8명을 지목하고 이들을 국가보위에 관한 특별조치법, 집회 및 시위에 관한 법률 등을 위반한 혐의로 구속했다. 같은 날 박동진 외무부 장관은 윌리엄 글라이스틴 주한 미국 대사를 불러 미국 국무성의 성명에 대해 내정간섭이라며 공식 항의했다.

8월 20일 '정의와 평화를 위한 가톨릭 기도회'에 참석한 사람들이 유신 철폐를 외치며 시가행진을 벌였다. 가톨릭과 한국기독교교회협의회(KNCC)를 비롯한 기독교계의 일부 단체들은 "근로자들의 생존권 투쟁에 대한 폭력적 억압으로 인해 일어난 YH사건은 현 정권의 폭력적 본질을 그대로 드러낸 사건"이라고 규정하고 각종 집회와 성명 등을 통해 박정희 정권을 비판했다. 25일 한국기자협회는 김성진 문화공보부 장관에게 '기자에 대한 경찰의 폭행이 재발되지 않도록 철저한 보장책을 세울 용의가 있는가' 등 3개 항의 공개질문을 했다.

8월 27일 김영삼 신민당 총재와 양일동 통일당 총재는 합당의 원칙에 대한 합의를 선포하는 공동 기자회견을 가졌다. 같은 날 신민당은 의원총회와 김경숙 양 추도식을 가진 다음 18일간 이어온 농성을 해제하면서 의원총회 결의문을 발표했다. "신민당은 8·11 폭거의 책임을 끝까지 추궁할 것이며 그 행위가 민족과 역사 앞에 단죄되는 날까지 투쟁을 멈추지 않을 것"이라고 다짐하는 내용이었다.

YH사건은 생존권 확보를 위한 노동자들의 자구노력이 정치권에 접목될 때 얼마나 커다란 상승작용과 파급영향을 초래할 수 있는지를 상징적으로 보여준 사건이었다.

신민당 총재 직무정지 가처분 신청

박정희와 김영삼은 1969년 3선개헌 때 처음으로 대결했고(당시 원내총무였던 김영삼은 신민당을 해산하고 재창당하기까지 하면서 결사적으로 투쟁했으나 3선개헌을 저지하는 데 실패했다), 1974년에 김영삼이 신민당 총재가 되어 유신헌법 철폐 운동을 할 때 두 번째로 대결했다. 박정희 정권의 공작정치로 1976년에 신민당 총재 자리에서 축출된 김영삼은 1979년에는 정권타도의 결의로 박정희에 맞섰다.

YH사건을 둘러싸고 여야가 가파른 대립을 거듭하던 1979년 8월 13일 신민당의 원외 지구당위원장인 윤완중, 유기준, 조일환 등 3명이 서울 민사지방법원에 김영삼 총재를 비롯한 신민당 총재단의 업무를 정지시켜달라는 내용의 가처분신청서를 제출했다. 당원과 대의원의 자격이 없는 조윤형 등 22명이 전당대회에 참석해 투표에 참가한 가운데 김영삼이 차점자인 이철승보다는 11표, 총재 당선 기준인 과반수에서는 2표를 더 얻어 총재에 당선됐으므로 그의 당선은 무효라는 주장이었다.

신민당의 비주류 측이 총재단에 대해 업무정지 가처분신청을 낼 조짐은 훨씬 전부터 있었다. 전당대회가 열린 지 6일 뒤인 6월 5일에 전 신민당원 조가 연이 조윤형과 김한수에게 정당원, 지구당위원장, 부총재의 자격이 있는지의 여부에 대해 중앙선거관리위원회에 유권해석 질의를 냈다. 이에 대해 중앙선거관리위원회는 6월 25일 "조윤형은 대통령선거법 위반 등의 죄로 징역 3년형을 선고받고 1976년 3월 2일 그 집행이 종료된 자이고 김한수는 대통령선거법 및 국회의원선거법 위반 등의 죄로 징역 3년형을 선고받고 1976년 1월 29일 그 집행이 종료된 자이므로 두 사람 모두 국회의원선거법 14조 3항에 해당되어 정당원의 자격이 없다"는 유권해석을 내렸다.

공화당은 25명의 '무자격 대의원' 명단을 6월 3일 입수했다. 이는 이철승을 지도자로 하는 신민당 비주류에서 흘러나온 것이었는데, 입수되자마자 신형식 공화당 사무총장에게 전달됐다. 그렇지 않아도 공화당은 상대하기 껄끄러운 김영삼이 신민당 총재로 당선되어 고심하고 있었다. 공화당은 이 문제에 대한 처리를 중앙정보부에 맡겼다.

신민당은 8월 16일 조직정비강화 특별위원회를 열어 가처분신청을 낸 조일환, 유기준, 윤완중을 원외 지구당위원장에서 물러나게 했고, 이틀 뒤인 18일에 열린 당기위원회에서 이들을 제명했다. 그러자 이들 3명이 다시 신민당을 상대로 법원에 제명처분 효력정지 가처분신청을 냈다. 다음은 김영삼에 대한 직무정지 가처분신청 사건에 관해 〈뉴욕타임스〉가 8월 18일 서울발로 20일자에 내보낸 기사다.

한국에서 벌어지고 있는 정치적 시련

야당 총재는 자신의 총재직을 박탈하려는 법률소송이 정부의 '음모'라고 주장

다음 주에 한국의 제1야당인 신민당의 김영삼 총재를 총재직에서 물러나게 할 수 있는 소송의 심의가 법정에서 열릴 예정인 가운데 정치위기가 형성되고 있는 것으로 보인다.

시난 5월에 총재로 선출된 후 박성희 대통령의 만만치 않은 적수로 떠오른 김영삼 씨는 어제 한국 정부가 자신이 이끄는 신민당에 불만을 품은 당원들을 이용해 자신을 총재직에서 몰아내려는 '음모'를 꾸몄다고 주장했다.

계파간 투쟁에 오랫동안 시달려온 신민당에서 세 당원이 김 씨의 당 총재직 정지와 김 씨에 충성하는 부총재 네 사람의 해임을 요구하는 소송을 제기했다.

김 씨는 정부가 그 세 당원을 사주했다고 말했다.

그는 신민당사에서 가진 인터뷰에서 "배후에서 중앙정보부와 박 대통령이 사주해서 그 세 명에 의해 제기된 이 소송의 목적은 가능한 한 빨리 나를 총재직에서 몰아내는 것"이라며 "이것은 나를 축출하려는 음모"라고 말했다.

야당 당사 피습

이 소송은 1천 명의 전투경찰과 한국 중앙정보부의 사복 요원들이 8월 10일 신민당 당사를 야간에 습격한 후 벌어진 야당인 신민당과 여당인 민주공화당 간 격한 대결의 와중에서 제기된 것이다.

이 소송은 지난 월요일 윤완중, 조일환, 유기준이 제기했다. 그들은 모두 신민당 전당대회에서 총재인 이철승을 다시 총재에 당선시키려는 정부의 대대적인 막후공작에도 불구하고 김영삼 씨가 2표 차이로 총재에 당선될 때 그 전당대회에 참석했던 대의원이다.

이 소송에서 세 명은 총재 선거가 부당하게 치러졌다고 주장한다. 이 세 명은 52세인 김영삼 씨보다 온건하고 정부의 관점에서 볼 때 야당 총재로 더 마음에 드는 이철승 씨를 지지하는 사람들이다.

김영삼 씨는 통역을 통해 "정부는 나의 당선을 저지하려고 모든 짓을 다 했다"며 "이제 그들은 나를 끝장내려고 물밑에서 잠수함 어뢰를 발사했다. 당신도 알겠지만 이 소송에는 정부가 쉽게 영향을 끼칠 수 있다"고 말했다.

이 소송의 원고들은 정부의 영향을 받는다고 알려진 중앙선거관리위원회로부터 당원 자격이 없다는 판정을 받은 신민당의 실력자 조윤형 씨의 지지 덕분에 김영삼 씨가 총재 선거에서 이겼다고 주장한다. 김 씨의 강력한 지지자인 조 씨에 대한 중앙선관위의 이런 판정은 곧 신민당 전당대회 전체를 무효화하는 것으로 법원이 해석할 수 있다.

한편 정부는 8월 11일 경찰이 신민당 당사로 피신한 170명의 해고된 여성 섬유 노동자들을 몰아내려고 신민당 당사를 습격했을 때 일어난 충돌에 대한 책임이 김영삼 총재와 신민당에 있다고 비난한다.

정부 관리들은 김영삼 씨가 대중의 동정심을 끌려고 작은 섬유의류 제조업체인 YH무역이 8월 6일 해고한 노동자들의 곤경을 이용했다고 말한다. 여당인 민주공화당은 김 씨에게 불안을 조성한 데 대해 사과하라고 요구했다.

그러나 신민당은 여성 노동자 중 21세의 김경숙 씨를 사망하게 한 그 충돌의 원인이 경찰에 있다고 주장하고 있다. 경찰은 김경숙 씨가 높은 층의 창문에서 뛰어내려 자살했다고 발표했다.

신민당은 또 그날 밤 경찰이 신민당 간부와 국회의원들을 폭행한 것에 대해 경찰을 격렬하게 비난하고 있다. 미국 국무성은 한국 경찰의 공격에 대해 "과도하고 야만적"이었다고 묘사했다. 몇몇 야당 국회의원들은 심한 부상을 입었고 아직 병원에 입원해 있다.

미군 주둔에 대해 언급

김영삼 씨는 한국 정부에 대한 국민의 지지는 줄어들고 있으며, 한국에 3만 명의 미군이 주둔하고 있으므로 한국에서 민주적 권리가 보호되지 않는 것은 미국에 중대한 문제가 된다고 말한다.

그는 "당신네들은 미군 병사를 이곳에 주둔시키고 있다. 만약 우리가 북한과 다시 전쟁을 하게 된다면 미국의 정부와 여론은 그들이 민주주의를 위해 싸우는지, 아니면 한국에 실재하는 독재정치를 위해 싸우는지를 알고 싶어 할 것"이라고 말했다.

미국은 카터 대통령이 7월 1일에 마친 짧은 방한기간 중 김영삼 씨와 회동하는 것으로 한국 내 민주적 권리에 대한 지지를 천명했다. 카터 대통령은 박 대통령과 그 밖의 다른 관리들도 만났다.

신민당은 지난해 12월에 실시된 국회의원 선거에서 박정희가 이끄는 여당보다 1.1%포인트 더 많이 득표했다. 신민당은 국회의석 231석 중 68석을 차지하고 있고, 여당 국회의원은 83명이다. 이 외에 박정희 씨가 임명한 77명의 국회의원들이 여당을 지원하고 있다.

가처분 신청서가 법원에 제출되자 여야의 대립이 더욱 심화되어 정국이 날로 혼란스러워졌다. 8월 20일 서울 민사지방법원 합의16부(재판장 조언 부장판사)는 김영삼 총재를 비롯한 신민당 총재단의 권한에 대한 가처분 신청 사건을 25일부터 심리하겠다고 밝혔다. 이에 대해 신민당은 정재원 임시 대변인을 통해 "헌법정신에 비추어 총재단의 직권 박탈은 정당의 해산에 준하는 중대사실이 되므로 이 사건을 민사재판 신청으로 다루는 것은 복수정당제를 부인하는 것"이라고 주장하는 성명을 발표했다. 그러나 가처분 신청에 대한 사실심리는 계속 진행됐다. 지방법원의 판결 하나로 야당이 전당대회에서 선출한 총재가 권한을 행사할 수 없게 되는 일이 벌어질 판이었다.

8월 31일 김영삼 신민당 총재는 기자회견을 갖고 야당 말살 음모에 맞서 단호히 투쟁하겠다고 선언했다. 9월 4일 김영삼 총재는 부산에서 다시 기자회견을 갖고 박정희 정권의 경제적 실패, 부정부패, 치안질서 붕괴 등으로 민심이 박정희 정권으로부터 완전히 떠났다고 주장했다. 이날 신민당 중앙당 사무처 직원들은 재판을 통해 정권이 야당 말살을 획책하는 초비상사태를 맞아 굳게 결속하여 김영삼 총재의 민주회복 투쟁을 전폭 지지하기로 결의하고 비상근무 체제에 들어갔다.

9월 7일 검찰이 김덕룡 신민당 총재 비서실장을 'YH사건 백서'와 관련해 긴급조치 9호 위반으로 구속했다. 8일 법원은 한국 정당사상 최초로 야당 지도부에 대해 직무정지 가처분 결정을 내렸다. 재판부는 "본안 소송 판결이 확정될 때까지 김영삼은 신민당 총재의 직무 집행을, 이민우·박영록·이기택·조윤형은 부총재의 권한 행사를 해서는 안 되며, 이 기간 중 정운갑(鄭雲甲)을 총재 직무대행자로 선임한다"고 결정했다. 법원은 이런 내용의 결정문을 이날 오전 11시 신청인 측과 피신청인 측에 각각 송달했다.

재판부는 이와 같이 판결한 이유로 ① 정당은 정치적 단체이나 본질은 사법상의 사단이므로 법원의 사법심사 대상이 되며 ② 무자격 대의원 22명의 투표가 유효표로 계산된 가운데 이루어진 총재 선출은 무효이며 이 중대한 위법 상태를 제거하는 것은 신민당 구성원 전체와 신민당 자체의 이익에도 합치된다는 두 가지 판단을 밝혔다.

김영삼 총재는 당일로 확대간부회의를 열고 대책을 논의한 끝에 법원의 결정을 전면 부정하고 민주투쟁을 강화시켜 나간다는 결론을 내렸다. 정재원 임시 대변인은 야당 총재의 직무를 정지시킨 법원의 결정에 대해 이렇게 논평했다. "이번 법원의 결정은 야당을 말살하려는 정치조작극에 사법부가 하수인으로 전락해 이 나라 민주주의와 사법독립에 마지막 조종(弔鐘)을 울린 것이다."

9월 10일 김영삼 총재는 기자회견을 갖고 "가처분 결정은 정치권력에 의한 조작극일 뿐 아니라 헌정의 일익을 담당하는 정당의 지도 기능은 민사소송의 대상이 될 수 없기 때문에 그 결정에 영원히 승복할 수 없다"고 선언했다. 김 총재는 기자회견장에서 "박정희 정권을 타도해야 한다"고 주장했다. 그가 박정희 정권 타도를 외친 것은 이때가 처음이었다. 그의 박 정권 타도 선언의 전문은 다음과 같다.

박정희 정권 타도 선언

1. 야당말살 정치음모를 고발한다

나는 오늘 서울 민사지법의 신민당에 대한 결정은 야당을 말살하여 정권의 영구화를 기하려는 박 정권의 부도덕한 정치음모에 사법부가 하수인 노릇을 하여 이루어진 비극적인 소산으로 규정하여 역사와 국민 앞에 고발, 규탄하는 바이다.

나는 이 나라 사법부가 영원히 씻을 수 없는 죄과를 역사 위에 저질렀으며 이로써 이 나라 법원은 마침내 권력의 하수인으로 전락된 추악한 모습을 만천하에 드러내어 이 나라의 양심적인 법관까지도 국민 앞에 얼굴을 들 수 없는 자기학대를 하였다. 이는 오늘의 유신체제가 있는 한 자식을 길러 법관을 시킬 의욕을 상실케 하는 충격적인 사법 부재의 사태에 이르렀음을 뜻하는 것으로 국민과 더불어 개탄하지 않을 수 없다.

나는 한마디로 말해서 이 결정은 정치권력의 지시에 의하여 재판이라는 요식만 갖춘 정치조작극일 뿐만 아니라 원칙적으로 정당의 지도기능을 지방법원의 일개 판사가 마음대로 정지시킬 수 있는 재판이란 있을 수 없으며 헌법의 이익을 이루는 정당의 지도기능은 민사소송의 대상이 될 수 없기 때문에 이를 인정할 수 없다. 만일 입장을 바꾸어 일개 판사가 공화당 총재 박정희 씨에 대하여 전당대회를 오랫동안 열지 않아 당헌을 위배하였다 하여 공화당 총재가 아니라는 결정을 해서 통고하였을 때 박정희 총재는 그것을 인정하고 승복하겠느냐고 묻고 싶다.

2. 관제야당 만들려는 폭거다

나는 내가 총재로 당선된 뒤 우리 당이 맹렬하게 민주회복 투쟁을 전개하여 국민의 절대적인 지지와 국제사회의 관심을 집중시키자 공화당 정권이 정권안보에 불안을 느낀 나머지 선명야당을 말살하고 관제야당을 만들려는 쿠데타적인 폭거를 자행한 것으로 단정한다.

이는 또한 나 개인에 대한 정치보복인 동시에 민주회복을 열망하는 모든 국민에 대한 도전적인 정치탄압으로서 이와 같은 정권말기적 정치조작극은 머지않아 역사의 준엄한 심판을 받을 것이다.

3. 정권담당 능력이 없음을 고백하였다

긴급조치를 4년이 넘도록 계속하면서 야당 탄압, 언론 탄압, 학원 탄압, 종교 탄압, 근로자의 노동운동 탄압, 무자비한 인권 탄압을 자행하여 정권을 지탱해 온 박 정권이 이제 긴급조치 가지고도 부족하여 삼척동자까지도 그 속을 들여다볼 수 있는 정치재판으로 차기 집권대체 정당으로 공인된 야당을 수중폭파시키겠다는 것은 박 정권 스스로 힘의 한계를 드러내어 정권을 이 이상 담당할 능력이 없음을 국민 앞에 고백한 것이다.

박 정권은 18년이나 장기집권을 하고도 정치의 안정은 물론 민생의 안정마저도 이룩하지 못하고 철저한 독재와 만성적인 부정부패만 가중시켜왔는데 이제 와서는 일당독재를 구축하여 일인체제의 영구화를 노리는 망동을 저지른다는 것은 절대로 용납할 수 없다.

4. 범국민적 항쟁, 박 정권 타도 선언

나는 지난 선거에서 1.1%를 이겨 신임을 얻은 야당의 총재로서, 또 그동안의 투쟁으로 국민 절대다수의 지지를 받는 국민적 공당의 총재로서 민주회복을 바라는 모든 계층의 국민의 힘을 집결하여 범국민적 항쟁을 할 것이며, 이 항쟁을 통하여 박 정권 타도 운동을 전개할 것을 선언한다.

나는 여기서 박정희 대통령의 하야를 강력하게 요구한다. 나는 국립경찰을 폭도로 전락시켜 신민당사를 습격하여 잠자던 여공들을 강제로 끌어내다가 김경숙 양을 죽이고 현역 국회의원과 취재기자들에게 폭행을 가하여 중상을 입혔는데도 국민 앞에 사과 한마디 없고 폭력 경찰을 한 사람도 잡아내지 않는 불법무법 정권이 박 정권임을 다시 한 번 지적한다.

문부식 〈민주전선〉 주간을 구속시킨 데 이어 비서실장인 김덕룡까지 구속시키는 등 일련의 폭력정치를 다시 한 번 규탄하면서 이와 같은 폭력정치로부터 나라와 국민을 구한다는 신념으로 가능한 모든 것을 총동원하여 박 정권 타도 운동을 전개할 것을 다짐한다. 민주회복을 바라는 국내외 국민 각계각층의 용기 있는 참여와 성원을 호소해마지 않는다.

우리 국민은 일인체제 하에서 18년을 살기에도 지쳤는데 일당독재 하에서 살기를 강요당하는 오늘의 중대한 국면에 처해서도 궐기하지 못한다면 우리 모두가 함께 역사의 죄인이 된다는 것을 잊지 말아야 할 것이다.

5. 유신헌법 정통성 인정 못 한다

5 · 16 군사쿠데타로 집권하여 정권의 자리에 앉은 박 정권은 3선개헌을 불법으로 강행하였으며 소위 10월유신도 불법으로 강행하였다. 헌법상 대통령에게 국회해산권이 없음에도 불구하고 계엄령을 선포해서 탱크를 들이대고 국회를 해산한 가운데 행정부가 일방적으로 소위 '유신헌법' 을 만들었던 것이다.

따라서 나는 소위 유신헌법에 대해 원천적으로 합법적인 정통성을 인정할 수 없다. 그 유신헌법에 의해서 두 차례에 걸쳐 실시된 소위 '대통령 선거' 라는 이름의 집권연장 의식은 선거라고 할 수 없다. 우리 국민은 강요된 99%의 찬성보다 자유의사에 의한 51%의 지지가 훨씬 값진 민주주의임을 알아야 할 것이다.

나는 국민이 4년마다 원하는 정권을 자유롭게 선택할 수 있으며 믿을 수 없는 정권은 자유롭게 몰아낼 수 있는 권리를 가질 수 있고 사법부가 행정부의 간섭을 받지 않고 독립성을 지키면서 양심대로 재판할 수 있는 민주체제를 회복할 수 있는 헌법개정만이 모든 문제의 근원적인 해결책임을 다시 한 번 강조한다.

6. 불행한 역사에 대한 책임은 박 정권에

나는 이 땅에 다시는 4·19와 같은 비극적인 사태가 없어야 되며 정치보복이 없는 사회가 뿌리 내려야 된다는 차원에서 박정희 대통령 스스로가 평화적으로 정권이양을 할 준비를 갖추라고 여러 차례 권고해왔다. 그럼에도 불구하고 박 정권이 나의 애국적인 충고의 진의를 이해하지 못하고 쿠데타적인 폭력정치의 수법을 계속 동원해서 이미 국민의 신임을 잃은 정권을 구차하게 지탱하려는 것은 스스로 불행의 길을 선택하는 것이다. 나는 앞으로 이 나라에 불행한 역사 가 되풀이되더라도 그것은 박 정권이 자초한 것이므로 그 책임은 어디까지나 박 정권에 있다는 사실을 분명히 한다.

7. 말기적 발악 앞에 단결로 대응하자

나는 여기서 당원 동지 여러분의 적극적인 협조를 당부하면서 만에 하나라도 박 정권의 정치조작극에 승복하겠다는 사람이 당내에 있다면 이는 우리의 동지 가 아니라 민주회복을 저해하는 민중의 공적이 된다는 것을 경고해둔다. 우리 는 공화당 정권의 말기적인 발악 앞에 단결로써 대응해야 할 것이다.

8. 군은 국민을 위해 존재한다

나는 이 기회에 국군장병 여러분에게 당부해둔다. 군은 국가와 국민을 위해 존 재하는 것이지 결코 특정 정권을 위해 존재하는 것이 아니다. 또 국군은 국민의 아들 또는 딸로서 자유와 평화를 지켜 국민이 불안 없이 살 수 있게 하는 것이 지고의 가치임을 명심하여 본연의 임무에 충실해주기 바란다.

이제 박 정권을 지지하는 국민은 박 정권 밑에서 치부하고 잘사는 극소수 특권층밖에 없으며 모든 근로자, 농민, 종교인, 지식인 등 국민 절대다수가 박 정권의 퇴진과 민주회복을 열망하고 있음을 나는 확신한다. 때문에 우리의 박 정권 타도 운동은 반드시 승리할 것으로 믿는다.

나는 박 정권이 앞으로 우리에게 가해올 박해의 수법을 다 알고 있다. 첫째, 우리 당의 내부분쟁을 조장해서 국민 앞에 집안싸움 하는 신민당이라는 비판을 받도록 작용할 것이다. 둘째, 폭력배를 동원해 당사에 난입시켜 당내 혼란을 부각시킬 것이다. 셋째, 전당대회를 열도록 작용할 것이다. 넷째, 이 김영삼의 목숨까지 노리는 온갖 방법을 다 동원하여 범국민적 호응 속에 진행되는 민주회복 투쟁의 예봉을 꺾으려 할 것이다.

그러나 박 정권의 작태는 이미 국민이 다 들여다보고 있기 때문에 아무런 실효가 없을 것이고, 나는 어떤 박해에도 굴하지 않고 신명을 내놓고 싸울 것이며 이로 인한 어떤 희생도 받아들일 각오가 되어있다. 정의가 우리 편에 있고 국민의 절대적인 지지가 우리에게 있고 하나님의 보호하심이 우리에게 있기 때문에 민주회복이라는 역사적 과업은 반드시 성취될 것으로 확신하는 바이다.

1979년 9월 10일

이날 정부 대변인인 문화공보부 장관 김성진은 "이제부터는 김영삼의 발언을 신민당 전체 의사가 아닌 개인의 의사 표시로 본다"고 말했다. 다음날인 9월 11일 서울대학 인문대에서 '유신 철폐와 독재 타도'를 외치는 시위가 있었다. 15일에는 신민당의 정운갑 전당대회 의장이 심야에 김영삼을 방문해 당내 수습책에 대한 담판을 벌였으나 결렬됐다. 다음은 두 사람의 대화 내용 중 일부다.

정운갑: 이왕 왔으니 얘기하자.

김영삼: 무엇이 그리 급한가.

정운갑: 당에 혼란이 났으니 그런 게 아니냐.

김영삼: 뭣이 그렇게 중요하다고 그러느냐. 나는 평소 정 의장을 존경해왔다.

정운갑: 지금 보니 개떡같이 생각하는 게 아니냐. 오늘 얘기 못 한다는 이유가 뭔가? 사람대접을 이렇게 하는 거냐?

김영삼: 그런 식으로 얘기하지 말자.

정운갑: 지금 현실은 분명히 유고(有故)이고 혼란 아닌가. 나는 당헌에 따라 나선 것이다.

김영삼: 그것은 당 내부의 결정이어야지 법원 결정이 만든 혼란을 왜 우리가 혼란으로 받아들이냐. 전당대회 결정도 살아 있고 당론도 그대로인데 왜 유고인가?

정운갑: 그런 말은 혁명가나 할 얘기이고 김 총재가 할 자격이 없다.

김영삼: 8·24 정무회의 결의가 당론이며 전당대회 때 방망이 두들긴 사람이 정 의장 아닌가.

정운갑: 내가 방망이를 친 것은 표수의 집계를 발표한 것이다. 유고도 아니고 혼란도 아니라면 얘기가 안 되는 것 아니냐. 12시가 되려면 시간이 있는데 이런 얘기만 할 거요?

9월 17일 정운갑은 총재 직무대행직을 수락했다. 그는 다음과 같이 말하며 분당이나 탈당 사태를 막기 위해 전당대회를 소집하겠다는 뜻을 밝혔다.

물론 정당 내부의 문제를 법으로 해결하는 것은 모순이다. 그러나 국회의원은 정치가이지 혁명가는 아니다. 야당도 헌법 안의 정당이니만큼 법원의 결정을 부인할 수도 없지 않은가. … 모든 것을 수습위원회의 결정에 따르겠다. 법보다도 정치적인 합의로 운영해나가겠다.

같은 날 김영삼 진영은 의원총회를 소집했다. 신민당 의원 67명 중 36명이 참석한 가운데 의원총회가 열렸다. 이 자리에서 김영삼은 "외부에서 임명한 관리인이 야당의 관리자가 되는 것은 바로 지금의 야당이 야당이 아니라는 것을 뜻하며 정 의장이 대행직을 수락한 것은 이 땅에서 야당을 영원히 말살하자는 의도"라고 비난했다. 이날 신민당 의원총회는 법원의 판결에 관계없이 김영삼을 계속 총재로 안정하기로 결의했다.

9월 19일 비주류 측 지도자인 이철승, 신도환, 고흥문, 유치송, 한건수 등 5명이 모임을 갖고 정운갑 대행을 중심으로 당을 수습한다는 원칙을 세우고 수습위원회 구성에 협력하기로 결의했다.

미국 국무성은 한국에서 벌어지고 있는 이런 사태에 대해 즉각적인 논평을 하기를 삼갔다. 법원이 김영삼에 대해 총재직무 정지 가처분 결정을 내린 지 열흘이 지난 9월 19일에야 비로소 미국 국무성이 신중한 논조의 논평을 했다.

국무성은 종교인과 정치인들의 체포를 포함하여 한국에서 점증되고 있는 정치 긴장 사태에 대해 관심을 갖고 지켜보고 있다. 우리는 아직도 매우 유동적인 정세에 있는 최근 사태 중 특정 사건에 대해 논평할 태세가 되어있지 않다. 우리들은 모든 당사자가 자제하기를 희망하며, 더 많은 사실이 알려지는 대로 이들 사태의 의미를 재검토하게 될 것이다. 카터 대통령이 대한민국을 방문했을 때 말한 대로 우리는 '정치과정에 참여할 권리가 보장되는 것이 공동 목적의 추구를 위해 나라를 단결시키는 데 도움이 된다'고 믿는다.

9월 20일 서울대학 사회대에서 독재 타도를 외치는 시위가 벌어졌다. 1천여 명의 학생들이 '민주민생 선언', '1979년 학원민주화 선언', '근로민중 생존권 수호 선언'을 발표하고 교내에서 시위를 벌였다.

9월 21일 정운갑이 중앙선거관리위원회에 직무대행 등록을 신청했다. 25일 신민당 주류 측이 마포 당사에서 '김영삼 총재 수호 전국당원 대회'를 열고 김영삼 총재가 유일한 합법적 총재임을 선언하고 "관선 대행은 반당(反黨)의 표본"이라고 비난했다. 이날 정운갑의 직무대행 등록 신청이 수리됐다. 이로써 법률상 총재 명의로는 김영삼이 그대로 유지된 채 정운갑이 총재 직무대행으로 취임함으로써 신민당은 총재가 2명인 2원체제가 됐다. 26일 신민당 주류 측은 김영삼 지지 입장을 서명으로 밝힌 국회의원 명단을 공개했다. 신민당 소속 의원 42명과 통일당 소속 의원 3명이었다.

김영삼 제명 파동

법원이 김영삼 총재에 대해 직무정지 가처분 결정을 내려 정국이 걷잡을 수 없는 혼란국면에 빠져들고 있던 때에 엎친 데 덮친 격으로 〈뉴욕 타임스〉 회견 파문이 일어났다. 1979년 9월 16일 〈뉴욕 타임스〉가 김영삼 총재와 가진 인터뷰 내용을 보도했는데 이것이 정국을 뒤흔든 것이다. 〈뉴욕 타임스〉의 한국 특파원 헨리 스코트 스토크스(Henry Scott Stokes) 기자가 쓴 인터뷰 기사는 다음과 같다.

한국 정부의 적수, 미국 정부의 결단을 요구하다

구속에 직면한 야당 총재, 박 정권에 대한 지지 철회 요구
한국 정부에 대한 거침없는 반대로 구속 직전에 있는 것으로 보이는 한국의 야당 지도자가 카터 행정부에 박정희의 '소수집단 독재정권'에 대한 지지를 중단하라고 요구했다.

야당 지도자 김영삼은 이번 주에 그의 집에서 가진 인터뷰에서 "미국이 근본적으로 독재체제이며 점점 더 국민과 유리되고 있는 정권과 민주주의를 열망하는 다수 중에서 어느 쪽을 선택할 것인가를 결정할 때가 왔다"고 말했다.

지난 9월 7일(미국 시간) 법원의 결정으로 52세인 김영삼은 신민당 총재로서의 기능을 대부분 박탈당했고, 그에 이어 한국 정부는 국민에게 법원에 대한 비판을 삼가고 노동자 및 농민을 조직화하려는 반정부 인사들을 경계하라고 명령했다.

사흘 전에 서울의 고위 관리들은 정부가 김 씨의 구속을 고려하고 있음을 시사했다. 여당인 민주공화당의 박준규 당의장 서리는 김 씨가 구속될 가능성에 대한 질문에 "김 총재가 그것을 바라고 있다"고 대답했다.

"날로 더 혁명적으로 되어간다"

박준규 씨는 공화당 당사에서 가진 인터뷰에서 "그는 강압적이고 비민주적인 개입을 바라고 있다. 그러나 우리는 그러한 극단적인 수단을 쓰고 싶지 않다. 김영삼 씨는 날이 갈수록 더 혁명적으로 되어가고 있다"고 말했다.

박 씨는 한국에서 박 대통령과 중앙정보부장 김재규 다음으로 가장 강력한 인물로 간주되는 사람이다.

그러나 구속의 위협에도 김영삼 씨는 거리낌 없는 발언을 계속하고 있다.

그는 통역을 통해 카터 대통령의 지난 6월 방한을 언급하면서 이렇게 말했다. "카터는 방한함으로써 박 대통령에게 큰 선물을 주었다. 박 대통령의 위신을 높여줌으로써 박 대통령에게 반대세력을 말살시키는 일에 나설 용기를 불어넣어주었다. 우리가 그에게 방한하지 말라고 요청했던 것은 그의 방한이 박 대통령을 고무시켜 반대자들에 대한 탄압을 더욱 강화시키게 될 것이기 때문이었다. 이 모든 것이 현실이 돼버렸다. 나는 지금도 카터의 방한을 생각하면 분노를 억누를 수 없다."

경찰의 야당 당사 습격

김영삼 씨는 8월 11일 경찰이 신민당 당사에 난입한 사건, 8월 13일 자신을 총재직에서 축출하기 위해 제기된 소송, 그리고 자신을 투옥시켜 침묵을 강요하려는 위협 등에 대해서도 언급했다. 그는 "나를 구속해도 놀라지 않을 것이다. 이 정권은 이제 막바지에 도달했다"고 말했다.

그러나 한 정부 관리는 "김 씨가 믿고 싶은 만큼 이 정권이 실제로 허약하다면 우리는 벌써 그를 체포했을 것"이라고 말했다.

정부 측은 이번의 정치적 위기를 그렇게 심각하게 받아들이지 않는 것으로 보인다. 박 대통령과 인척관계가 아닌(같은 박 씨로 성은 같지만-지은이 주) 박준규 공화당 의장 서리는 이렇게 말했다. "한국의 정치는 매달 위기상황인 것처럼 보인다. 그러나 우리는 어떻게든 수습해오고 있다. 박 대통령이 집권한 이후의 기간을 되돌아보면 이번의 위기는 심각한 위기에 속하지 않는다."

한국 정부는 딜레마에 빠져있는 것 같다. 김영삼 씨를 구속하면 그를 대중적 영웅으로 만드는 결과를 초래해 오히려 역효과를 불러올 가능성이 있다. 그러나 그를 구속하면 정부에 대한 그의 계속적인 공개적 비난을 멈추게 할 수 있다. 박 대통령에 대한 비판을 금지한 긴급조치 아래서 수백 명의 반정부 인사가 감옥에 들어갔다.

미국 대사관에 대한 비판

김영삼 씨는 인터뷰에서 지난해에 부임한 윌리엄 글라이스틴 주한 미국 대사를 지칭하지는 않았지만 주한 미국 대사관을 비판했다. 김 씨는 "미국 대사관은 시야와 접촉 범위를 확대할 능력을 갖고 있지 않은 것 같다. 대사관이 많은 인원을 가지고 있으면서도 접촉의 범위가 한정되어 있다는 사실은 놀라운 일이다"라고 말했다.

한 대사관 대변인은 김 씨의 이런 발언에 대한 논평을 회피했다. 그러나 외교관들은 "김영삼 씨는 카터 대통령, 글라이스틴 대사, 대사관의 다른 직원들과 만나 자신의 견해를 표명할 기회를 가졌다"고 밝혔다.

김영삼 씨는 "이란은 미국의 가장 큰 외교적 재앙이었다"고 논평하면서 테헤란 주재 미국 대사관이 국무성에 모하메드 레자 팔레비 정부의 취약성을 경고하지 못한 실책을 지적했다. 그는 "나는 한국에 있는 미국 대사관이 똑같은 전철을 밟지 말기를 바란다"고 말했다.

그는 계속해서 "미국은 박 대통령에 대한 공개적이고 직접적인 압력을 통해서만 그를 제어할 수 있다고 내가 미국 관리들에게 말할 때마다 그들은 한국의 국내 정치에 간여할 수 없다고 대답했다"고 말했다. "이것은 말이 안 되는 얘기다. 미국은 우리를 보호하기 위해 이곳에 3만 명의 지상군을 파견해 놓고 있지 않은가? 그것이 국내 문제에 대한 개입이 아니면 무엇이란 말인가?"라고 그는 반문했다.

김영삼 씨가 이끌고 있는 신민당은 국회에 67석의 의석을 갖고 있는데, 이는 총 231석 중 3분의 1에 거의 근접한 의석수다. 1978년 선거에서는 신민당이 박 대통령이 이끄는 민주공화당보다 더 많은 표를 얻었다.

김영삼 씨는 "나는 지금도 북한에 대응하는 가장 적절하고 유일한 방법은 언론과 집회의 자유, 자유선거를 통해 우리의 정부를 선택할 자유라고 확신하고 있다"고 말했다. 1972년에 제정된 헌법에 의해 박 대통령이 국회의원 중 3분의 1을 임명하며 나머지인 3분의 2는 선거에 의해 선출된다.

"궁극적으로는 보다 많은 민주주의, 보다 자유로운 체제를 통해서만 대한민국이 이 지역에서 미국의 이익에 부합하게 될 수 있다"고 김영삼 씨는 말했다.

이 같은 김영삼의 회견 내용이 국내에 알려지자 여권은 즉각 이를 문제 삼고 나섰다. 9월 19일 공화당과 유정회는 이 회견의 내용을 사대주의로 규정했다. 그리고 공화당의 고위 인사들이 연일 김영삼을 비난하는 말을 쏟아냈다.

"죽기로 하면 무슨 말을 못 하나." (박준규 공화당 의장 서리)

"고별사로 간주한다." (오유방 공화당 대변인)

"무슨 망발인가." (문태준 의원)

"민족과 역사 앞에 대죄를 지었다." (김효영 의원)

"북괴의 주장과 비슷하다." (이도선 의원)

"그 사람 정말 큰일 저지를 사람이다." (이효상 총재 상임고문)

"나도 깜짝 놀랐다." (백두진 국회의장)

"어처구니없다." (김종필 총재 상임고문)

"해도 너무 한다." (태완선 유정회 의장)

이를 계기로 박정희 정권은 김영삼을 정계에서 추방할 계획을 세웠다. 9월 22일 공화당과 유정회는 소속 의원 160명 전원의 이름으로 김영삼에 대한 징계 동의안을 국회에 제출했다. 그러나 이 징계 동의안을 어떻게 처리할 것인지에 대해서는 그들이 원칙을 정하지는 않았다.

9월 29일 박정희 대통령은 김영삼을 국회에서 제명하기로 결심했다. 박정희는 제명 정도가 아니라 긴급조치 9호 위반으로 김영삼을 구속하려고 했으나 유혁인 정무수석이 결사반대하자 생각을 바꾼 것으로 알려졌다. 외국여행 중인 여당 의원들에게는 귀국하라는 명령이 내려졌다.

10월 1일 국군의 날 기념행사에서 박정희 대통령은 "사회 일각에서 낭비적이고 비생산적인 공리공론으로 민심을 선동하고 있다"고 말해 사실상 김영삼을 비난했다. 같은 날 비밀리에 권력 수뇌부의 고위 전략회의가 열렸다. 대통령 비서실장 김계원과 경호실장 차지철도 참석했다. 이 회의에 김영삼을 제명하는 것이 '각하의 뜻'이라고 전해졌고, 그렇게 확정됐다.

2일 신민당은 박정희 정권의 그러한 방침에 대응해 의원총회를 열고 대책을 논의했다. 이 회의에서는 징계 동의안을 발의 단계에서부터 원천적으로 봉쇄하자는 결론이 내려졌다. 3일 공화당과 유정회가 합동조정회의를 열어 김영삼을 국회에서 제명하기로 결의했다. 이날 여권이 발표한 '김영삼 의원 징계 사유서'의 내용은 다음과 같다.

▲ 주문(主文): 김영삼 의원의 징계를 동의한다.

▲ 이유: 국회의원은 그 국민대표로서의 지위에 대응하는 의무를 진다. 비록 의원은 오로지 그 양심에 따라서 행위할 뿐이고 그 밖의 어떠한 세력으로부터 지시를 받을 필요도 없지만, 그러나 정치적으로 의원은 대한민국의 주권 수호 와 국가 존속을 위한 국가안전 보장의 유지, 그리고 국민 전체의 이익을 위하여 행위하여야 할 의무를 지게 된다.

또한 의원은 그 책무 수행에 관한 법적 의무를 진다. 헌법과 국회법에 의하여 '국회의원은 그 지위와 특권을 도용하여서는 아니 되며'(헌법 81조), '국헌을 준수하고 국민의 자유와 복리의 증진에 노력하며 국력의 배양과 조국의 평화적 통일을 위하여 국회의원의 직무를 성실히 수행'(국회법 26조)할 법적 의무가 있 다. 그럼에도 불구하고 김 의원은

(1) 지난 9월 16일 미국 〈뉴욕 타임스〉지 회견을 통해 "미국은 점차 소외되어가 는 현 정권과 민주주의를 열망하는 절대다수 중에서 명백한 선택을 할 때가 왔 다", "미국이 현 정권에 대해 공공연하고도 직접적인 압력을 가하는 것만이 박 대통령을 수중에 넣을 수 있다" 등의 발언을 하여 주권을 모독하는 반민족적 발 언을 자행했다.

(2) 동 회견에서 "미국은 한국을 방위하기 위해 3만 명의 지상군을 주둔시키지 않았느냐. 이것은 내정간섭이 아니면 무엇이냐"고 반문함으로써 사대주의적 으로 외국의 국내 간섭을 유치하려 했으며 국가안전 보장을 저해하는 발언을 했다.

(3) 지난 7월 19일 전주 발언을 통해 유신헌법은 법통이 연속되지 않으므로 인 정할 수 없다는 등의 발언으로 국헌과 국민주권을 모독했을 뿐 아니라 9월 10

일 내외 기자회견 시 오늘의 중대한 시국에 대해서도 궐기하지 못한다면 우리 모두 역사의 죄인이 된다는 등 국민에게 헌법질서를 파괴하라는 선동을 했다.

(4) 8월 23일 지구당 개편대회 치사에서 야당 말살 음모를 즉각 중단할 것을 대통령에게 충고하는 등 국가원수 모독 발언을 수없이 감행했다.

(5) 〈뉴욕 타임스〉 회견에서 카터가 방한함으로써 박 대통령에게 반대세력을 말살할 용기를 주었다는 등의 발언으로 우방의 국가원수에 대한 국제적 실태(失態)를 자행해 국회의원의 품위를 떨어뜨리고 국회 위신을 손상했다.

(6) 9월 10일 기자회견에서 신민당 총재권한 정지 가처분 결정에 대해 야당을 말살하여 정권의 영구화를 기하려는 현 정권의 음모에 사법부가 하수인 노릇을 하고 있다고 토설하여 법원을 모독하는 동시에 국민의 불신을 유발시켰다.

(7) 6월 11일 외신기자 클럽 연설에서 해방정당 운운해서 헌법의 민주적 기본질서에 위배되는 언동을 했다.

(8) 전주 발언을 통해 종교와 정치의 일치를 주장해 헌법 16조 2항을 위반했다.

(9) 김일성 면담 제의로 국론분열을 획책하고 국가안보에 치명적인 위해를 주었다.

(10) 이 밖에도 부지기수의 허위사실을 유포하는 언동을 감행했고 이러한 모든 언동은 국회의원의 지위와 특권을 남용하여 자행된 것으로, 헌법 제81조와 동 98조 2항 규정에 의거해 김영삼 의원을 징계할 것을 요구한다.

이에 대해 신민당은 비상대책회의를 열고 반박문을 채택했다. 다음은 반박문 중 일부다.

민족적 자주성과 독립성은 야당 총재를 제명하기 위한 허언과 날조로 유지, 발전되는 것이 아니다. 여당이 김영삼 총재의 원외 발언을 수사학적 의미로만 연결하여 국회에서 추방하려는 처사는 제헌국회 이래 유례를 찾아볼 수 없을 뿐 아니라 현 정권 하에서 만들어진 현행법에도 그 근거가 없는 불법폭거이다.

더욱이 김 총재의 발언들이 법질서를 위반했다면 사법부가 이를 취급해야 함에도 입법부의 여당권에서 이를 도맡아 취급하려는 것은 국회가 정권의 충성스러운 시녀로 자처하는 졸렬한 자기비하가 아닐 수 없다. 우리 당은 혹세무민하려는 여당권의 거짓선전에 국민들이 속지 않도록 하기 위하여 그들이 내놓은 9개 항의 엉터리 징계사유에 대한 우리 당의 주장을 분명히 밝혀두고자 한다.

첫째, 김 총재가 외지와의 회견을 통해 '직접적이고 공개적인 압력'을 요청했다 하여 반민족적 사대망동으로 비난하지만, 우리 당은 한미관계의 전통으로 보나 한반도 주변정세의 현실로 보나 우리가 가장 믿고 협조를 받아야 할 우방인 미국이 우리나라를 공동수호하는 데 있어 기조가 되는 것은 망동적인 사대주의가 아니라 선린관계의 재확인이라고 보며, 김 총재의 발언은 우국충정에서 나온 것이라고 확신한다.

더욱이 김 총재는 그 회견에서 "미국이 자유민주주의를 위해 현 정권을 몰아내달라고 요청하는 것은 아니다"(이 부분은 스코트 스토크스 기자의 송고 내용에는 있으나 〈뉴욕 타임스〉 기사 본문에서는 빠졌음)라고 발언함으로써 어떠한 경우에도 우리의 자주성을 강조하기를 잊지 않았다.

둘째, 김 총재가 주한미군의 존재가 내정간섭인 양 주장하여 우리의 안보를 저해하고 북괴의 주장과 일치하는 말을 했다고 뒤집어씌우지만 우리 당과 김 총재는 주한미군 철수계획을 막기 위해 온갖 노력을 다했으며 오히려 정부여당이 미군철수 통고에 체념한 듯 미온적으로 대처했던 사실을 온 국민은 잘 알고 있다. 또한 김 총재는 회견에서 "81년까지 주한미군 철수를 보류한 미국의 결정을 찬양했으며 북괴의 침략을 막기 위해서뿐 아니라 이 땅의 민주체제를 위해서 노력하는 것도 중요한 것"임을 강조했던 것이다(이 부분도 송고에는 있으나 기사에서는 생략).…

정국이 숨 가쁘게 돌아가는 가운데 공화당에서 박준규, 김종필 등이 최악의 사태를 막으려고 했으나 김영삼을 정계에서 축출하려는 박정희의 뜻을 돌릴 수는 없었다. 팽팽한 대치상황이 이어지는 정국에서는 늘 그랬듯이 야당 일각에서 협상론이 제기됐다. 협상론을 제기하고 나선 사람들은 "형식적으로라도 김 총재가 해명성명을 발표하면 문제가 해결될 수도 있지 않느냐"고 주장했다. 그러나 김영삼 총재는 "내가 왜 영원히 죽을 짓을 하겠는가"라며 단호히 거부했다.

10월 3일 김재규 정보부장이 간곡히 부탁해 김영삼 총재와 만나게 됐다. 김재규는 김영삼에게 약간의 해명만 해달라고 요청했으나 김영삼의 고집을 꺾을 수는 없었다. 김영삼은 김재규에게 다음과 같이 말했다.

나는 구속을 겁내지 않는다. 총재직을 가처분하고 의원직도 제명하는 사람들인데 그보다 더한 일도 할 수 있다는 걸 내가 모르겠는가. 지금 와서 내게 해명을 요구하고 내가 거기에 동의하리라고 생각한다면 그것은 김 부장이 나를 잘못 본 것이다.

10월 4일 신민당 의원들이 징계안이 처리되는 것을 저지하려고 국회 본회의장을 점거하고 국회의장이 경호권을 발동해 수백 명의 무술경위가 출동해서 국회에 삼엄한 분위기가 감돌았다. 공화당과 유정회 의원들은 오후 4시 7분 국회 본회의장이 아닌 국회 1층 146호실에서 김영삼 의원 제명안을 10여 분만에 변칙으로 처리했다.

그곳은 평소 여당이 의원총회 회의장으로 사용하던 곳이었다. 그곳에 의원 159명이 비밀리에 출석해 김 총재 제명안을 표결로 통과시켰다. 백두진 국회의장이 "출석의원 159명 중 찬성 159표로 제명안을 가결했다"고 선포했다. 매우 치밀한 '번개작전'이었다. 본회의 징계 발의에 40초, 법사위원회의 제명 결정에 20초 밖에 걸리지 않았다. 사전에 도상훈련을 철저히 한 결과였다. 김영삼 총재에 대한 여권의 이러한 제명 처리에 대해 10월 5일자 〈뉴욕 타임스〉는 다음과 같이 보도했다.

한국의 야당 지도자, 국회에서 추방되다

한국의 야당 총재가 여당 의원들만 참가한 투표에 의해 국회에서 제명됐다. 여당이 말하는 제명의 이유는 그가 박정희 정부를 '소수 독재정권'이라고 비난함으로써 긴급조치를 위반했다는 것이다.

지난 5월부터 총재로 신민당을 이끌어오다가 이번에 국회에서 제명된 김영삼 의원은 기자회견에서 "이것은 한국 의회정치의 종말"이라고 말했다.

(그의 제명에 대해 미국 측은 외교채널을 통해 즉각 우려를 표명했다고 워싱턴의 국무성 관리들이 말했다. 이 외에 국무성 대변인 호딩 카터 3세는 "이 조치는 민주정부의 원칙에 어긋난다"고 공개적으로 말했다.)

〈교도통신〉에 따르면 한국의 수도 서울에서 실행된 이번 투표는 경찰의 삼엄한 경비 속에 국회의사당 지하 회의실에서 법사위원회가 30초 동안 '토론'한 직후에 이루어졌다. 그 시각에 국회 본회의장은 야당 의원들이 김영삼 의원에 대한 어떠한 조치도 봉쇄하려고 점거하고 있었다.

233명의 국회의원 중에서 여당인 공화당 의원 159명이 김 의원에 대한 제명처분에 찬성하는 투표를 했고, 곧이어 10월 15일까지 국회를 휴회하기로 결정했다.

제명 처분에도 불구하고 김영삼 씨는 5월에 신민당 총재가 된 뒤로 해온 박정희 대통령의 강권통치에 대한 공격을 계속 할 것으로 예상되며 35~40명의 야당 의원들이 국회를 보이콧할 가능성이 있다고 서울발 보도들은 전한다. 한국의 단원제 국회에서 야당은 67석을 차지하고 있다.

김영삼 씨는 대체로 소극적이던 신민당을 박 대통령, 유신헌법, 현 정부의 인권 및 언론자유 규제에 대해 노골적으로 비난하는 당으로 만들어 박 대통령을 자극했다.

4년 전에 박정희 씨가 선포한 긴급조치 9호는 대통령을 공개적으로 비판하는 것을 범죄로 규정하고 있다. 긴급조치 9호는 포괄적인 방식으로 모든 형태의 비판을 막기 위한 것으로 해석되고 있으며, 이로 인해 200명이 넘는 주요 기독교 지도자, 재야인사, 작가, 언론인 등이 구속됐다.

김영삼 씨는 9월 16일자 〈뉴욕 타임스〉가 보도한 인터뷰에서 박 정권을 '소수 독재정권'이라고 규정했다. 또한 그는 박정희 정권에 대한 지지를 중단할 것을 미국 정부에 촉구하면서 "이제는 미국이 기본적으로 독재정권이며 점점 더 국민과 멀어지고 있는 정권과 민주주의를 열망하는 다수 국민 중 하나를 선택할 때가 왔다"고 말했다.

그 인터뷰 뒤에 한국 정부는 김영삼 씨를 미국의 '앞잡이'라고 낙인을 찍는 캠페인을 신문과 텔레비전, 라디오를 통해 전개했다.

한국의 중앙정보부가 모든 언론매체를 엄밀히 모니터하고 있는 상황에서 본지와의 인터뷰가 있은 지 불과 며칠 만에 박 대통령이 자신을 비판하는 김영삼 씨를 국회에서 축출하는 것은 단지 시간문제일 뿐이라는 관측이 나왔다.

서울에서 기자가 인터뷰한 한 정부 비판자는 이렇게 말했다. "박정희는 국회에 조금도 신경 쓰지 않는다. 그는 장군 출신이며 근본적으로 서구 스타일의 민주주의에는 관심이 없다. 그의 통제 아래 있는 국회에서 자신에 대한 강력한 비판이 나오는 것은 더욱더 싫어한다."

박 대통령은 국회의원의 3분의 1을 지명할 권한을 포함한 엄청난 권력을 자신에게 부여하는 내용의 유신헌법을 1972년에 도입한 이후로 별다른 도전에 부닥치지 않고 한국을 통치해왔다.

그는 1971년 대통령 선거에서 당시 신민당 후보였던 김대중을 근소한 차이로 이긴 뒤로 김영삼 같이 끈덕진 비판자를 만나지 못했다. 김대중은 대통령 선거를 치른 지 2년 뒤에 도쿄의 한 호텔에서 한국 중앙정보부 요원들에 의해 납치됐고, 지금은 서울에서 가택연금 상태에 있다.

김영삼은 국회에서 제명되자 바로 그날 다음과 같은 성명서를 발표했다. 그 뒤의 상황전개에 비추어보면 매우 예언적인 내용이 그 안에 담겨 있었음을 알 수 있다.

공화당 정권은 오늘 국회를 권력의 시녀로 타락시켜 야당 총재를 의회로부터 추방하는 폭력정치의 하수인으로 만들었습니다. 이로써 지난 5월 30일 내가 신민당 총재로 당선된 이래 계속되어온 일련의 탄압정치에 행정부, 사법부, 입법부가 모두들 동조함으로써 이 나라는 어느 한 분야에도 민주정치가 존재하지 않는다는 사실을 국민과 세계 앞에 명백하게 입증하였습니다.

지난 100여 일 동안의 탄압정치의 작태를 보면, 한때는 우리 신민당사에 폭력배를 난입시켜 현역 국회의원을 비롯한 당원과 취재기자를 무차별 구타하고 잠자던 YH무역 여공을 끌어내다 김경숙 양을 죽게 하였습니다. 〈민주전선〉의 문부식 주간, 김덕룡 비서실장, 이수남 청년국장 등을 구속하고 그 밖에 수십 명의 당 간부를 구속하거나 수배하고 있습니다. 그러다가 마침내는 사법부를 동원하여 동서고금의 역사에도 없는 야당 총재 직무집행 정지 가처분을 시켰으며 그래도 부족하여 오늘의 이와 같은 제명이라는 다수의 폭력을 입법부에서 저지르고 말았습니다.

선거를 통해 국민으로부터 불신임을 당한 공화당 정권이 선거에서 1.1퍼센트를 이긴 야당 총재를 의회에서 추방한다는 것은 의회정치의 조종을 의미하는 것입니다. 19년이라는 긴 세월을 집권하면서 철저한 독재와 부정부패를 해온 공화당 정권이 불과 100여 일의 민주회복 투쟁 때문에 정권보위에 위험을 느껴 이와 같은 비열한 짓을 해야 하는지를 묻고 싶습니다.

나는 분명하게 선언합니다. 나는 나에 대한 제명은 완전 불법이므로 영원히 승복할 수 없으며 제명을 열두 번 한다고 하더라도 여당이 내세운 징계사유는 어느 한 구절도 인정할 수 없습니다. 뿐만 아니라 어떠한 탄압이 있더라도 민주회복으로 향한 우리의 목표는 중단될 수 없으며 민주주의를 위한 나의 신념과 소신은 바꿀 수 없습니다.

공화당 정권은 자유당 정권도 감히 하지 못한 폭거를 자행함으로써 영원히 씻을 수 없는 죄악을 역사 속에 범했으며 그것은 멀지 않아 역사의 준엄한 심판을 받을 것입니다.

나는 25세에 국회의원으로 당선된 이래 사반세기 동안 이 나라 헌정사의 현장에서 반독재 민주수호에 몸바쳐온 사람으로서 의회를 떠나게 된 지금 이 순간의 심경이 착잡하지 않을 수 없으나 오늘의 정치적, 시대적 상황에 있어서 공화당 정권의 말기적인 발악에 의하여 불법적인 방법으로 국민이 선출한 국회의원의 자리를 박탈당하게 된 이 사실은 역사가 준 훈장이라고 생각하며, 오히려 이것이 민주시대를 위한 더욱 영광스러운 과업을 부여하는 것으로 보아 새로운 십자가를 질 것을 각오합니다.

나는 의회정치 속에서 자란 의회주의 신봉자로서 4·19, 5·16을 목격, 체험한 사람으로서 이 나라에 정치보복 없이 평화적으로 정권을 교체할 수 있는 참된 민주정치를 심는 데 최대의 투쟁을 해왔고 또 하고 있는 것입니다. 그래서 나는 그동안 폭력정치에 비폭력으로 대응하면서 선거에서 불신임당한 공화당 정권은 정권이양 준비를 갖추라고 촉구하여 왔는데, 이와 같은 나를 혁명주의자인 양 모함하다가 마침내는 이와 같은 엄청난 정치보복을 가한다는 것은 나 개인의 불행이 아니라 이 나라의 불행이며 나라의 장래를 심히 우려케 하는 중대사태가 아닐 수 없습니다.

나는 이미 나라와 국민, 그리고 이 나라 민주주의를 위해 몸을 던졌습니다. 순교의 언덕 절두산이 바라다보이는 이 국회의사당에서 나의 목을 자른 공화당 정권의 폭거는 저 절두산이 준엄한 역사의 의미를 부여할 것입니다(절두산은 대원군이 천주교를 탄압할 때 천주교도들이 참수된 곳이다–지은이 주). 나는 오늘의 이 수난을 민주회복을 위한 순교로 받아들입니다.

나는 분명히 밝힙니다. 나를 아무리 의회에서 축출하고 아무리 감옥에 가둔다 해도 민주회복을 위한 나의 소신, 나의 철학, 나의 시국관까지 축출할 수 없고 감옥에 가둘 수 없습니다. 공화당 정권은 나를 의회에서 축출하고 또 나를 감옥에 가둔다고 하여 민주회복을 향한 국민의 열기가 식을 것으로 생각하면 큰 오산입니다. 그것은 오히려 민주회복의 길을 가속화시킨다는 것을 알아야 할 것입니다.

나는 잠시 살기 위해 영원히 죽는 길을 택하지 않고 잠시 죽는 것 같지만 영원히 살 길을 택할 것입니다. 공화당 정권은 19년이란 장기집권을 하여 노쇠한 나머지 그 기능이 마비되어 국민의 소리를 듣지 못하여 민심의 소재를 외면하고 있습니다. 공화당 정권이 민심을 잠시 동안 외면할 수 있어도 영원히 외면할 수는 없습니다. 정치는 영원하지만 정권은 유한한 것입니다. 따라서 공화당 정권이 아무리 힘의 정치를 강화한다 하더라도 떠나버린 민심을 되돌릴 수는 없습니다. 우리에게 국민의 절대적인 지지가 있고 하느님의 보호하심이 있기 때문에 나는 결코 외롭지 않습니다.

성경 말씀에 "너희들은 두려워하지 말라. 나의 의로운 오른손으로 너를 붙들리라"고 하였습니다. 하느님은 우리를 버리지 않을 것입니다.

그동안 우리 당 소속 의원들이 일사불란하게 단합된 모습으로 강력하게 투쟁하여주신 데 대하여 심심한 감사를 드리며, 전국의 모든 당원 동지와 전국의 모든 국민의 투쟁과 성원에 감사를 보냅니다. 우리가 계속해서 단합된 힘으로 싸워나갈 때 민주주의의 새벽은 머지않아 찾아온다고 확신합니다.

나는 용기와 자신을 가지고 역사의 대도를 정정당당하게 걸어갈 것입니다. 당원과 국민, 그리고 언론인 여러분의 계속적인 협조와 성원을 부탁해마지 않습니다.

미국 국무성 대변인 호딩 카터는 당일로 김영삼 총재의 국회 제명을 비난하는 성명을 발표했다. 10월 6일 김영삼 총재의 제명에 항의하여 미국 정부가 글라이스틴 대사를 워싱턴으로 소환했다. 미국 정부가 주한 미국 대사를 소환한 것은 이승만 정권 말기인 1958년 12월 24일 무술경관이 야당 의원들을 연금한 상황에서 보안법이 통과되어 파동이 일어나자 미국정부가 불만의 표시로

미국에서는 로비(lobby: 의회와 행정부의 정책 결정에 영향을 주려는 활동)는 합법이고, 이를 전문적으로 수행하는 로비스트의 활동도 인정된다. 미국의 정책은 전 세계에 영향을 주므로 모든 국가가 자국에 유리한 정책이 미국의 정부나 의회에 의해 채택되기를 바란다. 특히 미국으로부터 원조를 많이 받는 나라들은 미국의 정책 동향에 대단히 민감하게 반응한다. 안보를 미국에 크게 의존하고 원조도 많이 받는 한국 정부도 미국 정계에 로비를 했는데 서투르게 하다가 미국 언론에 그 내용과 함께 뇌물수수설이 보도되어 외교적으로 물의를 빚었다. 이 사건을 코리아게이트(Koreagate)라고 한다.

사건의 발단은 1976년 10월 15일 미국 〈워싱턴 포스트〉가 "한국 정부가 미국 의원들을 매수해 정치적으로 이용하려고 했다"고 1면 머리기사로 보도한 것이었다. 재미 한국인 실업가인 박동선(朴東宣)과 한국 정보기관 요원들이 한국 정부에 유리한 방향으로 미국 의회의 활동을 유도하려고 미국 의원들에게 뇌물을 주었다는 내용이었다. 이 신문은 9일 뒤에 한국 측이 미국 의원들과 고위 관리들에게 수백만 달러를 제공한 사실에 관한 후속기사를 내보냈다. 이로써 1970년대 후반의 한미관계를 격랑 속으로 몰아넣은 코리아게이트가 시작됐다.

닉슨 대통령의 사임을 몰고 온 워터게이트 사건에 분노했던 미국 국민은 의회마저 부패에 물들었다는 보도에 격분했다. 한국은 뇌물이라는 부정한 방법으로 미국 정계를 매수하려고 한 '못된 나라'로 인식됐다. 미국 언론들은 닉슨 대통령을 사임시킨 워터게이트에 빗대어 이 사건을 '제2의 워터게이트'나 '코리아게이트'로 부르며 진상을 파헤치려고 격심한 취재경쟁을 벌였다.

당시의 한미관계로 보아 한국 정부로서는 대미 로비를 하지 않을 수 없었다. 1970년대로 접어들면서 베트남전의 수렁에 빠진 미국 사회에 반전 분위기가 팽배해졌다. 미국은 베트남에서 발

월터 다울링 주한 미국 대사를 소환한 이래 21년 만에 처음 있는 일이었다.

미국의 대사 소환은 심상치 않은 일이었다. 외교관례로 보더라도 대사를 소환하는 것은 외교관계 단절, 대사관 폐쇄, 외교 동결 다음 가는 무거운 유감의 표시를 뜻하는 것이었다. 박동선의 코리아게이트 때도 대사 소환은 없었던 점을 생각하면 이때 미국의 입장이 어떠했는지를 잘 보여주는 조치였다. 글라이스틴 대사는 10월 16일 서울로 돌아왔다.

을 빼야 하는 것은 물론이고 미국에 또 다른 부담을 줄 우려가 있는 한국에서도 물러나야 한다는 목소리가 높았다.

삼선 개헌, 유신 선포, 잇단 긴급조치 선포 등 한국 정부의 독재와 인권탄압을 바라보는 미국인들의 시각도 곱지 않았다. 주한미군을 감축하고 한국에 대한 원조를 삭감하라는 주장이 미국 안에서 끊임없이 제기되고 있었다. 그러나 한국으로서는 미국의 대한 방위공약 준수는 사활이 걸린 문제였다. 그런 만큼 미국에 대한 로비는 불가피했다.

처음에 불법 로비 혐의자로 보도된 박동선 외에 재미 한국인 사업가 김한조와 한국 중앙정보부 요원인 김상근과 이상호 등도 코리아게이트의 핵심 인물로 떠올랐다. 조사가 진행되면서 미국 정보기관이 청와대를 도청한 사실이 드러나고 한국의 정보요원 2명이 미국 정부에 정치적 망명을 신청하는 등 이 사건은 극적 전개가 계속되며 많은 관심을 끌었다.

그러나 2년여 동안 계속된 코리아게이트 파문은 태산명동에 서일필로 끝났다. 123명의 미국 정치인과 관료들이 소환되고 1563명이 참고인 진술을 한 규모에 비해 미국 현직 의원 1명만 뇌물수수로 유죄 판결을 받고 3명이 의회 차원에서 가벼운 징계를 받는 것으로 끝났다.

코리아게이트의 실체를 밝히기 위해 동분서주한 미국 하원 국제관계위원회의 프레이저 소위원회와 윤리위원회는 각각 1978년 11월 1일과 12월 30일에 그간의 조사 결과를 담은 보고서를 발표하면서 "한국이 미국 의회에 상당한 영향력을 행사했다"면서도 그 실체를 밝히는 데는 실패했다고 밝혔다. 뇌물제공의 주역이었던 박동선도 의회에서 증언해준 대가로 면책을 받았다.

코리아게이트는 미국인들로 하여금 한국과 한국인 모두에 대해 나쁜 인상을 갖게 했다. 그러나 당시 한국이 미국으로부터 어떤 이득을 얻었다고 하더라도 그것이 꼭 로비의 성과였다고 보기 어렵다. 코리아게이트가 일어난 것은 반전 분위기에 억눌려 있던 미국 내 보수파의 목소리가 미국의 월남전 패배 이후 다시 강화되면서 미국에서 동아시아의 전략적 요충지인 한국의 중요성이 다시 강조되게 된 점과 연관성이 있었던 것으로 보인다.

10월 13일 카터 미국 대통령은 미국 언론인들에게 자신의 인권정책으로 전 세계에서 수십만 명의 정치범이 석방됐다고 말하고 나서 한국의 정세를 언급하는 가운데 김영삼 총재가 국회에서 제명당한 일에 관심을 표명했다.

김영삼이 국회에서 제명된 후 신민당은 비통한 분위기 속에서 의원총회를 열고 소속 의원 66명 전원이 의원직 사퇴서를 국회에 내기로 결의했다. 통일당도 동조하여 소속 의원 3명 전원이 10월 13일 사퇴서를 함께 제출했다. 박정희 정권은 의원들의 사퇴에 대한 대응에서도 잔꾀를 냈다. 사퇴서를 선별수리한다는 것이었다. 즉 김영삼을 지지하는 의원들의 사퇴서만 수리하고 나머지는 반려해 양당을 어용화하겠다는 발상이었다.

10월 15일 공화당과 유정회의 합동조정회의의 결과로 언론에 보도된 이러한 선별수리론은 민심을 더욱 자극했다. 여론이 예상보다 나쁘게 돌아가자 여당은 국회에서 야당 의원들의 의원직 사퇴서를 처리하지 않고 보류해두었다. 야당 의원들의 의원직 사퇴서는 10 · 26 사건이 터진 뒤인 11월 5일에 일괄 반려됐다.

3부

10 · 26과 12 · 12

부마사태

김영삼에 대한 여권의 무리한 국회 제명 조치는 야당을 자극하는 데 그치지 않고 김영삼의 연고지인 부산과 마산 지역의 민심도 자극해 격렬한 항의시위 사태를 유발했다. 김영삼 제명안이 변칙 통과된 직후부터 술렁거리던 부산에서 10월 16일과 17일 이틀 동안 부산대와 동아대 학생과 시민들이 거리로 쏟아져 나와 격렬한 항의시위를 벌였고, 시위는 곧 마산으로도 번졌다. 당시 부산과 마산창원 지역은 그렇지 않아도 대규모 반정부 시위가 일어날 만한 상황에 놓여 있었다.

사회경제적 배경을 보면, 1978년 하반기부터 한국경제는 고용 불안, 물가 등귀, 국제수지 불안의 양상을 보이며 급격하게 침체기로 접어들었다. 정부의 경제안정화 정책은 중소기업의 대규모 도산과 경제성장률의 급격한 하락을 가져왔다. 중화학공업에 대한 그동안의 집중적인 투자는 경공업의 위기를 초래했다. 부산지역은 섬유와 신발류 등 대표적인 노동집약적 경공업 공장이 밀집한 지역이었기에 정부의 중화학공업 집중육성 정책에 따른 피해를 가장 크게 입고 있었다. 부산지역 노동자들의 임금은 전국에서 최저 수준이었고, 게다가 대규모 실업의 위기를 맞고 있었다. 1978년 말에 비하면 1979년 8월 현재 부산

지역의 제조업체 1개 회사당 평균 근로자 수가 27% 줄어늘었다. 삼진산업, 우진실업, 성광섬유 등 이 지역 기업들의 임금체불 문제도 심각한 상태였다. 부산지역의 어음부도율은 전국 평균보다 2.4배나 되는 높은 수준이었다.

그런가 하면 부산지역에서는 중부교회청년회, 양서조합, 가톨릭노동청년회, 기독교청년협의회 등 사회단체의 활동이 활발했다. 이들 단체는 시위를 주도할 인력을 형성하는 요람이 됐다. 1978년에 접어들면서 부산지역 대학생들의 시위는 점차 정치투쟁적인 성격을 보이기 시작했다.

10월 16일 오전 10시 부산대 도서관 앞에서 학생들의 시위가 시작됐다. 삽시간에 7천여 명의 학생들이 모여들었다. 시위대는 오후 2시경부터 충무동, 남포동, 광복동 등 시내 중심가로 나가 산발적인 가두시위를 벌였고, 시민들이 열렬히 호응했다. 저녁 무렵이 되자 영세 상인을 비롯한 일반 시민들도 가세해 시위대의 규모가 급속히 불어났고, 시위의 양상도 격렬해졌다.

저녁 7시경에는 부산 시청 앞부터 충무동까지 4차선 도로가 5만여 명에 이르는 인파로 메워졌다. 이들은 '유신 철폐', '언론자유 보장', '긴급조치 해제', '김영삼 제명 철폐' 등의 구호를 외쳤다. 시위대는 진압에 나선 경찰과 치열한 접전을 벌였다. 17일 새벽 1시까지 계속된 이 시위에서 파출소 11개소가 파괴됐다.

17일 아침에 부산대가 임시휴교 조치를 취하고 교문을 폐쇄했다. 경찰은 부산 시내 각지에서 삼엄한 경계를 펴고 있었다. 이날 정오 무렵부터 시내로 들어온 학생들이 오후 3시가 되자 다시 국제시장, 부영극장 등지로 집결했다. 그 시간에 구자춘 내무부 장관은 기자회견을 갖고 전날 시위진압에 실패한 책임을 물어 부산 시경국장을 해임하고 경찰력 증강을 지시했다. 저녁 무렵이 되자 시위는 다시 전날과 비슷한 양상으로 전개됐다. 시내 각지의 파출소, 세무서, 동사무소 등이 파괴됐다. 저녁 9시경에는 KBS, MBC, 부산일보 등 언론기관들이 공격당했다. 18일 새벽 1시 30분까지 계속된 이 시위로 21개 파출소가 파손됐고, 경찰차량 중 6대가 전소되고 12대가 파손됐다. 경남도청도 시위대의 습격을 받았다.

17일 저녁 늦게 부산의 시위가 심각하다는 보고를 받은 박정희 대통령이 정승화 육군 참모총장을 불렀다. 9시가 넘은 시각이었다. 노재현 국방부 장관이 브라운 미국 국방부 장관을 접대하고 있었으므로 대신 정승화 참모총장이 호출된 것이었다. 청와대의 대통령 집무실에는 박정희 대통령 외에 김재규 중앙정보부장, 김계원 비서실장, 차지철 경호실장, 신직수 법무담당 특별보좌관이 앉아 있었다. 정승화 참모총장이 들어가자 박정희가 김재규에게 부산의 상황을 설명하라고 했다. 설명이 끝나자 박정희가 말했다.

"정 장군, 현행법에는 육군 참모총장은 치안유지를 경찰이 할 수 없다고 감지했을 때 직접 계엄을 선포한 뒤 추인을 받을 수 있게 돼 있소. 지금 각의를 소집하자니 시간이 너무 늦을 것 같아. 그러니 정 총장이 부산지역에 계엄을 선포한 뒤 추인을 요청해주시오."

박정희는 지역계엄사령관으로는 누가 적당하냐고 물었다. 정승화는 박찬긍 군수기지사령관을 추천했다. 이에 차지철이 전화로 박찬긍을 불러낸 뒤 정승화에게 수화기를 건네주었다. 정승화가 계엄을 선포한다는 사실을 알리고 병력배치에 관한 지시를 하려고 할 때 박정희가 "정 장군, 잠깐 기다려요"라고 말하고는 시계를 보며 "11시에 국무회의를 할 수 있겠는데…"하더니 "정 장군, 계엄 준비만 해두시오"라고 지시했다. 박찬긍이 부산에 병력이 충분하지 않다고 하자 박정희가 어느 부대를 신속히 동원할 수 있느냐고 물었고, 정승화가 "가장 신속히 동원할 수 있는 부대는 공수부대"라고 대답했다.

18일 0시를 기해 부산직할시 일원에 비상계엄이 선포됐다. 1972년 10월 17일 전국에 비상계엄령을 선포한 지 꼭 7년만의 일이었다. 부산의 시위가 규모가 크고 드세기는 했지만 계엄령을 선포할 정도는 아니었는데 박정희가 과민반응을 보인 것이었다.

　　새벽 2시경 김재규 중앙정보부장이 부산의 계엄사령부(군수기지사령부)에 도착했다. 김재규가 3군단장일 때 박찬긍이 그의 휘하에서 사단장으로 1년 정도 근무한 일이 있어서 둘은 서로 잘 아는 사이였다. 김재규는 부산지역 계엄사령관인 박찬긍 중장에게 박정희의 지시를 구두로 전달했다. 요지는 "데모의 징후가 여러 다른 지역에서도 엿보이니 부산지역에서 빨리 사태를 진정시키라"는 것이었다.

　　박찬긍은 발포 여부에 대해 고민하다가 급박한 순간까지는 발포를 억제한다는 지침을 정해 휘하 부대에 내렸다. 그 내용은 다음과 같았다.

첫째, 사령관의 직접명령에 의해서만 발포를 할 수 있다.

둘째, 그 직접명령은 문서를 통해서가 아니라 직접 면담을 통해서 받아야 한다. 급박한 상황에서 전화로 발포 지시를 받아야 할 때는 먼저 사령관의 육성을 확인해야 한다.

　　3공수여단(여단장 최세창 준장)이 18일 새벽 수송기 편으로 김해공항에 내렸다. 아침이 되자 포항에 있던 해병 1사단 7연대가 부산에 도착했다. 부산의 기존 병력을 합해 계엄군의 병력 규모가 5500명에 이르렀다. 이날 시위 진압에는 3공수여단과 해병 1사단 7연대(연대장 박구일 대령) 소속 73대대가 투입됐고, 장갑차와 탱크도 동원됐다. 통행금지 개시 시각도 밤 12시에서 10시로 앞당겨졌다.

　　이날 오후 김재규가 부산에서 서울로 올라와 중앙정보부 부장실에 도착하자마자 한 직원을 불렀다. 그는 자신이 메모한 종이를 건네주면서 "각하께 보고드릴 문서로 정리해달라"고 지시했다. 거기에는 비상계엄령을 부른 부산지역 시위의 원인으로 '첫째, 장기집권에 대한 반감'을 꼽은 메모가 적혀있었고, 대책으로는 '첫째, 유신헌법 철폐, 직선제로 개헌'을 꼽은 메모가 적혀있었다.

18일 저녁 7시경 부산수산대와 남포동에서 시위가 발생했으나 곧 군과 경찰에 의해 진압됐다. 공수부대 대원들이 평화적인 시위를 하는 대학생들을 구타하고 무기를 휘두르자 그 모습을 본 시장 상인과 시민들이 야유를 하기도 했다. 공수부대는 행인들을 무차별로 연행하면서 구타했고, 심지어는 말리는 경찰까지 구타했다. 공수부대와 달리 해병대는 선무활동에 치중했다. 이날 공수부대가 난폭하게 시위를 진압함에 따라 한국전쟁 이후 처음으로 일반 국민이 군인에 대해 악감정을 갖게 됐다.

부산지역에 계엄령이 선포됐음에도 불구하고 시위는 오히려 마산과 창원 쪽으로 확산되어갔다. 18일 저녁 7시경 마산에서 경남대 학생과 일반인들로 이루어진 시위대가 공화당 당사와 파출소, 검찰청 등을 습격했다. 시위대는 10년 넘게 대통령 경호실장을 지낸 공화당 의원 박종규(朴鐘圭)의 집도 습격해 부수었다.

19일 1공수여단(여단장 박희도 준장)과 5공수여단(여단장 장기오 준장)의 병력 3600명이 추가로 부산에 투입됐다. 모두 9100명으로 늘어난 계엄군 병력 가운데 1500명은 휴교령이 내려진 10개 대학에 주둔했다. 부산시청, 방송국 등 26개 주요 시설에 약 6000명이 배치되어 경비를 맡았다. 나머지 병력은 부산 시내를 순찰했다.

내무부가 마산지역의 야간 통행금지 개시 시각을 2시간 앞당긴다고 발표했음에도 불구하고 19일 저녁에도 시위가 일어났다. 20일에는 정부가 마산시와 창원출장소 일대에 위수령을 선포하면서 구경하는 사람들도 시위군중으로 간주해 연행하겠다고 경고했다. 이날 5공수여단이 마산창원 지역에 도착했다. 이 무렵 정가에는 폭풍전야와 같은 정적이 감돌았다. 국민은 어디서 무슨 일이 터질지 모른다고 생각하며 불안감에 휩싸였다. 부마사태에 대해 〈뉴욕 타임스〉는 다음과 같이 보도했다.

학생폭동으로 한국 도시에 계엄령 선포

부산에서 충돌, 200명 구속

1960년 이승만 정권 무너뜨린 봉기 이후 가장 큰 시위

(서울, 10월 17일) 한국의 남쪽 항구도시 부산에서 수천 명의 대학생과 시민들이 반정부 시위를 벌이는 데 대응해 박정희 대통령의 정부가 오늘 부산에 계엄령을 선포하고 계엄사령관을 임명했다.

시위 도중 200명이 체포됐고, 이 시위는 어제 오후 시작되어 밤까지 계속됐다. 약 50명의 경찰과 두세 명의 대학생이 부상당했으나 사망자는 없다고 구자춘 내무부 장관이 오늘 말했다. 10여 대의 경찰차량이 부서진 것으로 보도됐다.

이번 시위는 12년 동안 집권한 이승만 대통령의 정부를 무너뜨린 1960년 학생봉기 이후 가장 큰 반정부 시위였다.

헌법에 대한 비판

부산시위는 1972년 제정된 유신헌법에 기초한 정부체제를 비난하는 학생들이 이끌었다. 유신헌법 제정으로 박 대통령은 정원이 231명인 국회의원의 3분의 1을 지명할 수 있게 됐고, 광범위한 개인적 권력을 갖게 됐으며, 영구적으로 집권할 수 있게 됐다.

(해럴드 브라운 미국 국방장관은 국방문제 관련 연례회의에 참석하기 위해 서울에 도착해 박 대통령에게 남한의 인권탄압을 완화하기를 요청하는 카터 대통령의 서한을 전달했다.)

야당인 신민당의 지도자 김영삼은 최근까지 한국 제2의 도시 부산의 한 지역구 의원이었다. 김 씨는 10월 9일 여당 의원들만의 투표에 의해 국회에서 제명됐고, 이에 대한 항의의 표시로 지난주 토요일 야당 의원 69명 전원이 의원직 사퇴서를 제출했다.

어제 시위에 참가한 학생들은 대부분 부산대 학생이었고, 일부 동아대 학생들도 포함돼있었다. 두 대학은 오늘 무기한 휴교를 결정한 것으로 알려졌다.

(휴교령이 내렸어도 2천 명 이상의 대학생들이 새로운 시위를 감행하려고 부산대 캠퍼스 밖으로 나가려고 했으나 폭동진압 경찰에 밀려 캠퍼스 안으로 되돌아갔다고 UPI 통신이 보도했다.)

계엄령이 선포된 한국의 부산시

서울에서 남동쪽으로 250마일 떨어진 곳에 위치한 부산에서의 보도에 따르면, 약 1천 명의 부산대 학생들이 폭동진압 경찰이 세운 바리케이드를 뚫고 시내로 행진하면서 시위가 시작됐다. 전해진 바에 따르면 시위는 더 많은 대학생과 수백 명의 일반인이 동참하면서 더욱 확대됐고, 많은 시위자들이 파출소를 공격하고 친정부적 보도를 한 신문사와 텔레비전 방송국도 습격했다. 일부 보도에 따르면, 시위가 절정일 때는 5천 명 이상이 참여했다.

정부는 어제 이수용 부산 시경국장을 해임하고 자정 직전에 열린 비상각료회의에서 박찬긍 중장을 계엄사령관으로 하여 계엄령을 선포하기로 결정했다. 유신헌법이 발효된 이후 남한에서 계엄령이 선포된 것은 이번이 처음이다.

오늘 서울에서 부산으로 내려간 내무부 장관은 기자회견을 갖고 체포된 200여 명 가운데 절반 정도는 대학생이고 나머지는 '불량배' 라고 말했다.

카터가 박정희에게 서한 보내

(서울, 10월 18일) 해럴드 브라운 미국 국방장관은 연례 한미안보협의회 참석차 서울에 도착했다. 그는 박정희 대통령에게 남한의 인권탄압을 완화하기를 요청하는 지미 카터 대통령의 서한을 들고 왔다. 미국 관리들은 그가 오늘 청와대에서 열릴 미팅에서 박정희에게 서한을 전달할 예정이라고 말했다. 이 관리

들은 브라운 국방장관이 빅정희에게 반정부 인사들에 대한 그의 정책이 한국에 대한 미국 의회 내 지지를 약화시켰음을 말해줄 예정이라고 밝혔다.

그러나 이 소식통들은 카터 대통령의 서한에 담긴 내용을 상세히 밝히기를 거부하고, 단지 자신들은 한국의 국방 문제에 대한 토의와 인권 문제에 대한 토의가 분리되기를 바라고 있다고 말했다. 카터 대통령은 지난 6월 서울을 방문했을 때 박 대통령에게 인권 문제에 대해 항의했고, 최근에는 박 대통령의 인권정책에 대한 불쾌감의 표시로 윌리엄 글라이스틴 주한 미국 대사를 소환했다.

글라이스틴 대사는 브라운 국방장관과 같은 비행기를 타고 서울로 돌아왔다. 그는 한미안보협의회에 참석할 예정이다.

브라운 장관은 어제 부산지역 경찰이 반정부 시위를 진압하고 있을 때 서울에 도착했다. 부산에서 단편적으로 전해진 바에 따르면 2천 명 내지 5천 명의 학생들이 항의시위에 참여했다.

일부는 한국 기자들로부터, 일부는 박 정권 비판자들로부터 나온 그 소식에 따르면 5명이 살해됐다고 한다. 그러나 한국 내무부는 이를 부인했다.

야당인 신민당은 상황조사를 위해 18명으로 구성된 위원회를 부산에 파견하겠다고 발표했다.

〈뉴욕 타임스〉, 1979년 10월 18일 목요일

격화되는 반정부 학생시위

(부산, 10월 19일) 박정희 정권에 반대하는 대학생들이 계엄령에 도전하여 나흘 연속으로 거리에 나섰고, 군대 병력과 장갑차들이 치안유지를 위해 도심으로 쏟아져 들어왔다.

화요일과 수요일의 격렬한 시위에 비해 오늘의 대치는 대체로 평화적으로 진행됐다. 그러나 이곳 부산의 상황전개와 부산과 가까운 곳에 있는 마산지역의 폭동, 서울의 소규모 시위 등으로 미루어볼 때 1972년에 제정된 유신헌법에 기반을 둔 정부체제는 7년 만에 쇠락하는 것으로 보인다. 박정희 씨는 3700만 인구를 가진 이 나라를 통치하는 것과 관련해 광범위한 권력을 자신에게 부여하는 그 헌법을 직접 기초했다.

반정부 시위의 결과로 부산에서만 550명 이상이 체포된 것으로 알려졌다. 군대 병력이 분명히 많지만, 관계당국은 시위가 확산되는 것을 막으려고 신중하게 행동하려고 애쓰는 것 같다.

경찰간부는 사망자 발생 부인

부산 중구의 경찰간부 손점용은 시위 중 사람이 죽었는데 당국이 그런 사실을 비밀에 붙이고 있다는 소문을 부인했다. 그는 "우리는 과거에 한 학생이 살해된 뒤에 이승만 정권에 무슨 일이 일어났는지를 안다"면서 "우리는 부상당한 사람은 그가 누구든 최선을 다해 돌보라는 지시를 받았다"고 말했다.

그는 1960년에 한 학생이 시체로 발견됐을 때 남한 전역에 급속히 무질서가 퍼졌던 사실을 언급한 것이다. 그 뒤로 몇 주 지나지 않아 이승만 정권이 무너졌다.

부산지역 계엄사령관인 박찬긍 중장은 오늘 지역주민들에게 질서회복에 협조해달라고 호소했다.

한편 부산에서 37마일 떨어진 공업도시 마산에서 전해진 바에 따르면, 경찰이 수백 명의 대학생들을 해산시키려고 최루탄을 쏘는 가운데 반정부 시위가 계속됐다. 마산에서는 어젯밤에 시위가 시작된 뒤인 오후 10시부터 오전 4시까지 통행금지령이 내려졌고, 대학들은 폐쇄된 것으로 알려졌다.

서울대 캠퍼스에서 200명의 학생들이 학사행정의 개선과 학교에서 추방되거나 정학당한 학생들의 복권을 요구하는 집회를 여는 등 소요사태가 수도권으로도 확산되는 징후가 나타나고 있다. 그러나 서울대에서의 집회는 비슷한 숫자의 경찰이 교내로 쳐들어가면서 곧바로 해산됐다.

(소요사태가 다른 두 대학으로 확산되자 박 대통령은 이 문제를 다루기 위해 토요일에 최고위 측근들의 회의를 열기로 했다고 UPI 통신이 보도했다. 서울에서 남동쪽으로 150마일 떨어진 대구와 75마일 떨어진 청주에서도 대학생들이 유인물을 뿌렸다고 한다.)

야당 총재 제명에 이어 폭동 발발

10월 9일 부산 출신의 정치인이자 신민당 총재인 김영삼 씨가 국회에서 제명되고 지난 주말에 야당 국회의원 69명 전원이 의원직 사퇴서를 제출한 데 이어 이번 폭동이 시작됐다.

부산은 군인들이 은행, 시청, 미국 문화원 등의 주위에 배치된 가운데 낮에는 조용했다. 그러나 밤에는 에너지 절약을 위해 조명이 낮추어지기 때문에 불빛이 약해지면서 긴장이 고조됐다.

군인들이 10여 대의 트럭을 타고 추가로 와서 탱크와 함께 배치된 시청 근처에서 한 무리의 군인들이 반바지를 입은 젊은이를 둘러싼 채 곤봉으로 찌르고 발로 차고 머리를 때렸다.

어젯밤 최석원 시장은 폭동의 와중에 6명의 학생과 노동자가 부상당하고 경찰도 73명이 부상당했다고 발표했다. 그의 이런 발표는 시민들로 하여금 사망자가 발생하지 않았음을 믿게 하려고 한 것이다.

처음부터 시민들도 참여한 학생시위는 수요일에 계엄령이 선포된 뒤로는 다소 평화적인 형태가 됐다. 그러나 시위자들이 계엄령을 무시하고 계속해서 거리에 모이는 현상은 정권에 대한 비상한 도전이다. 왜 그러냐면 계엄령이 선포되기 전에도 이미 모든 시위는 금지되고 있었고, 실제로 시위가 일어나는 일도 매우 드물었기 때문이다.

<뉴욕 타임스>, *1979년 10월 20일 토요일*

한국의 도시 두 곳에서 군이 치안유지 담당

(부산, 10월 21일) 박정희 대통령의 정부에 반대하는 대학생 주도의 폭동이 나흘간 이어진 뒤로 오늘까지 이틀째 수천 명의 군인들이 항구도시 부산과 그 인근의 마산을 조용한 상태로 유지시키고 있다.

지난주에 시위와 진압의 혼란 속에 체포된 사람은 1350명이고 부상당한 사람은 79명이라는 통계가 새로 나왔다. 이 밖에 어젯밤 부산에서 수백 명이 통행금지 위반으로 체포된 것으로 알려졌으나 시위는 없었다.

박정희 대통령은 그의 권위적 통치와 야당 지도자 김영삼이 국회에서 제명된 것에 항의하는 폭력시위가 이어지자 목요일 남한에서 두 번째로 큰 도시인 부산에 계엄령을 선포했다.

부산과 가까운 곳에 위치한 마산에서 이틀째 폭동이 계속되자 박정희는 금요일 그곳에 계엄령보다 한 단계 낮은 위수령을 선포하고 군 병력을 투입했다.

오늘 공수부대 병력을 가득 실은 군 트럭들이 부산 시내를 돌아다니며 확성기를 통해 유언비어를 살포하거나 밤 10시로 정해진 통행금지 시간을 위반하지 말라고 경고했다. 또 다른 군인들은 걸어 다니면서 순찰을 했고, 탱크들이 주요 건물 앞과 교차로 부근에 배치됐다.

한국의 대학생들과 소규모의 반정부 단체들은 그동안 박정희에 반대하는 시위를 평화적으로 해왔다. 그러나 지난주의 소요는 이승만 정권을 무너뜨린 1960년의 학생봉기 이후 최악의 폭력적인 시위였다.

〈뉴욕 타임스〉 1979년 10월 22일 월요일

부마사태가 시작된 지 열흘 만인 1979년 10월 26일 저녁 7시 42분경 서울 궁정동의 한 밀실에서 박정희 대통령이 김재규 중앙정보부장이 쏜 몇 발의 총탄을 맞고 쓰러졌다. 대통령이 궐위됨에 따라 최규하 국무총리가 대통령 권한

대행이 됐고, 27일 새벽 4시를 기해 제주도를 제외한 전국에 비상계엄이 선포
됐다.

김재규 중앙정보부장은 군사재판정에서 자신이 박정희 대통령을 저격하
기로 결심한 것은 부마사태의 참혹한 현장을 직접 보고 민심이 박정희 정권을
떠난 사실을 알고 나서였다고 진술했다. 이 10·26 사건은 YH사건, 국회의 김
영삼 제명, 부마사태로 이어진 역사의 물굽이를 일단락 지었다.

1979년에 전개된 박정희 대 김영삼의 대결에서 두 사람은 각각 나름대로
불퇴전의 결의로 싸웠다. 10·26 사건이 일어남에 따라 결과적으로 1979년의
대결에서 김영삼이 승리한 셈이 됐다. 유신체제는 박정희가 없으면 유지될 수
없는 체제였다. 박정희가 사망하자 야당으로 정권이 손쉽게 넘어갈 것 같은 분
위기가 조성됐다. 그러나 20년 넘게 권력을 손에 넣기 위해 준비해온 제3의 인
물이 날개를 펴기 시작했다.

박정희 살해의 배경

1979년 10월 26일 김재규 중앙정보부장이 박정희 대통령을 살해한 사건은 우발적인 측면도 있긴 하지만 그 경위는 매우 복잡하다. 한국 현대사에서 큰 의미를 갖는 궁정동의 총성이 울리기까지의 과정은 그리 간단하지 않았다. '자주국방'을 내건 박정희 정권과 미국 정부의 갈등도 10·26 사건의 주요 배경요인 가운데 하나였다.

한국의 근현대사에서 미국이 갖는 의미는 각별하다. 1882년에 조선 왕조가 미국과 수교를 한 가장 큰 목적은 '영토적 야심이 없는' 강대국인 미국의 도움을 받아 '주권'을 유지하는 것이었다. 1910년의 한일합병 이후에도 한국인들은 일본과 전쟁을 벌여 한국을 해방시켜줄 나라로 미국에 기대를 걸었다. 미국은 해방 후 대한민국이 수립되는 과정에서 큰 역할을 했고, 소련과 중국을 등에 업은 북한의 침략으로부터 한국을 수호해주었다. 미국은 각종 원조로 한국의 국가기능이 제대로 돌아갈 수 있도록 그 물적 토대의 형성을 지원해준 나라이기도 했다. 2차 세계대전 이후에 미국의 영향을 받지 않은 나라가 거의 없지만, 한국처럼 미국의 영향을 크게 받은 나라는 없다. 대다수의 한국인에게 미국은 추호도 의심할 여지가 없는 '은인'이었다.

그러나 미국 역시 자국의 이익을 우선한다는 점에서는 예외가 되는 나라가 아니었다. 한국과 미국의 관계는 이해관계를 공유하는 측면이 계속 크기는 했지만, 한국의 국력이 강화되면서 공유할 수 없는 이해관계가 생겨나고 커질 수밖에 없었다. 더구나 강대국 위주로 재편되는 국제정세의 변화 속에서 한국 정부의 의사가 무시되기 일쑤였다. 박정희 정권은 이러한 사정을 고려해 나름대로 '자주' 정책을 추구했는데, 1970년대 후반에는 이로 인한 미국과의 충돌이 겉으로 드러날 정도가 됐다. 그 과정과 양상을 살펴보자.

겉으로 드러나지는 않았지만, 박정희 정권 18년 동안 한미 양국 정부가 갈등을 빚은 경우가 많았다. 미국 정부의 요청에 따라 한국 정부가 베트남에 국군을 파병한 존슨 대통령 시절에 두 나라 사이의 관계가 가장 좋았다. 박정희는 미국을 신뢰하지 않았다. 미국도 자국의 이익을 우선하는 나라이므로 한국과의 안보약속을 충실히 지키기만 하지는 않을 것이라고 그는 생각했다.

1972년 10월 17일 유신이 선포된 뒤로는 한국과 미국이 충돌하는 일이 잦아졌다. 겉으로만 보면 김한조 박사와 사이비 로비스트 박동선이 연루된 코리아게이트와 한국의 인권문제를 둘러싼 논란 등이 한미간 갈등의 대표적인 사례였지만, 속을 들여다보면 미사일과 핵무기 개발 문제가 어쩌면 가장 중요한 한미간 갈등요인이었는지도 모른다.

유신체제는 적어도 명분상으로는 국제정세 변화에 대한 대응과 국가안보를 위한 것이었다. 1969년 7월 닉슨 미국 대통령이 "아시아의 안보는 아시아인의 손으로"라는 선언을 핵심으로 하는 괌 독트린(Guam Doctrine, '닉슨 독트린'이라고도 함)을 발표했을 때만 해도 미국에 대한 박정희의 신뢰도는 반신반의하는 정도였다. 당시 한국은 베트남전에 미국 다음으로 많은 2개 사단 5만여 명의 병력을 파견하고 있었고, 미국 정부가 이를 고맙게 생각하고 있었기 때문이었다.

그런데 괌 독트린이 발표된 지 1년 만인 1970년 7월 5일 월리엄 로저스

(William Rogers) 미국 국무장관이 사이공에서 개최된 베트남 참전국 회의에서 최규하 당시 외무부 장관에게 '주한미군 2만 명 철수' 방침을 통고했다. 8월 24일에는 스피로 애그뉴(Spiro Theodore Agnew) 미국 부통령이 주한미군 철수 문제를 상의하러 특사 자격으로 방한해 박정희 대통령과 2차례 회담했다. 이때 애그뉴는 2만 명 이상은 감군하지 않겠다고 확약했다. 그러나 그는 대만으로 가는 비행기 안에서는 기자들에게 "한국군의 현대화가 완전히 이루어질 때, 아마도 앞으로 5년 이내에 주한미군을 완전히 철수할 것"이라는 폭탄발언을 했다. 이 말을 전해들은 박정희 대통령은 "자주국방만이 우리가 살 길"이라고 말했다고 한다.

한국 정부는 '선 안보보장 후 주한미군 철수'를 미국 정부에 강력히 요구했다. 결국 양국 정부는 여러 차례의 실무회담을 거쳐 1971년 2월 6일 '1개 사단 철수에 따른 공백을 메우기 위해 미국이 한국군의 장비현대화 5개년계획(1971~75년)에 대해 매년 약 3억 달러의 무상 군사원조를 제공'하기로 합의했다.

예정대로 1971년 3월 주한미군 제7사단 병력 2만 명이 철수했을 때 박정희 대통령은 자주국방의 실현을 서둘러야 한다고 생각하지 않을 수 없었다. 박정희가 핵무기를 개발하자는 결심을 굳힌 것은 바로 이때였다.

박정희는 1970년 8월 6일 국방과학연구소(ADD: Agency for Defense Development)를 설립하고 이 연구소를 통해 1971년 겨울부터 무기의 국산화에 착수했다. 1971년 11월 11일 국방과학연구소로 "총포와 탄약 등 재래식 경무기와 주요 군수장비를 4개월 이내에 국산화하라"는 지시가 내려왔다. 국방과학연구소 연구원들은 '역설계 공법(reverse engineering)'으로 무기의 국산화를 진행했다.

박정희 대통령은 또한 경제2수석비서관, 국방부 장관, 상공부 장관, 과학기술처 장관, 국방과학연구소 소장 등으로 구성된 무기개발위원회(WEC)를 비밀리에 운영했다. 그러나 이들의 움직임은 미국 정보망에 잡혔다.

1971년을 기점으로 박정희 정권은 '한국군 장비현대화 5개년계획'을 추진했고, 이 계획이 끝난 해인 1975년부터는 '국군 전력증강 계획'을 추진했다. 이에 앞서 추진된 한국군 현대화 계획은 베트남 파병이 본격화된 1966년에 미국의 약속에 의거해 시작됐다. 이른바 '브라운 각서'에 따라 미국이 베트남 파병의 선행조건으로 한국의 방위력 강화를 위한 지원을 다짐한 데 따른 것이었다. 그러나 미국은 지원에 관한 약속과 그 이행에 매우 소극적인 태도를 보였다. 미국 정부는 한국 정부의 요구에 마지못해 지원을 약속했고, 그 이행도 지지부진했다.

결국 핵무기 개발을 결심한 박정희 대통령은 1971년 11월 청와대에 경제2수석실을 신설했다. 이 부서는 방위산업을 전담하게 하기 위해 만들어진 것으로 알려졌으나 핵무기 개발을 총괄조정하는 역할도 맡았다. 박정희 대통령은 1972년 7월 20일 국방대학원 졸업식에서 연설하면서 핵무기 개발을 추진하고 있음을 암시했다.

> 우리나라는 우리 국민이 지킬 수밖에 없습니다. 우리가 하고자 하는 일을 의연한 자세로 강력히 추진할 때, 그리고 미국이 도와주지 않더라도 우리는 끝내 해낼 수 있다는 능력을 보여줄 때 비로소 미국은 협조한다는 사실을 알아야 합니다. 이것이 바로 자주국방입니다.

이 연설에서 '우리가 하고자 하는 일'은 바로 핵무기 개발을 추진하고 있음을 암시하는 표현이었다. 박정희 정권은 핵무기 개발과 관련된 연구인력을 확보하기 위해 미국 정부의 감시를 피하면서 재미 한국인 과학자 초빙을 추진했다. 1973년 3월 주재양(朱載陽) 박사가 원자력연구소 특수사업담당 부소장에 취임해 핵무기 개발 전담 부서를 맡았다. 주재양 박사는 최형섭 과학기술처 장관(1971년 6월~78년 12월 재임. 취임 즉시 '원자력 개발 15년 계획'을 수립) 이 직접 스카우트했다. 주재양 박사는 서울대 화학공학과 재학 중 미국으로 유학 가 텍사스대학 화학공학과를 졸업하고 MIT에서 석사와 박사 학위를 받은 핵연료 분야의 권위자였다.

주재양 박사가 우선적으로 해결해야 할 과제는 연구인력 확보였다. 주재양 박사는 핵과학자 유치를 위해 1973년 5월 23일부터 7월 12일까지 미국과 캐나다를 방문했다. 그는 미국 육군연구소에서 일하던 김철(金哲) 박사 등 20여 명의 한국계 과학자들을 데려오는 데 성공했다. 그가 유치한 과학자들은 거의 다 화공 및 화학 분야 전공자였다. 핵연료 재처리 과정이 기본적으로 용매 추출법에 의한 플루토늄 분리라는 화학적 공정이기 때문이었다. 이들 과학자는 주택 제공, 고액 봉급 등의 특별대우를 받았다. 김철 박사의 경우는 서울대 화학공업과 출신으로 뉴욕 주립대학에서 박사학위를 받은 뒤 2년간 매사추세츠 주의 나티크 육군연구소에서 근무하던 중에 설득되어 귀국했다. 박정희 정권은 이런 식으로 모두 100명가량의 핵무기 제조와 관련된 분야의 과학자를 유치했다.

(이즈음인 1973년 7월 3일에 포항제철 준공식이 열렸다. 1970년 4월에 착공해 3년 3개월 만에 완공된 셈이었다. 선진국 전문가들이 불가능하다고 한 일을 한국이 해낸 것이었다. 연산 103만 톤 규모의 생산능력을 갖춘 제철공장을 건설한 것은 당시 한국의 형편으로는 기적에 가까운 일이었다.)

북한도 1974년에 핵공학자인 경원하 박사를 유치하는 데 성공했다. 경원하 박사는 미국의 핵무기 산실인 로스앨러모스(Los Alamos) 연구소에서 직접 핵폭탄 제조에 참여한 경험이 있는 사람이었다. 그는 캐나다에서 대학교수로 있다가 많은 기밀자료를 가지고 북한에 들어가 북한의 핵무기 개발에 크게 기여한 것으로 알려졌다.

1973년 겨울에 핵무기 개발 계획서가 박정희 대통령에게 보고됐다. 개발

비용은 15억~20억 달러, 개발완료 예상기간은 6~10년이었다. 개발예정 핵폭탄은 20kt의 위력을 가진 것으로, 플루토늄으로 제조할 계획이었다. 투하방식은 폭격기에서 공중투하하는 방식이 채택됐다(1978년에 미사일 개발을 계기로 미사일에 탑재하는 방식으로 수정됐다).

핵무기 제조공정의 핵심은 순도가 100%에 가까운 플루토늄을 확보하는 것인데, 이것은 원자로를 가동한 뒤 타고 남은 핵연료를 재처리해서 얻는다. 박정희 정권은 핵연료 재처리 시설과 관련해 기술도입은 프랑스를 상대로 교섭했고, 연구용 원자로(NRX)는 캐나다에서 도입하려고 했다. 또한 이와 별도로 벨기에와도 교섭하기로 했다.

1972년 5월 최형섭 과학기술처 장관이 프랑스를 방문해 프랑수아 오르톨리 산업기술부 장관에게서 핵연료 재처리 기술과 관련 시설을 제공하겠다는 확답을 받았다. 프랑스는 미국이 주도하는 핵확산금지조약(NPT: Non-Proliferation Treaty)을 지키기보다는 재처리 기술과 관련 시설을 판매해 얻는 경제적 이익에 관심을 두고 있었다. 프랑스는 한국과의 사업을 최우선 국책사업으로 선정하기까지 했다.

1972년 10월부터 한국 원자력연구소와 프랑스 원자력청(CEA: Commissariat a l'energie atomique) 사이에 실무접촉이 활발해졌다. 그 결과로 핵연료 재처리 시설에서는 CEA 산하의 SGN사, 핵연료 가공시설에서는 CERCA사가 한국의 협력선으로 선정됐다. SGN사는 재처리 기술이 세계에서 가장 발달된 프랑스에서도 이 분야의 대표적인 회사였다. 국영회사인 이 기업은 파키스탄 등 핵무기 개발을 도모하는 나라들에 재처리 시설을 수출한 바 있었다. 1973년 10월에 서울과 파리 간 직항로가 개설됐다.

1973년 4월 존 그레이 캐나다 원자력공사(AECL) 사장이 방한해 월성 1호 원자력발전소를 캐나다형 중수로(CANDU: Canadian Deuterium Uranium)로 건설할 경우 3만KW 용량의 연구용 원자로(NRX)를 제공하겠다고 제의했다.

미국이 발전시킨 경수로(輕水爐)와 달리 캐나다의 중수로(重水爐)는 농축이나 재변환 절차 없이 천연 우라늄을 연료로 쓸 수 있는 원자로였다. 고도의 제조 기술이 필요한 중수(重水)는 캐나다에서 수입하면 되는 것이었고, 게다가 캐나다는 천연 우라늄 자원이 풍부하다는 장점이 있었다. 한국 최초의 중수로 원자력발전소인 월성 1호기의 건설계획이 1973년 11월 24일 확정됐다.

원자력발전소의 원자로는 핵연료를 오래 태우기 때문에 타고 남은 핵연료에 플루토늄이 너무 적게 들어있게 된다. 그러나 연구용 원자로는 태우는 속도를 조절함으로써 타고 남은 핵연료를 순도 높게 얻을 수 있다.

이 무렵에 인도가 캐나다에서 수입한 NRX 원자로에서 추출한 플루토늄을 이용해 핵무기를 한창 개발하고 있었다. 인도는 1974년 5월 18일 핵실험에 성공해 핵무기 보유국이 됐다. 라자스탄 사막의 참호 속에서 이루어진 인도의 핵실험은 일본 나가사키에 투하된 원자폭탄보다 약간 작은 15kt 규모의 원자폭탄을 터뜨리는 것이었다. 인도의 핵무기 개발은 영국 케임브리지대학 출신의 핵물리학자 호미 바바 박사가 주도했다.

이때까지 핵무기를 개발한 나라는 인도 외에 미국, 소련, 영국, 프랑스, 중국, 이스라엘 정도였다. 1945년에 미국이 처음으로 원자폭탄 개발에 성공한 뒤로 1949년에 소련이 원자폭탄을 개발했고, 1952년에 영국이 원자폭탄, 미국이 수소폭탄을 각각 개발했고, 1953년에 소련이 수소폭탄을 개발했고, 1960년에 프랑스가 원자폭탄을 개발했고, 1964년에 중국이 원자폭탄을 개발했고, 1965년에 이스라엘이 원자폭탄을 개발했다.

인도가 핵무기 개발을 위해 치른 대가는 컸다. 핵무기 개발에 국력을 많이 기울인 데다 세계적인 경제제재 조치의 대상이 되어 경제난에 빠졌다. 결국 인도의 여당인 국민회의가 1977년 선거에서 대패함으로써 정권이 야당연합으로 넘어갔다. 어느 나라든 핵무기를 개발하려면 결연한 의지와 대가를 치를 각오가 필요했다. 파키스탄의 알리 부토 수상이 "풀뿌리를 먹고 사는 한이 있어도 핵무기를 개발하겠다"고 말한 것도 바로 이 때문이었다.

인도의 핵실험에 충격을 받은 미국은 정보채널을 총동원해 핵무기 개발과 관련된 세계 각국의 움직임을 예의주시했다. 미국 정보당국은 핵무기 관련 자재에 대한 세계 각국의 수출입 동향을 면밀히 분석하기 시작했다. 미국 정부는 핵무기 개발과 관련이 있는 물자가 남한으로 많이 들어간 것을 곧 알아냈다. 1974년 11월 주한 미국 대사관은 "남한이 핵무기 개발 계획의 제1단계를 추진하는 중"이라고 본국 정부에 타전했다. 헨리 키신저 미국 국무장관은 주한 미국 대사관에 보낸 전문에서 다음과 같이 지적했다.

한국의 전략적 위치를 볼 때 남한 정부의 핵무기 개발 노력은 이웃나라, 특히 북한과 일본에 영향을 미칠 것이므로 심각하게 우려하지 않을 수 없다. 남한의 핵무기 보유는 일본뿐만 아니라 소련과 중국, 그리고 우리가 직접 관여하고 있는 그 지역 전체의 안정을 저해하는 중대한 요인이 될 것이다. 그것은 곧 전쟁이 일어날 경우 소련과 중국이 북한에 핵무기를 지원해주기로 하는 약속으로 이어질 수 있다. … 한국의 핵무기 개발 추진은 한국 정부가 미국의 안보공약을 전보다 덜 믿게 된 것과 미국에 대한 군사적 의존도를 줄이려는 박정희의 염원을 반영한다는 점에서 복잡성을 띠고 있다.

미국 정부는 한국 정부의 핵무기 개발을 저지하고 핵무기 실험 능력과 핵무기 운반체제 개발 능력을 최대한 억제하기로 했다.

그렇지 않아도 미국 정부는 1974년 원자력 발전소 수출국들과 함께 '런던클럽'을 결성하고 핵기술 후진국에 대한 핵물질과 관련 장비의 수출은 물론이고 재처리, 농축, 중수제조와 관계가 있는 민감한 기술의 국가간 이전을 엄격히 제한하기로 하는 등 핵확산 금지를 위한 조치를 강화해나갔다. 특히 미국은 당시에 핵무기 개발을 본격 추진하던 브라질, 아르헨티나, 파키스탄 등과 이들 나라에 핵기술을 제공하려던 프랑스, 서독 등에 압력을 넣어 핵기술 이전을 포기하도록 강요했다.

1974년 12월 18일 〈로스앤젤레스 타임스〉에 주한미군 철수를 주장하는 예비역 미국 해군 소장 진 라 로크(Gene La Rocque)의 기고문이 실렸다.

미국은 한국을 떠나야 한다—금전적, 안보적 이유로

포드 대통령은 일본과 블라디보스토크를 방문하는 중간에 한국을 잠시 방문해 군사독재에 대한 미국의 지원을 영속화하는 약속을 했다. 구체적으로 포드 대통령은 3만 8천 명의 미군 병력을 한국에 무기한 주둔시키고 군사원조를 더 많이 주겠다고 공약했다.

미국 경제가 악화 일로를 걷는 상황에서 포드 대통령이 인플레이션을 유발하지 않고도 미국경제를 나아지게 하려면 한국에 관한 신호를 거꾸로 바꾸는 것이 현명할 것이다. 한국은 미국의 국가안보에 긍정적인 효과를 거두면서 군사예산을 삭감할 수 있는 곳이기 때문이다. 주한미군 철수라는 간단한 방법으로 예산절약과 국가안보 둘 다를 얻을 수 있다.

주한미군을 신속히 철군하면 국방부 예산을 10억 달러 이상 절약할 수 있다. 한국전쟁이 종료된 뒤로 우리는 주한미군을 유지하는 데 110억 달러를 쏟아 부었다. 우리가 그 대가로 얻은 것은 외교적으로 우리를 곤란하게 만들고 전략적으로 우리에게 손해를 입히는 박정희 장군의 전제정권이다.

군사적인 관점에서 보면 우리는 충분히 할 만큼 했다. 한국인들은 더 이상 우리를 필요로 하지 않는다. 그들은 현대적인 전투기, 전차, 지대공 미사일로 무장한 62만 5천 명의 강력한 군사력을 갖추고 있다. 북한보다 인구가 2배이고 국민총생산이 3배인 한국은 세계에서 다섯 번째로 규모가 큰 군대를 보유하고 있다. 제임스 슐레진저 국방장관도 "한국은 미국 지상군의 지원 없이도 북한의 공격을 격퇴할 수 있는 인력, 화력, 방어요새를 갖추고 있다"고 최근에 시인했다.

한국에 미군이 주둔하는 것은 어느 모로 보나 미국의 국방에 기여하지 않는다. 사실은 오히려 우리의 국가안보를 약화시킨다. 한국에 우리 군대가 주둔하는 것은 박정희 대통령의 도발에 의해서건 북한의 도발에 의해서건 아시아 대륙에 또 다시 비용이 많이 드는 지상전이 벌어질 경우에 우리를 자동적으로 개입시키는 요인이 될 수 있다. 간단히 말해, 3만 8천 명의 주한미군은 인질이 되어 우리로 하여금 더 많은 미군을 지원하도록 할 수 있다.

한국에 배치된 가장 큰 부대는 북한과의 경계에 20년 이상 주둔하고 있는 2사단이다. 전쟁이 일어나면 어느 쪽에서 먼저 공격했느냐와 무관하게, 그리고 세계의 어느 다른 지역에 어떤 군사적인 문제가 있느냐를 불문하고 그 전쟁에 가장 먼저 관여하게 될 부대가 바로 이 2사단이다. (우리의 석유재고가 줄어들고 있으므로 이러한 종류의 위험은 유달리 통렬할 것이다.)

한국에 배치된 미국의 무기-그중에는 핵탄두를 탑재할 수 있는 무기가 많다-의 대부분도 심각한 문제가 될 수 있다. 이 무기는 전시에 적군에 의해, 또는 전시가 아니라도 한국 내부의 다양한 집단(아마도 테러리스트 집단일 가능성이 높지만)에 의해 탈취되기 쉽다. 한국에 배치된 미국의 무기를 철수한다면 그러한 위험을 없앨 수 있을 뿐 아니라 한국의 영토에 그것을 놔두면서 보호하는 데 드는 비용도 줄일 수 있을 것이다.

한국에서 정치적 혼란이 일어날 가능성을 고려하면, 미국의 핵무기는 한국을 북한과의 전쟁으로 몰고 가는 정치적 무기로 이용될 수 있다. 그러므로 그러한 무기-현재 전방에 배치돼 있다-를 철수하는 것은 미국의 안보를 약화시키는 것이 아니라 강화하는 것이다. (사실 우리는 세계의 곳곳에 핵무기를 배치해 놓는 우리의 정책 전반을 재검토해야 한다.)

한국에 미군을 주둔시켜야 할 군사적 근거는 더 이상 없다. 이는 나만 갖고 있는 견해가 아니다. 다시 한번 슐레진저 국방장관이 한 말을 인용해보겠다. 그는 올해 의회의 한 위원회에 출석해 "주한미군 유지를 정당화하는 근거는 이제 더 이상 군사적인 것이 아니다. 정치적인 목적이 가장 중요하게 됐다."

미국이 박정희 대통령의 억압적인 정치체제와 한 편이라고 여겨지는 것이 초래하는 부정적인 결과를 인식하지 못한다면 우리는 그리스에서 겪은 일을 한국에서 다시 겪게 될 수 있다. 그리스에서 우리는 군사기지를 유지하기 위해 군사독재를 지지해주다가 그리스 국민의 우호를 잃었다. 게다가 장기적인 관점에서 보면 십중팔구 그 지역에서 우리의 안보이익이 약화됐을 것이다.

한국에 대한 군사적 개입을 단계적으로 줄이는 동시에 박정희의 독재에 대한 지지를 줄여나가면 한국의 정치상황이 좀 더 민주적이고 안정적인 방향으로 나아갈 수 있을 것이고, 이는 한미 양국 모두에 이익이 될 것이다.

구체적으로 미국이 얻을 수 있는 이익은 예산이 10억 달러 절감되는 것에 더해 한국에서 전쟁이 발발할 경우 우리가 다시 전쟁을 치를지의 여부에 대한 선택권을 우리가 되찾게 되는 것이다. 우리가 주한미군을 철수하면 남북한 사이의 적대적인 관계가 완화될 수 있는 것도 사실이다. 남한과 북한의 군사력이 상대적으로 균등해지면 그들이 공생하는 지혜를 배울 수 있기 때문이다.

그러므로 포드 대통령이 정말로 예산을 줄이고 싶으면 가장 먼저 시작해야 할 곳은 한국이다. 물론 미국이 강력한 국방력을 유지하는 것이 무엇보다 미국의 이익에 부합된다. 그러나 그렇다고 해서 행정부가 제출한 국방예산이 모두 받아들여져야 하는 것은 아니다. 한국에 미군을 주둔시키고 무기를 배치하는 것은 우리의 국방에 기여하는 것이 아니라 비생산적이고 낭비적인 것이다.

이 글의 필자인 진 라 로크는 당시 워싱턴에 있는 국방정보센터 소장이었다. 그는 해군 전략부의 부소장을 역임했고, 합동참모본부의 전략기획관으로도 일했다. 미묘한 뉘앙스를 지닌 위 글은 박정희 정권에 대한 미국의 영향력에 한계가 있다는 인식과 한국의 핵무기 개발을 경계해야 한다는 생각이 미국에 존재하고 있었음을 보여준다.

1974년 11월 9일부터 12월 10일까지 원자력연구소의 주재양 제1부소장, 윤석호(尹錫昊) 화공개발실장, 박원구(朴元玖) 핵연료연구실장 등 3인이 프랑스를 방문했다. 프랑스 정부는 이들에게 재처리 공장, 핵연료 가공공장, 원자력 연구소 등 관련 시설을 모두 보여주었다. 이들은 SGN사 및 CERCA사와 가계약을 체결했다. 본계약은 1975년에 체결됐다. 1975년 1월 15일에는 CERCA사와 '핵연료 성형가공 연구시설 공급 계약', 4월 12일에는 SGN사와 '재처리 연구시설 공급 및 기술용역 시설 도입 계약'이 체결됐다. SGN사의 포앙세 사장은 한국을 방문해 윤용구(尹容九) 원자력연구소장과 원자력 병원 회의실에서 은밀하게 계약에 서명했다.

정부는 사용 후 핵연료 재처리에 의해 분리되는 우라늄과 플루토늄을 원자력발전소의 핵연료로 순환시키는 데 필요한 혼합 핵연료 가공시험 시설(제2 핵연료 가공시설)을 도입하는 문제에 대해서는 벨기에 정부와 교섭하기로 했다. 1974년 1월 과학기술처 원자력국장 이병휘(李炳暉)가 벨기에를 방문해 플루토늄 가공기술과 관련 연구시설을 도입하는 문제와 이를 위한 차관공여에 대한 벨기에 정부의 의향을 타진했다. 9월에 최형섭 과기처 장관이 벨기에를 방문해 기술용역 및 기술훈련에 관한 협의를 했다. 11월에는 혼합 핵연료 가공 시험시설의 개념설계를 BN(Belgonucleaire)사에 맡기는 계약이 체결됐다.

주재양 박사가 대표로 나선 캐나다 측과의 협상도 원활하게 진행되어 1975년 중반에는 성사 단계에 이르렀다. 연구용 원자로와 핵연료 재처리 시설만 확보하면 핵폭탄의 원료인 플루토늄을 생산하는 것은 시간 문제였다.

그러나 미국 정부가 박정희 정권에 핵무기 개발을 포기하도록 압박을 가했다. 미국은 처음에는 한국 정부에 직접 압력을 행사하지 않고 우회적인 방법을 썼다. 리처드 스나이더(Richard Sneider) 주한 미국 대사가 피에르 랑디(Pierre Landy) 주한 프랑스 대사를 만나 "미국은 남한 정부가 플루토늄을 군사적 목적에 사용하리라는 것을 믿어 의심치 않는다"고 경고했다. 그러나 랑디 대사는 남한이 먼저 포기하지 않는 한 프랑스가 먼저 핵기술 판매를 포기할 의사가 없음을 밝혔다. 미국은 캐나다와 벨기에에도 한국과 맺은 계약을 취소하라고 압력을 가했다.

1974년 12월 미국 의회는 주한미군을 철수하는 대가로 제공하기로 한 추가 군사원조에 제동을 걸었다. 행정부는 한국에 2억 3800만 달러의 군사원조를 제공하기 위한 예산안을 의회에 제출했으나 의회는 1975년 초에 이를 1억 4500만 달러로 삭감하면서 한국 인권수준의 개선을 포드 대통령이 의회에 보증하면 1억 6500만 달러의 추가지원을 승인하겠다고 밝혔다. 그러나 포드 대통령은 그러한 보증을 하지 않았고, 군사원조는 삭감된 채로 집행됐다. 주한미군 7사단을 철수하는 대가로 받게 된 이 무상원조 자금으로 한국 정부는 군 장비 현대화 계획을 1971년부터 실행하기 시작했다. 그러나 결국 이 계획의 달성은 2년이나 지체됐고, 애초의 계획과 달리 소요비용 총액의 3분의 1 이상을 한국 정부가 부담했다.

1975년 3월 4일 헨리 키신저 미국 국무장관이 베트남 문제로 바쁜 와중에도 한국, 캐나다, 프랑스, 일본, 오스트리아에 주재하는 미국 대사들 앞으로 훈령을 보내 한국 정부가 비밀리에 추진하는 핵무기 개발 계획을 반드시 막아야 한다고 지시했다. 이 훈령은 구체적으로 다음과 같은 방책을 제시했다.

1. 미국은 국제적 핵시설 공급국가들과의 공조 속에서 한국이 민감한 기술과 장비에 접근하는 것을 막아야 한다. 한국에 대한 원자로 판매에 IAEA(국제원자력기구)의 안전규칙을 완전하게 적용해야 하는 것은 물론이고 한국이 자체적인 핵무기 개발에 이용할 가능성이 있다고 판단되는 민감한 기술과 장비가 한국에 판매되는 것을 제한해야 한다. 우리는 한국이 캐나다에서 캔두(CANDU)형 원자로를 획득하는 것이 재처리 기술의 확산으로 이어지지 않을까 하는 점에 특

히 관심을 갖고 있다.

2. 핵확산금지조약(NPT)에 가입하도록 한국에 압력을 가해야 한다. 캐나다는 이미 그렇게 하고 있다.

3. 한국의 핵시설에 대한 우리의 첩보 및 감시 능력을 높이고, 관련 분야에서 한국의 기술적 상태가 어떠한지에 관한 정보를 더 많이 수집해야 한다. 우리는 핵에너지 관련 기관들에 대한 정기적 방문조사를 더 자주 할 계획이며, 훈련된 기술자들에 의한 사찰의 횟수를 늘릴 생각이다.

주한 미국 대사관은 1975년 3월 12일 미국 국무성에 보낸 전문에서 한국이 핵무기를 개발하는 데는 10년 이내의 기간만 소요될 것이라고 전망했다. 다음은 이 전문의 내용이다.

우리는 한국이 핵무기를 개발하는 데 필요한 시간은 10년에 훨씬 못 미친다고 판단한다. 우리가 확보한 여러 정보에 따르면, 한국의 지도부는 핵무기 개발에 높은 우선순위를 매겨 놓고 있으며 1980년대 초에 그 결과가 나타나기를 기대하고 있다. 한국인들의 저돌적인 추진력과 그들이 이미 확보하고 있는 높은 기술수준, 그리고 외국의 전문인력을 불러들일 수도 있다는 사실과 상부의 강한 독려 등을 감안할 때 그것은 결코 불가능한 일이 아니다.

또한 제3국으로부터 핵무기 관련 장비와 기술을 도입할 수 있는 한국의 구매력도 과소평가해서는 안 된다. 핵무기 개발에 따르는 정치적, 경제적 부담이 한국의 움직임을 저지할 것이라는 견해에 대해 우리는 의구심을 품고 있다. 한국이 제3국으로부터 (관련 물질과 기계의) 구입을 선택할 경우에는 한국에 대한 우리의 통제력이 크게 약화될 것이다. 이 분야에 관한 한 한국은 아주 위험한 목적을 가진, 끈질기고 거친 대상이다. 우리가 조기에 단호하게 행동하는 것만이 우리의 입장에서 최상의 목적달성 기회를 갖는 방법이라고 믿는다.

한국 정부는 핵무기 개발을 추진하면서 비슷한 시기에 미사일 개발도 추진했다. 일반적으로 미사일, 즉 유도탄은 탐색기, 유도 및 조종 장치, 탄두와 신관, 추진기관, 기체와 고정날개 및 조종날개 등으로 구성된다. 이 같은 유도탄의 설계에는 공기역학, 제어공학, 항공구조학, 화학, 물리학, 전자공학 등과 관련된 고도의 기술이 종합적으로 필요하다. 그러므로 미사일은 각 분야의 고급 기술이 농축된 무기체계의 정수라고 할 수 있다.

박정희 대통령은 1971년 12월 27일 ADD 로켓연구실장 구상회 박사를 청와대로 불러 국방부의 명령을 받는 즉시 지대지 미사일 개발 계획을 작성해 보고하라고 지시했다. 당시 한국은 겨우 M16 소총 정도만 생산할 수 있었고, 3.5인치 로켓탄도 못 만들어 쩔쩔매는 수준이었다. 1964년과 1966년에 미국에서 구입한 호크(Hawk) 및 나이키 허큘리스(Nike Hercules) 지대공 미사일이 있었지만, 미국의 승인 없이는 그 부품 하나에도 손댈 수 없었으므로 역설계를 통해 그것을 제조한다는 생각은 할 수 없었다.

미사일 개발 작업은 '항공공업 육성계획' 이라는 위장명칭으로 불렀다. 12명으로 구성된 개발계획단이 1972년 5월 16일부터 7월 4일까지 미국의 미사일 연구소를 견학했다. 1972년 9월 30일 '항공공업 육성 추진계획' 이 완성됐다. 1974년 말까지 중거리 무유도 로켓, 1976년 말까지 중거리 지대지 미사일, 1979년 말까지 장거리 지대지 미사일을 개발한다는 내용이었다. 1973년 2월 23일에 연구장비 심의위원회가 설치되고 필요장비 구입계획이 수립됐다.

1974년 5월 미사일 개발이 율곡사업의 하나로 확정됐다. 그 핵심 내용은 사정거리 500km의 지대지 미사일을 1978년까지 개발하는 것이었다. 처음에는 이것을 1976년까지 개발하려고 했으나 그것은 현실적으로 불가능하다는 판단에 따라 개발기한을 2년 늦춘 것이었다. ADD는 항공사업 담당 부소장 아래 추진기관, 기체, 유도조정, 시험평가 등 6개 부문별 부서로 구성된 별도 기구를 설치하고 본격적으로 미사일 개발에 나섰다. 이때부터 기술도입과 해외 과학자 유치를 위한 활동이 시작됐다. 재미 과학자들이 미국에서 채용되어 곧바로 연구팀에 합류했고, 국내에서 채용된 연구원들은 기술습득을 위해 해외로 파견됐다. 1974년 9월에는 '대전기계창'이라는 위장명칭으로 미사일 연구소가 지어지기 시작했고, 1975년 1월에는 '안흥측후소'라는 문패를 단 비행시험장이 건설되기 시작했다.

미사일 개발 과정은 험난했다. 우선 한국의 안보에 절대적인 영향력을 행사하는 미국으로부터 미사일 개발에 대한 승인을 받아야 했다. 그러나 스틸웰 주한미군 사령관과 아브라모비츠 미국 국방성 차관보가 ADD를 방문해 미사일 개발을 중단할 것을 요구했다. 사거리 100km 이상의 미사일 개발은 핵무기 확산 방지 차원에서 중지시켜야 한다는 것이 미국 정부의 입장이었다.

이에 한국의 국방부와 ADD는 미사일 개발이 절대 필요하다며 미국을 설득했다. 미국 정부는 결국 "현재 한국군이 보유한 나이키 허큘리스 미사일의 사거리 180km와 탄두의 중량 1000파운드(450kg)를 초과하지 않는 범위 안에서 양해한다"는 조건으로 한국의 미사일 개발을 승인했다. ADD는 계획상 시간이 촉박하므로 사정거리는 나중에 얼마든지 늘릴 수 있다고 보고 '180km 제한 합의서'에 서명했는데, 이것이 나중에 외교문서가 됐다.

미국의 견제 외에 한국의 전자산업이 진공관과 트랜지스터를 제조하는 수준에서 반도체를 제조하는 수준으로 겨우 넘어가고 있었던 점, 정부가 유치한 해외 과학자 가운데 미사일 개발에 참여한 경력이 있는 사람이 하나도 없었던 점도 큰 애로사항이었다. 우선 미사일 선진국의 제조기술과 생산장비를 들여와야 했다. 연구진은 미국, 영국, 프랑스를 돌아다니며 미사일의 추진제와 본체를 제조하는 기술을 얻어냈다. 이들은 미사일 제조기술을 얻기 위해 우선 나이키 허큘리스 미사일의 주 설계회사인 맥도널더글러스(MD)와 교섭을 벌였다. 불황으로 허덕이던 MD는 나이키 허큘리스 미사일의 사정거리를 180km에서 240km로 늘리는 사업을 공동으로 추진하자고 제의했다. 이는 큰 행운이었다. 양측은 이 공동사업을 기초조사, 설계, 개발과 생산 등 3단계로 나누고 일단 1단계에 대해서만 계약했다. 이경서(李景瑞), 홍재학(洪在鶴), 최호현(崔浩顯), 구상회(具尙會) 등 10명의 연구진은 1975년 초에 로스앤젤레스의 MD에 가서 기초설계 방법 등을 익혔다.

1975년 4월 30일 북부 베트남이 남부 베트남을 침공해 흡수하자 북한과 대치하고 있는 한국은 큰 충격을 받았다. 스나이더 주한 미국 대사는 한국 정부가 미국의 대한 방위공약에 대한 신뢰를 잃어가고 있는 상황이므로 미국 정부가 이에 대응해 정책전환을 해야 한다고 본국에 의견을 냈다. 그는 1975년 6월 자신의 견해를 상세하게 보고서로 작성해 미국 정부에 보냈다. 다음은 그 내용 중 일부다.

우리의 현 대한 정책은 잘못된 것으로, 남한은 미국의 후견을 받는 국가라는 구시대적 발상을 토대로 삼고 있다. 이런 식의 접근으로는 장차 중견국가로 성장할 남한에 대한 장기적 접근이 불가능하다. 남한 정부는 미국에 무엇을 기대할 수 있는지에 대한 확신을 갖지 못하게 되고, 미국 정부는 한반도 문제에 대해 임기응변으로 대응할 수밖에 없게 될 것이다. 예를 들어 미국 정부는 주한미군의 장기주둔 여부에 대해 아직까지도 남한 정부에 분명한 답을 준 적이 없다. 또한 자체적으로 첨단무기를 개발하려는 박정희 대통령의 노력을 저지하면서도 정작 미국 정부가 남한에 제공할 수 있는 군사기술은 무엇인지를 분명하게 알려주지 않았다. 이와 같이 불확실한 상황 때문에 박 대통령은 언젠가 다가올 미군철수에 대비하고 있고, 그 대책으로 남한 안에서 탄압조치를 강화하는 한편 핵무기 개발을 추진하고 있는 것이다. 같은 이유로 북한은 미군이 철수할 날을 고대하고 있는 반면 일본은 미국의 신뢰성을 의심하며 남한의 장래에 대해 불안감을 품고 있다.

미국에 파견된 한국의 연구진이 맥도널더글러스에서 미사일 기초설계 방법 등을 익힌 지 6개월이 지났을 무렵 미국 국무성이 '기술인도 불가' 판정을 내렸다. 그러나 ADD 연구원들은 이미 6개월 동안 미사일 설계에 필요한 자료와 기술을 얻었다. 한국은 2단계와 3단계에 대한 계약을 할 수 없게 되자 독자 개발에 들어갔다.

다음으로 해결해야 할 문제는 추진제 제조를 위한 시설과 기술을 확보하는 것이었다. 추진제는 미사일의 동력을 만들어내는 것으로 자동차의 엔진과 같은 것이다. 추진제는 다량의 가스체를 고속으로 일정 시간에 걸쳐 분출시키는 일종의 폭약으로 그 제조에 고도의 기술이 필요하다. 추진제는 고가이긴 하나 즉시발사가 가능한 고체식 추진제를 사용하기로 결정됐다. 이에 따라 한국은 나이키 허큘리스의 추진제를 생산하는 회사인 다이아콜과 교섭을 벌였으나 미국 국무성이 허가하지 않았다. 이에 목영일 박사가 추진제 제조를 위한 시설과 기술을 이전받을 목적으로 프랑스 SNPE사와 교섭했다. SNPE는 당시 세계 3위의 화약회사로, 대륙간 탄도탄 추진제를 생산하기도 하는 기업이었다.

이 무렵 미국 기업 록히드의 계열사이자 추진기관 제조회사인 LPC가 파산해 추진제 공장을 매각하려고 했다. 어떤 화학물질을 어떻게 배합해야 하는가가 추진제 제조기술 노하우의 핵심이다. 화학물질 배합에는 믹서라는 장치가 반드시 필요한데, 한국형 미사일을 만들려면 용량이 300갤런인 믹서가 필요했다. 그런데 이때 300갤런의 믹서를 생산하는 나라는 유일하게 미국뿐이었다. LPC는 용량이 300갤런인 믹서를 2개 보유하고 있었고, 그 외에 용량이 그보다 작은 믹서도 보유하고 있었다. 한국은 기술은 얻어올 수 없었으나 추진제 공장을 260만 달러에 사서 통째로 옮겨와 대전기계창에 설치하는 공사를 1976년 12월 2일 마쳤다. 프랑스의 SNPE에서는 추진제 제조를 위한 기술과 원료를 도입했다. 그리고 영국의 한 회사로부터 유도조정장치 제작기술을 습득했다. 미국은 합동군사고문단(JUSMAC-K) 요원 6명을 대전기계창에 보내 미사일 개발 상황을 감시했다.

한국 정부로 하여금 핵무기 개발을 포기하게 하기 위한 미국의 압박이 거세졌다. 미국 정부는 박정희 정권에 핵확산금지조약(NPT)에 가입하라는 압력을 가했다. 결국 1975년 3월에 국회가 NPT를 비준했다. 또한 미국 정부는 주한 미군을 철수하겠다는 위협을 가하는 동시에 상업차관과 재정차관의 제공을 중단했다. 당시 남해화학이 여천에 건설 중이던 비료공장은 미국의 차관공여 중단으로 인해 공사에 차질을 빚었다. 1975년 8월 23일 리처드 스나이더 미국 대사가 최형섭 장관을 방문해 핵무기 개발을 포기할 것을 요구했다.

결국 박정희 대통령은 미국 정부에 핵무기 개발 포기각서를 써주고 말았다. 1975년 8월 25일부터 28일까지 열린 한미 연례안보협의회에 참석한다는 명목으로 이례적으로 한국을 방문한 제임스 슐레진저 미국 국방장관이 박정희 대통령으로부터 핵무기 개발 포기각서를 받아냈다. 미국 정부는 그 대가로 '북한의 전쟁도발 시 선제 핵사용'과 '수도권 방위 9일 속결전' 등의 강력한 대한 방위공약을 내놓았다. (슐레진저는 미국 원자력위원회 위원장과 CIA 국장을 역임한 핵문제 전문가였다. 그는 하버드대학 동창인 키신저 국무장관과의 불화로 1975년 11월 포드 행정부에서 물러났다. 그러나 1976년 카터 행정부가 출범한 뒤 다시 에너지 장관으로 기용됐다.)

그런데 박정희 대통령이 핵무기 개발 포기각서를 쓴 뒤에도 박정희 정권이 재처리 시설 도입을 포기하지 않자 1976년 1월 미국 정부가 최후통첩을 전하기 위해 국무성 관리들을 한국에 보냈다. 마이런 크런처 차관보 서리를 단장으로 한 미국의 교섭단 일행은 1976년 1월 22~23일 주한 미국 대사관에서 최형섭 장관을 대표로 한 한국측 관계자들과 만나 협상을 벌였다. 실제로는 협상이라기보다는 한국의 관계자들을 심문하는 자리였다. 미국 교섭단은 재처리 시설 도입을 포기하지 않으면 고리 1호 원자력발전소에 대한 핵연료 공급을 중단하고 핵우산도 철거하겠다고 협박했다. 이들 일행은 회담에 앞서 박정희 대통령을 만나 '재처리 시설의 도입을 강행할 경우 군사원조를 중단한다' 는 방침을 통고했다. 미국은 또한 1976년부터 한국의 핵무기 개발 여부를 감시하기 위해 주한 미국 대사관에 과학관을 파견했다.

결국 한국 정부는 프랑스로부터 재처리 시설을 도입하는 것을 포기하겠다고 대답했다. 한국과의 사업을 최우선 국책사업으로 선정했던 프랑스 정부도 미국의 압력에 버틸 수 없었다. 1976년 1월 23일 한국과 프랑스 사이에 체결됐던 계약이 공식 파기됐다. 캐나다에서 수입하기로 했던 연구용 원자로 도입 계획도 좌절됐다. 다만 월성 1호기는 1976년에 착공되어 1983년에 완공됐다. 벨기에와 함께 추진 중이던 혼합 핵연료 사업도 1977년 11월 11일 공식으로 중단됐다.

이에 비해 비슷한 시점인 1975년 12월 6일에 일본은 순 일본산 플루토늄을 생산하는 데 성공했다. 일본 정부의 일관된 정책과 외교력, 그리고 미국의 대일본 유화정책이 어우러진 결과였다. 이는 미국이 구사하는 동북아시아 전략의 핵심에는 언제나 일본이 놓여있고 한국은 그 뒷마당에 불과함을 다시 한 번 보여준 것이었다.

한국이 핵무기를 보유하는 순간 한국에 대한 미국의 통제력이 결정적으로 약화되고 일본도 미국의 핵우산 아래 머물지 않고 핵무장을 하게 될 것이다. 미국이 한국의 핵무기 보유를 저지해야 하는 이유는 바로 여기에 있다. 또한 한국이 핵무기를 개발하는 것은 미국 군수업계의 이익도 해치는 것이었다. 미국 군수업체들은 한국이 지속적인 경제성장을 이루면서 구매력이 커지자 전투기 등 고가의 무기를 한국에 판매하고자 했다. 한국이 만약 핵무기를 개발한다면 고가의 재래식 무기를 구입해야 할 필요성이 크게 줄어든다. 이런 점도 미국 정부가 한국의 핵무기 보유를 막아야 하는 이유 가운데 하나였다. 미국 군수업계의 영향력에서 벗어날 수 있는 미국의 정치인은 거의 없다.

그러나 박정희 대통령은 결코 핵무기 개발을 포기하지 않았다. 미국의 엄중한 감시망을 피하기 위해 1976년 1월 말 '핵연료 재처리 사업' 이 '화학처리 대체 사업' 으로 이름이 바뀌었다. 연구용 원자로는 자체개발하기로 결정됐다. 코리아게이트로 한미관계가 악화일로로 치닫던 1976년 가을에 박정희 정권은 비밀리에 핵무기 개발 작업에 의욕적으로 착수했다. 1976년 10월에 한국원자력기술공사, 12월에는 한국핵연료개발공단이 잇달아 창설됐다. 핵연료개발공단의 초대 소장에는 주재양 박사가 임명됐다. 정부는 이들 기관을 통한 원자력 개발의 표면상 최대 이유로 원자력 발전, 핵연료 국산화, 방사선 동위원소 이용기술 개발 등을 내세웠다.

1975년에 착수된 국군 전력증강 계획이 바로 이 해부터 시작된 원자력 개발 정책과 병행된 것은 단순한 우연이 아니었다. 당시에 밝혀진 원자력 개발 정책의 주요 목표는 원자력 발전기술 개발, 핵연료 국산화, 방사선 동위원소 이용기술 개발, 안전성 확보, 원자력 인력 개발 등 다섯 가지였다. 그러나 최대의 목표는 핵무기 개발이었는데, 이것은 당시에는 겉으로 드러나지 않았다.

정부는 1977년 무렵부터 대전 대덕지역에 대규모 연구단지를 조성하고 그곳에 원자력 기술 개발을 위한 연구시설을 건설하기 시작했다. 광활한 부지에 조성된 이 연구단지가 바로 박정희 대통령이 야심을 갖고 착수한 핵무기 개발의 중심지였다. 이 연구단지에서 실험용 원자로를 이용한 플루토늄의 생산과 핵탄두 운반체(미사일)의 개발이 추진됐다.

핵연료 재처리 사업과 관련해 정부는 우라늄 정련 시설, 전환 시설, 핵연료 가공시설, 조사(照射) 후 시험 시설, 방사성 폐기물 처리 시설 등을 프랑스로부터 들여와 국내에 재처리 시설을 갖추려고 했다. 미국에는 국내에 매장된 우라늄을 캐내어 핵연료로 가공하는 것이라고 둘러댔지만 미국 정부는 이를 믿지 않았다. 정부는 각종 시설을 제공해주는 프랑스에도 핵무기 개발 사실을 숨겨야 했다.

연구용 원자로(NRX) 개발 사업과 관련해서는 김동훈(金東勳) 박사가 이끄는 원자력연구소의 장치개발부가 맡았다. 30명 정도의 연구원이 참가했다. 설계 및 기술과 관련된 자료는 캐나다와 연구용 원자로 도입에 관한 교섭을 할 때 상당수 확보했고, 대만에서도 많은 자료를 얻어왔다. 이 사업 역시 미국의 감시를 피하기 위해 사업 명칭을 처음에는 '열중성자 시험시설 사업'으로 위장했고 나중에는 '기기장치 개발사업'으로 바꾸었다.

카터 미국 대통령은 1977년 1월 20일 취임하면서 한국에 배치했던 전술핵 탄두와 미사일 부대를 철수하기 시작했다. 박정희 대통령은 '전쟁 억지력 보존'이라는 측면을 고려해 전술핵을 잔류시킬 것을 미국 정부에 요청했다. 그러나 미국의 미사일 부대는 한국 정부에 통고하지도 않고 1977년 4월부터 철수하기 시작했다.

이에 따라 한국 정부는 서둘러 미사일을 보유하기 위해 1977년에 팔레스타인 해방기구(PLO)로부터 핵탄두 운반이 가능한 소련제 미사일을 공해상에서 인도받는 형식으로 들여오려고 한 적도 있었다. 이것은 신형식(申炯植) 건설부 장관의 건의로 기획되고 중동의 한 건설회사의 중개로 추진된 일이었다. 그러나 거액의 선금까지 지불한 이 거래는 김재규 중앙정보부장이 강력히 반대하는 바람에 포기됐다. 미국의 정치와 언론은 유태인이 지배한다. 이스라엘의 최대 적인 PLO와 무기를 거래한 사실이 미국에 알려질 경우 한미관계에 어떤 파장이 일어날지는 예측을 불허하는 일이었다. 김재규 중앙정보부장이 반대하고 나선 것은 바로 이 점을 우려했기 때문이었다. 여기서 미국을 바라보는 박정희와 김재규의 시각차이가 확연히 드러난다.

1978년 4월 NHK-1(백곰) 미사일 제1호가 시험제작됐다. 그러나 시험발사에서 실패가 거듭됐다. 9월 초에 제8호 미사일이 제작됐다. 9월 26일 충남 서산군의 안흥종합기지에서 박정희 대통령을 비롯한 3부 요인과 군 수뇌부, 존베시 주한미군 사령관 등이 지켜보는 가운데 제9호 미사일이 성공적으로 발사됐다. 이로써 한국은 자본주의 진영에서 7번째로 미사일을 개발한 나라가 됐다. 미사일 개발에 성공한 것은 당시 한국의 전반적인 과학기술 수준에 비추어 기적이라고 할 수 있는 일이었다. 한국의 이 지대지 미사일은 1950년대의 기술로 만들어진 나이키 허큘리스 대공 미사일을 기반으로 개발됐으나 대폭적인 성능개량을 거친 것이었다. 전자회로를 모두 반도체를 이용해 만들었고, 유도신호 처리도 모두 컴퓨터로 이루어지도록 자동화했다.

일본 언론은 9월 27일 한국의 미사일 개발 성공을 크게 보도하면서 이것이 아시아의 세력균형에 큰 변수로 작용할 것이라고 평가했다. 〈요미우리신문〉은 "북한보다 10년 늦게 1970년대 초부터 방위산업 육성에 착수한 한국은 이번의 미사일 발사실험 성공으로 북한을 앞지른 것으로 평가된다"며 "특히 북한이 보유하지 않은 것으로 알려진 핵무기 운반체를 한국이 보유하게 됐다는 것은 안보상 커다란 의미가 있다"고 논평했다.

소련의 국방성 기관지인 〈크라스나야 즈베즈다〉는 1978년 9월 29일 '한국의 미사일 생산은 핵무기 생산의 예고'라는 제목의 기사에서 "한국의 장거리 지대지 미사일 발사 성공은 곧 핵무기의 자체 생산을 예고하는 것"이라며 "한국은 오래전부터 탱크, 군함, 대구경포 등을 자체 생산하고 있었고 총 예산의 35.9%를 국방비로 사용하면서 국방력 강화 작업을 서두르고 있다"고 보도했다.

미국의 국방부 대변인은 "우리는 주한미군 사령관의 보고를 받기 전에는 한국의 미사일 발사에 대해 논평할 수 없다"며 "그러나 그러한 계획은 알고 있었다"고 말했다.

한국은 미사일 개발에 성공함에 따라 원자폭탄 운반 방식을 공중투하식에서 미사일 탑재식으로 수정했다. 또한 유도조정 장치를 관성항법 장치(INS: Inertial Navigation System, 이 기술은 1979년 봄 영국의 페런티(Ferranti)사로부터 도입했다)로 개량한 NHK−2(현무) 개발 사업에 들어갔다. 인공위성 사업도 시작됐다. 대전기계창의 상공은 비행금지 구역인데도 한국이 미사일 시험발사에 성공한 뒤로는 미군 비행기가 수시로 날아와 저공비행을 하며 항공촬영을 하기 시작했다. 1978년 10월에 핵연료 가공시설이 완공됐다. 1979년 5월에는 우라늄 정련 및 전환을 위한 공장이 건설되기 시작했다.

미국은 박정희 대통령으로부터 핵무기 개발 포기각서를 받아낸 뒤로도 경계를 소홀히 하지 않았다. 미국 대사관에 파견된 과학관이자 CIA 요원인 로버트 스텔러는 핵연료개발공단을 불시에 찾아가 감시를 하곤 했다. 미국은 카터 행정부가 출범해 주한미군 철수에 나서기 시작한 뒤로 한국이 자주국방을 위해 그동안 중단한 핵무기 개발을 다시 추진할 가능성이 있다고 보고 경계했다. CIA를 비롯한 정보기관, 의회의 보고서, 민간 연구기관 등에서는 한국이 독자적으로 핵무기를 개발할 능력을 보유하고 있다는 분석과 함께 그 전망에 대해 언급하고 있었다.

박정희 정권이 추진한 핵무기 개발 계획에 대해 처음으로 언급한 미국의 공식 기록은 하원 국제관계위원회의 국제기구소위원회가 1978년 10월 31일 발간한 〈한미관계 조사보고서(Investigation of Korean-American Relations)〉다. 도널드 프레이저(Donald M. Fraser) 의원이 이 위원회의 위원장이었던 관계로 〈프레이저 보고서〉라고도 불리게 되는 이 보고서는 1976년에 일어난 코리아게이트를 계기로 새로이 한미관계를 조사하고 분석한 결과를 담고 있다. 이 보고서에서 한국의 자주국방과 핵무기 개발 계획에 관해 언급한 부분은 다음과 같다.

1960년대에 그랬던 것처럼 한국 정부는 상황이 요구하는 바에 따라 미국 정부와 결속하거나 독자적으로 방위산업 부문을 광범위하게 발전시키기 위해 분투해왔다. 한국 정부는 미국의 철군 선언이 있었던 시기인 1970년 말에 방위 관련 기구 2개를 설립했다. 국방과학연구소(ADD)와 무기개발위원회(WEC: Weapons Exploitation Committee)가 그것이다. ADD는 공개적으로 군사적

연구와 무기개발, 무기체제, 장비, 군사물자의 개발을 실행하고 방위산업 부문의 기술개발을 지원했다. 1973년과 1975년 사이에 ADD의 인력과 예산이 배 이상 증가했다. ADD는 한국 내 자체생산이라는 측면에서 중요한 역할인 군수품의 설계와 실험을 담당했다. WEC는 군수조달과 생산에 대해 청와대에 책임을 지는 비밀 특별위원회였다. 경제문제를 담당하는 제2수석비서관인 오원철과 그 밖의 고위 청와대 관리들이 여기에 참여했다.

WEC의 활동에 대해서는 알려진 게 거의 없다. 분명한 것은 WEC의 멤버들이 노르웨이, 프랑스, 스위스의 무기공장을 견학했고, 1972년에는 이스라엘의 생산시설을 조사하고 무기생산 문제를 논의하기 위해 이스라엘에 갔다는 것이다. 이스라엘에서 WEC 멤버들은 아이젠버그(Shoul Eisenburg)의 초청손님이었다고 한다. 1972년 가을 이후락 중앙정보부장은 아이젠버그가 한국에 판매하려고 시도하고 있는 이스라엘제 가브리엘 지대지 미사일의 구입을 시작하라고 WEC에 지시했다. 이 일은 그 미사일 체제가 미국의 군사원조 프로그램 중 상당부분을 위태롭게 할 것이라고 주장하는 미국 군부의 반대와 가브리엘 미사일은 2급의 체제인데 그것을 조달하는 것은 미국 측의 강력한 부정적 반응을 초래할 것이라고 주장하는 한국 군부의 반대에도 불구하고 이루어졌다(미국은 이전에 대안 차원의 미사일 체제를 공급해달라는 한국의 요구를 거절한 적이 있다).

보고된 바에 의하면, 미국 군부는 미국이 부정적인 대응을 할 가능성이 있는 상황에서 한국 정부가 가브리엘의 조달을 진전시키리라고는 생각하지 않았다. 그러나 미국은 명백히 견해를 수정했고, 미사일 체제와 관련해 미국의 기술을 제공하기로 결정했다. 1978년 9월 27일 한국 정부는 나이키-허큘리스의 개량형인 최초의 한국산 지대지 미사일의 실험에 성공했다고 발표했다.

1970년대에 방위분야의 계획과 생산에서 한국의 핵정책만큼 대미 독자성이 증대한 정도를 잘 나타내준 것은 없다. 미국 행정부는 이 문제를 예민한 것으로 간주했고, 계속적인 정보제공 요청에도 불구하고 국무성은 응하지 않았다. 이 문제에 대한 본 소위원회의 관심은 한국 정부가 핵무기 제조능력을 발전시키기 위한 조치를 취하기에 앞서 미국과 논의하거나 미국에 통고하지 않았다는 명백한 사실에서 비롯된 것이다.

1970년대 초반에 한국이 핵무기 개발 계획을 위해 몇 가지 조치를 취했다는 표시가 있었다. 이 문제에 관한 상세한 내막은 WEC의 멤버였던 전 한국 정부 고위관리와 가진 본 소위원회 조사위원의 인터뷰(1978년 2월 28일)로 밝혀졌다. 그는 본 소위원회에서 WEC가 만장일치로 핵무기 개발에 착수하기로 결정했다고 얘기했다. 그에 따라 한국 정부는 프랑스로부터 핵연료 재처리 시설, 벨기에로부터 합성산화연료 처리시설을 각각 구입하기 위한 협의를 했다. 그러나 1974년 4월 인도가 캐나다 NRX 실험원자로를 이용하여 생산한 핵분열물질을 사용해 핵장치를 만들고 폭발실험을 한 것이 핵기술 공급국들의 주의를 환기시켰고, 벨기에와 캐나다는 기술제공을 철회했다. 한국과 프랑스 사이의 협상은 재처리 공장 건에 관해 얼마간 더 지속됐다. 그러나 결국 1975년경에 한국의 핵무기 개발 계획은 모두 취소됐고, 연료 재처리 시설의 구매를 위한 협상도 종료된 것으로 나타났다.

(핵무기 제조를 포기하고 평화적으로 이용하기로 한) 한국의 핵개발 정책이 명백해짐에 따라 미국은 한국의 그러한 핵개발 계획의 확장에 적극적으로 협력했고, 표면적으로는 한국 정부와 에너지 협력 관계의 형식과 내용을 개선하는 과정으로 미국의 상업용 원자로를 판매하기로 약속했다.

위의 사건은 전적으로 지역적인 안보이해와 다른 강대국들과의 군축협상을 포함해 미국이 강력한 관심을 갖고 있는 분야에서조차도 한국 정부는 명백히 독자적인 행동을 취하려 한다는 사실을 보여준다.

1974년의 외교적 노력이 한국의 핵무기 생산에 대한 독자적인 조치를 봉쇄하는 데는 성공했지만, 재래식 무기에 있어서의 유사한 조치들에 대해서는 제한

이 가해지지 않았다. 1976년에 한국 정부가 그들의 재래식 무기 조달과 생산 능력 확장을 위한 다른 공급원을 모색하려는 일방적 노력을 계속하고 있다는 신호가 나타났다. …

1978년 11월 4일자 〈로스앤젤레스 타임스〉는 한국의 핵무기 개발로 인한 그간의 한미간 갈등에 대해 보도했다. 그 내용은 대략 다음과 같다.

1974년 5월 18일 인도의 충격적인 핵폭발 실험을 계기로 여타 국가들의 핵무기 개발 계획을 탐지하기 위해 미국은 핵기술 전문가를 포함한 특별정보반을 설치해 핵무기 개발에 필요한 기술 및 자원의 목록을 작성하고 플루토늄, 붕소, 베릴륨 및 특수 폭발장치 등에 대한 각국 정부의 대미 구매신청 상황을 추적함으로써 한국 정부의 핵무기 개발 계획을 알게 됐다. 미국은 또한 미국 내 한국인 과학자들의 연구 및 한국의 평화적인 핵에너지 계획에 대해서도 정보를 수집한 결과 '한국이 핵무기 생산능력을 보유하고 있다'는 명백한 결론을 내리고, 한국 정부로 하여금 이를 포기하도록 하기 위해 프랑스로부터 핵연료 재처리 시설을 도입하기 위한 교섭과 미국 기업 웨스팅하우스로부터 원자로를 구매하기 위한 교섭을 중지시키기 위해 압력을 가하는 한편 캐나다 정부를 설득해 핵장비에 관한 한국과의 교섭을 중지시켰다. 포드 대통령이 이끄는 미국 행정부의 압력에 의하여 결국 한국 정부는 핵무기 개발 계획을 포기했고, 그 대신 미국은 한국에 대한 지속적인 원자력 발전설비 공급을 약속했다.

한국의 핵무기 개발 계획에 관한 일련의 보고서 가운데 가장 포괄적인 내용을 담고 있는 것은 1979년 4월 브루킹스연구소(Brookings Institution)에서 발표한 보고서 〈제3세계에서의 핵무장―미국의 정책적 딜레마〉다. (1916년에 설립된 브루킹스연구소는 헤리티지재단(Heritage Foundation), 미국기업연구소(AEI: American Enterprise Institute)와 더불어 미국의 대표적인 정책연구기관으로 꼽힌다. 보수적인 헤리티지재단과 AEI에 비해 진보적이라는 평가를 받고 있다.)

이 보고서는 조지타운대학 교수를 지내고 브루킹스연구소의 외교정책 담당 연구원으로 재직중인 어니스트 레피버가 집필한 것이었다. 이 보고서 가운데 한국과 관련된 부분을 요약하면 다음과 같다.

한국이 핵무장을 하려고 한 동기는 북한의 군사적 위험이 증가하지 않는다고 하더라도 계속해서 직면해야 하는 불안전성과 불확실성의 증대, 그리고 미국이 안보지원을 줄이거나 아예 포기해버릴지도 모른다는 끊임없는 공포였다. 만약 한국의 중요성에 대한 미국의 평가가 심하게 떨어진다면 그것은 한국에 뚜렷한 불안감을 조성할 것이며 핵무장 지지자들은 그것을 이용할 수 있다. 한국은 1985년에 소규모의 방위용 핵 군사력을 보유하고 2000년에는 보다 주목되는 정도의 핵 군사력을 보유할 수 있는 잠재력을 갖고 있다. 한국의 핵 군사력 보유는 한반도의 세력균형에 새로운 힘의 요소를 추가해 재래식 전쟁 혹은 핵전쟁을 유발할지도 모른다. 그러나 아이러니컬하게도 한국의 핵무장 가능성은 미국으로 하여금 주한미군 철수 정책을 재고하게 할 것이며 미국의 강력한 대한 방위공약을 유도할 것이다. 카터의 철군 정책은 한국으로 하여금 독자적인 핵 방위 능력을 갖추기 위한 노력에 나서게 했다.

한국은 북한이 중국이나 소련의 지원을 받지 않은 상태로 공격해온다면 이를 단독으로 저지할 능력을 갖고 있다. 그러나 중국과 소련이 북한을 돕는데 미국이 한국을 지원하지 않을 경우라면 한반도가 적화되리라는 것은 의심의 여지가 없다. 미국이 대한 안보공약을 약화시키고 1980년대에 모든 지상군을 철수한다면 한국은 소규모로나마 독자적인 핵 군사력을 갖출 수밖에 없으며, 북한이 이런 사태발전을 어떻게 받아들이느냐에 따라 한국의 핵 군사력이 방어력으로 남을 수도 있고 공격력이 될 수도 있을 것이다.

한국의 핵무기 개발 욕구는 사이공 함락, 소련과 쿠바에 의한 앙골라 적화, 카터의 철군 정책으로 인해 강화됐다. 한국의 국민과 정부는 미국이 방위공약을 철회함으로써 한국이 고립되지나 않을까 하는 우려를 품어왔다. 한국이 만약 재정적인 부담과 정치적인 위험을 무릅쓰고 핵무기를 생산해낸다면 현재 보유하고 있는 F-4기나 어네스트 존 미사일 등에 이를 장착할 수 있으며, 이는 북한에 대한 강력한 억지력이 될 것이다. 한국은 1975년 고체연료에 의한 로켓 추진장비를 록히드로부터 구매했으며, 한국의 기술자들이 미니트맨이나 폴라리스 미사일에 응용되고 있는 고체연료 추진과정을 익히고 있다.

문제의 핵심은 미국 쪽에 있다. 미국이 한국에 대해 강력한 군사지원 공약을 이행하느냐의 여부에 한국의 핵개발 여부가 달려 있다. 한국의 지도자들이 장래를 위해 핵무기 건조를 계획하고 연구하려는 것은 미국의 대한 방위 결의를 확고히 믿지 못하기 때문이다.

박정희 살해 사건이 있기까지 수년간에 걸쳐 한국과 미국 사이의 신뢰는 차츰 약해졌고, 결국은 완전히 상실되는 정도에 이르렀다. 미국은 가능한 모든 방법을 다 동원해 박정희 정권의 핵개발 정책을 추적하고 감시했다. 미국이 한국과 연례적으로 안보협의회를 열고 이를 계기로 미국의 국방당국자가 방한한 목적 중에 핵무기를 포함한 한국 방위산업 현지점검도 들어 있었다. 1970년대 말에 미국의 군사정책 입안자나 국방 책임자가 한국을 방문했을 때 일반부대 시찰은 간단히 둘러보는 데 그친 반면에 군사시설과 방위산업 시찰은 집중적인 관심을 갖고 살펴보는 태도를 취한 까닭도 바로 여기에 있었다. 1978년 11월 해럴드 브라운 미국 국방장관이 한국을 방문해 방위산업을 시찰할 때 워싱턴의 일부 소식통은 그 목적이 한국의 방위산업 육성 노력을 평가하는 데만 있는 것이 아니라 한국의 군수산업 능력이 '미국이 통제하고 협조하는' 단계를 넘어서는 측면은 없는지를 확인하는 데도 있다고 말했다.

1970년대 후반에는 박정희 정권이 외교의 측면에서 소련에 접근하고 PLO 도 승인하려고 하는 등 냉전구도에서 벗어나는 움직임을 보였다. 박정희 정권 은 외무부 장관의 발언 등을 통해 그런 태도변화를 공개적으로 드러내기도 했 다. 예를 들어 1979년 9월 14일 핀란드를 방문한 박동진 외무부 장관은 "한국 은 소련 등 동유럽 지역과의 관계개선을 원한다"고 말했다. 그는 10월 7일에는 중동에서의 실리를 위해 PLO와 관련된 유엔의 움직임을 주시하고 있으며 PLO 에 대한 승인 문제를 단계적으로 검토하겠다고 밝혔다.

유신 선포 이후로 한국 정부의 언론 통제가 심했고, 이에 따라 유언비어가 많아졌다. 유언비어 중에는 반정부 인사들이 만들어 유포시킨 것도 많았다. 유 언비어는 그들의 희망사항을 담고 있었고, 어느 정도 당시의 현실을 반영했다. 당시에 유포된 유언비어 가운데 일부를 소개하면 다음과 같다.

"미국의 공화당 정부는 도청사건으로 닉슨이 물러나고 포드가 대통령직을 계 승했으나 이번 대통령 선거에서 민주당에 참패했다. 인권을 중히 여기는 정당 인 민주당이 승리한 이상 미국 정부가 한국의 유신독재를 절대로 용납하지 않 을 것이다."

"박정희는 미국의 민주화 압력과 간섭이 귀찮으니 소련을 끌어들이려고 일본 에 있는 소련 대사관을 통해 진주, 마산, 제주도를 소련에 조차해주기로 약속 했다. 그는 자신의 앞잡이인 유정회 소속 국회의원들을 시켜 국회 외무위원회 에서 공공연히 진해, 마산, 제주도를 소련에 빌려주자고 발언하게 하고 있다. 그래서 박정희는 조만간 미국에 의해 제거될 것이다."

"군사쿠데타로 정권을 잡은 세력은 군사쿠데타로 전복된다. 군사쿠데타를 통한 박정희와 김종필의 집권은 육사 11기 이후의 정규 사관학교 출신이 사단장 급으로 진급하게 되면 그때 그들의 군사쿠데타에 의해 끝장날 것이다."

박정희 정권에 반대하는 세력은 1970년대 내내 치열하게 박정희 정권에 도전했으나 국민의 지지가 적어 역부족이었다. 1976년에는 이른바 코리아게이트가 발생해 박정희 정권과 미국 정부의 갈등이 공공연하게 드러났다. 박정희 정권의 몰락이 미국에 의해 이루어질 것이라는 내용의 유언비어는 이러한 배경에서 나온 것이었다. 역량이 부족한 반정부 세력은 미국에 기대를 걸 수밖에 없었다.

박정희 정권의 10월 유신에 대한 미국의 견해는 대체로 부정적이었다. 1973년 2월 18일 미국 상원 외교위원회는 다음과 같은 내용을 골자로 하는 보고서를 공표했다.

이른바 유신체제란 이승만 시대 이래 한국이 채택한 최악의 독재체제다. 박정희 대통령은 이제야말로 그가 바라던 절대권력을 장악했다. 박정희 대통령이 퇴진하는 길은 그 자신이 퇴진에 동의하는 것이거나 아니면 죽음 또는 혁명밖에 없다.

그로부터 3년 뒤인 1976년 10월에 서울에서 3년간(1972~1975) CIA 한국 지부장으로 근무한 바 있는 도널드 그레그(Donald Gregg)가 텍사스대학에서 강연을 하면서 "한국의 정권이 지금과 같은 정치를 계속 해나간다면 임기 중반쯤에 가서 쿠데타로 타도될 것"이라고 예언했다. 이때는 코리아게이트가 미국 정계를 뒤흔들고 있던 시기였다(그레그는 1989년에 한국 주재 미국 대사로 부임하게 된다).

한미관계가 위기를 맞으면 한국 정부는 단순한 외교상의 불편함 이상의 영향을 받는다. 미국은 한국의 국가운명에 큰 영향을 주는 커다란 정치적 변수다. 해방 이후 역대의 어느 정권도 미국의 영향에서 벗어날 수 없었다. 미국은 조선을 무력으로 강점한 일본 제국주의를 무조건 항복하게 하고 3년간 한반도 남쪽을 직접 통치한 나라이니 자력갱생 능력이 없는 신생국가 대한민국은 당연히 그럴 수밖에 없었다. 한국의 통치권자가 자주적인 생각을 갖게 되어 미국에 비판적인 태도를 보이면서 고분고분하게 굴지 않는다면 한미관계에 충돌이 일어날 게 뻔한 일이었다. 과거 미국의 대외정책을 돌아보면, 어느 나라든 통치권자가 그런 태도를 보이면 미국은 그 나라의 정권교체를 고려하거나 실행했다.

한국에 대해서도 미국은 그러한 점을 분명히 보여주었다. 한국전쟁 때 정치파동을 일으키고 휴전협정에 반대하면서 반공포로 석방을 단행한 이승만 대통령을 체포해 실각시키고 말을 잘 듣는 장면을 대신 집권시키려고 했던 미국의 '에버 레디(Ever Ready)' 계획을 그 대표적인 예로 꼽을 수 있다. 1952년 여름의 부산 정치파동 때 미국은 장면을 숨겨주고 보호했다. 그 후 장면은 이승만 대통령 아래에서 부통령으로 재직할 때 미국 정부에 "만약 대통령 유고 시에는 내가 대통령 권한대행으로 취임할 때까지 48시간 정도 나의 신변을 보호해달라"고 요청하기도 했다. 5 · 16 군사쿠데타가 일어났을 때 장면이 미국 대사관으로 도주하려고 한 것은 우연이 아니었다.

박정희 정권은 출발 당시부터 미국과 숙명적인 불화의 소지를 갖고 있었다. 박정희 자신이 개인적으로 미국과 궁합이 맞지 않았다. 5 · 16 이전에도 한국군 장군 중에서 거의 유일하게 미국인과 어울리기를 싫어했다고 한다. 5 · 16 군사쿠데타가 일어났을 때 유일하게 박정희가 골프를 못 치는 장군이며 미국식 애칭을 갖고 있지 않다는 점이 뉴스가 될 정도였다. 박정희가 미국을 싫어했음을 알려주는 일화는 많다. 5 · 16 이후 2년여의 군정 기간에도 박정희는 통화개혁, 계엄령 선포, 군정연장 선언 같은 중요한 조치들을 미국과 사전협의 없이 추진하고 실행해 미국 정부를 당황하게 한 경우가 많았다. 1963년에 발간된 저서 《국가와 혁명과 나》에서 박정희는 미국에 대한 자신의 입장을 다음과 같이 밝혔다.

> 첫째, 미국은 서구식 민주주의가 우리의 실정에는 알맞지 않다는 것을 이해하여야 한다는 것이다. 백보를 양보하여 하나의 민족사회가 현대 자본주의 제도를 받아들일 수 있는 정도의 제 요건이 갖추어져 있다고 하더라도 그것은 그 사회의 전통과 문화가 있고 자주국가인 이상 무조건 현대 자본주의 제도에 동화될 수는 없기 때문이다. 하물며 경제적으로, 정치적으로 사회 전반이 균형되지 못한 우리 현실에 그 제도의 실현을 기대한다는 것은 무리라 하지 않을 수 없다. …
>
> 둘째, 민주주의의 이상과 경제원조의 정신적인 의욕은 높이 사는 바이나 그렇다고 이를 통하여 한국사회로 하여금 일률적인 미국화를 기대하여서는 안 된다는 것이다. 자유라는 이상과 미국의 경제적인 원조를 밑거름으로 하여 한국 고유의 주체성, 확고한 자아의식이 확립되고 그 위에 자율적인 사회가 이루어져야만 비로소 미국의 참된 희망은 성취되는 것이요, 또한 외적과도 대결할 수 있는 견고한 방파제가 될 수 있을 것이다.
>
> 셋째, 군사와 경제 면에 걸친 미국의 원조는 이왕에 줄 바에야 우리의 뜻에 맞도록 하여 달라는 것이다. … 말하자면 달콤한 사탕보다는 한 장의 벽돌을 우리는 원하고 있다는 말이다.

박정희 정권으로 하여금 핵무기 개발을 포기하게 하려는 미국의 노력은 이면에서 펼쳐졌지만 단 한 번 그것이 공개적인 의사표명으로 나타난 적이 있다. 박정희 대통령이 살해되기 1개월 전에 있었던 글라이스틴 주한 미국 대사의 연설에서였다. 글라이스틴은 1979년 9월 12일 한국무역협회와 영국 〈파이

낸셜 타임스〉가 공동으로 주최한 ‘80년대 한국’에 관한 국제 심포지엄에서 연설했다. 다음은 그 주요 내용이다.

본인에게 주어진 제목은 ‘1980년대에 미국과 한국이 효율적인 관계를 유지하려면’입니다. 그런데 미국과 한국은 이미 효율적인 관계를 유지하고 있습니다. 1980년대에 제기될 여러 특수한 문제들에 대해 말하기에 앞서 나는 한미한계가 전개될 환경을 먼저 개괄해보고자 합니다. 그 환경은 물론 더 좋아질 수도 있고 더 나빠질 수도 있습니다. 예견하기는 어렵지만 어떤 경우든 간에 나는 분별 있는 추측을 해야 할 겁니다. 구체적인 문제들을 논의함에 앞서 나는 다음 몇 가지 전제를 염두에 두고자 합니다.

— 한국은 80년대에도 성장을 계속하여 동북아시아의 경제와 안정에 주요 요소가 될 것이며, 보다 넓게는 동아시아에서도 그에 버금가는 주요 요소가 될 것입니다.

— 세계경제는 비록 지난 10년 동안처럼 왕성하지는 못 하겠지만 한국에 상당히 빠른 성장의 기회를 계속 제공해줄 것입니다.

— 한국은 기본적인 정치적 결속을 유지해나갈 것입니다.

— 한국의 자립이 크게 과시되겠지만 한미간 상호관계는 지속돼나갈 것입니다.

— 한반도를 둘러싼 국제환경이 개선될 것입니다. 바꾸어 말하면, 본인은 이른바 공산세계 내부의 사태발전이 북한의 위협을 고조시킬 것으로는 보지 않습니다. 중소관계는 개선될 수도 있고 악화될 수도 있습니다. 중소관계가 어느 정도 도움이 되거나 악영향을 미칠 수도 있겠지만, 현재 한반도의 평화 유지에 기여하고 있는 기본적인 지정학적 균형을 변화시킬 것 같지는 않습니다. 이러한 지정학적 현실이 중국과 한국, 소련과 한국의 관계를 고무시키지 않을까 생각합니다. 그렇게 된다면 미국, 일본, 기타 비공산 국가들과 북한의 관계도 동시에 개선될 것이 확실합니다. 이런 가정이 맞는다면 조선민주주의인민공화국도

과거 어느 때보다도 긴장완화에 관심을 보이게 되지 않을까 하는 최대로 희망적인 가정을 해봅니다.

이제 본인은 1980년대의 효율적인 한미관계에 대해 이야기해보려고 합니다. 우선 본인은 남북한 관계를 논해보려고 하는데, 이는 반드시 이 문제가 가장 중요하기 때문이 아니라 어느 다른 문제보다 이 문제는 변화가 있어야 할 필요가 있기 때문입니다. 만일 남북한 관계에 중요한 변화가 없다면 남북한이 다 같이 엄청난 국방비 부담을 계속 지게 될 것이며, 또 다른 적대적 대결의 압박도 서로 받게 될 것입니다.

남북한 정부가 통일이라는 공통된 목표를 포기하지 않고 서로 상대방을 관계개선을 위한 대화의 효과적인 당국자로 인정하지 않는 한 잠정적 목표인 공존을 향한 전진은 전혀 이루어지지 않을 것입니다. 북한은 한반도 전체의 유일한 합법정부라고 주장할 수 없겠지만, 한국은 북한의 정치적 현실을 인정하는 데 있어 좀 더 과감해야 합니다.

한국의 자체 방어 비중이 점점 더 커지고 있는 만큼 한국은 군사균형을 공고히 하면서도 북한과 비용이 많이 드는 군비를 상호균형을 맞추면서 감축할 수 있는 방안을 모색해야 합니다. 이와 같이 균형을 맞춘 군비감축보다 더 바람직한 것이 없겠지만, 지금의 상호불신 풍조 속에서는 이보다 더 어려운 것도 없을 것입니다.

무역과 여행을 통한 남북한 주민간의 접촉이 필요할 것입니다. 이 지역의 이해당사국인 모든 강대국들, 특히 미국, 일본, 중국, 소련은 남북 양측 모두와 관계를 맺어야 하며, 이렇게 하는 것은 남북 양측이 상호공존과 실질적인 통일을 위해 발전시킬 수 있는 관계를 저해하기보다 촉진시킬 것입니다.

논의의 주된 통로는 대한민국과 조선민주주의인민공화국 양측의 대표자들이어야 합니다. 이런 논의에는 국제적인 논의가 뒤따라야 할 것입니다. 아마 이 논의에서는 초기단계에 특별히 안보문제와 같은 특정 문제에 대한 토의에 한국,

북한가 한께 미국도 침가할 수 있을 것입니다.

우리 미국이 남북한과의 협상에서 균형과 평등을 유지할 때에만 한미관계가 효과적일 수 있습니다. 미국과 북한의 관계에 대해서는 북한을 지지하는 주요 국가들이 한국에 대해 상응하는 조치를 취할 때에만 우리가 북한과의 양자관계를 개선하는 것이 합리적이라고 봅니다.

비무장 지대 남쪽에 강점이 있지만 한국이나 미국 어느 쪽에도 약점이 없는 것은 아닙니다. 한국은 정치적인 해결의 모든 기본적인 요소들을 받아들이는 데서 큰 진전을 보였지만 아직도 시대에 뒤떨어진 언어나 개념의 문제에 직면해 있고, 미국의 의도에 대해 근거 없는 의심을 품고 있습니다. 미국 측은 관련된 실제의 문제들에 대해 좀 더 철저하게 생각할 필요가 있고, 한국이 의심을 품지 않도록 행동할 필요가 있습니다.

다음으로 한국의 신뢰에 큰 영향을 미쳐온 두 가지 문제에 대해 얘기하고자 합니다. 첫째는 한반도에서 군사적 균형을 유지하는 데서 미국이 담당하는 역할이고, 둘째는 한국의 경제발전에 대해 세계 각국이 어느 정도의 호의를 보일 것이냐 하는 것입니다.

본인은 한반도의 안정과 관련해 우리의 역할을 카터 대통령의 한국 방문과 결부시켜 얘기하고자 합니다. 카터 대통령이 최근 한국을 방문한 후 오는 1981년에 재평가가 있을 때까지 주한 미국 지상군 전투병력을 더 이상 철수하지 않겠다는 철군계획 연기 결정을 내린 것이 베트남의 붕괴와 우리의 초기 철군정책에 의해 야기된 두려움을 제거했거나 적어도 억제했다고 생각합니다. 최소한 한국의 전력이 북한의 전력과 맞설 수 있게 되거나 정치적인 조정이 달성되는 방향으로 상당한 진전이 이루어질 때까지는 미국 전투병력의 한국 주둔이 전쟁 억제를 위해 한국에 필요할 것입니다.

양국 간의 신뢰 회복은 다행한 일입니다. 왜냐하면 그러한 신뢰가 없다면 한국은 과도한 정도의 자립을 추구하지 않을 수 없다고 생각할 것이기 때문입니다.

나는 1980년대의 효과적인 한미 안보관계란 한국으로 하여금 가능한 한 최대의 자립방위 부담을 지게 하면서도 한국이 미국 제7함대의 압도적인 능력이나 미국의 핵우산과 같은 요소들을 스스로 대체할 수 있다고 생각하게 하는 그런 정도는 아닌 관계일 것이라고 믿습니다.

1980년대에 대해 품게 되는 큰 의문은 미국시장이 지난 10년간과 같은 폭발적인 증가율로 한국의 수출품을 흡수해줄 것이라고 한국이 기대할 수 있겠느냐는 것입니다. 이에 대한 답은 부정적일 것이라고 생각합니다. 미국시장은 머지않아 경기침체에 빠질 것으로 전망됩니다. 경기침체가 지나간 후에도 더 이상 경쟁에 견디지 못하는 기업을 보호하려는 압력이 남아있을 것이고, 미국 노동자들은 새로운 일자리를 찾아 집을 옮기는 것도, 새로운 직업훈련을 받는 것도 싫어할 것입니다.

이러한 어려운 점에도 불구하고 미국은 1980년대에도 한국의 주요 시장으로 남게 되리라고 확신합니다. 두 나라 사이의 효과적인 관계에 문제가 없을 수는 없을 것입니다. 그러나 한국이 수출시장을 계속 다변화하고, 갑작스러운 대미 판매량 증가를 피하여 덤핑을 억제하고, 보조금 지출을 줄이고, 경제를 자유화하고, 가능한 한 빨리 국내시장을 확장하고, 고질적인 통화증발을 피한다면 문제는 해결될 수 있다고 봅니다. 물론 미국도 보호주의적인 조치를 제한해야 할 것입니다.

본인은 한국이 1980년대의 경제적 성공을 1970년대의 잣대로 측정하지 말아야 한다는 제안을 합니다. 한국경제가 당면한 문제점은 과거의 12% 내지 16%의 (제조업) 성장률이 한국경제가 감당할 수 있는 능력으로 보아 무리였으며 그로 인해 여러 가지 부작용이 초래된 데 있다고 봅니다. 한국도 이제는 자본집약적 산업으로 중점을 옮기고 있고 노동집약적 산업은 다른 나라들에 빼앗기고 있는 만큼 성장을 위한 성장보다는 건전한 경제정책, 재정정책을 수행하는 데 더 주의를 기울일 필요가 있습니다.

끝으로 한국과 미국의 국내문제에 대해 간단히 언급하겠습니다. 미국이 전략적 균형 유지와 같은 국제문제와 에너지 위기와 같은 국내문제에 성공적으로 대처하는 능력을 발휘하지 못한다면 한미관계도 그로 인해 심각한 영향을 받게 될 것입니다. 또 한국에 대한 미국이나 다른 외국의 태도는 한국의 경제성장과 국제적 지위 향상에 상응하는 정치제도를 한국이 어떻게 발전시키느냐에 따라 아마도 상당한 영향을 받게 될 것입니다.

물론 효과적인 한미관계의 유지에 영향을 줄 수 있는 요소는 그 밖에도 많이 있습니다. 그러나 이상으로 본인의 마음속에 있는 것을 충분히 토로했다고 생각합니다.

글라이스틴 대사의 연설에서 특히 다음 구절이 주의를 끌었다.

나는 1980년대의 효과적인 한미 안보관계란 한국으로 하여금 가능한 한 최대의 자립방위 부담을 지게 하면서도 한국이 미국 제7함대의 압도적인 능력이나 미국의 핵우산과 같은 요소들을 스스로 대체할 수 있다고 생각하게 하는 그런 정도는 아닌 관계일 것이라고 믿습니다.

글라이스틴 대사가 말한 한국으로 하여금 미국의 핵우산과 같은 요소를 "대체할 수 있다고 생각하게 하는" 요소란 핵무기 보유 이외의 다른 것이 아니었다. 이 연설에서 글라이스틴 대사가 북한을 그 정식 명칭인 '조선민주주의인민공화국(Democratic People's Republic of Korea)'으로 여러 차례 지칭한 것이 논란을 일으키기도 했다. 또한 그는 "한국에 대한 미국이나 다른 외국의 태도는 한국의 경제성장과 국제적 지위 향상에 상응하는 정치제도를 한국이 어떻게 발전시키느냐에 따라 아마도 상당한 영향을 받게 될 것"이라고 유신체제의 수정을 은근히 요구했다.

이때는 핵무기 개발을 둘러싼 박정희 정권과 미국의 줄다리기가 절정에 이른 때였다. 미국은 이면으로 핵무기 개발에 대해 경고를 연발했을 뿐 아니라 직접 사람을 보내 핵무기 개발 현장을 다니며 살펴보게 했다. 특히 주한 미국 대사관과 주한미군 사령부의 직원이 평균 1주일에 한 번 정도 연구소를 찾아가 현장의 실태를 감시했다.

1979년에 들어선 뒤에는 박정희 대통령이 기회가 있을 때마다 비밀리에 핵무기 개발을 담당한 연구소에 들러 과학자들을 격려했다. 박정희 대통령의 측근이었던 어떤 인사는 핵무기 개발에 대한 박정희 대통령의 집념과 과학자들의 연구 열의가 보통이 아니었다고 전한다. 박정희 대통령은 살해되기 몇 달 전부터는 핵무기 개발과 관련해 상당히 흥분된 상태로 지냈다고 한다. 그러나 핵무기 개발이 실제로 어느 정도까지 진행됐는지는 정확히 알려지지 않았다. 당시 박정희 대통령은 몇몇 측근에게 "1981년 국군의 날에 핵무기 개발 사실을 세계에 알리고 그 뒤에는 영남대학에나 가겠다"고 말하기도 했다고 한다.

1979년에는 미국의 세계 지배에 위협을 가하는 여러 가지 큰 사건이 잇달아 일어났다. 2월에는 이란에서 혁명이 일어났고, 4월에는 이스라엘이 비밀리에 수소폭탄 실험을 했고, 7월에는 니카라과에서 혁명이 일어났고, 9월에는 남아프리카공화국이 이스라엘의 도움을 받아 원자폭탄 실험을 했다. 특히 남아프리카공화국의 핵무기 개발은 미국에 충격을 주었다. 미국은 이미 남아프리카공화국, 한국, 대만을 가까운 미래에 핵무기를 개발할 가능성이 높은 나라로 지목하고 경계하고 있었다.

게다가 한국의 국내 정치상황도 위기로 치닫고 있었다. 김영삼 총재의 〈뉴욕 타임스〉 회견 사건으로 정국이 들끓고 있던 9월 18일 미국 국무성의 동아시아 담당 잭 케넌 대변인은 박정희 정권에 김영삼을 구속하지 말 것을 촉구하는 동시에 김영삼에게 충동적인 발언으로 정부를 자극하지 말 것을 권했다.

한국의 국회에서 김영삼의 제명이 결정된 직후에 미국 국무성은 즉각 성명을 발표해 "이러한 행위는 민주주의 원칙에 위배되는 일"이라고 논평하고 '깊은 유감의 뜻'을 표명했다. 김영삼에 대한 제명조치 이후 박정희 정권은 주한 미국 대사관을 통해 두 차례에 걸쳐 미국 정부의 항의를 전달받았다. 워싱턴에서는 리처드 홀브루크 국무성 동아시아태평양 담당 차관보가 김용식 주미 한국 대사를 불러 항의했다. 박정희 정권은 미국 정부의 이런 항의를 '내정간섭'이라거나 '대국주의적 태도'라며 반발했다. 이는 박정희 대통령 자신이 오래전부터 야당을 비롯한 반정부 세력을 '친미 사대주의자들'이라고 생각해온 것과 같은 맥락이었다.

10·26 사건이 발생하기 몇 주일 전부터 미국 정부는 한국 정부에 대해 공개적으로 불만을 표시하는 동시에 비공개적으로도 거듭 경고를 보냈다. 1979년 10월에 들어서서 반정부 시위가 확산되자 미국 정부는 여러 루트를 통해 거의 최후통첩에 가까운 태도로 박정희 대통령을 압박했다. 김영삼이 국회에서 제명된 직후에는 글라이스틴 대사가 YH사건과 김영삼 제명조치와 관련해 비공개로 한국 정부를 강력히 비난하면서 1개월 이내에 수습책 또는 시정책을 제시하라고 요구했다. 여기에 덧붙여 그는 대통령 긴급조치 9호의 해제도 촉구했다. 미국이 시한을 정하면서까지 시정책을 요구한 것은 전례 없는 일이었다.

10월 9일 마이크 맨스필드(Mike Mansfield) 주일 미국 대사는 도쿄에 주재하는 미국 특파원들과 가진 기자회견에서 아시아태평양 지역은 여러 가지 이유로 미국의 이익에 중요하다면서 이 지역의 '외곽방어선'은 일본과 필리핀이라고 말했다. 그는 그 방어선 안에 한국은 포함되지 않는 것으로 생각한다는 뜻을 비쳤다. 한국전쟁 발발 직전에 나온 '애치슨 성명'을 연상시키는 이런 맨스필드 주일 미국 대사의 발언이 한국에서 파문을 일으키자 미국 국무성은 "미국의 대한 방위정책은 확고한 것이며 아무런 변화도 없다"고 해명했다.

김영삼 총재가 국회에서 제명된 것에 대한 항의의 표시로 미국 정부가 10월 6일 글라이스틴 주한 미국 대사를 소환함에 따라 그가 미국으로 갔다가 다시 서울로 돌아온 것은 박정희 살해 사건이 일어나기 열흘 전인 10월 16일이었다. 그는 마침 매년 열리는 한미안보협의회에 참석하려고 방한하는 브라운 국방장관 일행과 비행기를 같이 타고 돌아왔다. 귀임 이후 글라이스틴 대사는 한국의 정부, 여당, 야당의 주요 인사들을 정력적으로 만나고 다녔다.

10월 19일자 〈워싱턴 포스트〉에 충격적인 기사가 실렸다. 이 기사는 카터 대통령이 박정희 대통령에게 보낸 친서의 내용을 개괄적으로 소개하는 한편 미국 정부가 한국에 대한 경제개발 차관의 의례적인 승인을 중단할 것임을 보도하는 내용이었다.

한국의 정국안정을 목표로 한 미국의 정책

미국은 한국의 정국불안에 대응해 카터 대통령의 친서와 한국에 대한 경제개발 차관 승인절차의 변경 통고를 포함한 우려와 불승인의 정치적 신호를 한국 정부에 보냈다. 이와 동시에 해럴드 브라운 국방장관은 카터 행정부의 인권외교와는 상충되게도 한국의 안보에 대한 지지의 뜻을 새로이 표명했다.

미국 정부의 고위급 정책검토 끝에 내려진 이런 헷갈리는 결론은 지난주 후반에 모습을 드러냈다. 이는 한국에 대해 미국이 갖고 있는 복잡하고 때로는 상충되는 정치적, 경제적, 안보적 이해관계가 고려됐기 때문이다. 정책담당자들은 관련된 문제의 복잡한 성격을 고려해 외교적 결정을 내리고 그것을 공표하는 데서 조심스러운 자세를 취해왔다.

국무성의 한 고위 관리는 미국의 목표는 곤경에 처한 박정희 대통령의 정권을 무너뜨리는 것이 아니라 야당과 대립하지 말고 타협하라고 그 정권을 설득하는 것이라고 강조했다. 미국 정부는 박정희 정권의 태도가 그렇게 변화되면 두 번째로 큰 도시인 부산에서 폭동이 일어나고 계엄령이 선포된 상황에 있는 한국에 어느 정도 안정이 회복될 것으로 기대하고 있다.

박정희 정권에 대한 미국 정부의 불쾌한 감정은 2주 전 윌리엄 글라이스틴 대사

를 소환한 것으로 가장 극적으로 공공연히 표출됐다. 글라이스틴 대사의 소환
은 한국의 야당 지도자 김영삼이 국회에서 제명된 다음날 발표됐다. 야당 지도
자의 국회 제명으로 그렇지 않아도 이미 심각한 한국의 정치적 갈등이 더욱 심
화됐다.

미국 정부가 논의 후 내린 결론은 다음과 같다.

— 카터 대통령의 친서를 박 대통령에게 전달한다. 정부 관리에 따르면 친서의
내용은 최근의 사태에 대한 우려를 표명하고, 한미 양국 정부간 관계의 미래는
박 대통령이 내릴 결정에 달려있음을 통고하는 것이다. 미국 정부가 박 대통령
이 취하기를 바라는 정책이 친서에 구체적으로 적시되지는 않았다고 정부 관리
들은 말했다.

— 지난 토요일 국무성에서 열린 회담에서 사이러스 밴스 국무장관은 김용식
주미 한국 대사에게 미국의 강력한 우려를 표명하고 한국 정부에 그대로 전달
해달라고 했다.

— 미국 정부가 관례적으로 승인해오던 아시아개발은행과 기타 국제금융기구
의 한국에 대한 경제개발 차관에 대한 승인을 중단한다는 결정을 한국 정부에
전달한다.

한국에 대한 차관에 대해 미국 정부는 1977년 후반의 몇 달 간 인권 문제를 고
려해 보류한 적은 있으나 대체로 일관되게 승인해왔다. 그러나 위와 같은 결론
에 따라 앞으로는 미국 정부가 한국에 대한 차관을 보류시키거나 반대할 가능
성이 높아졌다.

다음주로 예정된 아시아개발은행의 탄광개발 차관 200만 달러에 대한 승인 여
부로 미국 정부의 새로운 정책이 처음으로 검증될 것이다. 일부 미국 관리들은
더 집중적인 재검토 작업을 거친 뒤에 승인 여부가 결정될 것임을 시사했다.

이 같은 우려의 신호와는 반대로 브라운 국방장관은 이번에 서울을 방문해 안
보공약을 재확인한다. 이번 정례 한미안보협의에 브라운 장관이 참석하는 것

은 한국의 정치불안이 격화되기 전에 계획된 것이다.

브라운 장관의 한국 방문을 연기하거나 방문자를 직급이 낮은 관리로 교체하는 방안이 심각하게 고려됐다는 징후는 없다. 카터 행정부는 안보 분야의 조치가 한국의 안보에 대한 미국의 결의가 약화됐다는 신호를 북한에 줄 가능성을 우려하고 있다. 특히 카터의 주한미군 철수 계획이 가져오는 효과가 바로 그런 것이라는 주장이 폭넓게 나오고 있는 상황이기에 더욱 그렇다.

미국 정부가 박정희 정권에 대한 불쾌감을 공공연히 표출하는 것은 박정희로 하여금 온건한 노선을 취하지 못하게 하는 동시에 박정희에 대한 정치적 반대자들을 부추겨 더욱 강력한 행동에 나서게 할 수 있다는 점이 미국의 정책에 또 하나의 문제가 되고 있다. 카터 행정부는 지금까지 펴온 정책이 성과를 보여 더 어렵고 가시적인 조치를 취할 필요가 없게 되기를 기대하고 있으나 그렇게 될 것이라고 자신하지는 못 하고 있다.

미국 정부가 1979년 하반기에 박정희 대통령에게 전례를 찾기 힘든 압력을 가한 이유가 단순히 한국 정부의 정책을 수정시키기 위한 것이었는지, 아니면 그 이상의 목표가 있었는지는 단언하기 어렵다.

부마사태가 일어나자 박정희 대통령은 비밀리에 유화책을 모색했다. 그 무렵 박정희 대통령은 시국수습 방안으로 긴급조치 9호 철폐안을 만들도록 신직수(申稙秀) 법률특보에게 지시했다. 이에 따라 신직수 특보는 긴급조치 9호 철폐안 및 철폐 후의 관련 입법안을 10월 27일 오전 중에 박정희 대통령에게 브리핑할 예정이었다.

유신헌법은 격변하는 주변정세에 대처하고 남북대화를 뒷받침하기 위한 국력의 조직화를 목적으로 제정된 것이라고 박정희 정권은 주장했다. 그러나 다수의 국민은 이것을 박정희의 종신집권을 위해 마련된 것으로 인식했다. 어쨌든 유신헌법은 47조에 "대통령의 임기는 6년으로 한다"고 규정했을 뿐 중임이나 연임에 관한 얘기는 거기에 들어있지 않았다. 그런가 하면 긴급조치 9호는 베트남 패망 이후의 비상시국에서 공포된 것이기는 하나 결국은 유신헌법을 지키기 위한 것이었다. 그러므로 긴급조치 9호 철폐는 바로 개헌으로 통하는 것이었다.

문세광 사건 때 대통령 경호실장이었던 공화당 의원 박종규는 10월 24일 황낙주 신민당 원내총무를 만났다. 시국수습 방안에 관한 황낙주 총무의 건의를 들은 박종규는 곧장 청와대로 가서 박정희 대통령을 만났다. 박종규는 황낙주 총무가 얘기한 시국수습 방안을 설명한 다음 자신의 의견도 말했다.

박종규: 김영삼의 총재직에 대한 가처분 조치는 국민에게 비웃음의 대상이 되고 있습니다. 신민당의 당헌, 당규에 따라 자기들끼리 처리하도록 내버려둘 일이지 무엇 때문에 법원이 나서게 하느냐는 것입니다. 국민 모두가 권력의 개입에 의한 장난으로 생각하고 있습니다. … 저는 9월 하순부터 10월 초까지의 일정으로 서독에서 열린 세계사격연맹 총회에 참석하고 있었습니다. 그랬는데 회의 도중에 급거 귀국하라는 전보를 받고 부랴부랴 귀국해보니 김영삼 의원을 제명하기 위한 것이었습니다. 저는 크게 실망했습니다. 우리나라 헌정사에 없는 의원 제명, 그것도 제1야당 총재를 제명한 것은 결코 온당치 못한 일이었습니다. … 더구나 신민당 의원들의 의원직 사퇴서를 선별수리하겠다는 발상은 정치도의적인 면에서 문제가 있을 뿐 아니라 집권당의 도량을 의심케 하는 비신사적인 일입니다. 그런데도 이 같은 발상을 한 자들이 한 건 했다는 식으로 어깨에 힘을 주고 있으니 국민이 정부와 여당을 어떻게 보겠습니까. 애초부터 김영삼을 신민당 총재로 인정해주고 대화의 길을 모색해야 했습니다.

박정희: 나도 처음에는 자네와 같은 생각을 했어. … 그런데 보고된 내용을 보니까 김영삼과 신민당이 폭력에 의한 정부전복을 기도한다는 거야. 그러니 정부의 강력한 의지를 보여주어야 마땅하다는 그런 방향으로 가게 된 거야.

박종규: 그렇지 않습니다. 그도 의회에서 잔뼈가 굵은 사람인데 폭력을 우선하고자 하지는 않을 사람입니다. ⋯ 19일에 마산에 내려가 봤습니다. 김영삼에 대한 의원 제명과 가처분, 그리고 무엇보다도 의원직 사퇴서 선별수리라는 것이 시민들을 자극했습니다. 선별수리는 더 이상 거론하면 안 됩니다. 지금도 늦지 않았으니 김영삼을 신민당 총재로 인정하고 대화의 길을 모색하는 것이 사태수습의 길이 될 것이라고 생각합니다.

박정희: 좋아. 내가 김영삼을 만나지. ⋯ 황낙주도 자네한테 (문제 해결을 위하여) 의뢰를 해왔고 자네는 김영삼과 잘 아는 처지이니 김영삼을 만나 생각이 어떤 것인지 타진해보게. ⋯ 자네한테 나의 결정을 일임했다는 뜻으로 메모를 써줄 테니 그것을 김영삼에게 제시하고 이야기를 해보게.

박정희 대통령이 쓴 메모에는 이런 내용이 들어있었다. "신민당은 앞으로 질서파괴나 폭행을 수반하는 불법행위를 하지 않는다는 다짐을 해야 한다. 이 원칙을 수락하면 가처분을 백지화하고 신민당의 김영삼 체제를 인정하고 대화한다. 의원직 사퇴서는 반려하고 국회를 정상화한다. 긴급조치 9호를 해제하고 구속학생과 제적학생의 원상회복을 고려한다."

10월 25일 아침 박종규는 황낙주 신민당 총무를 만나 박정희 대통령과의 대화 내용을 전했다. 박정희 대통령은 이날 오전 10시경 청와대에서 김용식 주미 대사를 만났다. 김용식 대사는 제12회 한미 연례안보협의회에 참석하기 위해 서울에 와있었다. 이 자리에서는 개각 문제와 시국에 관한 의견교환이 있었다. 이날 점심식사 시간에 박정희 대통령은 "관이 민의 마음을 잡아야 하는데 지난번 부마사태가 관과 민 사이에 거리감이 있다는 것을 분명하게 보여줬다"면서 멀어진 민심을 인정했다.

이날 밤 박종규는 김영삼 총재를 만나 박정희 대통령과 자신이 나눈 대화의 내용을 전했다. 자신이 긴급조치 9호를 철폐하고 신민당의 김영삼 총재 체재를 정상화시킬 것을 강력히 주장한 데 대해 대통령이 호의적인 반응을 보였고 대통령이 자신에게 김영삼 총재와 대화를 해보라고 재촉까지 했다는 말도 했다. 이에 김영삼은 긴급조치 9호 철폐와 민주적 개헌 등에 대한 분명한 약속이 있어야 한다는 자신의 지론을 다시 말했다.

중앙정보부장 김재규는 1969년 3선개헌 당시 보안사령관이었고, 박정희 대통령과 마찬가지로 경북 선산이 고향이었다. 그는 유신헌법에 반대했고, 미국과의 우호관계를 중요하게 생각했다. 그가 존경한 인물은 안중근 의사, 육군 참모총장을 지낸 이종찬 장군, 그리고 군 선배인 박정희였다. 이 때문에 마음의 갈등이 매우 컸다.

김재규 중앙정보부장은 1979년에 여러 가지 기묘한 지시를 했다. 중앙정보부에 자체 특공팀을 만들어 침투훈련을 시켰고, 중앙정보부 본부 지하를 요새처럼 꾸미기도 했다. 직원들에게는 사격훈련을 많이 시켰다. 10월 26일 오후 4시경 김재규는 경호실장 차지철로부터 궁정동 연회에 관한 통보를 받았다. 오래전부터 박정희 살해를 생각해온 그는 결심을 굳혔다. 다음은 다음날인 27일자 〈뉴욕 타임스〉에 실린 기사다.

한국의 박 대통령, 정보부장에 의해 살해돼

국무총리가 역할 대행, 군은 경계태세 돌입

계엄령 선포

식당에서 사고로 살해됐다고 공식 발표돼

(서울, 10월 27일 토요일) 오늘 아침 일찍 한국 정부가 18년이 넘게 집권해온 박정희 대통령이 어젯밤 대통령 관저 가까이에 있는 식당에서 중앙정보부장이 쏜 총에 맞아 사망했다고 발표했다. 한국 정부는 대통령의 사망은 우발적인 사

고였다고 밝혔다.

공식 설명에 따르면, 대통령과 평생지기이며 어젯밤 만찬의 주최자인 저격자 김재규는 박정희의 경호실장과 언쟁을 하다가 '감정의 폭발' 상태에서 권총을 쏘았다고 한다. 한국 정부는 총탄 한 발이 62세인 대통령의 몸에 맞았고, 경호실장과 다른 3명도 살해됐다고 보도했다. 다른 3명의 신원은 즉시 밝혀지지 않았다.

박 대통령이 사망한 지 3시간이 지나 긴급 국무회의가 소집됐고, 실질적인 정치권력은 전혀 갖고 있지 않은 행정가인 최규하 국무총리가 대통령 권한대행으로 임명됐다.

북한에 경고

남쪽의 휴양도서인 제주도를 제외한 전국에 계엄령이 선포되고 공항이 폐쇄됐다.

한국에 주둔 중인 3만 8천 명의 미군 병력은 미국 정부의 명령을 받아 보다 높은 경계태세에 들어갔다. 이는 한국에 대해 군사행동을 기도하지 말라는 신호를 북한에 보내는 의미가 있다. 내각은 정승화 육군 참모총장을 계엄사령관으로 임명했다. 그는 1972년 이후 처음으로 오후 10시부터 오전 4시까지 통행을 금지하고, 언론에 대한 검열을 실시하며, 모든 집회와 옥외시위를 금한다고 밝혔다.

한국 정부는 중앙정보부장 김재규가 연행되어 심문을 받고 있다고 발표했다.

정부는 또한 박 대통령에 대한 국장이 거행될 것이라고 발표했다.

1961년 5월 16일의 쿠데타로 권좌에 오른 박 대통령은 이전에도 두 번 암살 기도의 대상이 됐으나 살아난 적이 있다. 두 번째 암살 기도는 박 대통령 부부가 국립극장에서 열린 광복절 기념식에 참석했을 때 일본에서 온 한국인 저격자가 박 대통령을 저격하려고 한 것이었다. 저격자는 박정희를 맞히지 못했으나 영부인을 살해했다. 첫 번째 암살 기도는 1968년 1월에 있었다. 그때 31명의 공산 게릴라가 서울에 침투해 박 대동령을 암살하려고 그의 관저인 청와대로 쳐 들어가려 했으나 성공하지 못했다.

박 대통령을 사망하게 한 이번 사건은 한국 남부의 항구도시 부산과 그 근처에 있는 공업도시 마산에서 대규모 시위와 폭동이 일어난 것을 비롯해 그의 권위주의적 통치에 반대하는 일련의 정치적 항의가 이어진 뒤에 일어났다. 부산과 마산의 소요에서 수백 명이 체포됐고, 그 소요는 이승만 대통령의 축출과 박정희 정권의 출범으로 연결된 1960년 학생소요 이후 최악의 것이었다.

축출된 야당 지도자

최근의 소요는 여당인 공화당 의원들만 찬성하여 부산 출신의 신민당 총재인 김영삼 씨가 국회에서 축출된 것에 자극받아 일어난 것이다. 이에 69명의 야당 의원 전원이 사임했다.

자신에게 방대한 권력을 부여하는 헌법을 만들고 그 아래서 지난 7년 동안 한국을 통치해온 박 대통령의 갑작스런 죽음은 인구 3700만 명의 이 나라를 정치적 불확실성으로 몰아넣었다. 오늘 아침 사람들이 묻는 것은 현 정부가 크게 비판받고 있는 1972년 헌법을 유지하려고 할 경우에 한국 군부가 현 정부를 지지할 것이냐는 것이다.

박정희의 동료였던 장군들이 권력을 잡았다는 즉각적인 조짐은 없다.

국가원수 유고 시 그 대행을 규정한 헌법 조항에 따라 국무총리가 대통령 권한 대행으로 임명됐다는 방송보도가 행정부의 변화에 대한 어젯밤의 첫 공식 발표였다. 박정희가 살해됐다는 소문이 이미 수도 서울에 퍼진 상태였으나 오늘 아침에야 그 소문이 사실로 확인됐다.

정보부 건물 내의 식당

한국 정부의 설명에 따르면 대통령 관저 가까이에 있는 중앙정보부 건물 내 궁정동 식당에서 대통령이 총격을 받았다고 한다. 그는 군 병원으로 급히 이송됐으나 오후 7시 50분(뉴욕 시각으로는 오전 5시 50분)에 사망 선고를 받았다.

밤 11시에 내각이 소집됐고, 그 직후에 총리가 대통령의 직무를 승계할 것이라는 발표가 나왔다. 당시에 서울은 평온했다. 정부청사 주위에 일부 군 병력이 보였고, 청와대 부근에 탱크가 배치됐다. 그러나 소문과는 달리 폭력적 소요가 발생했거나 반정부 행동이 진행 중이라는 징후는 없었다.

박 대통령은 궁정동 식당의 만찬에 가기 전에 서울에서 남쪽으로 100마일 떨어진 대전 근처의 댐 준공식에 참가했다. 그는 헬리콥터로 서울에 돌아왔다.

10 · 26과 미국의 대응

주한미군 사령부는 10월 26일 저녁에 한국 정부와 군부 내에 뭔가 심상찮은 일이 일어났다고 추측하고 있었다. 육군본부 바로 곁에 붙어있는 주한미군 사령부는 한국 정부의 고위 관리들과 군 수뇌부가 이례적으로 육군본부에 모여들고, 경찰과 군 병력이 시내 요소요소에 이동, 배치되고 있는 것을 파악했다.

26일 저녁 8시 30분경 주한미군 사령부는 청와대 안에서 심각한 사고가 일어났다는 정보를 입수했다. 글라이스틴 대사, 하우스먼 미군 사령관 특별고문 등은 즉각 주한미군 사령부의 지하 벙커에 모였다. 당시 주한미군 사령관 겸 한미연합사령부 사령관 존 위컴(John Adams Wickham Jr.) 대장은 본국의 국방부 회의에 참석하려고 워싱턴에 막 도착한 상태였다(위컴은 7월 8일 베시 전 주한미군 사령관의 후임으로 한국에 부임했다).

글라이스틴 대사가 궁정동 사건을 본국에 알린 시각은 27일 새벽 2시 40분, 워싱턴 현지 시각으로는 26일 금요일 낮 12시 40분이었다. 글라이스틴은 이례적으로 백악관의 브레진스키(Zbigniew Brzezinski) 대통령 안보담당 보좌관에게 직접 '긴급안보 전화'를 걸어 "한국에서 모종의 사태가 발생했으며 박 대통령이 사망한 것이 확실하다"고 보고했다.

한국 주재 대사관으로부터 박정희가 사망했다는 엄청난 소식을 들은 브레진스키는 수화기를 놓자마자 카터 대통령의 집무실로 뛰어갔다. 이때가 현지 시각으로 낮 12시 45분. 카터는 그의 집무실에서 존 글렌(John Glenn) 등 몇몇 상원의원들과 함께 소련과 체결한 전략무기제한협정(SALT Ⅱ; Strategic Arms Limitation Treaty Ⅱ)에 대한 의회의 비준 문제를 협의하고 있었다.

브레진스키는 카터 대통령에게 서울에서 쿠데타가 일어나 박정희가 사망한 것 같다고 보고했다. 카터 대통령은 즉각 긴급안보회의 소집을 명했다. SALT Ⅱ 문제에 관한 협의를 위해 카터의 집무실에 있다가 브레진스키의 보고를 함께 듣게 된 상원의원들에게 브레진스키는 "박정희 대통령 사망 소식은 당분간 보도기관에 알리지 말아 달라"고 부탁했다.

30분 후부터 워싱턴의 고위 관리들이 백악관 상황실에 집결하기 시작했고, 오후 2시 정각에 회의가 시작됐다. 모인 사람은 브레진스키 외에 해럴드 브라운 국방장관, 데이비드 존스 합참의장, 에드워드 마이어 육군 참모총장, 존 위컴 주한미군 사령관, 워런 크리스토퍼 국무차관(훗날 클린턴 행정부에서 국무장관이 됨), 프랭크 칼루치 CIA 부국장(훗날 레이건 행정부에서 대통령 안보담당 보좌관과 국방부 장관 역임), 데이비드 아론 안보담당 부보좌관 등이었다. 사이러스 밴스 국무장관은 비행기를 타고 플로리다로 가는 도중이어서 이 회의에 참석하지 못했으나 플로리다에 도착한 직후에 곧바로 워싱턴으로 돌아왔다.

이 회의에 카터 대통령은 참석하지 않았다. 그는 브레진스키에게 안보회의 소집을 명한 뒤 오후 2시에 회의가 소집된 것을 확인하고는 예정대로 주말을 캠프 데이비드 산장에서 보내기 위해 헬리콥터 편으로 백악관을 떠났다. 그는 떠나면서 "회의 결과를 전화로 즉각 보고해달라"고 브레진스키에게 지시했다.

브레진스키가 주재한 안보회의는 우선 주한미군의 경계태세 강화와 북한에 대한 경고, 성명 발표 등 몇 가지 조치를 신속히 취하기로 결정했다.

안보회의는 국무성으로 하여금 외부로부터의 어떤 침략도 용납하지 않겠다고 대한 방위공약 준수를 천명하게 하는 동시에 국방성으로 하여금 주한미군에 경계경보를 내리도록 하고 필요하다면 태평양 지역 내 다른 곳의 미군에게도 비상대기령을 하달할 수 있도록 조치했다. CIA와 DIA(국방정보국)에는 위성과 항공기에 의한 정찰을 강화해 한반도 주변의 군사적인 움직임을 집중적으로 점검하도록 지시했다.

이와 동시에 미국 정부는 외교경로를 통해 한국 내부의 이번 사태에 미국이 개입하지 않았음을 밝히고, 그 사태가 "외부로부터의 새로운 상황전개로 인해 악화되는 일이 없도록" 특히 소련 정부와 중국 정부를 설득하는 작업에 나서기로 했다.

오후 2시 50분에 회의가 끝나자 브레진스키는 즉각 캠프 데이비드 산장으로 전화를 걸어 그곳에 막 도착한 카터 대통령에게 안보회의에서 결정된 제반 조치의 내용을 보고했다. 카터는 즉시 승인했다.

한국의 사태에 대한 미국 정부의 공식 반응은 오후 3시(한국 시각으로는 27일 새벽 5시)경에 처음 나왔다. 그것은 호딩 카터 국무성 대변인의 이름으로 발표된 성명이었다. 그 내용은 다음과 같다.

한국에서 쿠데타가 발생한 것을 확인했다. 미국은 한국의 사태 진전에 관하여 정보를 입수해왔다. 미국은 이번 사태를 한국의 국내 문제로 간주하고 있으며, 모든 관계 당사국에 대하여 자제할 것을 요망한다. 미국 정부는 이 같은 한국의 정세를 이용하려는 외부의 어떠한 시도에 대해서도 한국과의 조약상 의무에 따라 강력히 대응할 것임을 명확히 해둔다.

미국 정부의 이 성명은 서울에서 김성진 문공부 장관이 박정희 대통령의 사망을 정식으로 발표한 시각보다 약 3시간이나 앞서서 발표됐다.

박정희 대통령이 사망했다는 뉴스를 가장 먼저 전 세계에 타전한 보도기관은 AP 통신으로, 그 발신지는 서울이 아닌 워싱턴이었다. 정확하게 말하면 26일 오후 3시 41분(한국 시각으로는 27일 오전 5시 41분)에 AP 통신은 "미국 국무성 관리들은 한국에 계엄령이 선포됐으며 박정희 대통령이 서거했다는 소문이 있다고 말했다. 그러나 이 소문은 확인되지 않고 있다고 그들은 말했다"고 제1신을 띄웠다.

오후 4시에는 미국의 CBS TV가 방송으로는 처음으로 박정희 대통령의 사망에 관한 뉴스를 보도하기 시작했다. 제보자는 브레진스키가 카터 대통령에게 보고할 때 대통령 집무실에 같이 있었던 존 글렌 상원의원이었다. 이때부터 미국의 매스컴은 한국에서 일어난 사태에 관한 뉴스로 홍수를 이루었다. TV는 시간마다 스폿 뉴스로 박 대통령의 사망과 한국의 상황에 대해 보도했다.

미국이 10·26 사건을 쿠데타로 파악하고 있었던 시간에 한국의 정부 당국은 "박정희 대통령이 참석한 만찬이 진행되던 도중에 김재규 중앙정보부장과 차지철 경호실장 사이에 우발적인 충돌사태가 야기되어 김재규가 발사한 총탄에 의해 박 대통령이 서거했다"고 발표했다.

미국 국무성 동아시아 담당 관리들은 주말인데도 쉬지 못하고 전원 비상 근무에 들어갔다. 로저 설리번 국무성 부차관보를 반장으로 하는 임시대책위원회가 국무성 5층에 마련된 상황실에서 밤을 새우며 서울 현지로부터의 보고를 분석하고 북한의 군사행동에 관한 정보를 수집하느라 바쁘게 움직였다. 리처드 홀브루크 국무성 동아시아태평양 담당 차관보가 이 사건을 담당해야 할 책임자였지만 그는 동남아를 여행하는 중이었다. 서울에서 박 대통령 살해 사건이 일어난 시각에 그는 마닐라에 체류하고 있었다.

국무성만이 아니라 국방성도 비상근무 태세에 들어갔다. 동아시아태평양 담당 부차관보인 아머코스트를 중심으로 국방성 관계자들은 서울의 주한미군

사령부 및 하와이의 태평양 사령부와 24시간 정보교환 체제를 가동하는 한편 있을지도 모를 북한의 군사적 행동에 대비하기 위한 조치를 취했다.

이에 따라 우선 병력 3만 9천 명의 주한미군에 방어준비태세 제3호(데프콘 3)가 발동됐다. 이는 평상시에 주한미군에 내려져 있는 데프콘 4보다 한 단계 높은 것이었다. 한미 연합사령부를 통해 한국군에도 같은 수준의 경계태세령이 내려졌다. 이와 동시에 미군은 조기경보기(AWACS) 2대를 한국에 급파하는 한편 동지나 해상에 있던 항공모함 키티호크(Kitty Hawk) 호와 일본의 마이쓰루(舞鶴) 항에 있던 7함대 기함 블루리지(Blue Ridge) 호를 한국 해역으로 이동시켰다.

미국 국방성은 주한미군의 경계태세 강화를 제외한 다른 군사조치는 일단 비밀에 붙였다가 이틀 뒤인 28일(일요일) 브라운 국방장관의 텔레비전 회견을 통해 그 내용을 밝혔다. 이와 동시에 국무성이 소련, 중국, 일본 등에 한국의 사태에 대응해 미국이 취한 조치들의 내용을 통고했다.

미국이 10·26 사태를 처음 알았을 때 곧바로 그것을 쿠데타로 발표한 사실은 여운을 남겼다. 미국은 한국과의 마찰이 정점에 달한 그 시기에 한국에서 쿠데타와 같은 정변이 일어날 것을 예상했거나 기대한 것 아니냐는 의문이 자연스레 제기됐다. 일본의 일부 언론이 신속하게 이런 의문을 제기했다. 10월 28일 〈산케이신문〉은 해설기사에서 "왜 미국은 재빨리 쿠데타로 알았다가 곧바로 쿠데타 설을 취소했는가?"라고 의문을 제기하고 "박정희 대통령 살해 사건과 관련해 미국은 피고인석에 있다"면서 사건이 나기까지 한국과 관련된 미국의 움직임을 추적해본 내용을 보도했다.

〈산케이신문〉의 워싱턴 특파원은 한국 문제와 관련해 미국이 관심을 기울였던 것 중 하나로 박정희 정권의 민족주의를 들면서 "군사적으로 힘을 기른 박 정권 하에서 한국이 어느 날 돌연 반미로 전환하여 핵무장으로 달리게 되는 것은 미국이 무엇보다 경계하는 악몽이었다"고 보도했다. 홍콩에서 발행되는 동남아시아의 권위지 〈파 이스턴 이코노믹 리뷰〉는 11월 9일자 워싱턴발 기사 첫머리에서 다음과 같이 보도했다.

솔직히 말해서 미국 관리들은 박정희 대통령 살해 사건에 대해 크게 놀라거나 곤혹을 느끼지 않았다. 그들은 사건 초기의 어수선함이 가라앉자 사태의 밝은 측면을 기대하는 쪽으로 기울어졌다. 백악관과 국무성, 그리고 국방성은 박 대통령의 사망이 그 한 사람의 희생으로 그칠 뿐 한국 정부에 영향을 미치지는 않는다는 생각을 갖고 있다.

전두환 정권의 성립

10 · 26 사건으로 한순간에 모든 정치적 흐름이 반전되고 한국의 권력지도가 순식간에 변했다. 박정희로 상징되던 유신체제는 자연스럽게 허물어져가고 빈 자리를 군부와 3김씨가 채웠다.

한국 정부는 10월 27일 새벽 4시 제주도를 제외한 전국에 비상계엄령을 선포했다. 정승화 육군 참모총장이 계엄사령관에 임명되고 최규하 국무총리가 대통령 권한대행이 됐다. 또한 계엄법에 따라 보안사령관 전두환(全斗煥)이 합동수사본부장이 됐다.

유신체제는 청와대를 정점으로 중앙정보부, 대통령 비서실, 대통령 경호실, 군부 등 5대 권력기관에 의해 지탱됐다. 그런데 10 · 26 사건으로 대통령은 피살되고, 김재규 중앙정보부장은 범인으로 구속되고, 김계원 비서실장은 내란공모죄로 구속되고, 차지철 경호실장은 피살됐다. 이로 인해 청와대, 중앙정보부, 비서실, 경호실은 무력화됐고, 군부가 유일한 권력기관으로 존속하게 된 셈이었다.

한국에서 정보수집이나 수사의 능력을 가진 기관은 중앙정보부, 보안사령부, 검찰, 경찰, 대통령 비서실, 대통령 경호실인데, 합동수사본부는 이 모든 기관의 업무를 다 흡수함으로써 단숨에 권력의 핵으로 떠올랐다(전두환의 장인 이규동 씨는 전두환이 대통령이 된 직후 언론과의 인터뷰에서 전두환이 집권하게 된 것은 그가 보안사령관이었기 때문이라고 직설적으로 말한 바 있다). 이러한 상황은 전두환이 군부만 장악하면 모든 국가권력을 한 손에 쥘 수 있게 된다는 의미였다.

전두환의 급부상은 해외 언론에도 여러 차례 보도됐다. 1979년 11월 1일 일본 〈마이니치신문〉은 일본 외무성 소식통의 말을 인용해 '전두환 계엄사령부 수사본부장, 한국의 실권을 잡다' 라는 제목의 기사를 내보냈다.

… 이 소식통은 비상계엄령 하의 한국에서는 군부가 치안과 국정 전반을 장악하고 정승화 계엄사령관, 김종환 합참의장, 전두환 보안사령관 등 군 수뇌부가 중심적 역할을 맡고 있다고 보고 있다. 특히 전두환 사령관에 대해서는 ① 박정희를 사살한 김재규 전 중앙정보부장이 군부를 끌어들이려고 했을 때 보안사령부를 동원하여 이를 저지하고 평온이 유지되게 했다는 정보를 갖고 있고, ② 군의 젊은 엘리트를 배출한 육사 11기생의 실력자로서 동기생들이 실전부대의 사단장으로 있으며, ③ 사건 수사의 최고 책임자로서 군의 질서 유지에 있어서 중심인물이라는 점 등을 들어 군의 실권이 정승화 계엄사령관 등 군의 장로층이 아니라 전두환 사령관에게 있는 것으로 판단된다고 강조했다.

박정희와 정면대결을 했던 김영삼 신민당 총재는 박정희 살해 사건 이후 더욱 주목받게 됐다. YH사건, 야당 총재직 직무정지 가처분, 김영삼의 국회 제명, 부마사태로 이어진 2개월간의 '10·26 전야' 는 박정희 대통령과 김영삼 신민당 총재의 대결이 펼쳐진 기간이었다. 그리고 그 끝은 '중앙정보부장의 대통령 살해' 였다. 많은 국민이 10·26 사건 자체를 김영삼 총재가 승리해 거둔 '전리품' 으로 인식했다. 정권 쪽에서, 그리고 당 내에서 그를 죄어오던 도전은 일시에 사라졌다. 총재직 직무정지 가처분도 철회됐다.

10·26 사건 당시 김대중은 동교동 자택에 연금돼있었다. 김대중은 1971년 대통령 선거에서 95만 표 차이로 낙선했지만, 많은 국민이 그때의 선거결과는 그가 '실질적인 승리'를 거둔 것으로 간주하고 있었다.

오랫동안 박정희의 후계자로 거론돼온 김종필은 박정희가 사망한 뒤 유신체제의 정치기반을 흡수해나갔다. 공화당으로서는 다른 선택의 여지가 없었다. 10·26 사건 당시에 김종필은 평범한 국회의원 중 한 사람이었지만 누구도 그가 박정희의 후계자가 되는 것에 반대하지 않았다. 최규하 대통령 권한대행도 그에게 과도정부를 이끄는 것이 어떠냐고 권유할 정도였다.

10월 28일 글라이스틴 주한 미국 대사가 미국 국무성에 한국의 정치상황을 분석한 내용의 글을 보냈다. 이 글에서 그는 야당이 집권할 가능성에 대해 회의적인 견해를 밝혔다. 이 글의 주요 내용은 다음과 같았다.

지난 18일 박정희 대통령을 마지막으로 만났을 때 보니 그 자신도 강경책의 효용성을 의심하고 있는 것 같았다. 한국 국민의 대다수는 지금 다소 완화된 유신체제를 원하고 있는데, 이것이 파당적이고 무모하며 공격적인 정치인들에 의해 실현될지는 의문이다. 몇 사람을 박정희의 후계자로 상정할 수 있다. 김종필이 집권하면 그는 상황을 확실하게 장악할 수 있을 것이고, 정일권은 분권화된 권력구조를 조정하는 역할을 할 수 있을 것이다. 이후락도 지지세력을 모으는 노력을 해보겠지만, 그는 너무나 많은 미움을 받고 있다. 김대중과 김영삼도 참여하는 직접선거가 이루어질 가능성은 거의 없다.

야당은 곧 도저히 성취할 수 없는 수준의 민주화 요구를 하고 나설 것이다. 그들이 너무 빨리, 너무 세게 민주화 요구를 하고 나서면 상황이 극한적인 대결과 혼란, 그리고 불가측성으로 회귀할 가능성이 높다. 지금 군은 오랜만에 좋은 일을 하고 있는 것 같지만, 불투명한 상황에서 경쟁이 격화되면 고전적인 형태의 쿠데타가 일어날 가능성도 있다. 새로운 힘의 균형이 언제 이루어질지는 예상하기 힘들다.

군부는 임시적으로 최규하가 계속해서 대통령직을 수행하기를 바라고 있으며, 집단지도체제로 권력을 유지하고 싶어 하는 것 같다. 벌써 나를 찾아오는 장군들, 반체제 인사들, 정치적 기회주의자들이 많은데, 이들은 미국의 도움을 얻어 자신들의 사익을 추구하려고 할 것이다. 1979년의 한국은 우리가 협박하여 민정이양으로 유도할 수 있었던 1960년대 박정희 정권 하의 한국이 아니다. 우리가 권력구조 개혁을 너무 서둘러 한국 정부에 압력을 넣다가는 반미감정의 폭발을 초래할 것이다.

계엄령 아래서 정승화 육군 참모총장 겸 계엄사령관을 포함한 군 수뇌부는 유신헌법의 폐지는 불가피하다고 판단했다. 이들은 10 · 26 직후인 10월 29~30일 이틀간 국방부 안에서 비밀회의를 갖고 유신헌법을 폐지하는 데 합의했다. 그러나 전두환은 유신헌법을 조기에 폐지하는 데 반대했다.

11월 3일 고 박정희 대통령의 국장이 200만 인파가 거리에 나온 가운데 거행됐다. 미국의 조문사절로는 사이러스 밴스 국무장관이 참석했다. 장례식이 끝난 후 박동진 외무장관이 밴스 국무장관과 면담했다. 리처드 홀브루크 국무성 동아시아태평양 담당 차관보도 배석했다. 이 면담에서 박동진 장관은 다음과 같이 말했다.

나의 판단은 매우 개인적인 것이고 나의 언급이 비판적이라고 여겨질 수도 있지만, 박정희 대통령 아래서 4년 가까이 국무총리로 일한 최규하 대통령 권한대행은 상황을 이끌어가기보다는 따라가는 스타일의 비교적 소극적인 인물이다. 하지만 솔직하고 진실되며 성실한 분이다. 박 대통령이 워낙 강했기 때문에 최 대행은 목소리를 내는 것을 삼갔고, 개입하는 것을 꺼렸다. 하지만 지금 전혀 예상치 못하게 막중한 책임이 그의 어깨에 놓이게 됐다. 최 대행은 현재 회의를 소집해서 협의를 통해 결정을 하는 방식으로 그의 책무를 수행하고 있다. 그는 적극적인 인물은 아니지만, 오히려 이니셔티브를 쥐지 않으려고 하고 합의에 따르려고 하므로 실수는 하지 않을 것이다. … 지난 일주일 동안 최 대행과 노재현 국방장관, 정승화 육군 참모총장, 김종환 합참의장 등 5~6명이 참석하는 조찬모임이 매일 아침 있었다. 그 조찬모임은 지금까지 질서 있게, 전혀 불편함 없이 진행돼왔고, 최 대행은 이 회의에서 채택된 것을 자신의 입장으로 삼고 있으며, 이러한 일처리 방식은 유용하며 당분간 계속될 것이다.

홀브루크 차관보는 "현재 50여 명의 주요 외신기자들이 한국에 들어와 있다는 점을 유념해야 한다. 이 기간의 모든 것은 세계로 증폭되어 알려질 것"이라고 주의를 주고 "10·26 사건 연루자들을 공개하는 것이 중요하다. 미국의 경우 케네디 대통령이 암살된·이후 여러 사건들로 인해 여러 해 동안 시달렸다"고 말했다. 이는 케네디 암살을 둘러싸고 여러 가지 음모론이 제기됐던 사실을 지적한 것이다. 그는 "이곳의 기자들은 수많은 루머를 듣고 있는데, 그런 루머를 하루빨리 진화하는 것이 바람직하다" 면서 10·26 사건에 대한 수사 결과를 전면 공개할 것을 촉구했다.

이에 박동진 외무장관은 "수사기록 발표는 준비 중이라고 듣고 있다. 그러나 많은 사람들이 수사대상인데다 진술의 진위를 확인하는 과정에 많은 시간이 걸린다"고 답변했다. 그는 10·26 이후의 정국을 안정시키기 위해 반드시 피해야 할 3대 요소로 정치적 보복, 군부의 권력 장악, 유신체제의 존속을 꼽으면서 이를 피할 수 있도록 미국이 협력하고 자문해줄 것을 요청했다.

박동진은 최규하 권한대행을 수반으로 하는 과도정부가 10·26 사건 이후 북한의 도발에 대한 대비, 경제적 혼란의 차단 등에 힘쓰고 있지만 "정치적인 문제에 대해서는 깊이 있는 논의를 하지 못하는 상태"라며 헌법 개정의 방식과 시기, 대통령 선출 방식, 군부와 야당에 대한 대응 등과 관련된 정치적 해법에 대해 밴스 장관과 협의했다.

밴스 장관은 "미국 행정부는 10·26 이후 한국에서 민간에 의한 통제가 지속되고 있는 점을 인상적으로 느끼고 있고, 이 부분은 미국과 전 세계가 주목하고 있다"면서 "군부가 권력 장악에 나서는 혼란이 생기지 않도록 내가 야당과 접촉할 때 절제하라고 당부할 것"이라고 말했다.

홀브루크는 "존 위컴 한미연합사령관은 '군부 쪽에서는 정권장악에 나설 의향이 없는 것으로 보인다'고 보고해왔다"고 전했다.

그러나 박동진은 "한국 군부는 매우 크고 많은 파벌이 있다"면서 미국의 그런 판단에 대해 우회적으로 문제제기를 하고 "혼란이 일어나면 군부는 권력 장악에 나설 수 있다"고 말했다. 그는 향후 한국 정치체제를 결정할 5대 요소로 군부, 정치권, 대학생과 지식인, 과도정부, 미국을 꼽고 "이들 요소가 종합적으로 한국의 미래에 영향을 미칠 것이며, 한국 국민은 미국이 현 사태의 전개 과정에 대해 어떤 태도를 취하느냐를 주시하고 있다"고 말했다. 그는 이어 "국민은 유신헌법을 잘못된 헌법으로 여기고 있다"면서 개헌의 필요성을 이야기했다.

밴스는 군부와 야당이 절제된 태도를 유지할 수 있게 하기 위한 정부의 정국안정화 방안과 그 다음 주로 예정된 최규하 권한대행의 대국민 담화의 내용에 대해 물었다. 박동진은 대통령 선출 절차와 대통령의 권한에 관한 여러 방안에 대해 설명하며 조언을 구했고, 최규하 권한대행의 대국민 담화 초안을 미국 측에 미리 전달할 것이라고 말했다. 이에 밴스도 사전협의는 중요하다고 말했다.

밴스는 정국수습을 위해 한미 양국 정부 사이에 긴밀한 협의가 필요하다면서도 미국의 개입에 대한 한국 국민의 반발을 의식해 "여론의 비판에 휘말리지 않도록 주의해야 한다"고 말했다. 그리고 그는 현안에 대해 한국 정부가 글라이스틴 주한 미국대사 및 위검 주한미군 사령관과 상의해줄 것을 당부했다.

밴스는 이날 박동진 장관과 면담한 데 이어 청와대로 가서 최규하 대통령 권한대행과도 면담했다. 그는 "대통령께서 필요하다면 언제든지 미국 정부에 조언을 구할 수 있다"며 "결정은 한국 정부가 내려야 하겠지만 도움이 필요하다면 글라이스틴 대사와 위컴 사령관이 지원할 것"이라고 말했다.

11월 5일 김영삼 총재는 최규하 대통령 권한대행을 만나 과도기간을 3개월로 끝낼 것을 제안했다. 아직 유효한 유신헌법은 대통령이 궐위된 때에는 3개월 이내에 남은 임기를 채울 대통령을 뽑는 보궐선거를 실시하도록 규정하고 있었다. 김영삼 총재의 제안은 국민이 유신헌법을 거부하므로 유신헌법에 의한 대통령 선거는 의미가 없다는 전제 아래 유신헌법에 규정된 보궐선거의 시한 이전에 과도기간 전부를 끝내자는 것이었다. 김영삼 총재는 3개월 안에 개헌을 하면 유신헌법에 의한 대통령 선거는 하지 않아도 된다는 점도 설명했다. 그는 4·19 직후 허정 과도정부가 3개월 이내에 새 헌법을 확정해서 민주당 정부가 탄생하게 된 전례를 최규하 대행에게 상기시켰다.

최규하 권한대행은 김영삼 총재의 제안에 원칙적으로 동의한다는 뜻을 밝혔다. 그는 3개월 이내에 과도정부의 기능을 마칠 수 있을지에 대해서는 확실한 대답을 하지 않았으나, 자신은 권한대행으로서의 임무를 끝내고 싶다고 말했다. 그러나 3개월 이내의 과도체제 종식은 김영삼의 희망이었을 뿐이다.

11월 10일 최규하 권한대행은 '정국에 관한 특별담화'를 통해 "현행 헌법에 따라 1980년 1월 25일 이전에 통일주체국민회의에서 제10대 대통령을 선출한다"며 "새 대통령은 헌법에 규정된 잔여임기를 채우지 않고 빠른 시일 안에 헌법을 개정하고 대통령 선거를 실시해 정부를 이양하기를 바란다"고 밝혔다. 비슷한 시기에 노재현 국방부 장관이 정승화 계엄사령관 등 주요 군 지휘관들이 배석한 가운데 군의 정치적 중립을 선언하는 특별성명을 발표했다.

11월 12일 공화당은 전 국무총리 김종필을 총재로 선출했고, 신민당은 정부에 김대중에 대한 연금조치를 해제할 것과 긴급조치 9호를 폐지할 것을 요구했다. 이날 오전 10시 안국동 윤보선 전 대통령 자택에는 함석헌을 비롯한 국민연합 관계자 50여 명이 모였다. 현역 정치인 중에서는 양일동 통일당 총재가 유일하게 참석했다. 국민연합은 내외신 기자회견을 갖고 통일주체국민회의에서 대통령 보궐선거를 실시하는 것에 반대하면서 "유신헌법을 즉각 폐지하고 거국내각을 구성해 조기총선을 실시하라"고 주장했다.

11월 17일 김종필 공화당 총재가 신민당을 방문해 김영삼 신민당 총재와 여야 영수회담을 가졌다. 이미 정계는 여당과 야당의 구분이 희미해진 상태였다. 김종필은 3개월은 새 정부 수립을 준비하는 기간으로는 너무 짧다고 말했다. 그리고 공화당은 대통령 보궐선거에 후보를 내지 않겠다고 말했다. 과도정부는 헌법개정을 관리하는 일과 새 정부를 수립하기 위한 선거를 관리하는 일 등 두 가지 임무를 갖게 되므로 정당 배경을 가진 사람이 과도정부를 이끌어서는 안 되기 때문이라고 설명했다. 김종필은 이 회담에서 공화당도 야당을 할 각오라고 말했다.

김영삼 총재는 이날 김종필과의 회담에서 유신헌법에 의한 대통령 보궐선거에 대해 묵시적으로 동의했다. 그가 이때 처음으로 '과도정부 3개월 이내 종식' 입장에서 물러선 데는 사면복권을 기다리고 있는 김대중에 대한 고려도 작용했다. 3개월 이내에 새 정부를 수립하는 방안을 고집하면 야권에서 그의 경쟁자인 김대중에게 공평한 기회를 주지 않으려고 그러는 것이라는 비난을 받을 수 있기 때문이었다.

11월 24일 국민연합, 해직교수협의회, 민주청년협의회가 통일주체국민회의에 의한 대통령 선출에 반대하는 집회를 YWCA에서 가졌다. 이 집회와 관련해 계엄사령부가 96명을 연행했다.

11월 26일 국회에서 헌법개정심의 특별위원회 구성안이 여야 만장일치로 가결됐다. 위원장은 공화당의 김택수 의원이 맡게 됐고, 위원 28명은 공화당과 신민당에서 똑같이 14인씩 추천한 대로 선임됐다. 이날 정승화 계엄사령관이 언론사 사장들을 오찬에 초대해 자신의 입장을 밝혔는데, 이것이 이른바 '김대 중 비토 발언'으로 알려져 파문을 일으켰다. 이희성 중앙정보부장 서리가 보여 준 '김대중 파일'을 읽고 크게 놀란 바 있는 정승화는 이날 언론사 사장들에게 김대중에 대한 자신의 견해를 밝혔다. 다음은 이에 대해 정승화가 나중에 회고 한 내용이다.

국방장관 및 군 수뇌들과 상의한 결과 정치권에 대한 입장을 자연스럽게 밝히 기로 했다. 11월 26일 언론사 사장들을 오찬에 초대했다. 나는 군의 정치적 중 립 입장을 천명하면서 앞으로 국가원수가 되는 사람은 용공의 혐의나 과거가 있는 사람이 되어선 안 된다는 내용의 얘기를 했다.
참석자 중 누군가가 "대통령에 입후보할 가능성이 있는 사람들 중 누가 용공의 과거가 있는 사람인가?"하고 물었다. 나는 "김대중 씨가 한때 공산주의자였고 그 후에도 전향한 뚜렷한 증거가 없다. 국회의원으로 활동했고 과거 대통령 선 거에서도 많은 표를 얻었지만 석연치 않은 점이 많다"고 대답했다. "그것은 참 모총장 개인의 의견인가 군의 뜻인가?"라는 질문이 이어졌다. 나는 "내 개인 의견이지만 군 장성들은 대개 이러한 나의 의견에 찬동하고 있고 따라서 국군 의 입장이라고 볼 수 있다"고 설명했다.
다시 "선거법상 하자가 없고, 또 국민이 그를 대통령으로 선출한다면 어떻게 할 것이냐?"는 질문이 이어졌다. 나는 "그의 출마에 대해 현재의 법으로 어떤 제한도 할 수 없기 때문에 심각하다"고 말했다(정승화 계엄사령관은 당시 긴급 조치 해제 이전이었으나 김대중의 사면·복권을 기정사실화하고 있었다).
다음날인 27일엔 각사 편집국장들을, 30일에는 국방부 출입 기자들을 초대했 다. 그들의 관심도 대동소이했고, 나의 답변도 변함이 없었다.
며칠 후 전두환 보안사령관이 찾아와 김대중 씨에 대한 나와 언론인의 대화가 상당히 파문을 일으키고 있는 것 같다고 보고했다. 전 사령관은 이어 "김대중 씨 세력이 앞으로 사령관께 어떤 모략을 해올지도 모른다"며 "보안사에 보관돼 있는 김 씨의 용공혐의 자료들을 각 지구 보안사 파견대에 내려 보내 주요 지휘관들에게 알리는 게 좋겠다"고 건의했다. 나는 이를 허락했다.

12월 1일 국회에서 공화당과 신민당이 공동 발의로 긴급조치 9호 해제를 건의했다. 12월 6일 최규하 대통령 권한대행은 유신헌법에 따라 단독 후보로 통일주체국민회의에서 제10대 대통령에 선출됐다. 최규하 과도정부는 12월 7일 긴급조치 9호 해제를 선언했다. 이날 밤 12시 정각에 마포 경찰서장이 김대중에게 가택연금 해제를 통보했다. 다음날에는 긴급조치 9호 위반으로 실형을 선고받은 학생 33명과 일반인 35명이 모두 석방됐고, 재판 중이던 미결수들도 풀려났다. 김대중은 12월 9일 〈워싱턴 포스트〉와의 회견에서 헌법이 개정된 뒤에 대통령에 출마하고 싶다고 말했다. 12월 10일 최규하 대통령이 신현확 경제기획원 장관을 국무총리에 임명했다.

보안사령관 전두환은 합동수사본부장으로서 정승화 계엄사령관을 압박하고 있었다. 정승화는 김재규와 같이 범행현장 부근에 있었다는 이유로 의심을 받고 있는 입장이었다. 이런 가운데 정승화 계엄사령관이 전두환을 동해경비사령관으로 좌천시킬 것이라는 소문이 나돌았다. 전두환은 자신의 군부 내 사조직인 하나회를 기반으로 쿠데타를 계획했다.

전두환은 12월 11일 CIA의 한국지부장인 로버트 브루스터(Robert Brewster)와 비밀리에 만났고, 그 다음날인 12월 12일 저녁에 쿠데타를 일으켜 정승화 계엄사령관, 장태완 수도경비사령관, 정병주 특전사령관 등 군 수뇌부를 체포했다. 전두환은 계엄사령관을 비롯한 군의 주요 보직을 자기가 수족처럼 부릴 수 있는 하나회 회원이나 자기가 배후조종할 수 있는 자들로 채워 군을 완전히 장악했다. 다음은 이 12·12 쿠데타를 다룬 12월 15일자 〈뉴욕 타임스)의 논설이다.

남한에 대해 목소리를 내야 할 때

한국에서 한동안 미스터리 살해사건으로 보였던 사건이 추악한 쿠데타로 귀결됐다. 이번 주에 군부 강경파가 16명의 최고위급 장교들을 체포한 것은 민주주의로 조기에 전환할 기회를 없앤 것으로 보인다. 미국은 이 냉혹한 드라마를 가만히 바라보기만 할 수 없다.

6주 전에 박정희 대통령 살해로 더 자유로운 정치제도를 수립하기에 좋은 기회가 생겼다. 그러나 변화에 가장 개방적인 장교들이 박정희 살해에 대한 '조사'에서 주된 희생자가 됐다. 최고위급에서 권력투쟁이 벌어지는 동안 탄압 조치와 개혁 약속이 번갈아 나왔다. 그러나 이제 권력투쟁은 박정희에 의한 독재의 전통을 유지하려는 새로운 군부 실력자에게 유리한 방향으로 귀결된 것 같다.

미국은 이러한 상황을 통제할 수 없더라도 그로 인해 손해를 입는다. 3만 8천 명의 주한미군 병력은 북한의 남침위협을 억제한다. 그들이 한국에 주둔하는 것은 누가 한국을 지배하는가와 무관하게 미국의 전략적 이익에 기여한다. 그러나 미국이 그토록 깊이 관여하고 있는 국가에서 자유가 부정되는 것은 계속해서 미국을 당혹하게 할 것이며, 더 나아가 미국의 이익에 위험요소가 된다.

이란혁명이 분명히 보여주었듯이 민중의 열망을 무시하는 정부는 무한정 민중의 충성을 확보할 수 없다. 한국 국민은 강력한 반공주의자들이다. 그러나 보다 민주적인 정치체제를 바라는 그들의 억압된 욕구를 통치자가 더 오래 누를수록 폭발의 위험은 더 커질 것이다. 그리고 한국이 불안정할수록 북한은 남침의 유혹을 더 크게 받는다.

미국은 한국 정치의 중재자가 될 수 없다. 그러나 최근의 역사는 미국이 큰 영향력을 행사할 수 있음을 보여준다. 미국 정부가 분명하게 우려를 표명해서 박정희 대통령으로 하여금 1963년, 1967년, 1971년에 비교적 자유로운 대통령 선거를 치르게 했다. 그러나 근년에는 미국 관리들이 침묵했다. 한국의 인권유린은 카터 행정부의 대한 정책에 큰 영향을 주지 않았다. 그리고 박정희 대통령이 외국의 인권탄압 완화 요구를 점점 더 무시하는 태도를 보였다는 주장도 할 수 있겠으나, 올해의 폭동과 박정희 살해 이후에는 상황이 확실히 변했다.

이번 주의 사태로 질서 있는 변화는 훨씬 더 어려워졌을 것이다. 그러나 미국이 더욱 강하게 의사표시를 하는 것은 여전히 상황전개에 영향을 줄 수 있을지도 모른다. 한국의 강경파 장군들은 정치적 감수성도 보여주지 못했고 폭넓은 대중적 지지를 얻어내는 모습도 보여주지 못했다. 그들의 민주적인 정적들은 둘 다를 보여주었다. 그들을 저버려서는 안 된다.

다음은 12·12 쿠데타로 인해 미국 정부가 안보에 대해 갖게 된 우려를 보도한 〈뉴욕 타임스〉의 1979년 12월 19일자 기사다.

서울의 파쟁—미국은 위험의 확대를 두려워한다

카터 행정부 관리들이 이란의 위기에 매달려 있는 사이에 이란의 경우보다 더 위험할 수 있다고 일각에서 말하는 한국의 비상사태가 그들에게 당면 문제로 떠올랐다.

카터 행정부 관리들은 난국에 처한 한국에서 정치적 안정을 이룰 능력을 유일하게 갖고 있는 한국 군부의 단결을 저해할 수 있는 파쟁에 대해 매우 당혹스러워하고 있다. 한국이 내부 분열에 빠지는 것과 미국이 다른 곳의 위기로 눈길을 돌리는 것을 북한이 기회로 본다는 것이 지난 사반세기 동안 그랬듯이 지금도 문제가 되고 있다.

관리들은 한국군의 지휘와 통제가 더욱 악화되면 한 고위 관리가 말한 대로 한국이 "한국전쟁 이후 가장 심각한 국가위기"에 부닥칠 수 있다고 지적한다.

북한의 군사적 움직임은 없다

미국을 자극하지 않으면서 어느 선까지 갈 수 있는지를 거듭 측정해온 북한은 지금까지는 선전, 정치적 전복, 군사행동 등을 하는 조짐을 보이지 않고 있다. 그러나 분석가들은 기민하고 이성적이라는 평가를 받는 김일성 주석이 북한의 수도 평양에서 남한의 상황을 주의 깊게 관찰하고 있다고 확신하고 있다.

미국 관리들은 한국을 통제하고 있는 일단의 장군들이 질서 있는 정치적 절차로 돌아가도록 설득하기 위해 주로 대중의 눈에 띄지 않는 방식으로 맹렬하게 일하고 있다. 윌리엄 글라이스틴 대사와 주한미군 사령관 존 위컴 장군은 한국의 관리와 장군들에게 그들이 한국의 안보와 대미관계를 위험에 빠뜨렸다고 경고했다.

이곳의 관리들은 정치에 개입하지 않겠다는 장군들의 개인적인 다짐에서 약간의 희망의 조짐을 보았다고 말한다. 그러나 모두 우려를 감추지 못하고 있으며, 미국의 노력이 성공할 것이라고 장담하는 사람은 없다. 그들은 상황이 더욱 나빠져서 장군들이 원한다 할지라도 정치에서 발을 빼지 못하게 될까봐 우려하고 있다.

한국의 비상사태는 중앙정보부장 김재규가 오랫동안 한국을 철권통치해온 박정희 대통령을 살해한 10월 26일에 시작됐다.

그러나 정승화 장군 휘하의 군부가 혼란을 예방하려고 재빨리 움직였다. 미국 관리들에 의해 고무된 군부는 최규하 대통령 권한대행이 정식으로 대통령에 선출되어 전임자인 박정희가 만든 억압기구를 제거하는 일을 시작하도록 했다. 그런데 지난주에 전두환 소장이 이끄는 젊은 장군들의 파벌이 정승화 장군을 체포하고 정권을 장악했다.

군율 위반

미국 관리들은 한국의 정치적 후퇴라는 문제 외에도 전두환 장군과 그의 동료들이 자신들의 상관에게 거역했을 뿐만 아니라 한미연합사 체제 아래서 미국 장군들의 명령에도 거역하여 명백히 군율이 붕괴됐다는 문제도 있다고 말한다.

이곳에서는 한국군의 단결이 더욱 해이해지고 파벌다툼이 한국군의 경계태세를 약화시키고 있다는 점과 더 나아가 전쟁이 일어날 수 있다는 점에 대해 사람들이 우려하고 있다. 지난주의 쿠데타 도중에 두 차례의 심각한 충돌이 있었다.

지금까지 북한이 보여준 반응은 자제된 것이었다. 북한 방송의 표현을 그대로 옮기면, 북한은 "자국의 주권과 위엄을 지키고 미 제국주의자들의 모든 책동을 좌절시키기 위한 성스러운 투쟁에 나선 이란 민중"에게 갈채를 보냈다.

그러나 서울의 사태에 대해서는 북한 방송이 사실을 보도하고 다음과 같은 온건한 논평을 하는 데 그쳤다. "이러한 모든 사태는 한국 군부 내 파벌간 권력투쟁에서 비롯된 것이라고 한다."

12년 전에 북한은 미국의 첩보함 푸에블로 호를 나포하고 그 승무원들을 11개월간 인질로 잡은 바 있다. 그 당시에는 미국이 베트남에 깊숙이 개입하고 있었기 때문에 북한이 무사할 수 있었다.

이곳의 관리들은 김일성 주석이 과거의 경험에 바탕을 두고 현재의 상황을 오판할 지도 모른다고 염려하고 있다. 그러나 그들은 미국의 분위기가 그때와는 매우 다르다는 점, 카터 대통령의 지도력이 시험받고 있다는 점, 미국은 서태평양에 배치된 항공모함 1척과 신속대응이 가능한 오키나와 주둔 해병 1개 사단을 군사력으로 갖고 있다는 점 등을 지적한다.

전두환은 정승화 육군 참모총장이 김재규와 공모했다면서 12 · 12 군사반란을 합동수사본부의 정당한 수사활동이라고 강변했다. 전두환은 정승화의 공모혐의를 분명하게 입증하지 못하고 '범행방조죄' 라는 해괴한 죄목을 만들었다. 다음은 12·12 쿠데타 뒤에 선두환에 의해 육군 참모총장 겸 계엄사령관으로 임명됐던 이희성이 1995년 12월 12일 검찰에서 진술한 내용 중 일부다.

— 진술인이 12·12 사건 당시 맡고 있던 중정부장 서리의 임무는 무엇인가요?

"중정부장의 본래 임무는 국가 주요 정보를 수집, 분석하고 국가 정보기관을 조정, 통제하는 것이었습니다. 그런데 제가 부임할 당시에는 중정의 국장, 부국장 중 대다수가 대통령 시해 사건과 관련해 합수부에 끌려가 조사를 받고 있어서 중정의 기능이 마비상태였습니다. 당시 제가 해야 할 가장 중요한 일은 중정의 자금과 정보를 보존, 관리하고 조사를 받고 있는 국장, 부국장들을 빨리 석방되게 노력해 복귀시킴으로써 중정의 기능을 회복하는 것이었습니다."

— 1979년 12월 12일 보안사 요원들이 당시 육군 참모총장인 정승화를 연행할 때 진술인은 어디에 있었나요?

"필동에 있는 동보성이라는 중국 음식점에서 군 동기생 4~5명과 함께 저녁식사를 하고 있었습니다."

— 진술인은 12·12 사건이 발생했다는 사실을 알고 난 후 어떤 조치를 취했나요?

"그날 21시 30분경 일단 중정의 제 사무실로 들어가서 보니 정보부 주요 간부들(1차장, 2차장, 국장들을 지칭)이 모여 있었으나 아직까지 상황파악을 못하고 있었습니다. 제가 들어간 직후부터 경복궁 30경비단 쪽에 노태우, 전두환, 황영시 등이 모여 있다는 정보가 들어오기 시작했고, 수경사와 30경비단이 서로 병력을 출동시키려는 움직임을 보이고 있다는 정보도 들어왔습니다. 당시 제 생각으로는, 우선 병력이 충돌하는 사태를 막는 것이 급선무라고 생각해 수경사 장태완 사령관과 30경비단 장세동 대령에게 전화를 여러 차례 해 아군끼리 충돌하면 국민에게 막대한 피해를 입히게 되고 북괴가 오판할지 모르니 병력출동을 하지 말라고 권고했습니다. 그래서 병력출동을 하지 않겠다는 약속을 받았습니다."

— 정승화가 연행된 사실을 알고 난 후 바로 집으로 전화를 해 처에게 "공기가 수상하니 집에서 자지 말고 나가서 자라"고 한 사실이 있나요?

"예, 그런 사실이 있습니다."

— 그 당시 '진도개 하나' 비상발령 사실에 대해 알았나요?

"저는 그 당시 군에서 '진도개 하나' 비상발령 사실을 보고받은 바 없습니다."

— 당시 진술인은 육군 중장 계급으로 국가 최고 정보기관인 중정의 부장서리로 재직 중이었는데, 국방부나 육본으로부터 비상발령에 대한 통보를 받지 않았나요?

"통상 군에서 비상을 발령할 경우 중정에도 통보해 협조를 요청하는 것이 정상인데, 그 당시에는 비상발령에 대한 보고를 듣지 못했습니다."

— 1979년 12월 12일 저녁 장세동 30경비단장과는 언제 어디서 어떤 경위로 몇 차례 전화통화를 했으며 그 내용은 어떤 것인가요?

"중정으로 들어와 사태를 파악한 후 얼마 지나지 않아 제가 중간에서 중재를 해 사태를 수습하는 것이 좋겠다고 판단하고 먼저 30경비단으로 전화해 장세동 대령에게 절대 병력을 움직이지 말라고 했습니다. 그후 7~8회 이상 장 대령과 통화했습니다. 당시 30경비단과 수경사령부에서는 서로 전차의 시동을 꺼야 상대방 병력이 출동하지 않는 것으로 받아들일 것 아니냐고 했던 기억이 납니다. 제가 중간에서 연락할 것이 아니라 서로 직접 통화해 병력을 동원하지 않기로 약속하라고까지 했습니다. 9공수여단이 출동했다고 해 제가 9공수에 전화해서 병력이 돌아온 사실을 확인한 후 다시 장 대령에게 알려주는 등 쌍방 병력이 출동하지 않도록 설득하는 역할을 했습니다."

— 진술인은 윤흥기 9공수여단장에게 전화를 걸어 병력을 출동시키지 말도록 요청한 사실이 있나요?

"1979년 12월 13일 0시 30분경 9공수에서 병력을 출동시켰다는 보고가 올라와 남산의 제 집무실에서 윤흥기 여단장에게 전화를 걸어 병력출동을 막으려 했습니다. 그러나 그때는 이미 9공수여단이 부대로 복귀한 뒤였습니다."

― 다른 부대의 출동에 관한 정보는 입수하지 못했나요?

"예, 9공수가 서울로 출동한다는 보고 밖에 못 받았습니다."

― 진술인이 중정 부장으로서 권한 밖의 '병력출동 자제'에 대해 군 관계자에게 요청한 경위는 무엇인가요?

"당시 제가 중정 부장이라는 중책을 맡고 있었기 때문에 국가의 안위를 위해 개인적인 판단으로 병력출동 자제를 요청한 것이었습니다. 제가 오래 군생활을 해 군 관계자들을 잘 알고 있었기 때문에 전화를 한 것입니다."

― 사실은 그런 이유가 아니고, 진술인이 합수부 측에 가담해 육본의 정식 지휘계통에서 육본과 국방부를 방어하기 위해 9공수 병력을 출동시킨 사실을 알고 합수부 측을 위해 9공수여단장에게 전화를 걸어 회군을 요청한 것 아닌가요?

"저는 육본 측에서 9공수여단 병력을 출동시킨 사실을 모르고 있었습니다. 양측 병력이 충돌해서는 안 된다는 생각에서 전화를 걸었는데, 그때는 이미 9공수 병력이 부대로 복귀한 뒤였습니다."

― 진술인은 남산 집무실에 있다가 밤 12시가 넘어서 삼청동 공관으로 간 사실이 있나요?

"예, 시간은 정확하지 않으나 12시 이후 병력출동을 자제하라는 전화를 여러 곳에 한 후 내가 직접 나가봐야겠다고 생각되어 전두환 보안사령관에게 전화를 건 후 보안사로 가려다 총리 공관으로 간 사실이 있습니다."

― 당시 전두환 보안사령관과 통화한 내용은 어떤 것인가요?

"누가 먼저 전화를 했는지는 분명치 않으나, 제가 전 장군에게 각 부대에 전화해 병력출동을 자제하게 해서 아군끼리 교전하는 상황은 막아야 되지 않겠느냐는 취지의 말을 했더니 전 장군도 저에게 병력출동을 막아달라고 부탁했습니다."

— 보안사령관에게는 부대출동에 대한 지휘권이 없는데, 어떻게 전 장군에게
병력출동을 막아야 한다고 했나요?

"당시 보안사에 많은 장성들이 모여 있다는 정보를 입수했기 때문에 전두환 보
안사령관에게 부대출동을 막아달라고 하면 그곳에 있는 다른 장성들에게 그 뜻
이 전파되리라 생각해서 부대출동을 막아달라고 한 것입니다."

— 그후 전두환 장군을 찾아간 사실이 있나요?

"예, 시간은 정확치 않으나 12시 이후 병력출동을 자제하라는 전화를 여러 곳
에 한 후 전 장군에게 전화를 걸고 나서 보안사로 가려다 총리공관으로 간 사실
이 있습니다."

— 총리공관에서 무엇을 했나요?

"1979년 12월 13일 02시 30분경 대통령을 만났는데 최 대통령은 '그날 저녁
전두환이 정승화 총장이 대통령 시해 사건과 관련이 있다며 연행 재가를 받으
러 왔는데 군 상황을 잘 모르는데 국방부 장관도 거치지 않는 등 계통을 밟지 않
고 왔기에 승인을 해주지 않았다' 고 말씀하셨습니다. 그래서 우선 당사자인 보
안사령관을 만나보기로 마음먹고 약 150미터 떨어져 있는 보안사로 가서 전두
환 보안사령관을 만났습니다."

— 진술인은 보안사로 가서 무엇을 했나요?

"사령관실에 전두환을 비롯해 유학성, 황영시, 노태우, 차규헌 등 사람들이 다
모여 있었습니다. 저는 그 사람들이 불법으로 모였다는 것을 지적해야겠다는
생각이 들어 전두환, 유학성을 제외하고 위수지역을 이탈한 황영시, 차규헌,
노태우 등에게 '당신들은 누구 승인을 받고 모였느냐' 고 꾸짖었습니다. 그러자
전두환 장군이 저에게 쪽지를 보여주었는데 거기에 '육군 참모총장 이희성' 이
라고 적혀있기에 불쾌해서 누구 마음대로 총장을 임명하느냐고 화를 냈더니 유
학성이 제 손을 잡아끌고 다른 방으로 데리고 가 '이 난국을 수습할 사람은 당
신밖에 없으니 총장을 맡아 달라' 고 간청했습니다. 저도 곰곰 생각해보고 이

난국을 수습한 후 군복을 벗어야 되겠다는 생각을 했지만 그 자리에서 내색하지 않고 다시 사령관실로 가서 전두환에게 노 장관을 모시러 국방부로 같이 가자고 했습니다. 그가 동행하지 않겠다고 거절하므로 저 혼자 총리공관으로 돌아와 신 총리를 대동하고 국방부 청사로 갔습니다.”

— 진술인은 노 장관으로부터 육군 참모총장에 임명됐다는 말을 듣고 어떻게 했나요?

“잠시 보안사에 들렀다가 바로 중정으로 가서 제 사물을 정리하고 공금과 서류를 차장들에게 인계해준 후 12월 13일 09시 전후에 육본으로 갔습니다.”

— 육본으로 가서 어떤 조치를 취했나요?

“제가 총장실로 가지 않고 접견실에서 참모들을 불러 ‘내가 총장으로 임명됐다. 난국을 수습하는 데 도와 달라’ 고 했습니다.”

— 1979년 12월 13일 13시15분경 다시 보안사를 방문했다가 13시 25분경 돌아간 사실이 있지요?

“제가 육군 참모총장으로 부임했다는 부임인사 차 보안사를 방문해 전두환 사령관을 만나고 왔습니다.”

— 12 · 12 사건 바로 다음날 수경사령관, 특전사령관 등이 교체됐는데 진술인은 그 인사에 관여한 바가 있나요?

“수경사령관에 노태우 9사단장, 특전사령관에 정호용 50사단장을 임명한 것은 전 장군의 요구에 의한 것입니다. 당시 합수부 측이 병력철수 명분을 주기 위해 그들의 요구에 따른 것이기는 하나, 제 생각에 그들이 적임자로 판단되어 임명했습니다.”

— 특전사령관, 수경사령관은 정식 임명장을 받기도 전에 이미 부임했다는데 어떤가요?

“그날 보안사령관실에 있을 때 합수부 측 요구에 의해 노태우 장군을 수경사령관에, 정호용 장군을 특전사령관에 임명하기로 합의했으므로 그들이 바로 12

월 13일자로 부임한 것입니다. 정식 인사발령은 12월 14일자로 한 것으로 기억됩니다."

— 수경사령관과 특전사령관의 임명과 해임 절차에 대해 진술하시오.

"육군 참모총장의 건의에 의해 국방부 장관을 경유해 대통령이 임명하고 해임합니다."

— 정병주 특전사령관과 장태완 수경사령관을 해임한 사유는 무엇이었는가요?

"저는 정병주 특전사령관과 장태완 수경사령관이 보안사에 연행되어 조사를 받고 있는 것만 알고 있었고, 대통령에게 해임 이유에 대해 설명하거나 보고한 기억이 없습니다."

— 노태우 수경사령관, 정호용 특전사령관을 임명하는 과정에 노재현 국방부 장관도 관여했나요?

"노재현 국방부 장관은 전혀 관여하지 않은 것으로 알고 있습니다."

— 진술인은 그후 군 인사를 단행했는데, 그 인사는 주로 어떤 과정을 거쳐 이루어졌나요?

"합수부 측에서 의견을 취합해 인사안을 확정한 다음 유학성 장군을 통해 저한테 통보해주는 것을 감안해 국방부 장관에게 건의했습니다."

— 12 · 12 이후 군 인사는 어떻게 진행됐나요?

"1979년 12월 14일부터 1980년 초까지 여러 차례에 걸쳐 군 장성 인사가 단행됐는데 합수부 측에서 요구하는 인사들을 군 내 요직에 배치했습니다. 또 12 · 12 사건 당시 이를 저지하거나 동조하지 않은 이건영 3군사령관, 장태완 수경사령관을 포함해 30여 명의 육군 수뇌부 장성들을 예편시켰습니다."

— 그렇다면 12 · 12 사건으로 전 장군이 군의 주도권을 장악한 것은 사실이지요?

"1979년 12월 13일 그들의 요구에 의해 제가 육군 참모총장으로 취임한 것은 사실이나 제가 실질적인 참모총장 권한을 행사하기에 힘이 부쳤으며, 그들의 요구를 어느 정도 수용할 수밖에 없는 처지였습니다. 전두환 장군을 중심으로 한 하나회 소속 장성들이 똘똘 뭉쳐 군을 주도한 것이 사실입니다."

— 진술인이 합수부 측 요구에 의해 인사안을 결재에 올렸을 때 국방부 장관이나 대통령이 결재를 하지 않은 사실이 있나요?

"제 기억에 국방부 장관이나 대통령이 적임자가 아니라는 이유 등으로 결재서류를 반려한 적은 한 번도 없었습니다. 최 대통령은 민간인 출신으로 군부 사정에 어두웠으며, 1979년 12월 14일 취임한 주영복 국방부 장관도 공군 참모총장 출신으로 육군 사정에 어두운 편이었기 때문에 군 인사에 간여할 수 없었다고 생각합니다."

— 당시 보안사에 6인위원회가 있었던 것은 사실인가요?

"보안사에 정확히 6인위원회가 구성되어 있다는 것을 알지는 못했으나 유학성 장군이 합수부 측 의견을 저에게 말하면서 만장일치로 결정됐다는 말을 해, 그들이 인사를 위한 모임을 만들어 의논을 하고 있다는 느낌을 받았습니다."

— 당시 국방부 군수차관보인 유학성이 합수부 측에 합세해 진술인에게 군 인사 문제에 대해 의견을 제시하고 관철시켰습니다. 그런데 유학성은 인사 문제나 합수부 임무와 무관한 자로서 본연의 임무를 수행하지 않고 있었는데 그에 대한 인사조치는 하지 않았나요?

"장관이 대통령 재가를 받아서 인사조치를 단행해야 하나, 당시에는 합수부 측에서 전권을 장악하다시피 했습니다. 합수부 측에서 동원한 병력이 서울에 주둔해 육본, 국방부 등을 장악했고 서울 주변의 부대도 합수부 측이 장악했기 때문에 그들의 말을 들어주지 않으면 병력을 복귀시키지 않을 것으로 판단되어 합수부 측 요구를 들어주지 않을 수 없었습니다."

— 진술인은 1979년 12월 18일 계엄사령관으로서 담화문을 발표했는데 그 요지는 무엇이며 그런 담화를 발표한 이유는 무엇인가요?

"대개 계엄사령관에 취임하면 앞으로 계엄사령관으로서의 업무 수행에 대한 소신을 밝혀왔기 때문에 관행적으로 담화를 발표한 것입니다. 내용은 군은 정치에 관여하지 않는다는 원칙을 확고히 함과 동시에 12·12 사태의 진상을 곧 발표하겠다는 것이었습니다."

— 진술인은 정승화가 대통령 시해 사건과 관련된 혐의에 대해 알고 있었나요?

"제가 중정 부장서리로 있으면서 정승화가 박 대통령 시해 사건과 관련해 조사를 받았다는 이야기를 들은 적이 있습니다. 제가 총장이 된 후 정승화 전 총장이 기소됐는데, 저는 정 총장을 모시고 육군 참모차장으로 근무한 적이 있어 정 총장이 결백하다는 것은 누구보다 잘 알고 있었습니다."

— 정승화 총장의 인격이나 성품은 어떠했나요?

"정 총장이 1961년 12사단 부사단장 근무 시 저는 작전참모를 했고 1979년 2월부터 10월 26일까지 육군 참모총장 시절에 저는 참모차장을 했기 때문에 그분에 대해 잘 알고 있었습니다. 정 총장은 성품이 온화하나 정의감이 강하고, 일하는 데는 치밀하고 조직적으로 처리하며, 군인으로서 투철한 정신을 가지고 있는 분이었습니다."

— 진술인은 정 총장이 박 대통령 시해 사건에 연루됐다는 생각을 했던가요?

"정승화 총장이 김재규와 공모해 박 대통령을 시해했으리라는 생각은 전혀 안 했습니다."

— 12·12 사건 발생의 배경은 무엇이라고 생각하나요?

"정확히 알 수는 없으나 당시 육군 참모총장이던 정승화가 워낙 곧은 사람이라 합수부 측이 뜻대로 움직일 수 없다고 판단하고 그를 제거하기 위해 합수부 측이 정승화를 김재규와 관련시켜 연행한 것으로 보입니다."

— 정승화가 김재규의 범행과 관련이 있어 연행했다는 합수부 측 주장에 대해 어떻게 생각하나요?

"저는 그렇게 생각하지 않습니다. 정승화가 1979년 10월 26일 궁정동 식사에 초대받아 갈 때 저에게 이야기를 하고 갔습니다. 정 총장은 '가기 싫지만 선배가 오라고 해서 어쩔 수 없이 가는 것'이라고 했습니다.. 그리고 정승화 총장은 김재규가 범인이라는 사실을 김계원으로부터 듣고 난 후 바로 보안사령관에게 김재규 체포를 지시한 사람입니다. 그런 사람을 어찌 범행에 가담하거나 방조한 사람이라고 보겠습니까?"

— 그럼에도 불구하고 진술인은 그후 1979년 12월 31일자로 정승화 전 총장에 대해 내란방조죄로 구속영장을 발부한 사실이 있는가요?

"보안사 수사관이 정승화 전 총장을 구속, 수사하겠다면서 영장을 청구하여 어쩔 수 없이 구속영장을 발부했습니다. 지금 와서도 정 총장에게 죄송한 마음 금할 길이 없습니다."

— 12 · 12 당시 정 총장과 함께 연행됐던 이건영 3군사령관, 정병주 특전사령관, 장태완 수경사령관, 하소곤 육본 작전참모부장 등은 어떻게 처리되었나요?

"그분들은 보안사 서빙고 분실에 영장 없이 수감되어 있다가 1980년 2월경 전역 지원서를 제출하고 모두 석방됐습니다."

— 그렇다면 진술인은 이건영 3군사령관 등을 불법 감금한 것으로 볼 수밖에 없는데 어떻게 생각하는가요?

"제가 육군 참모총장에 임명되긴 했으나 12 · 12 사건 이후에는 전두환 보안사령관을 중심으로 한 신군부 측에서 사실상 군을 주도했으며, 제가 그들의 처리 문제에 대해 강력하게 개입할 입장에 있지 않았습니다."

전두환은 심지어 군 통수권자인 대통령 최규하까지 1979년 12월 4일 비밀리에 심문, 조사한 바 있다. 최규하는 10 · 26 당일 밤 김계원 비서실장에게서 김재규가 박정희를 살해했다는 사실을 보고받아 알게 됐으나 아무런 조치도 취하지 않았다. (당시 김계원이 다시 정승화 육군 참모총장에게 박정희 살해 사실을 알리자 정승화가 김진기 헌병감과 전두환 보안사령관에게 지시해 김재규를 체포하게 했다.)

다음은 신현확 국무총리가 1995년 12월 16일 검찰에서 진술한 내용 중 일부다.

— 진술인은 피의자 전두환이 1979년 12월 4일경 최규하 대통령 권한대행을
10 · 26 사건과 관련해 조사한 사실을 아는가요?

"당시에는 몰랐는데, 1980년 3월경 전 장군이 총리실로 찾아와 '제가 최 대통령도 10 · 26 사건과 관련하여 조사한 사실이 있습니다'라고 말하여 비로소 알게 됐습니다."

— 이에 대해 진술인은 어떻게 했나요?

"저는 너무도 기가 막혀서 '당신이 대통령을 조사할 권한이 있다고 생각하느냐. 대통령은 당신의 임명권자인데 무슨 권한으로 대통령을 함부로 조사하느냐'라며 화를 냈습니다."

— 진술인은 전두환의 이야기를 듣고 무슨 생각을 했나요?

"제가 전두환에게 화를 냈음에도 불구하고 그는 반성하는 기색도 없이 당당한 표정을 지었기 때문에 저는 전두환이 10 · 26 사건과 관련이 있다는 명목으로 누구든지 연행해 조사할 수도 있다고 느꼈습니다. 이러한 대한민국의 현실에 국무총리로서 매우 걱정스러운 마음이 들었습니다."

— 진술인은 전두환 장군에 대해 어떻게 생각했나요?

"한편으로는 괘씸하기도 하고 다른 한편으로는 겁도 나는 사람이라고 생각했습니다."

신현확 총리는 12 · 12 쿠데타 당일 밤 최규하 대통령에게 정승화 계엄사령관 구속에 관한 전두환의 요구를 재가하지 말도록 권했고, 그 뒤 전두환 측이 병력을 동원하자 출동부대에 전화를 걸어 군 통수권자인 대통령의 이름으로

원대복귀를 지시했다. 이런 사실에 비추어 군 통수권자의 지시를 거역한 전두환 측의 불법은 명확한 것이다.

미국은 12·12 군사반란에서 한미연합사령부 휘하의 한국군 9사단 1개 연대와 제2기갑여단, 그리고 30사단 1개 연대가 전두환 집단에 의해 출동된 사실에 격노했다. 위컴 주한미군 사령관 겸 한미연합사령부 사령관은 12월 15일 오전 국방부 군수차관보 이범준 중장을 불러 다음과 같이 말했다.

"내 말의 초점은 반란이냐 혁명이냐를 규정해야 한다는 것이오. 반란이면 당연히 진압해야만 하오. 본국에서도 성격규정을 빨리 해달라는 주문이 왔소. 국방부 장성 중 이 장군이 가장 객관적인 사람이라는 것을 잘 알고 있소. 다시 묻겠소. 분명히 반란이지요?" 위컴 사령관은 똑같은 질문을 세 번이나 했다. 이범준은 "인정할 수밖에 없다"고 대답했다.

예하부대가 이탈하여 반란에 가담했다는 것은 군 지휘관으로서는 가장 큰 과오라고 할 수 있다. 5·16이나 12·12와 같은 쿠데타는 주한미군 사령관이면 진압하려고 하는 것이 당연한 일이었다. 그러나 군사문제는 정치에 종속되기 마련이다. 미국 정부가 쿠데타를 인정한다는 결정을 내리면 주한미군 사령관도 그 결정에 따라야 한다. 1961년의 5·16 때에는 장면 정권의 무능함에 실망한 미국 정부가 쿠데타를 인정하는 방향으로 선회했다. 1979년의 12·12 때에는 미국 정부가 이란 혁명과 이란의 미국 대사관 인질 사건으로 발목이 묶인 상태였으므로 전두환의 쿠데타에 대해 신중하게 접근할 수밖에 없었다.

위컴 사령관의 냉담한 반응에 부닥친 전두환 측은 미국이 자신들을 인정하지 않고 축출하려고 할지도 모른다는 불안감을 갖게 됐다. 전두환은 거처를 연희동에 있는 자택에서 동생인 전경환의 집으로 옮기기도 했다. 일본의 일부 언론은 전두환이 미국의 압력으로 곧 전역하게 될 것이라고 보도했다. 일본의 〈산케이신문〉은 12월 23일 서울발 기사로 '신뢰할 만한 복수의 외교소식통' 의 말을 인용해 "전두환 보안사령관이 머지않아 사단장으로 전출될 것이며 사단장 부임과 동시에 군복을 벗고 예편할 예정인데, 그 배후에는 미국의 강력한 요구와 압력이 있다"고 보도했다. 다음날인 24일 〈아사히신문〉도 '서울 소식통'의 말을 인용해 "미국은 군사 면의 책임을 명확히 하기 위해 전두환 소장의 실질적인 퇴진, 구체적으로 그의 퇴역을 강력히 요구하고 있다"고 보도했다. 일본 언론이 이렇게 보도한 것은 당시 한국의 정가와 언론계에 미국의 압력으로 전두환이 퇴역하게 될 것이라는 이야기가 그럴듯하게 나돌았기 때문이다.

12·12 군사반란 직후 보안사령부에 잡혀가 조사를 받고 나온 한 예비역 장성의 다음과 같은 증언은 전두환이 겪었던 '마음고생'을 잘 전해준다.

내가 보안사에 붙잡혀 들어가자 집사람이 생각다 못해 전두환 장군의 부인 이순자 씨를 찾아갔다. 집사람은 이 씨와 아우 형님 하면서 잘 지내온 사이였다. 집사람이 "어떻게 남편을 살릴 수 없느냐"고 사정하자 이 씨는 "우리 형편도 마찬가지다. 미국이 인정을 안 해줘 남편이 일이 실패했다고 해서 졸도했다"고 말했다고 한다. 당시 전 장군은 위컴 사령관이 12·12 거사를 인정하지 않는다는 것을 어떤 인사를 통해 분명히 전해오자 크게 상심했다는 말을 나도 나중에 들은 적이 있다.

1979년 12월 29일 위컴 주한미군 사령관이 중동부 전선의 한 한국군 부대를 방문했다. 그는 여기서 "한국 정부와 국민은 안보를 위해서 어떠한 불안요소도 있어서는 안 된다는 점을 잊지 말아야 한다"며 "군은 정치에 초연한 태도로 국토방위에 전념해야 한다"고 강조했다. 언론에 크게 보도된 그의 이 발언은 전두환을 겨냥한 것이었다.

미국 정부는 한때 전두환을 제거하는 역쿠데타도 고려했다. 그러나 1979년 11월 4일 이란에서 미국 외교관이 인질로 억류당한 사건과 1979년 12월 말소련이 아프가니스탄을 침공한 사건으로 미국 정부의 모든 정책적 관심이 이

두 문제의 해결에 집중됐고, 그 밖의 문제는 모두 부차적인 것이 되고 말았다. 그래서 미국 정부는 한국 정치에 적극적으로 개입할 여유가 없었다. 당시 대통령 안보담당 보좌관이었던 브레진스키는 나중에 회고록에서 "그때 미국 정부가 이란에서 인질구출 작전에 실패한 것 등으로 국내외에서 곤경에 처해 있지 않았다면 한국의 버릇없는 군부에 대해 보다 강력한 조치를 취했을 것"이라고 술회했다.

전두환을 이해하려면 그의 어려웠던 성장과정을 들여다볼 필요가 있다. 전두환은 자신의 어린 시절에 관한 얘기를 잘 하지 않았지만, 몇 차례 약간의 말을 한 적이 있다. 그 내용을 소개하면 다음과 같다.

여러분은 집안형편이 어땠는지 모르지만 나는 참 어렵게 살았어요. 나는 다행히 우리 집안에서 부모님의 특별대우를 받았어요. … 일제시대에, 일본인들이 콩을 떠서 청국장을 만들어 간장에 찍어 먹는 거 있지? 내가 열 살 때 그걸 만들어 파는 일본사람 집에 취직을 했어요. 그 집이 과수원을 하면서 메주를 떠서 상자에 넣어 일본인들 집집마다 보내서 파는 거였어요. 내가 어떤 학원에 다닐 때였는데 오후에 그걸 돌리는 일을 맡았어요. 그 집 사람들이 얼마나 철저한지 일요일에는 내가 그 일을 마치면 점심때인데 자기네들은 점심을 먹으면서 열 살짜리인 나한테 밥 먹으라 소리 한 번 할 만도 한데 절대 그런 말을 안 해. 어떻게 보면 경우가 바른 거야.

내가 결국 봉급도 못 받고 그 집에서 쫓겨났어요. 리어카를 끌어야 하는데 그 메주를 가득 싣고 가다가 돌멩이에 걸려 내 체중이 들려서 다 쏟아졌어요. 거기에 모래가 들어가고 못 쓰게 된 거지. 그때까지 20여 일을 죽을 고생을 했어. 내가 전화를 걸어 리어카를 쓰러뜨렸다고 했더니 나오지 말라고 하더군. 돈도 못 받고…. 오르막에 혼자 끌고 가는데 내 체중보다 무거우니까 그렇게 된 거요. 내가 신문배달도 해보고 대구 약전 골목에서 약 운반도 해보고 했는데 다 실패했어. 나는 끝까지 붙어 있으려 했는데 주인이 나가라고 했어요. 내가 너무 어리다는 거였어요. 나는 그런 생활을 하면서도 내가 불행하다고 생각한 일은 없어요. 내가 당할 때마다 내가 너보다 낫게 될 것이라고 각오를 했어요. 일본 말로 '요시!' 하는 거 있지.

우리가 어려운 아이들한테 절대 용기 잃게 하는 일이 있으면 안 돼요. 못 사는 애가 잘 성장하면 어려운 사람의 사정을 잘 알아요. 그래야 정말 민심을 아는 거지. 어려운 사람이 노력해서 살려 하지 않고 친척한테 기대려고 하는 건 거지 근성이야.

1986년 7월 11일, 시도지사 청와대 초청 만찬에서

내세울 일은 아닙니다만, 저는 어린 시절 매우 가난하게 자랐습니다. 객지생활을 하며 움막집에서 산 일도 있기 때문에 동네 사람들한테 '움막집 아이'라고 불리기도 했고, 학교도 오랫동안 다니지 못 하고 국민학교 5학년 때 가서야 겨우 정규학교에 편입할 수 있었을 정도였습니다. 또한 바로 밑의 동생은 돈이 없어서 병원 한번 데려가 보지 못한 채 부모님이 곁에 안 계신 사이에 어린 제 품에 안겨 숨을 거두는 모습을 충격과 눈물 속에 지켜본 일이 있습니다.

1988년 11월 23일, 대국민 사과문

우리 형제 남매들은 합천에서 태어났지만 제대로 발붙이고 고향에서 살지 못했어. 일제 말기에 일본 놈들의 행패가 어찌나 심한지 일본 순사 하나가 우리 아버님을 자꾸 못살게 굴었지. 성격이 불같았던 우리 아버님은 그놈을 낭떠러지에 집어던지고 우리 가족을 데리고 야반도주해 만주에 갔어. 완전히 유민생활이었지. 내가 열 살 때쯤 됐을 거야. 국민학교를 제대로 못 다니고 해방이 되어 돌아와 대구에 터를 잡았지.

땅도 돈도 없어 먹고 살 길이 막막했어. 난 '움막집 아이'로 불렸고, 아버님은 이것저것 가리지 않고 막일을 하시고…. 나는 겨우 국민학교 졸업장을 쥐고 5년제 대구공고에 들어갔는데 동급생보다 나이가 두세 살 더 많았지. 6·25가 터져 학교에 가는 둥 마는 둥 하고 일자릴 구하고 있는데, 1951년 9월에 4년제 육사 모집공고가 대구 시내 전봇대에 나붙어 있었어.

원래 실력이 없고 전쟁 중이라 책을 구할 수도 없어 뭐 아는 게 있어야지. 사실 좀 창피한 일이지만, 육사의 1차 합격자 발표엔 끼지 못했어. 한 달인가 뒤에 결원이 생기면 집어넣어주는 보충생으로 들어갔지. 그때부터 나에겐 고난의 시간이 시작됐어.

이놈의 학과공부가 웨스트포인트 식인지 뭔지 온통 수학, 물리, 역학처럼 골치 아픈 것만 있는 거야. 강의를 들어도 무슨 말인지 모르겠고 도무지 숨이 벅차 따라갈 수가 있어야지. 웨스트포인트 식으로 매일 매일 시험을 보는데 미치겠더라구. 낙제하지 않으려고 이를 꽉 물었지. 전쟁 때라 공부 못해 퇴교당하면 곧바로 사병으로 전방에 투입되는데 별로 살아날 확률이 없잖아. 나를 포함해 그때 육사에 들어간 우리 친구들은 우리가 4년씩이나 배울 수 있으리라고는 믿지도 못했거든.

전쟁이 어떻게 될지 알 수 없는 것 아냐? 한 1년쯤 버틸 수 있을 테니 간부 후보 생으로라도 들어가면 1주일이나 한 달 만에 총알받이로 죽는 것보다는 나을 거라고 생각해 육사에 온 사람들도 적지 않았어. …

결국 나는 4년을 그렇게 보내며 소대장 생도 한번 못 해보고 졸업했지. 성적순으로 매기는 군번이 한참 뒤로 처져 한이 맺히더군.

1990년 1월 1일, 백담사에서 측근들에게

한국사회는 일상적으로 마조히즘과 사디즘이 난무하는 사회다. 이조 건국 이래로 동족에 대한 학대, 착취, 사기가 지배층의 정책이 돼왔다. 국민성도 그에 적응하는 방향으로 변했다. 이러한 가운데 현대에 들어와 신분제가 철폐되면서 무질서한 '만인의 만인에 대한 투쟁'이 전개됐다. 이러한 사회일수록 구성원들이 생존을 위해, 계층상승을 위해, 부귀영화를 위해 권력투쟁에 몰두하게 된다. 권력투쟁은 정치의 세계에서만 발생하는 것이 아니다. 관료조직, 기업, 군부, 대학, 범죄조직 등 서열이 있는 모든 조직에서 발생한다.

한국사회에서 피해자와 가해자를 분류하는 것은 개인적인 차원에서건 집단적인 차원에서건 그리 간단한 일이 아니다. 자영업자의 영업을 단속하는 하급 공무원은 피지배층에 속하지만 누구보다도 심한 착취자가 될 수 있다.

프롤레타리아 출신인 전두환이 생존을 위해, 계층상승을 위해 수단방법을 가리지 않은 것을 많은 한국인이 충분히 이해할 수 있다(하나회 구성원의 대부분이 프롤레타리아 출신이다). 한국사회가 가진 것 없고 배운 것 없고 연줄 없는 이들에게 얼마나 잔혹한지는 외국인 노동자에 대한 학대에서도 잘 증명된다. 갖은 난관을 뚫고 각 부문의 윗자리에 앉은 이들은 전두환을 동정할지도 모른다. 어떤 면에서 보면 전두환은 '코리안 드림'의 성취자이며 '우리'의, 또는 '그들'의 '일그러진 영웅'이다. 굶주리고 천대받으며 어린 시절을 보낸 전두환이 어떠한 인생관을 갖게 됐을지는 짐작이 간다. 한국인 중에서 출세의 기회가 왔을 때, 일확천금의 기회가 왔을 때 수단의 합법성, 도덕성을 생각하는 이는 그리 많지 않다.

전두환을 중심으로 한 이른바 '신군부'는 새로이 민주헌법을 제정하자는 국민적 합의와 정치권의 일치된 의견을 무시하고 사회혼란을 빌미로 1980년 5월 17일 전국에 비상계엄을 선포하고 주요 정치인들을 체포하거나 연금했다. 이어 그들은 모든 정당을 해산하는 등 폭력으로 새로운 정치구도를 형성했다. 8월 16일 최규하 대통령이 신군부의 강압에 의해 사임했고, 전두환이 군에서 예편한 다음 8월 27일 통일주체국민회의에서 99.9%의 득표율로 11대 대통령이 됐다.

전두환을 중심으로 한 12·12 군사반란은 진압하기가 쉽지는 않았으나 불가능한 것은 아니었다. 이보다 조금 뒤에 일어난 스페인의 군사쿠데타가 진압된 과정을 보면 쿠데타가 일어날 때 군 통수권자가 어떤 입장을 취하는가가 매우 중요함을 알 수 있다.

*

1981년 2월 23일 저녁 6시 22분 스페인 하원이 신임 수상 칼보-소텔로(Leopold Calvo-Sotelo)에 대한 2차 신임투표에 들어가는 순간이었다. 소텔로 수상은 집권당인 중도민주연합(UCD)의 지도자로 스페인을 프랑코 총통 체제에서 입헌군주정으로 전환시키는 데 큰 기여를 한 아돌포 수아레스(Adolpo Suarez) 수상의 후임으로 지명됐다. 2차 투표에서 그가 인준을 받게 될 것이 거의 확실했다. 의사당에는 거의 모든 하원의원을 비롯해 정부 각료, 정당 지도자 등 스페인의 정치적 지도층에 속하는 이들은 빠짐없이 와있었다. 새 정부가 들어서는 순간이었기에 국영 텔레비전 방송사가 생방송을 하고 있었고, 직장의 일을 마치고 귀가한 스페인 국민이 텔레비전을 보고 있었다.

바로 이때 안토니오 테헤로(Antonio Tejero) 중령이 이끄는 보안군(Guardias civiles) 300명이 완전무장을 하고 국회의사당에 난입했다. 7만 명의 병력을 보유한 보안군은 프랑코 총통 시절에 정권보위 업무를 맡았고, 잔인한 시위진압으로 악명이 높았다. 안토니오 테헤로 중령은 1978년의 쿠데타 음모 사건으로 징계를 받은 경력이 있는 인물이었다. 정부 각료 전원과 정당 지도자, 하원의원 등 347명은 포로가 됐다. 스페인에 통치의 공백이 생겨난 셈이었다.

의사당 점거에 성공한 테헤로 중령은 쿠데타 공모자인 발렌시아 군관구 사령관 보슈(Jaime Milans del Bosch) 장군에게 전화를 걸어 상황을 보고했다. "파비아(Pavia)는 여기에 있음. 모든 질서 확보. 목적 달성했고 상황은 조용함." 파비아는 19세기에 스페인 제1공화국을 군사쿠데타로 무너뜨린 장군의 이름이다.

보슈 장군은 스페인 동부 해안의 발렌시아 지역에 계엄령을 선포하고 15분마다 계엄 포고문을 발표했다. 군이 일체의 공공시설을 접수했고, 오후 9시를 기해 통행금지 조치를 내렸다. 광산지대인 아스투리아 지역에서는 사회노동당과 노동조합연합이 쿠데타를 규탄하는 시위를 벌였고, 광산노조는 총파업을 선언했다.

쿠데타의 주모자는 20년 동안 국왕의 측근 보좌역을 지낸 육군 참모차장 아르마다(Alfonso Armada) 대장이었다. 아르마다는 보슈 장군에게 국내 정세가 혼미하므로 수아레스 수상은 물러나야 하며 수아레스의 퇴진을 국왕이 원하고 있다고 내비쳤다. 이에 보슈는 국왕이 쿠데타를 바라고 있다는 확신을 하고 심복인 테헤로 중령과 거사를 진행했고, 국왕이 승인하리라고 오판했다.

아르마다 참모차장은 쿠데타가 성공하면 스스로 정부수반이 되고 각 정파를 망라한 거국내각을 수립한 뒤 국왕을 설득해 추인을 받을 생각이었다. 반면에 보슈와 테헤로는 노골적인 군정을 실시할 생각이었다.

반란군이 하원을 점령했을 때 수도방위 부대인 '푸른 사단'이 즉각 움직였다면 쿠데타가 성공할 가능성이 높았다. 쿠데타 계획에 참여한 '푸른 사단' 참모장은 헌병대를 보내 수도 마드리드의 텔레비전과 라디오 방송국을 접수했다. 그는 정규방송을 중단시키고 군가만 틀도록 했다.

쿠데타 계획을 사전에 통고받지 못한 '푸른 사단'의 사단장 호세 후스테(Jose Juste) 장군은 마드리드에서 300킬로미터 떨어진 곳에서 군의 배치상황을 시찰하고 있었다. 그는 사단 본부로 돌아온 뒤 참모장으로부터 상황보고를 받았다. 그는 신중하게 행동했다. 그는 주모자가 국왕의 측근인 아르마다 대장인 것을 알게 되자 국왕의 거처인 사르수엘라(Zarzuela) 궁으로 전화를 걸어 행동지침을 받으려 했다. 아르마다 참모차장은 없었고, 그에게 연락할 길도 없었다. 후스테 장군은 마드리드 군관구 사령관과 연락을 했으나 그의 반응은 확고한 쿠데타 거부였다. 이에 후스테는 방송국을 점령 중인 헌병대를 철수시켰다.

쿠데타 소식을 들은 국가원수이자 군 통수권자인 후안 카를로스(Juan Carlos) 국왕은 격노했다. 그는 특히 반란군이 국왕의 이름을 팔고 있는 점에 진노하고 왕실 사무장과 경호실장에게 쿠데타를 진압하라고 명령했다. 육군 참모총장 호세 가베라스 장군은 마드리드 군관구 사령관에게 푸른 사단의 출동을 막도록 지시했고, 경찰총수는 경찰을 동원해 의사당을 외곽에서 포위했다.

이날 밤 스페인의 군 장성들은 12·12 때의 한국 군 장성들처럼 쿠데타에 참여할 것인지의 여부를 판단하기 위해 서로 빗발치게 전화통화를 하고 있었다. 쿠데타에 가담한 장군들은 참여를 종용했고 군의 대세도 쿠데타에 찬성하는 쪽으로 기울고 있었다. 1975년 11월 프랑코가 사망한 뒤에 카를로스 국왕은 프랑코가 수립해 놓은 독재체제를 무너뜨렸다. 그 와중에 민주주의라는 이름 아래 극심한 혼란이 이어졌고, 바스크족의 분리운동 세력 등 지역 분리주의자들의 테러행위도 빈발했다. 게다가 1977년 4월 9일에는 공산당까지 합법화됐다. 군부는 생리상 안정을 선호하게 마련이고, 이런 점에서는 이 당시의 스페인 군부도 마찬가지였다. 그러나 군 장성들은 상부의 명령이 없는 군의 독자적인 행동에 참여하기에는 자신이 없었다. 그들은 군 통수권자인 국왕의 눈치를 살필 수밖에 없었다.

국왕은 육군 참모총장과 더불어 전국의 9개 군관구 사령관에게 일일이 전화를 걸어 쿠데타에 참여하지 말라고 명령했다. 의사당을 점령한 테헤로 중령은 어느 누구의 명령도 듣지 않고 오직 국왕 아니면 아르마다 대장만 상대하겠다고 했다. 6시간 반이 넘도록 대치상황이 이어지다가 24일 0시를 넘어 아르마다 참모차장이 의사당으로 들어가 자신이 수반이 되는 거국내각 구성을 제안했다. 극우파인 테헤로 중령은 이 제안에 크게 반발했다.

24일 새벽 1시 15분 43세의 국왕은 군총사령관의 복장을 하고 텔레비전 방송에 나와 연설을 하기 시작했다. 사실상 모든 스페인 국민이 텔레비전으로 국가의 운명을 바라보고 있었다. 국왕은 다음과 같이 선언했다.

"국민이 인준한 헌법의 민주적 절차를 폭력으로 중단하려는 어떤 행위도 절대로 용납할 수 없다."

이어 국왕은 자신은 어떤 일이 있어도 스페인을 떠나지 않고 헌법을 수호할 것이며, 쿠데타를 성공시키려면 국왕인 자신을 사살해야 한다고 선언했다. 군 통수권자가 이런 결의를 보이자 전의를 상실한 쿠데타 주모자들은 거사를 포기하고 투항했다. 불과 20시간 사이에 한 국가의 운명이 요동쳤다. 이 쿠데타가 저지된 것은 스페인의 민주주의에 굳은 초석이 됐다.

역사학자들은 스페인의 민주화는 다음과 같은 세 가지 조건이 갖추어졌기에 가능했다고 평가한다.

(1) 국왕과 정치인을 비롯한 통치 엘리트들이 확고한 민주화 의지를 갖고 있었고 유능했다.

(2) 스페인은 정당정치의 전통이 있고 민주정의 경험도 있으며 스페인 내전을 반복해서는 안 된다는 의식을 모든 정파가 가지고 있었다. 또한 스페인에는 관용과 타협의 기풍이 형성돼 있었다.

(3) 민주주의가 확립된 유럽 국가들에 둘러싸여 있었다.

김대중 재판

1980년 7월 4일 계엄사령부는 이른바 '김대중 등 내란음모 사건'을 발표했다. 사건 관련자 37명의 내란음모 활동을 간추려보면 내란음모, 내란선동, 계엄법 위반, 계엄법 위반 교사, 국가보안법 위반, 반공법 위반, 외국환관리법 위반 등이었다.

계엄사령부는 김대중이 폭력 민중봉기를 획책했다고 발표하면서 김대중의 사상도 문제 삼았다. 다음은 계엄사령부의 발표 중 한 부분이다.

김대중은 해방 직후부터 좌익활동에 가담한 열성 공산주의자였으며 해외에서 북괴의 노선에 동조하는 반국가 단체인 한민통(한국 민주회복 통일촉진 국민회의)을 만들었으며 이들 불순분자들과 근래에도 접촉해왔다.

7월 31일 군 검찰은 김대중을 비롯해 문익환(목사), 이문영(교수), 예춘호(전 국회의원), 이신범(서울대 복학생), 조성우(고려대 복학생), 송기원(중앙대 복학생), 이석표(무직), 설훈(고려대 복학생), 심재철(서울대 학생회장), 고은(시인), 이해찬(서울대 복학생), 김상현(정치인), 서남동(교수), 김종완(민헌련), 한승헌(변호사), 이해동(목사), 김윤식(전 국회의원), 유인호(교수), 한완상(교수), 송건호(언론인), 이호철(소설가), 이택돈(전 국회의원), 김녹영(통일당 총재 권한대행, 전 국회의원) 등 24명을 기소하여 군사재판에 회부했다.

김대중에 대한 공소장은 그 전문이 각 신문에 공개됐다. 내용은 김대중의 성장환경, 해방 후 좌익활동, 한민통 관련 사항, 폭력시위 및 광주사태 선동과 배후조종 등에 관한 것으로 총 2만 3천여 자에 이르는 방대한 분량이었다. 김대중에게 적용된 법조문은 ① 형법 90조 1항, 2항, 87조 ② 계엄법 15조, 13조, 계엄포고령 1조 1항 ③ 국가보안법 1조 1호 ④ 반공법 5조 1항 ⑤ 외국환관리법 35조, 17조 1항 ⑥ 형법 37조, 38조였다.

김대중이 광주사태와 관련해 내란죄로 기소되어 사형선고를 받았다고 잘못 알고 있는 사람들이 많다. 김대중의 죄목에 내란죄는 없었다. 내란음모죄에 해당하는 기소 내용도 광주사태와의 관련성보다는 국민연합 주도의 민주화 촉진 운동이 내란음모라는 것이었다. 즉 김대중이 의장인 국민연합이 1980년 5월 22일 열기로 예정한 민주화 촉진 집회에서 시위를 선동하여 폭력으로 국가기관을 장악하려고 했다는 것이 내란음모 혐의의 핵심이었다. 비상계엄 선포는 이러한 김대중의 국가권력 탈취 음모가 실행되는 것을 방지하기 위한 것이라는 애기였다. 내란음모죄의 최고형은 징역 15년이었다.

김대중에게 사형 선고를 내릴 수 있게 해주는 것은 내란음모죄가 아니라 국가보안법 1조 1호 위반, 즉 반국가단체 구성죄였다. 즉 김대중이 1973년 해외에서 결성하고 그 의장이 된 한민통이 문제였다. 한민통 관련 공소 내용 가운데 주요 부분을 살펴보면 다음과 같다.

북한 공산집단이 정부를 참칭하고 국가를 변란할 목적으로 구성된 반국가단체이며 재일조선인총연합도 북한 공산집단의 지령에 따라 대남 적화통일을 기본 목표로 설정하고 활동하는 반국가단체라는 점을 알고 있음에도 1973년 7월 8

일 한국 민주회복 통일촉진 국민회의 일본본부(이하 한민통이라 칭함)를 결성
하기 위해 미국에서 도일하여 동일부터 동향 출신 동경 거주 재일교포 김종충
의 주선으로 동경 신주쿠 호총정 2정목 원전맨션 809호실에 한국민주제도통일
문제연구소 동경사무소라는 명칭의 사무실을 개설하고 한민통 결성 준비에 착
수하여 동조자를 물색함에 있어,

재일교포 배동호(裵東湖)는 1971년 1월 31일경 조총련의 지령에 따라 일본 유
학생 이동일을 포섭하려고 시도하다가 동인의 정체가 탄로되어 동년 7월경 민
단에서 제명되고 1972년 8월 2일 7·4 남북 공동성명을 계기로 소위 남북연방
제 방식에 의한 남북통일 실현을 반대하는 세력과 투쟁할 목적으로 조총련과
야합, 민족통일협의회를 결성하여 수석의장으로 활동하면서 '베트콩'파 단체
들을 규합, 반국가·민단파괴 활동을 주도한 자이며,

동 김재화는 1967년 5월경 제7대 국회의원 선거 시 신민당 전국구 후보로서 조
총련 자금을 반입한 혐의로 구속되어 조사를 받고 조총련과 공동으로 한일회담
및 월남파병을 반대한 자이고,…

박정희 정권과 일본 정부는 동경에서 김대중이 납치된 사건에 대한 수사
과정에서 "김대중의 일본 내 행적은 법적으로 불문에 붙인다"는 정치협약을
체결한 바 있다. 전두환은 이 정치협약을 인정하지 않은 셈이었다.

다음은 전두환이 15년 뒤인 1995년 12월 10일 안양교도소에서 '김대중 등
내란음모 사건'과 관련해 진술한 내용 중 일부다.

— 합수부에서 1980년 5월 22일 김대중이 정부전복을 기도하고 학생소요를 배
후조종했다고 중간 수사결과를 발표한 사실이 있지요?

"예."

— 김대중에 대한 한민통 관련 국가보안법 위반 부분은 범죄 인지 후 7년 동안

이나 수사를 하지 않았던 부분이고 1980년 2월 29일 단행된 사면복권 이전의 일이므로 사실상 사면된 것이라고도 볼 수 있는 사건인데 새삼스럽게 수사하도록 한 이유는 무엇인가요?

"제가 합수부 수사 관계자로부터 보고를 듣기로는 김대중 씨의 한민통 관련 부분은 7년 전에 중앙정보부에서 정보를 입수하고도 수사에 착수하기 어려운 사정이 있어 보류하고 있던 부분인데 어차피 계엄령 하에서 김대중에 대한 수사를 시작했으니 7년 전의 범죄에 대해서도 철저히 수사할 필요가 있었기 때문이라고 했습니다."

— 1980년 7월 4일 계엄사에서 김대중 사건의 수사결과 발표문을 최규하 대통령에게 사전보고하고 재가를 받았는가요?

"물론입니다."

— 김대중과 재야인사 등이 내란음모 등을 한 사실이 없음에도 불구하고 신군부 세력을 반대하고 민주화를 요구하는 민주세력을 제거하기 위해 그들을 불법적으로 체포, 감금하고 고문, 가혹행위 등을 통해 내란음모 사건을 조작했다는 주장이 있는데요.

"김대중 씨의 내란음모 사건에 대해서는 그 후에도 조작되었다는 주장이 있었으나 저는 그 사건이 조작된 사건이라고 생각하지 않습니다."

1980년에 사법부는 김대중이 내란을 획책했다고 한 계엄사령부의 공소 내용을 인정하고 유죄 판결을 내렸다. 계엄사가 내세운 증거자료들이 유죄 판결을 내릴 만큼 튼실한 것이었는지, 증거불충분으로 무죄 판결을 내려야 할 정도로 미흡한 것이었는지, 증거라고 할 만한 것이 전혀 없었거나 사건 전체가 조작된 것이었는지는 상황이 달라진 지금 다시 조사해볼 만하다.

김대중이 1972년에 유신이 선포됐을 때 귀국하지 않고 미국과 일본에 체류하면서 '한국 민주회복 통일촉진 국민회의(한민통)' 를 결성하고 반정부 활동을 한 사실은 이미 널리 알려져 있었다. 문제는 김대중의 그러한 활동을 반정부 투쟁으로 보아야 하느냐 반국가 행위로 보아야 하느냐, 그 강령이 만들어지는 과정에서 김대중이 어느 정도의 역할을 했느냐, 1973년에 납치되어 한국으로 돌아오게 된 뒤에는 한민통과 김대중의 관계가 어떠하였느냐, 한민통을 반국가단체라고 할 수 있느냐 등이었다.

김대중 납치 사건 이후에도 한민통은 김대중을 의장이라고 부르면서 김대중의 명의로 각종 성명을 발표했다. 이에 대해 김대중은 자신의 의사와 관계없이 한민통이 자신의 이름을 도용한 것이라고 주장했다. 김대중은 1988년 11월 18일 국회 광주사태 진상조사특별위원회에 증인으로 출석해 한민통과의 관계에 대해 다음과 같이 말했다.

신경식 위원: 다음은 신병치료차 일본에 갔다가 10월유신이 선포되자 귀국을 일단 포기하고 유신 독재체제와 투쟁하기로 결심을 하고 반정부 활동을 펴시면서 일본에서 한민통을 결성했던 그 당시 상황에 대해서 몇 가지 물어보겠습니다.

지금 증인께서는 이 한민통 문제에 대해서 그것은 동경에 있는 우리 민단 본부를 중심으로 해서 구성된 것이고 또 조총련이 아니다, 뭔가 오해가 있었다, 그런 말씀을 하셨습니다. 그리고 미국에서 그것을 만들고 일본에서 만들다가 도중에 강제 귀국되는 바람에 그것을 못 만들었다, 이런 말씀을 하셨습니다.

그런데 저희들이 지금 여기서 알고 있는 한민통은 증인께서 말씀하신 것과는 달리 여러 가지 객관적인 자료로 볼 때 이것은, 우리 입장에서 볼 때는 반한단체이고 또 반국가단체라고 생각을 합니다.

그 이유로서 제가 몇 가지 말씀을 드리면 첫째, 무슨 설명보다도 80년 3월 30일자 〈조선일보〉에 보면 지금 논설위원으로 있는 이도형 씨가 그 당시 동경에 특파원으로 있었는데 조총련은 매월 1000만 엔 내지 2000만 엔씩 한민통에 자금을 공급해왔다, 이것이 났습니다, 신문에.

그 한민통의 지금 핵심적인 인물이 김재화, 곽동희 이런 사람들인데 김재화는 저도 신문기자 하면서 7대 국회 초에 만나본 적이 있습니다. 이 사람이 그때 돈을 헌금으로 써서 그것이 문제가 돼서 조사를 하다 보니까 이 사람의 배후가 드러났던 것으로 저희는 알고 있습니다. 그 67년 6월 3일자 〈동아일보〉에 보면 당시 동아일보 특파원으로 있었던 유혁인 특파원이 그 내용을 쓴 기사가 났습니다.

적어도 지금 여기에 계신 분들이나 또는 TV를 시청하시는 전국 우리 국민들이 〈동아일보〉나 〈조선일보〉에서, 사실이 아닌 것을 일본에 가 있는 특파원들이 송고했으리라고 믿는 사람은 없을 것입니다.

이러한 객관적인 사실로 볼 때 한민통은 이것이 조련계, 직접 조련계가 관장하는 단체는 아니다 하더라도 조련계와 뗄 수 없는 밀접한 관계가 있는 것이 아닌가 저는 그렇게 생각을 합니다.

또 한민통에서는 〈민족시보〉라는, 곽동희인가 그분이 하는 신문을 한민통의 기관지로 나중에 활용을 했고 그것을 쓰고 있는데, 그 〈민족시보〉에 보면 그 내용이라는 것이 이렇게 이북의 김일성이를 톱으로 해 가지고 김일성 연설이라면 대대적으로 선전하는 그러한 신문입니다. 이 신문이 바로 한민통의 지금, 그 당시 기관지로 활용이 됐던 신문입니다. 이런 객관적인 사실로 볼 때 과연 한민통이라고 하는 그런 단체가 이것이 조련계와 관계없고 또 나아가서 북한과 관계없다고 생각할 수 있겠는가, 더구나 우리를 이 한민통에 대해서 분개하게 만드는 것이 육영수 여사를 저격하고 사살한 문세광이가 한민통 조직의 일원이라고 그 당시 모두 밝혀졌었습니다. 또 그 후에 김정사라는 젊은 사람이 간첩으로 들어왔다가 체포되어서 재판을 받는 과정에서 한민통 조직의 일원이라고 드러났고 그로 인해서 우리나라 대법원에서 한민통을 반국가단체로 규정을 했습니다. 여기에 대해서 한민통에 대해서 아까 하신 말씀 이외에 또 추가로 설명하실 말씀이 있으면 말씀해주시면 좋겠습니다.

김대중: 첫째로요, 저는 그 한국 민주회복 통일촉진 국민회의를 일본서 만들려고 해 가지고 그 당시 김재화 씨 등과 협의를 한 것은 사실입니다. 그 당시 대한민국 민단 동경단부 단장은 정재준 씨안데 이분은 재일교포 법적 지위 정할 때 한국 쪽으로 사람을 많이 입적시켰다고 해서 대한민국 정부로부터 훈장까지 받은 사람입니다. 그래서 이런 분들하고 같이 한민통 만들 이야기를 하다가 거기에서 뭐 조직 강령이라든가 규약도 만들지 못한 채로 8월 8일 납치되어 왔습니다. 납치되어서 온 이후는 그분들하고는 아무 관계가 없습니다. 그때 제 친구로서 고향에서 국민학교 같이 다녔던 김청중 씨란 분이 그 후로 한민통에 관련을 했는데 저한테 친구이기 때문에 안부를 걱정해서 그 후로 건강이 어떠냐 해서 한두 번 전화가 오고 일본신문에 이런 기사가 났다고 전화하고, 물론 전화 도청되는 줄 알고 다 하는 것이지요, 그런 안부전화 외에는 한민통하고 그 후로 일체 연락도 관계도 없었습니다. 그렇기 때문에 한민통을 신 위원이나 정부에서는 어떻게 보시든 그것은 저하고는 관계가 없는 일입니다.

신경식 위원: 지금 한민통과의 관계가 없으신 것을 강조하고 계신데 그….

김대중: 이 문제에 대해서는요, 이태영 여사가 그 당시 군법회의 그 어려운 환경에서 오셔서 증언했습니다. 김대중 씨가 나로 하여금 일본 가서 한민통 간부를 만나 가지고 나는 그런 것을 수락할 수가 없으니까 내 이름을 빼라고 한 것을 자기가 전했다, 또 그 당시 정일형 박사도 가서 얘기했고요, 또 돌아가신 김녹영 의원도 가서 얘기했고, 지금 살아 계신 송원영 의원도 가서 제 부탁 받고 이야기를 했습니다.

그리고 미국의 여러분이, 많은 분이 아시는 문명자라는 여기자가 있는데 그분이 한국의 저한테 전화를 해서 한민통하고 나하고 관계가 있느냐, 아마 그것이 74년경으로 생각하는데, 그래서 제가 전혀 관계가 없다, 나는 한민통의 현재 하고 있는 일에 대해서 별로 찬성하지 않는다, 이렇게 말해서 미국에서 한국교

꼬기 하는 한국신문에 그것이 상당히 크게 났습니다. 그래서 제가 80년에 한민통 의장으로서 사형언도 받을 때 문명자 씨가 와서 증언하겠다고까지 했으나 오지 못 하고 제가 말한 것을 전화녹음으로 받은 것을 한국에 들여보냈는데 그것이 또 세관에서 탈취당해 가지고 결국 제출도 못 하고 말았습니다.

신경식 위원: 그러면 한민통과의 강제귀국 이후의 관계에 대해서는, 전혀 관계가 없으시다는 점을 강조하시는데….

김대중: 없습니다.

신경식 위원: 그 귀국하시기 전에 7월 13일부터 한민통 일본본부를 결성하기 위해서 아까 말씀하신 김종충, 곽동의, 김재화, 배동호 이런 양반들하고, 그런 분들하고 회합을 가지셨고 그 후에 8월 4일 동경 '팔레스호텔'에서 이들과 재회합을 해 가지고 그 자리에서 한민통 발기대회를 8월 13일 갖자, 그리고 8월 15일 광복절 경축행사와 함께 그 결성대회를 일본 히비야 공원 공회당에서 하자, 이런 것을 협의했다고 합니다. 8월 4일 '팔레스호텔'에 모이신 적은 있으신가요?

김대중: 그 문제에 대해서는요, 모였습니다. 모였고, 사실 그런데 지금 이것이 광주문제하고 직접 관련이 없는데 이 문제가 길어져서 여기 위원 여러분이나 시청자들에게 죄송한데, 물으시니까 할 수 없이 제가 말하겠습니다. 간단히 하겠습니다. 회의가 있었습니다. 있어서, 그 자리에서 제가 세 개 원칙을 제안했습니다. 하나는 대한민국 절대 지지, 둘째는 선 민주회복 후 통일, 셋째는 조총련과 분명히 일선을 그을 것, 그런데 조총련과 일선을 그으라는 데 대해서 그중 한 분이 왜 본국에서는 남북으로 왔다 갔다 하는데 우리가 국경일을 같이 하면 안 되느냐, 이런 이의가 있었습니다. 그래 제가 그렇다면 내가 여러분하고 한민통 꼭 해야겠다고 일본 온 것 아니니까 여러분은 여러분대로 하시오, 그러면 나는 내 할 일 하겠소, 그리고 내가 퇴장하고 나왔습니다. 그런데 그 후로 그분들이 자기들끼리 회의해 가지고 우리가 김대중 씨를, 말하자면 그 주장을 따르

자, 이래 가지고 다시 제 호텔 방으로 찾아와서 얘기를 해 가지고 다시 얘기를, 그러면 완전히 내 의도대로 대한민국을 지지하고 공산당과 일선을 그은 그런 조직으로 한다는 전제 하에서 이야기를 진행하다가 결국에는 납치되어서 온 것입니다.

그렇기 때문에 저는 준비단계에서 조금 이야기하다 왔지, 전연 그 조직요강이라든가 규약이라든가 강령 같은 것 작성하는 데 참가하지 못 했는데, 나중에 강령을 정보부에서 조사과정에서 제시해서 보았는데, 신 위원도 가지고 계신가 모르지만, 그 강령은 거의 나무랄 데 없이 대한민국에서 독재만 반대하지 대한민국 지지하는 것으로 되어 있습니다.

신경식 위원: 이 강령과 발기문을 제가 가지고 있습니다. 거기에 보면 발기인에 제일 먼저 증인의 이름이 올라 있습니다. 그런데 이 강령을 8월 4일 팔레스호텔에서 모였을 때 그 자리에서 확정을 했고 여기 인선을 모두 증인께서 결정을 하셨다고 그렇게 들었습니다.

김대중: 그건 거짓말입니다.

신경식 위원: 그 날 그 자리에서 그런 결정은 없었습니까?

김대중: 예, 없었습니다. 강령도 한 자도 저 있을 때는 안 했고 제가 귀국 후에 만든 것입니다.

신경식 위원: 그런데 그 후에 귀국하신 뒤에 그 한민통은 조총련과 서로 관계를 맺어 가지고 반한활동 내지 나아가서 우리 당시의 정권을 전복하는 데 무엇인가 일조를 가하려는 그러한 활동을 했습니까?

김대중: 그런데 저는 귀국 후는 한민통하고 일체 관계가 없었고 하는 행동도 잘 모르기 때문에 제가 한민통이 정부 비판의 선에서 가장, 좀 말하자면 강하게 했던 것이냐 아니면 대한민국을 반대하고 조총련하고 협력해서 했던 것이냐 그것에 대해서는 모르겠습니다.

신경식 위원: 75년에 돌아가신 김녹영 부의장이 일본에 가실 때 증인께서 일본

가거든 내가 지금 한민통 의장으로 되어있나 본데 그것을 의장이 아니도록 해라, 그렇게 가서 이야기 해라, 여러 가지 좋지 않다, 그런 말씀을 하셨다고, 그리고 김녹영 의장이 돌아와 가지고 7월인가 증인께 가서 이야기를 했더니 김종충의 이야기가 지금 구출관계도 있고 여러 가지 문제가 있으니까 그대로 그냥 의장으로 모시고 있겠습니다, 그런 이야기를 했다고 그럽니다. 그럼 그 당시 일본서는 나를 의장으로 그대로 추대하고 있구나 하는 것을 알고 계셨었나요?

김대중 그 사람들이 내 이름을 안 빼고 있다는 것은 알았지요. 그러니까 계속 연락한 것이지요, 빼라고.

신경식 위원: 그런데 그렇다면 국내에서 한번 회견이라도 하시든지 또는 성명이라도 발표하셔서서 나는 이런 한민통과 관계없다 하는 것을 한번 국민들에게 알렸으면 아예 더 정확하게 해명이 되지 않았을까요?

김대중: 그런데 나는 그때는요, 이 한민통 문제가 이렇게 내 목숨까지 앗을 정도로 큰 문제가 될 줄 몰랐고요, 그 사람들이 그저 한국 정부의 독재 비판 운동하고 있는 줄로만 알았기 때문에, 말하자면 저하고 관계 있어서 한 사람들에 대해서 공개적으로 그렇게 하고 싶지는 않아서 자주 연락을 해 가지고 빼라고 그랬던 것입니다.

신경식 위원: 지금 광주문제는 미처 말씀을 드리기도 전에 10분이, 시간이 다 되었다는 통고가 와서 더 말씀 못 드리겠습니다. 이상 마치겠습니다.

1988년 11월 18일 국회 광주사태 진상조사특별위원회에서

1980년 9월 17일 김대중은 1심인 육군본부 계엄보통군법회의에서 반국가단체 구성죄(한민통 결성)로 사형을 선고받았다. 국제사회가 김대중이 억울하게 사형 선고를 받은 것으로 인식하게 되어 한국 정부에 김대중을 사면하라는 압력을 가했다.

김대중에게 사형이 선고되자 서독의 집권당인 사회민주당의 빌리 브란트 당수는 전두환에게 전문을 보내 "만일 김대중 씨를 사형에 처한다면 양국관계에 중대한 영향을 미칠 것"이라고 했고, 이 당의 슈마르츠 대변인은 "만일 사형을 집행한다면 그것은 정치적 살인 이외에 아무것도 아니다"라고 논평했다.

1980년 11월 3일 미국 대통령 선거에서 공화당 후보 도널드 레이건(Donald Reagan)이 민주당 후보인 지미 카터 대통령을 누르고 당선됐다. 그 뒤로 김대중 구명 문제를 놓고 전두환 정권과 레이건 당선자 진영 사이에 외교흥정이 벌어졌다.

레이건 진영의 대표로 외교흥정에 나선 사람은 레이건의 안보담당 보좌관인 리처드 앨런(Richard Allen)이었다. 카터 행정부의 양해 아래 앨런이 김대중 구명을 위해 내한했다. 레이건이 원한 것은 김대중 사면이었고, 전두환이 원한 것은 전두환 정권에 대한 미국정부의 승인이었다. 전두환 측은 김대중을 살려주는 조건으로 전두환의 미국 방문과 한미관계의 정상화를 요구했다. 앨런은 김대중을 살려주는 것 외에 김지하 시인을 석방할 것도 요구했다(당시 국내 언론에는 보도되지 않았으나 김지하 석방 문제는 세계적인 이슈였고, 국제펜클럽이 석방운동에 앞장섰다). 12월에 양측이 서로 상대방의 요구를 들어주기로 합의했다.

1980년 가을에 제정된 제5공화국 헌법은 유신헌법을 부분적으로 수정한 것에 불과했다. 전두환 정권은 허울뿐인 야당들을 만들어냈고, 이후 1985년 12대 총선 때까지는 한국 정치에 사실상 야당다운 야당이 존재하지 않았다. 1980년 가을 중앙정보부는 '대야(對野)전략'이라는 명칭의 야당재편 방안을 마련해 전두환에게 보고했다. 이 '대야전략'에는 다음과 같은 4개 항의 대전제 아래 세부 실천계획이 씌어져 있었다.

1. 앞으로의 정계개편에 대비해 야권의 파벌결속을 위한 회동 등을 예의주시.
2. 범야(汎野) 결속 방지공작 긴요.

3. 4개 정도의 야당을 육성.

4. 참신한 인사가 리더십을 장악하도록 지원.

1980년 12월 19일 중앙정보부가 국가안전기획부(약칭 안기부)로 이름을 바꾸었다. 1981년 1월에는 전두환이 민주정의당(약칭 민정당)을 창당하고 총재가 됐다. 안기부의 주관 아래 여러 야당도 창당됐다. 정치규제에서 풀려난 구 신민당 의원들을 바탕으로 민주한국당(약칭 민한당)이 창당됐다. 총재는 유치송, 사무총장은 신상우였다. 또한 공화당을 계승하는 국민당이 창당됐고, 김종철이 총재가 됐다. 이 외에 혁신정당으로 민주사회당(총재 고정훈)과 사회당 등이 출현했다.

안기부는 민정당은 물론 민한당을 비롯한 모든 야당의 지역구와 전국구 의원 후보 공천까지 심사했다. 더구나 당 총재를 비롯한 주요 당직자 임명에도 안기부가 개입했다. 심지어 창당 선언문도 안기부의 사전검열을 받았다.

1981년 1월 20일 레이건 당선자가 미국 대통령으로 취임했다. 이날 레이건은 전두환에게 미국 방문을 요청하는 서한을 보냈다. 이는 전두환 정권에 대한 미국의 공식 승인을 뜻하는 것이었다. 이 거래는 전두환에게 크게 이익이 되는 것이었다. 왜냐하면 전두환은 처음부터 김대중을 사형시킬 생각은 없었기 때문이다(대령인 허삼수, 허화평, 김진영 등이 사형 집행을 주장했을 뿐이다). 김대중 재판은 처음부터 전두환이 미국 정부로부터 자신의 정권에 대한 승인을 받기 위한 수단으로 진행한 것이었다. 나중에 미국 정부의 관리들도 당시 전두환에게 너무 많은 것을 주었다고 인정했다.

1월 23일 대법원이 김대중의 상고를 기각하여 그의 사형이 확정됐다. 바로 이날 전두환이 김대중의 형량을 무기징역으로 감형했다. 1월 28일 전두환이 미국 로스앤젤레스 공항에 도착했다. 미국 교민들은 전두환이 가는 곳마다 모여 반대시위를 벌였다.

2월 2일 백악관에서 한미 정상회담이 열렸다. 공식 통역관 없이 열린 이 회담에서 한국 외무장관 노신영이 통역을 맡았다. 레이건과 전두환이 마주 앉은 시간은 단 10분이었다. 통역하는 데 걸린 시간과 인사말을 주고받은 시간을 빼면 5분 정도 회담한 셈이었다. 미국 정부는 전두환을 푸대접한 정도가 아니라 아예 대접을 하지 않은 것이었다.

1981년 2월 25일 전두환은 제5공화국 헌법에 따라 체육관에서 실시된 간접선거에서 12대 대통령에 당선되어 3월 3일 취임했다. 전두환은 이날 김대중의 형량을 무기징역에서 징역 20년으로 다시 감형했다.

3월 25일 11대 총선이 실시됐다. 이 선거에서 민정당이 151석을 얻어 전체 의석 276석의 최소 과반수인 138석을 훨씬 넘는 압도적인 원내세력을 형성했다(지역구 90석, 전국구 61석, 득표율은 35.6%). 민한당은 82석을 얻어 제1야당이 됐고(21.6% 득표), 국민당은 25석을 얻었다(13.3% 득표).

11대 총선 주요 정당별, 지역별 득표수

	민주정의당	민주한국당	한국국민당	민권당
서울	122만 4521	84만 7357	42만 3943	22만 2251
부산	37만 5495	32만 5360	12만 2510	10만 8860
경기	81만 4540	48만 5703	21만 7978	12만 506
강원	37만 8872	18만 4790	14만 3131	3만 8537
충북	23만 332	11만 4075	16만 1518	4만 3779
충남	45만 4925	26만 9200	19만 9968	7만 6333
전북	37만 5787	21만 9981	10만 9077	11만 4209
전남	49만 3757	35만 1555	24만 1619	14만 380
경북	85만 9279	43만 2275	32만 2083	12만 2693
경남	52만 1875	22만 7449	20만 5466	9만 6672
제주	4만 7241	3만 8084	(후보없음)	4627
합계	577만 6624	349만 5829	214만 7293	108만 8847

전두환의 민정당이 50%에 훨씬 못 미치는 35.6%의 지지 밖에 얻지 못했음에도 불구하고 국회에서 과반수가 훨씬 넘는 의석을 차지할 수 있었던 것은 선거제도가 기형적이었기 때문이다. 전두환 정권은 유신체제 아래서 만들어진 선거구 제도, 즉 한 지역구에서 2명을 선출하는 중선거구 제도를 유지했다. 92개의 지역구에서 2명씩 선출된 184명과 전국구 의원 92명을 더해 국회의원 총수는 276명이었다. 제5공화국 헌법은 지역구 선거에서 제1당이 된 정당이 전국구 의석의 3분의 2인 61석을 차지하도록 규정하고 있었다.

한 지역구에서 2명이 선출되므로 출마하여 2위만 하면 당선되는 방식이었다. 여당 후보는 여간해서는 득표순위가 3위 이하로 처지지 않으므로 지역구에서 낙선할 가능성이 거의 없었다. 여당인 민정당이 지역구에서 제1당이 될 확률은 거의 100%였다. 여기에다 지역구 의석의 3분의 2에 해당하는 전국구 의석 61석이 제1당에 돌아가므로 민정당의 국회 과반수 의석 확보는 보장된 것이나 다름없었다.

11대 국회(1981년 4월~1985년 4월)에서는 민주한국당, 국민당, 민권당, 민주사회당 등 4개 정당이 야당 간판을 달고 있었다. 안기부에 의해 피조된 '제1야당' 민한당은 11대 국회 내내 '면허정당', '들러리정당' 등의 별칭을 들었다. 모든 야당이 4년 내내 청와대와 안기부의 통제를 받았다. 사실상 전두환의 공천을 받아 당선된 야당 의원들도 상당수 있었다. 이들은 이른바 '간첩의원'이 되어 야당의 동태를 수시로 안기부에 보고했다. 당시의 야당부재 상태는 민한당 총재를 지낸 유치송(柳致松)의 다음과 같은 증언에서 여실히 드러난다.

창당 후 야당 총재들이 전두환 대통령의 초청으로 청와대에서 조찬을 한 적이 있다. 전 씨 앞에서는 '야당'이라는 용어를 쓰지 못하는 상황이었는데 대화 중에 '야당 총재와'라는 말을 무심코 했더니 전 씨가 "야당이 어디 있습니까? 1,

2, 3당이지요"라고 정색을 했다. 전 씨의 이 말에 아무런 반론도 제기할 수 없었고, 또 그러는 야당 총재도 없었다.

마무리

구한말의 상황은 주관이 있는 우리나라 사람이라면 누구나 비분강개할 만큼 어처구니없었다. 임오군란 이후 사실상 주권을 상실한 상태의 괴뢰국가에서 권력을 쥔 왕족과 민 씨의 척족세력은 부정축재에만 몰두했다.

1882년 10월 4일 청과 조선 사이에 '상민수륙무역장정(商民水陸貿易章程)'이 체결됐다. 청이 대등한 국가 사이에 사용되는 용어인 '조약'이 아닌 '장정'이라는 사대적 용어를 사용하기를 주장하여 관철시켰다. 이 무역장정은 전문(前文)에서 조선은 청의 '속방(屬邦)'이라고 하여 청에 종속된 나라라고 규정했다.

1883년 12월 31일 청과 조선 사이에 체결된 '봉천과 조선변민의 교역에 관한 장정(奉天與朝鮮邊民交易章程)'도 조선이 청의 속국임을 명백히 규정했고, 특히 그 23조에서는 조선이 청을 가리켜 부를 때 사용해야 할 용어마저 규정했다.

23조: 중강(中江)에 새로이 변경시장을 설치한다. 지방관리가 교섭할 일이 있어 문건을 교환하는 경우에 격식을 지켜야 한다. 조선은 반드시 '천조(天朝)' 혹은 '상국(上國)'이라는 글자로 존대해서 써야 한다. 보통 공문에 속하는 것도 규례에 따라야 하고 '중국(中國)', '동국(東國)' 등의 글자를 써 규례를 어기지 못한다. 봉천성(奉天省)의 변방 관리들은 '조선국(朝鮮國)' 혹은 '귀국(貴國)'이라는 글자를 써 우대하는 뜻을 보인다.

일부 선각자들이 부패한 괴뢰국가에서 벗어나기 위해 여러 가지로 필사적인 노력을 기울였으나 모두 수포로 돌아갔고, 조선은 끝내 일본의 식민지가 됐다. 그 뒤로 많은 사람들이 희망한 대로 미국과 일본 사이에 전면전이 벌어졌고 일본이 패배하여 한민족이 독립국가를 세울 수 있었다.

신생 대한민국의 당면 과제는 구한말의 경우와 다르지 않았다. 그것은 바로 근대적인 국민국가를 건설하는 것이었다. 국민국가가 수립되려면 주권재민의 원칙에 맞는 정치체제, 그 정치체제의 가동을 뒷받침하는 성숙한 국민의식, 안정된 경제기반 등이 필요하다. 또한 정치, 경제, 사회, 문화 등 다양한 분야가 고루 발전해야 하다.

1948년에 건국된 대한민국이 물려받은 역사적 유산은 참담한 것이었다. 당연한 이야기겠지만, 새로 수립된 국가는 그 직전에 존재했던 국가의 영향을 가장 많이 받는다. 그런데 조선 왕조는 과거의 역사 및 문화와 단절을 하려고 한 국가였다.

조선 왕조가 국가경영의 기본원리로 내건 성리학은 한국의 기존 역사 및 문화와는 이질적인 것이었다. 한국인은 고대부터 외래문화에 대해 뛰어난 포용력을 갖고 있었고, 다원적인 가치관의 병존을 허용하는 관용적인 민족이었다. 그래서 고대 이래 한국은 열린 사회였다.

그러나 조선 왕조가 내세운 성리학은 볼셰비즘 이상으로 독선적이고 비판을 용납하지 않는 폐쇄적인 사고체계였다. 이로 인해 외국과의 교역이 억제되어 경제가 자급자족으로 후퇴했고, 정치와 사회의 자정(自靜) 기능이 소멸했으며, 국가안보와 국민의 기본적인 삶이 보장되지 못했다.

더구나 조선은 국시(國是)다운 국시, 즉 국가전략이 없는 나라였다. 조선 500년간의 국시를 굳이 꼽는다면 사대교린(事大交隣)이었다고 할 수 있는데, 이것은 달리 표현하면 '현상유지' 와 같은 것이다. 현상유지가 국가전략이 될 수 있겠는가? 기업의 경우에 매출액이나 이익의 증가가 아닌 전년 수준 유지를 불변의 목표로 정해 놓고 있다면 그 기업을 기업이라고 부를 수 있을까? 대한 민국이 국시라고 내걸었던 '반공' 도 현상유지의 의미를 담고 있는 말이다. 승 공이나 멸공, 또는 통일이라면 국시가 될 수 있겠다.

국가가 해야 할 책무를 제대로 하지 못하고 국민의 대다수에게 의무만 부 과하다가 무력하게 일본에 합병된 부패한 왕정체제와 혹독한 착취를 일삼은 일본 제국주의가 대한민국에 남겨준 것, 그것은 국가와 사회에 대한 불신, 수단 과 방법을 가리지 않는 생존경쟁, 그로 인한 짧은 안목, 무기력증, 집단적인 열 등감, 권력과 물질적인 부에만 가치를 두는 풍조, 부패에 대한 불감증, 외세에 대한 의존성 등이었다. 모두가 건강한 사회를 이룩하려면 버려야 할 것이었다.

2차 세계대전 이후의 신생 독립국가 가운데 한국처럼 많은 난제를 지닌 국가도 드물었다. 선대로부터 물려받은 마이너스 유산이 너무나 컸다. 그 마이 너스 유산은 한국전쟁을 거치면서 감당하기 어려울 정도로 더 커졌다. 전쟁으 로 폐허가 되어 미국의 원조가 없으면 인구의 상당수가 굶어죽을 수밖에 없게 된 대한민국에서 절체절명의 과제는 그런 굶주림에서 벗어나는 것이었다.

한민족은 어쩔 수 없다는 무기력증이 팽배한 상황에서 조국 근대화라는 기치를 내건 박정희 정권은 그 집권과정과 집권 후의 행태에서 법률적, 도덕적 하자가 많았음에도 불구하고 일반 국민에게 커다란 설득력을 발휘했다.

대한민국이 자유민주주의를 국가와 사회 운영의 이데올로기로 정하기는 했지만, 그렇다고 민주냐 독재냐 하는 것만을 가지고 박정희와 그의 정권을 평 가하는 것은 문제가 있다. 필자는 국가든 정권이든 '허' 와 '실' 의 관점에서도 살펴볼 필요가 있다고 생각한다.

명예, 명성, OECD 가입 같은 것은 '허' 에 속하고 경제성장, 안보, 재산 모으기, 벼슬 얻기 등은 '실' 에 속한다고 일단 말할 수 있다. 그렇다고 허와 실이 완전히 다른 것은 아니고 겹치는 면도 있다. 명성은 선거제도와 결합되면 재산을 불리거나 높은 관직을 차지하는 데 도움이 된다는 점에서 '허' 이기만 하다고 말할 수 없다. 요즘 많이 사용되는 '브랜드 가치' 라는 말은 허와 실이 상통하는 측면을 잘 드러내준다.

국가나 개인이나 허와 실을 조화롭게 추구해야 자기보존을 하고 발전을 할 수 있다. 한국사를 개관해보면 한민족은 고려시대까지는 허와 실을 균형 있게 추구했는데 조선시대에는 철저히 허만 추구했다고 필자는 생각한다. 그에 따른 폐단이 500년간이나 누적된 끝에 국권을 상실하는 결과가 초래된 것이다. 신생 대한민국은 일정 기간 동안은 절대적으로 실을 추구해야 하는 입장이었다. 당시의 시대적 요구는 민주주의라는 외피가 아니라 경제성장이라는 내실이었다. 박정희의 장기집권은 어찌 보면 이러한 시대적 요구에 부응하는 것이었다. 게다가 경제성장과 안보를 정권의 존재이유로 내걸었던 박정희 정권은 그 두 가지 목표만큼은 달성했다고 많은 국민들이 생각한다.

그러나 실의 하나인 경제성장은 근대적 국민국가의 형성과 발전에 필요한 요소 가운데 하나일 뿐이지 그 전부가 아니다. 이른바 압축적인 경제성장으로 그 전에 비해서는 어느 정도 물질적 여유를 누리게 된 1970년대 후반의 한국사회는 경제성장 이상의 것을 요구하고 있었다. 1979년 10월 26일 궁정동에서 총소리가 울린 것은 우연히 그리 된 것이 아니었다. 미국과의 갈등, 박정희의 지도력과 그의 정권이 지닌 한계, 새로운 지도력과 그 기반이 되는 정치제도의 필요성 등 여러 가지 요인이 복합적으로 작용해 필연적으로 일어날 수밖에 없는 사건이었다.

그러나 박정희가 살해된 시점에 한국사회의 요구를 감당할 만한 역량을 갖춘 집단이 존재하지 않았다. 한국의 야당은 불행하게도 박정희가 말한 대로 '반대를 위한 반대' 를 일삼다가 집권의 기회가 오면 적전분열을 하는 집단이었다. 그동안 야당이 집권한 경우가 여러 번 있었지만 그것은 여당의 자멸 덕분에 그리 된 것이지 야당의 자체 역량으로 그리 된 것이 아니었다. 1960년에는 야당이 권력을 거저 얻은 것이나 다름없었고, 결국 파벌간 다툼을 벌이다가 박정희의 쿠데타 앞에 무릎을 꿇었다. 1980년에 집권할 기회가 또 왔지만 야당은 다시 파벌간 다툼을 벌인 끝에 전두환에게 권력을 헌납했다.

10 · 26 사건 이후 궁정동의 총소리가 무슨 의미를 가진 것인지를 이해하지 못한 전두환은 규율이 엄격한 친목조직인 하나회를 동원해 김영삼, 김대중, 김종필이 이끄는 또 다른 친목조직들을 일망타진하고 집권했다. 전두환이 집권에 장애가 될 만한 모든 세력을 폭력으로 제거한 만행은 여러 모로 이후의 한국사회에 지극히 부정적인 영향을 미쳤다.

모든 권력집단은 '정의' 를 독점하려는 경향이 있다. '정의' 를 독점하려는 경향이 강한 권력집단일수록 결국은 정의가 아닌 불의와 악을 독점하고 국민에게 불행을 가져다준다. '정의' 를 독점하려는 정치 이데올로기를 신봉하는 집단이 1917년에 러시아에서 국가권력을 장악한 바 있고, 이에 대항하는 이른바 보수주의 정치집단도 닮은꼴이 되어 '정의' 를 독점하려고 했다. 이에 따라 20세기는 극단의 시대가 되었다.

1980년대 이후 대한민국의 정치권은 정치색채상의 진보와 보수를 막론하고 '정의' 를 독점하려는 무리들이 판치는 곳이 됐다. 요즈음은 정치권을 넘어 경제, 사회, 문화, 교육 등 모든 분야에서 정의와 도덕을 독점하려는 무리들이 발호하고 있다. 이렇게 정의와 도덕을 독점하려는 자들은 탐욕과 이기심으로 충만한 경우가 대부분이다. 이런 무리들이 힘을 발휘하는 사회일수록 정의가 강물처럼 넘치기보다 타는 목마름으로 정의를 갈망하는 사회가 된다.

특정한 성과를 전적으로 자신들만의 공훈으로 여기고 그렇게 선전하는 것이 정의를 독점하려는 권력집단의 가장 큰 특징이다. 그래서 그런 권력집단은 국가와 사회에 대해 채무의식을 갖고 봉사하려는 자세를 취하기보다 채권의식을 갖고 보상을 받으려는 자세를 취하기 마련이다.

군사쿠데타로 집권한 박정희 정권은 자신들이 헌정질서를 무너뜨린 것을 의식해서인지는 몰라도 한국사회에 대해 채무의식을 갖고 있었다고 필자는 본다. 그러나 집권 후반기로 갈수록 박정희 정권의 채무의식이 채권의식에 밀려나게 됐다. 전두환을 중심으로 한 12·12 쿠데타 집단은 처음부터 채권의식과 보상심리로 가득 차 있었다. 그 뒤로 집권에 성공해 여야가 바뀌는 '수평적 정권교체'를 이루었다고 자부한 '민주화 세력'에게도 채권의식과 보상심리가 많았다. 이런 점에서 그들이 집권기간 중에 국민이 보기에 오만한 모습을 보였던 것도 어쩌면 당연한 일이었다.

박정희와 그의 정권을 평가하는 경우에는 우선 그와 경쟁을 벌였던 다른 정치집단들과 비교해봐야 한다. 국정수행 능력과 도덕성이 비교의 기준이 돼야겠지만, 이와 함께 한국은 미국의 보호를 받는 처지였고 수백 년 동안 쌓인 부정적인 유산을 물려받았다는 점 등의 시대적 제약조건들을 고려해서 그러한 비교를 해야 한다. 다시 말해 비교의 전제조건과 기준에서 먼저 객관성을 확보해야 하는 것이다.

지금도 한국에는 잘못된 관행과 부정부패를 비롯해 부정적인 유산이 매우 많이 남아있다. 그러나 그 모든 것을 1948년 건국 이후 오랜 기간 집권한 보수적인 집권세력 탓으로만 돌리는 것은 권력만능의 미신에 빠져있음을 자백하는 꼴밖에 안 된다.

예를 들어 지금 한국 사회가 안고 있는 모든 병폐를 박정희 정권에서 비롯된 것이라고 주장하면서 그 책임을 과거로 끌어올리려고 애쓰는 사람들이 많이 있다. 이는 역사에 대한 무지함을 드러내는 태도다. 모든 성과에는 그림자가 있는 법이다. 그 그림자를 제거하는 책무를 담당해야 할 자들이 그런 책무틀 성공적으로 이행하지는 못한 채 그 그림자를 드리운 과거만 탓하는 것은 책임전가의 비겁한 태도라고 필자는 생각한다. 매년 수많은 사람들이 교통사고로 죽어가는 교통지옥의 현실에 대한 책임을 자동차의 대중화를 구현한 헨리 포드에게 돌려야 하겠는가?

　민주화든 경제성장이든 그동안 한국이 이룩해온 성과를 과거에 그러한 구호를 내세우고 그러한 방향으로 노력을 집중한 그때그때의 집권세력 단독의 공적이라고 주장하는 것이 잘못이듯이 독재든 경제난이든 부정적인 것에 대해 오직 과거의 집권세력 탓만 하는 것도 잘못이다. 박정희와 그의 정권에 대해 '공정한 평가'를 하기에는 아직도 어려운 점이 많이 있다. 하지만 대한민국의 밝은 미래를 열어가기 위해서는 그러한 평가가 반드시 필요하며, 필자는 이 책에서 그러한 평가를 하는 데 전제조건이 되는 객관적 사실관계 확보에 치중했다.

연 표

1945년	8. 15	일본, 연합국에 무조건 항복.
	9. 2	미군, 38선 이남에 진주.
	10. 16	이승만, 미국에서 귀국.
	11. 23	김구, 김규식 등 임시정부 요인, 중국에서 귀국.
	12. 27	모스크바 3상 회의, 한국에 대해 5년간 신탁통치 결정.
1946년	2. 9	북한, 북조선 인민위원회 수립 결정.
	3. 20	미소 공동위원회 개최(1차)
	5. 9	미소 공동위원회 결렬.
	10. 1	대구 폭동.
1947년	5. 21	미소 공동위원회 개최(2차).
	11. 14	UN, ‘신탁통치를 거치지 않고 한국을 독립시키는 안’ 과 ‘UN감시 아래 남북한 총선거를 실시해 한국을 통일하는 안’ 을 결의.
1948년	1. 23	소련, UN 한국위원회의 북한 방문 거부.
	4. 3	제주도 봉기.
	5. 10	총선거 실시.
	8. 15	대한민국 정부 수립.
	9. 9	조선민주주의 인민공화국 수립.
	10. 19	여수 · 순천 반란 사건 발생.
1949년	6. 30	주한미군 철수 완료.
1950년	6. 25	한국전쟁 발발.
1951년	4. 15	거창 양민학살 사건.
1952년	8. 5	2대 대통령 선거, 이승만 당선.
1953년	7. 27	휴전협정 조인.
	10. 1	한미상호방위조약 조인.
1954년	5. 20	총선, 자유당 압승.
	11. 29	사사오입 개헌 가결.
1955년	9. 18	민주당 창당.
1956년	5. 15	3대 대통령 선거, 이승만 당선.
1960년	3. 15	3 · 15 부정선거.
	4. 19	학생 봉기.
	4. 26	이승만 대통령 하야 선언.
	7. 29	총선, 민주당 압승.
1961년	5. 16	5 · 16 군사쿠데타 발발.

1963년	10. 15	5대 대통령 선거, 박정희 공화당 후보 당선.
1964년	6. 3	한일회담 반대 시위로 계엄령 선포.
	10. 31	월남과 파병협정 체결.
1965년	1. 8	국군의 월남 파병 결정.
	6. 22	한일 국교수립 협정 조인.
	8. 13	월남 파병안, 야당이 불참한 가운데 국회 통과.
	12. 18	한일 국교수립 협정 비준.
1966년	1. 6	정부, '중립국 적극 외교' 천명.
	5. 26	윤보선, 월남 파병을 청부행위라고 비난.
1967년	5. 3	6대 대통령 선거, 박정희 공화당 후보 당선.
1968년	1. 21	북한 무장 게릴라 청와대 습격 사건.
	2. 1	경부고속도로 기공.
1969년	5. 15	청와대 직속으로 부실기업정리반 설치.
	7. 21	경인고속도로 개통.
	10. 17	3선 개헌안 국민투표 실시(찬성 755만 표, 반대 363만 표로 가결).
1970년	7. 7	경부고속도로 개통(서울~부산 간 428km).
	12. 30	호남고속도로 개통(대전~전주 간 79km).
1971년	2. 8	정부, 155마일 휴전선 방어를 국군이 전담한다고 발표.
	4. 27	7대 대통령 선거, 박정희 공화당 후보 당선.
	8. 12	한국적십자 최두선 총재, '남북 가족찾기 회담' 북한 적십자에 제의.
	12. 6	정부, 국가비상사태 선언.
1972년	1. 11	박정희 대통령, 연두기자회견에서 안보 우선의 총력체제 천명.
	7. 4	남북한 정부, 7 · 4 공동성명을 서울과 평양에서 동시 발표.
	8. 2	정부, '경제의 안정과 성장에 관한 긴급 명령' 발표(8 · 3 긴급조치).
	10. 17	박정희, 특별선언 발표 및 전국에 비상계엄 선포.
	12. 15	통일주체국민회의 대의원 선거.
	12. 23	박정희, 통일주체국민회의에서 8대 대통령에 선출.
1973년	1. 24	정부, 월남 종전에 관한 성명(주월국군 철수).
	5. 24	정부, 중화학공업 건설 추진계획 확정.
	7. 3	포항종합제철 준공.
	8. 8	김대중 납치 사건 발생.
	8. 15	정부, 북한에 UN 동시가입 수락 촉구.
	10. 6	4차 중동전쟁 발발.
	10. 20	아랍 5개 산유국, 미국 등 이스라엘 지원국(한국 포함)에 석유수출 정지.
	12. 15	정부, 이스라엘 점령지 철수 등 4개 항의 친아랍 성명 발표.

1974년	1. 8	정부, 긴급조치 1호(개헌논의 금지)와 2호(비상군법회의 설치) 선포.
	1. 14	긴급조치 3호(서민의 세 부담 경감 등) 선포.
	4. 3	긴급조치 4호(민청학련 활동 금지) 선포.
	8. 15	광복절 기념식장에서 대통령 저격 미수 사건 발생.
	11. 15	남침용 제1호 땅굴 발견.
1975년	2. 12	유신헌법, 국민투표에서 73.1% 지지 획득.
	2. 15	긴급조치 1호와 4호 위반자 석방.
	3. 19	남침용 제2호 땅굴 발견.
	4. 8	긴급조치 7호 선포(고려대에 휴교령).
	5. 13	긴급조치 9호 선포.
1976년	8. 18	북한, 판문점에서 미군장교 2명 살해.
	11. 2	주한미군 철수를 공약으로 내건 미국 민주당 대통령 후보 카터 당선.
1977년	1. 12	박정희 대통령, 연두 기자회견에서 북한이 불가침협정 수락하면 주한미군 철수에 반대하지 않는다고 천명.
	3. 15	박정희 대통령, 주한미군 철수에 대해 1969년부터 대비해왔다고 밝힘. 4~5년 내 자주국방 실현 언명.
	12. 22	정부, 수출 100억 달러 달성 기념식 개최.
1978년	9. 26	국산 미사일 발사 시험 성공.
	10. 26	남침용 땅굴 제3호 발견.
	12. 12	10대 총선, 야당인 신민당이 여당인 공화당보다 더 많이 득표.
	12. 27	박정희, 9대 대통령에 취임.
1979년	4. 25	한국~소련 간 직통전화 개통.
	5. 30	김영삼 의원, 신민당 총재로 선출.
	7. 1	카터 미국 대통령 방한.
	10. 4	김영삼 신민당 총재, 국회에서 제명됨.
	10. 17	부마사태 발생.
	10. 26	박정희 대통령, 김재규 중앙정보부장에 의해 피격, 사망.
	12. 12	보안사령관 전두환이 정승화 계엄사령관 등 군 수뇌부 체포.
1980년	5. 17	전국 비상계엄령 선포.
	5. 18	광주사태 발발.
	8. 16	최규하 대통령 하야 성명.
	8. 27	전두환, 통일주체국민회의에서 대통령에 선출됨.
	10. 23	국민투표로 5공화국 헌법 확정.
1981년	2. 25	전두환, 5공화국 헌법에 따라 선거인단에 의해 대통령 당선.
	3. 25	11대 총선 실시.